Beginning Spanish

Beginning Spanish:

A Concept Approach
THIRD EDITION

Zenia Sacks DaSilva
HOFSTRA UNIVERSITY

HARPER & ROW, PUBLISHERS

New York, Evanston, San Francisco, London

Beginning Spanish: A Concept Approach, Third Edition
Copyright © 1963, 1968, 1973 by Zenia Sacks Da Silva

STANDARD BOOK NUMBER: 06-041501-0
LIBRARY OF CONGRESS CATALOG CARD NUMBER: 72-9386

To Gary and Russell,
always

Contents

PRIMERA PARTE

Preface

Lest this be likened to the saga of the bear who climbed over the mountain, and saw another mountain, and saw another mountain, let me tell you quickly why the third edition of *Beginning Spanish: A Concept Approach* has come to be.

Is it really different?, you may ask. Very much so. Its two-part two-semester format is new, considerably shorter, more flexible, easier to encompass and to adapt to your own needs. Most of its stories (*Momentos de Vida, Cuentos,* and *Temas,* we call them) are new. So also are the cultural readings—six that view Hispanic history through art, and six short commentaries on contemporary Spain and Latin America, their economics and politics, their physical being, their way of life. New, too, are the hundreds of illustrations, a good many of them in full color. And the expanded opening *Lección de Conversación,* replete with high-frequency usage and pronunciation drills. And the exercises—more diverse, strongly audio-lingual, especially designed for free response and associations. And the twelve revised *Horas de Conversación,* optional alternatives to the cultural *Lecturas.* And the tape series, with its accompanying *Manual-Workbook* that not only follows the lab work but also offers supplementary materials for self-help. And the *Teacher's Manual* that contains specific recommendations for individualizing the program as a whole.

These are the things that are different about our third edition—its raison d'être, or as we say in Spanish, its "razón de ser." What is old is the conviction that language is the most personal, the most vital and variable of the human arts, and that therefore language learning must be an experience in communication, an exercise in self-expression. Old, too, is its view that language acquisition depends not on rote, but on concepts and on free associations, not on superimposition from without, but on drawing from within. And that despite the limitations of structure and vocabulary, there can be valid self-expression from the very start.

That is why the book begins with a two-week conversation lesson in which we learn to respond to and convey a goodly number of ideas without recourse to conscious memorization or to grammar rules. And each of the *Lecciones* that follow provides ample opportunity for active communication along with its design for structure and vocabulary buildup. I would suggest that the twelve lessons of Part I be covered in the first semester, allowing two to three days for each one, and introducing the enrichment materials of the six *Lecturas* and six *Horas de Conversación* as you will. Part II (which includes 12 lessons, plus six more *Lecturas* and *Horas de Conversación*) can easily be taught in the second semester.

In all, I should like to thank you for giving me the chance to climb that other mountain, and then to start out fresh anew. My thanks, too, for your collaboration then and now. Believe me more than grateful, always.

ZSD

List of Credits

The color plates are indicated in bold face type.

Academia de Bellas Artes de San Fernando, **165 bottom right**, 179 left
American Airlines, 250
American Museum of Natural History, **78**, 137 left and right, 139
Embajada de España, 334 bottom, 343 top left
Fundaçao Bienal de Sao Paulo, **342**
Galería Juana Mordo, **337 bottom** (Muñoz, Técnica Mixta Sobre Matera), **341 bottom** (Canogar, Imagen de una Revolución)
Gardner, George, 252, 253, 254
Gatewood, Charles, 251
Hispanic Society of America, 110 top, 333 top left and right, 334 top right, 343 top right
Instituto Nacional de Antropología e Historia, 134 right and left, 135 right and left
M. Knoedler and Co., New York, **338 bottom** (Dalí, Twist in the Studio of Velázquez), **339** (Dalí, El Conde Duque de Olivares)
Magnum—Robert Capa, 191, 192, 193
MAS-Art Reference Bureau, **79 bottom, 80 bottom, 81, 82 top, 83 top**, 108, 110 bottom
Metropolitan Museum of Art, 56 left (table, Spanish, XVII Century, Gift of Russell Cowles, 1954), 56 right (chair, Spanish, XVI Century, Gift of George Blumenthal, 1941), 109 (Sculpture, Spanish, XIII Century, Dodge Fund, 1913), **163 top right** (Velázquez, The Infanta María Teresa, The Jules S. Bache Collection, 1949), 182 (Goya, Majas en el Balcón, Bequest of Mrs. H. O. Havemeyer, 1929. The H. O. Havemeyer Collection)
Mexican National Tourist Office, 136, 138 left and right, 194, 195, right, 281, 287 left
Ministerio de Información y Turismo, 25 left and right, **83 bottom**, 111 left and right, 203, 287 right, 307, 311
Monkmeyer—Huffman, **86**
Museum of Modern Art, **338 top** (Dalí, Persistance de la mémoire, 1931, oil on canvas, $9\frac{1}{2}'' \times 13''$), **340** (Miró, Dutch Interior, oil on canvas, $36\frac{1}{8}'' \times 28\frac{3}{4}''$, Mrs. Simon Guggenheim Fund)
Museo de Prehistoria de Valencia, **79 top right and bottom** (fotos Gil Carles)
Museo del Prado, **80 right, 112, 113, 159, 160 bottom, 161, 162 top and bottom, 163 bottom, 165 bottom left**, 178, 179 right, 180
National Gallery of Art, **163 top left** (Velázquez, The Needlewoman, Andrew Mellon Collection), **164** (El Greco, The Holy Family, Samuel H. Kress Collection), **165 top** (Zurbarán, Santa Lucía, Gift of Chester Dale), **166 top** (Velázquez, Pope Innocent X, Andrew Mellon Collection), **336** (Picasso, Family of Saltimbanques, Chester Dale Collection), **337 top** (Picasso, Still Life, Chester Dale Collection)
Negrycz, Stephen, **front cover, 83 top, 335** (three photos)
Pan American, 282 top
Pan American Union, 181 (three photos), 206, 207, 286
Philadelphia Museum of Art, 195 left (Rivera, Zapata, 1932, Given by Henry P. McIlhenny)
Rapho-Guillumette, 57 (photo Bob S. Smith), 68 (photo copyright Paolo Koch)
Rebus—Grazda, 309
San Francisco Museum of Art, **341 top** (Pettoruti, The Quintet)

Spanish National Tourist Office, **83 bottom**, **85** (foto Domínguez García), **87**, 204, 249, 282 bottom, 284, 310

United Nations, 3 left and right, 4 top and bottom, 46 top and bottom, 228 bottom, 280, 283, 285

Wide World, 227, 228 top, 229, 230 top and bottom, 231, 334 top left, 343 bottom, 344 left and right.

Lección de Conversación

Igualmente vendo Deos o firmamento do Ceo, que o de sua Igreja: no do Ceo collocou o Sol, que presidisse ao dia, ea Lua à noite: no de sua Igreja constituio ao Summo Pontifice Sol, que governasse a luz do espirito; e ao Principe Catholico Lua que regesse as sombras do governo temporal.

Andrade.

Primer Día

Hola. Me llamo...
(Hi. My name is...

¿Cómo se llama usted?
What's your name?)

Alberto	Domingo
Agustín	Eduardo
Alejandro	Enrique
Alfonso	Esteban
Alfredo	Eugenio
Álvaro	Federico
Andrés	Felipe
Ángel	Francisco (Paco, Pancho)
Antonio	Gerardo
Arturo	Germán
Benito	Guillermo
Benjamín	Gustavo
Carlos	Héctor

Diego

Ricardo   Joaquín

Herberto	Pablo
Horacio	Pedro
Isidro, Isidoro	Rafael
Jaime	Ramón
Javier	Raúl
Jesús	Roberto
Jorge	Rodrigo
José (Pepe)	Salvador
Juan	Samuel
Luis	Teodoro
Manuel	Tomás
Mariano	Vicente
Miguel	Víctor

Adela	Catalina
Aida	Clara
Alicia	Concha
Amada	Consuelo
Ana	Constanza
Anita	Dolores
Antonia	Dorotea
Bárbara	Elena
Benigna	Eloísa
Blanca	Elvira
Carlota	Enriqueta
Carmen	Esperanza
Carolina	Felicidad
Caterina	Felipa

Cristina

Isabel

Leonor
Lucía
Luisa
Magdalena
Manuela
Margarita
María, Mariana, Marisela
Marta
Nilda
Raquel
Rosa

Francisca (Paquita)   Rosario
Gertrudis   Rosalía
Gloria   Rosalinda
Gracia   Rufina
Inés   Sara
Irene   Sofía
Josefa (Pepita), Josefina Susana
Juana, Juanita   Teresa

Vamos a conversar *(Let's...)*

Once your ear is tuned to the sounds of Spanish, there are thousands of words you will recognize immediately. So listen carefully and repeat exactly what you hear, **¿ está bien ?** *(all right ?)*

1. Repita :

popular, necesario, importante, original, inteligente, diligente, brillante, normal, inferior, superior, extraordinario, intelectual, romántico, fantástico, ridículo, sentimental, estudioso, generoso, sincero, liberal, diferente, imposible, terrible, natural

Aħora[1] conteste en español *(Now answer in Spanish)* :

¿Es usted diligente ? *(Are you...)*	Sí, soy diligente. *(Yes, I am...)*
	No, no soy... *(No, I am not...)*

¿Es usted inteligente ?
¿Es usted liberal ?
¿Es usted sentimental ?
¿Es usted romántico (romántica, *fem.*) ?
¿Es usted estudioso (estudiosa) ?
¿Es usted generoso (generosa) ? ¿sincero (sincera) ? ¿práctico ? ¿popular ?
¿Es usted religioso ?

En su opinión, ¿es importante la religión ?	Sí, la religión es...
(In your opinion, is religion... ?)	No, no es...

¿Es importante la educación ? ¿Es necesaria ? ¿Es indispensable ?
¿Es indispensable el amor *(love)* ?

Magnífico. Vamos a continuar.

2. Repita otra vez *(Repeat again)* :

profesor, médico, dentista, artista, actor, actriz, poeta, poetisa, arquitecto, mecánico, ingeniero, carpintero, presidente, senador, general, capitán, millonario, capitalista, republicano, comunista

Conteste otra vez :

¿Es médico su padre ? *(Is your father a doctor ?)*	Sí, mi padre es médico.
	No, mi padre no es médico.

¿Es dentista su padre ? ¿Es profesor ? ¿actor ? ¿capitalista ? ¿comunista ?
¿Es profesora su madre *(mother)* ?
¿Es artista ? ¿Es secretaria ? ¿poetisa ? ¿actriz ?

¿Ħay una persona famosa en su familia ? *(Is there a... ?)*	Sí, ħay una... No, no ħay...

---

[1] Notice that h is silent in Spanish. Until you get used to not pronouncing it, we'll remind you by writing ħ.

¿Hay médicos en su familia? *(Are there...?)*
¿Hay ingenieros? ¿carpinteros? ¿mecánicos? ¿plomeros?
¿Hay senadores? ¿millonarios? ¿generales? ¿comunistas?

Estudie bien ahora. *(Study well now.)*

Tarea (Assignment)

Pronunciación

VOWELS
All vowels in Spanish are short, pure sounds that do not lose their essential value
even when placed in an unstressed position. Unlike English, each vowel has only
one basic sound, with slight variations according to its placement within the phrase
or word. That basic sound will be our only concern here.

Remember that the English equivalents are only approximations. Read the
description of each sound, and then listen carefully to the words as they are pronounced by your instructor. (Notice that the stressed syllable is in boldface.)

A: In Spanish **a** is always pronounced like the *o* in *pop*:

pa**pá**, ma**má**, **ca**sa, **al**ma, **ar**ma, pa**sar**

E: The usual sound of Spanish **e** is halfway between the *e* in *let* and the *a* in *late*.
Listen and repeat:

mesa, **pe**ro, presi**den**te, **me**te, **tie**ne, te**lé**fono, se**ñor**, **len**gua

I: In Spanish **i** is always like the *ee* in *see*. Remember—smile when you say an
i in Spanish:

sí, **dí**a, **mi**na, a**quí**, **pi**so, **si**no, **tin**ta, **mis**mo

O: The English *o*, as in *go*, is a diphthong formed by the rapid succession of
o and *u*: *ou*. Spanish **o** corresponds to the first part of that diphthong—a short,
pure *o*:

gota, **co**mo, **lo**co, som**bre**ro, **po**llo, **go**ma, **hom**bre

U: In Spanish **u** is very much like the *u* in *fluid*. It is slightly shorter in length
than the English *u*:

cuna, **lu**na, **mu**la, **pu**ro, la**gu**na, **ru**ta, cu**cú**

Y: When **y** stands alone or is the final letter of a word, it is pronounced like the
vowel **i**: *ee*.

y, **rey**, **buey**, **ay**, **hoy**

DIPHTHONGS

Spanish vowels do not change their basic sound when they form part of a diphthong. They are merely pronounced more rapidly in succession and form *one* syllable:

ru**i**do, ve**in**te, **ai**re, b**ue**no, s**ie**nto, B**ue**nos A**i**res

Acentuación

Spanish words that end in a consonant, except **n** or **s**, are stressed on the *last* syllable:

es/pa/**ñol**, pro/fe/**sor**, li/be/**ral**, com/pren/**der**, nor/**mal**, a/**mor**

Words that end in a vowel or in **n** or **s** are stressed on the *next to the last* syllable:

pa/dre, a/**mi**/go, fa/**mo**/sa, es/pa/**ño**/la; re/**pi**/ta, re/**pi**/tan, con/**tes**/ten, es/**tu**/dien; mo/**der**/nos, sin/**ce**/ros, pro/fe/**so**/res, es/pa/**ño**/les

Words that bear a written accent are stressed on the syllable so marked:

com/pren/**sión**, pro/nun/cia/**ción**, ro/**mán**/ti/co, ri/**dí**/cu/lo

Incidentally, Spanish has only one accent mark: ′. It is placed over a vowel to indicate an unusual stress on that syllable:

fan/**tás**/ti/co, ca/**rác**/ter, ha/**blé**, lla/**mó**

It is used with all interrogative words and exclamations:

¿**Có**mo…? ¿**Qué**…? ¿**Dón**de…? ¿Por **qué**…? ¿**Cuán**to…?

And in a few instances, it serves to distinguish between two words that otherwise are identical in spelling:

si   *if*   sí   *yes*
solo *alone*   sólo *only*

The accent mark never affects the pronunciation of the vowel above which it stands.[2]

Ejercicios

A. Conteste en español:
1. ¿Cómo se llama su madre? (Mi madre se llama…)
2. ¿Cómo se llama su padre? ¿Es americano?
3. En su opinión, ¿es la democracia un *(an)* sistema ideal? ¿Es el comunismo? ¿Hay un sistema ideal?

[2] The accent mark may be omitted over capital letters: LECCION DE CONVERSACION, Africa.

4. ¿Es usted liberal o *(or)* conservador (conservadora, *fem.*)? ¿Es usted idealista? ¿Es usted radical?

B. Complete, usando adjetivos de la lista en la página 5. *(Complete, using adjectives from the list on page 5.)*
   1. Yo soy...
   2. Mi padre es...
   3. Mi profesor(a) de español es...
   4. El amor *(love)* es...
   5. La guerra *(war)* es...

Segundo Día

Saludos y Despedidas *(Greetings and farewells)*

Buenos días.	Good morning.
Buenas tardes.	Good afternoon.
Buenas noches.	Good evening. Good night.
Hola.	Hello. (Hi!)
Adiós.	Good-bye.
Hasta luego.	So long.

— Buenos días, señor Campos.　　　　— Good morning, Mr. Campos.
— Muy buenos. ¿Cómo está usted?　　— And to you. How are you?
— Bien, gracias, ¿Y usted?　　　　　— Fine, thanks. And you?

— Buenas tardes, señora Blanco　　　— Good afternoon, Mrs. Blanco.
— Muy buenas. ¿Cómo está?[1]　　　— Good (afternoon). How are you?
— Muy bien, gracias.　　　　　　　— Very well, thanks.
— Pues adiós.　　　　　　　　　　— Well, good-bye.
— Adiós.　　　　　　　　　　　　— Good-bye.

— Buenas noches, señorita Molina.　　— Good evening, Miss Molina.
— Muy buenas. ¿Cómo le va?　　　　— Good evening. How are things?
— Excelente, gracias.　　　　　　　— Excellent, thank you.
— Pues hasta luego.　　　　　　　　— Well, so long.
— Sí. Adiós.　　　　　　　　　　　— Yes. Good-bye.

— Hola, Juan. ¿Qué tal?　　　　　　— Hi, John. How goes it?
— Así así.　　　　　　　　　　　　— So-so.
— Pues adiós.　　　　　　　　　　— Well, good-bye.
— Hasta luego.　　　　　　　　　　— So long.

Práctica

Practice these greetings and farewells with other students in your class, making up your own variations of the dialogues.

---

[1] Usted (often abbreviated Ud.) may be omitted at the discretion of the speaker. The plural of usted is ustedes (Uds.) and its verb form usually adds -n to the singular: ¿Cómo está Ud.? ¿Cómo están Uds.? Repita. Repitan.

Vamos a conversar

1. Repita una vez más *(Repeat once more)* :

radio, televisión, programa, drama, comedia, música, instrumento, piano, violín, saxofón, clarinete, trompeta, fútbol, béisbol, básquetbol, vólibol, tenis

Ahora conteste :

> Le gusta la televisión ?   Sí, me gusta la televisión.
> *(Do you like...?)*   No, no me gusta la televisión.

¿Le gusta la radio ?
¿Le gusta más *(more* or *better)* la radio o la televisión ?
¿Le gusta la música ? ¿la ópera ? ¿el teatro ?
¿Le gusta el piano ?
¿Le gusta el violín ? ¿el saxofón ? ¿la trompeta ?
¿Le gusta el fútbol *(football* or *soccer)* ?
¿Le gusta más el fútbol o el béisbol ?
¿Le gusta más el béisbol o el básquetbol ?
¿Le gusta el vólibol ?
¿Le gusta el tenis ? ¿Le gusta el golf ?

> ¿Le gustan los programas musicales ?   Sí, me gustan...
>   No, no me gustan...

¿Le gustan los programas dramáticos ?
¿Le gustan las comedias ? ¿los misterios ? ¿las novelas sentimentales ?
¿Le gustan más los dramas o las comedias ?
¿Qué *(What)* instrumentos musicales le gustan más *(most)*?
¿Qué deportes *(sports)* le gustan más ?

> ¿Toca usted un instrumento musical ?   Sí, toco...
>   *(Do you play...?)*   No, no toco...

¿Toca usted el piano ? ¿el violín ? ¿el saxofón ? ¿el clarinete ? ¿la trompeta ? ¿el trombón ?

2. Repita finalmente (-mente = *ly*) :

geografía, historia, matemáticas, psicología, biología, física, filosofía, literatura, ciencia política, español, italiano, inglés

Ahora conteste una vez más :

> ¿Estudia usted historia ?   Sí, estudio...
> *(Do you study...?)*   No, no estudio...

¿Estudia usted matemáticas ?
¿Estudia biología ? ¿psicología ? ¿filosofía ? ¿literatura ? ¿ciencia política ? ¿español ? ¿inglés ?

Tarea

Pronunciación

H :   H is the only silent consonant in Spanish. It appears often at the beginning of a word and sometimes within a word. Listen and pronounce :

> h̷otel, h̷ablar, h̷ierro, h̷ombre, h̷ambre, h̷ilo, h̷ay, ah̷ora, ah̷ogar, h̷oy

LL :   Ll is considered *one* consonant in Spanish. It is pronounced like the *lli* in *million* :

> caballo, millón, brillante, pollo, sello, gallina

In Spanish America, it usually sounds like the *y* in *Yule.*

Ñ :   Ñ is like the *ny* in *canyon,* the *ni* in *onion* :

> caña, otoño, niño, cariño, señor

(The sign ˜ is called a **tilde**; only the ñ has one.)

S :   S between vowels is always unvoiced, like the *ess* in *dresser.* This is an important difference from the voiced *s* (the *z* sound) between vowels in most English words. Listen and pronounce :

> museo, casa, representa, presidente, presente, vaso, cosa, posición, causa

Before a voiced consonant, **s** is slightly voiced, like a softly uttered English *z* :

> mismo, entusiasmo, comunismo, los días, los botones

Before an initial **r**, **s** often disappears completely.

Z :   In most of Spain z is pronounced like the *th* in *think.* In Spanish America it is like the *s* in *sink.* Listen to the two pronunciations—first the Castilian Spanish, then the Spanish American—and decide which of them you prefer to use :

> zapato, zona, zarpa, cazar, lanzar, razón, mezclar

C :   C, before an **e** or **i**, is pronounced just like the Spanish **z** : that is, in most of Spain like the *th* in *think*; in Spanish America like the *s* in *sink.* Here again, listen to the two pronunciations—first the Spanish, then the Spanish American—and repeat the one you prefer. However, remember that you must always be consistent. If you chose the *th* sound for **zapato**, you *must* choose the *th* sound for **cinco**, and so forth. If you chose the *s* sound for **zapato**, you must pronounce **cinco**, etc., with the sound of *s.*

> cinco, cero, celoso, nación, ciudad, h̷acer, decir, nacer, cocer, obligación, invitación

In all other positions, c is hard, like the *c* in *corn*:

> capa, copa, cuna, sacar, crédito, claro, acción, lección

Qu: In Spanish **qu** is pronounced like *k,* and appears only before an **e** or an **i**:

> que, quitar, quien, quiero, quemar, toque

División en Sílabas *(Division into syllables)*

A single consonant (including the combinations **ch, ll,** and **rr**) goes with the following vowel:

> to/ma, ni/ño, mu/cho, pe/ro, ca/rro, mu/cha/cho, im/po/si/ble

Two consonants are separated, except if the second is **l** or **r**:

> pal/ma, car/ta, pos/tal, tan/to, bar/ba, a/par/te, con/ver/sar
> *But:* pue/blo, o/tro, a/pren/der

In groups of three consonants, only the last goes with the following vowel, except, of course, if there is an inseparable combination involving **l** or **r**:

> ins/tan/te, trans/fe/rir
> *But:* com/pren/der, im/pro/ba/ble

Diphthongs—any combination of two vowels involving **u** or **i** and pronounced together—form one syllable:

> vein/te, rui/do, sois, ai/re, bue/no, sien/to, dia/rio, es/tu/diar

A written accent on **i** or **u** breaks the diphthong: Ma/rí/a, pú/a
Other vowels placed consecutively are separated: ca/os, re/al

Ejercicios

A. Divida y pronuncie *(Divide and pronounce)* ahora:

madre, cara, costa, fantástico, lección, llama, importante, superior, música, instrumento, piano, violín, natural, fútbol, españoles, América, Buenos Aires, California, doble, nombre

B. Conteste en español:
  1. ¿Qué deporte *(sport)* le gusta más? ¿Le gusta más el fútbol universitario o el fútbol profesional?
  2. ¿Qué instrumento musical le gusta más? ¿Le gusta más la música clásica o la música popular?
  3. ¿Le gustan más las ciencias o las artes?
  4. ¿Qué cursos estudia Ud. ahora? (Estudio...)
  5. ¿Cómo se llama su profesor (o profesora) de español? ¿Le gusta?

Tercer Día

Expresiones de Cortesía *(Expressions of courtesy)*

Por favor.	Please.
Gracias. Muchas gracias.	Thank you (very much).
De nada.	You're welcome.
Con permiso.	Excuse me. (I must leave. I'd like to pass, etc.)
Perdón. Perdóneme.	Excuse me (for interrupting, but...)
Con mucho gusto.	Gladly. I'd be glad to.

Práctica

Take each of the following commands and work it into a short, but very polite, dialogue.

Por ejemplo *(For example)*:

> Siéntese usted. *(Sit down.)*
> — Siéntese, por favor.
> — Con mucho gusto.
> — Gracias.

> Abra la ventana. *(Open the window.)*
> — Por favor, abra la ventana.
> — Con mucho gusto.
> — Muchas gracias.
> — De nada.

Ahora vamos a continuar.

1. Cierre la ventana. *(Close the window.)*
2. Abra la puerta. *(Open the door.)*
3. Cierre la puerta. *(Close the door.)*
4. Pase a la pizarra. *(Go to the blackboard.)*
5. Lea en voz alta. *(Read aloud.)*
6. Abran Uds. (ustedes) el libro. *(You-all, open your book.)*
7. Cierren (Uds.) el libro. *(You-all, close...)*
8. Repitan ahora. *(Repeat now.)*

Números Cardinales 1–12

1	uno (un, una)	7	siete
2	dos	8	ocho
3	tres	9	nueve
4	cuatro	10	diez
5	cinco	11	once
6	seis	12	doce

Uno is shortened to **un** before a masculine noun. It becomes **una** before a feminine noun :

Es un dólar.   It's one dollar.
Es una peseta.   It's one peseta.

Problemas de Aritmética

+   y (or más)   =   son
—   menos   ×   por or veces

Diga ahora en español *(Now say in Spanish)* :

$1 + 1 = 2$ $10 - 6 = 4$
$5 - 2 = 3$ $12 - 7 = 5$
$2 \times 3 = 6$ $9 + 2 = 11$
$4 + 5 = 9$ $2 \times 4 = 8$

La Hora del Día *(Time of day)*

— ¿Qué hora es?   — Es la una... *(It's 1:00)*
   (What time is it?)   Ah, no. Son las dos. *(It's 2:00)*

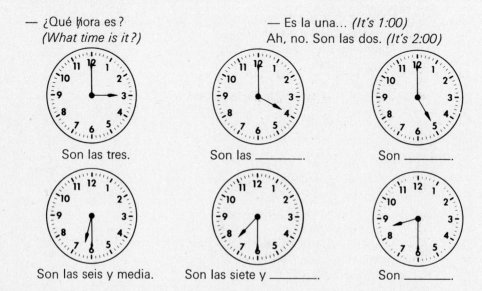

Son las tres.   Son las _____.   Son _____.

Son las seis y media.   Son las siete y _____.   Son _____.

B and **V**:   B and **v** are *absolutely identical* in pronunciation. For example, there is no difference whatever in the sound of **las aves** and **la sabes**, of **a ver** and ̶h̶aber. However, the pronunciation of **b** or **v** depends on its position in the sentence, phrase, or word.

When 'b or **v** appears at the beginning of a sentence or of a group of words spoken together, its sound is much like that of the English **b**. Repeat now exactly what you hear:

Váyase. Ven acá. Vámonos. Voy. Véalo. Bésame.

The same **b** appears after **m** or **n**. The **n**, incidentally, is pronounced **m** before **b** or **v**:

̶h̶ombre, tumba, cumbre, ̶h̶ambre, un vaso, un barrio, un vapor

In all other positions within the word or within the phrase, **b** or **v** is formed as follows: *Start to say* **b**, *but at the last moment, do not quite close your lips.* In this way, the breath continues to escape through the slight opening between the lips, and the sound does not have the explosive quality of the initial **b**:

la vida, las aves, la sabes, a ver, ̶h̶aber, ̶h̶ablaba, iba, la vuelta

El Alfabeto *(The alphabet)*

a	*a*	j	*jota*	rr	*erre*
b	*be*	l	*ele*	s	*ese*
c	*ce*	ll	*elle*	t	*te*
ch	*che*	m	*eme*	u	*u*
d	*de*	n	*ene*	v	*(u)ve*
e	*e*	ñ	*eñe*	x	*equis*
f	*efe*	o	*o*	y	*i griega*
g	*ge*	p	*pe*	z	*zeta*
h	̶h̶*ache*	q	*cu*		
i	*i*	r	*ere*		

W and **k** are not really letters of the Spanish alphabet and appear only in foreign words, or names. All letters of the alphabet are feminine.

Ejercicios

A. ¿Qué ̶h̶ora es?

Es la una y _____.

Son las tres y _____.

Son _____ y diez.

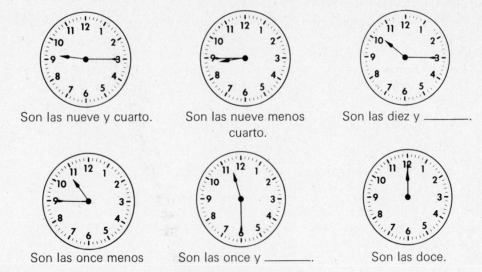

Son las nueve y cuarto. Son las nueve menos cuarto. Son las diez y _____.

Son las once menos _____. Son las once y _____. Son las doce.

Tarea

Pronunciación

J: In Spanish **j** is a soft guttural sound that does not exist in English. It is formed in the throat, and is somewhat similar to the *ch* in the German *ach!* :

   pájaro, cojo, jamón, lejos, jota, jabón

G: G before an **e** or an **i** is pronounced just like the Spanish **j** :

   general, gitano, giro, gente, coger, dirigir

In all other cases, **g** is hard, like the *g* in *girls* :

   goma, gato, laguna, grupo, iglesia, legumbre, guerra, guitarra

Notice that the **u** that precedes the **e** or **i** is not pronounced. It serves merely to keep the **g** hard, as in English *guest, guitar*.

P: P in Spanish, although not voiced, does not have the light, breathy quality of the English. This effect is obtained by keeping the lips closed until the next sound is enunciated, thus preventing the slight escape of air that follows the English *p* :

   padre, papa, patata, popa, para, por, importante, parte, pampa

The **p** that appears before an **s** at the beginning of a word is not pronounced. Some words of this type may also be written without the initial **p** :

   psicología, psiquiatra, pseudo, psicoterapia

Son _____ menos cinco.

Son _____ menos _____.

Son _____.

_____.

_____.

_____.

B. Prepare Ud. las conversaciones siguientes *(Make up the following conversations)* :

1. You meet your friend Pedro on the street. You greet each other, etc.
2. You meet one of your teachers in school.
3. You ask someone to open the window. The person is glad to do it and you thank him (or her).
4. You excuse yourself for interrupting and you announce the time. The other person thanks you very much.
5. You are a new teacher. You introduce yourself to the students and ask several of them what their names are. They answer. You then ask what time it is. Someone replies and you begin the class.

Cuarto Día

La Familia

Notice that the masculine plural forms may refer not only to male members but also to a group composed of both male and female. Thus, **padres** means *parents* as well as *fathers*; hermanos, *brother(s) and sister(s)* as well as *brothers*; tíos, *uncle(s) and aunt(s)* as well as *uncles*. The feminine plural refers only to females: hermanas, means only *sisters*; tías, only *aunts*, etc.

el padre	*the father*	los padres
la madre	*the mother*	
el hermano	*the brother*	los hermanos
la hermana	*the sister*	
el hijo	*the son*	los hijos
la hija	*the daughter*	
mi tío	*my uncle*	mis tíos
mi tía	*my aunt*	
mi abuelo	*my grandfather*	mis abuelos
mi abuela	*my grandmother*	
su primo	*his (her, your) cousin (m.)*	sus primos
su prima	*his (her, your) cousin (f.)*	
el sobrino	*the nephew*	los sobrinos
la sobrina	*the niece*	
su esposo	*her (your) husband*	los esposos
su esposa	*his (your) wife*	

Conversación

1. ¿Cómo se llama su padre? (Mi padre se llama…)
2. ¿Cómo se llama su madre? (Mi madre…)
3. ¿Tiene Ud. *(Do you have any)* hermanos? (Sí, tengo… No, no tengo…)
4. ¿Cuántos *(How many)* hermanos tiene Ud. y cuántas hermanas? (Tengo…)
5. ¿Tiene Ud. esposo? ¿Tiene Ud. esposa?
6. ¿Tiene Ud. sobrinos?

7. ¿Cuántos primos tiene Ud.?
8. ¿Qué es el padre de su padre? *(What is your father's father?)* (El padre de mi padre es mi...)
9. ¿La madre de su padre? (La madre de mi padre es mi...)
10. ¿El hermano de su madre? (El hermano de mi madre es mi...)
11. ¿El hijo de su tío? (El hijo de mi tío es mi...)
12. ¿La hija de su hermano? (La hija de mi hermano es mi...)
13. ¿La esposa de su padre? (La esposa de mi padre es mi...)
14. Si *(If)* el padre de mi esposo es mi suegro, la madre de mi esposo es mi...
15. Si la hermana de mi esposo es mi cuñada, el hermano de mi esposo es mi...
16. Si yo soy el nieto de mis abuelos, mi hermana es la... de mis abuelos.

Los Días de la Semana *(The days of the week)*

hoy *today*   mañana *tomorrow*   ayer *yesterday*

Notice that days of the week and months of the year are *not* capitalized in Spanish:

MAYO

lunes *Monday*	*lunes*		6	13	20	27
martes *Tuesday*	*martes*		7	14	21	28
miércoles *Wednesday*	*miércoles*	1	8	15	22	29
jueves *Thursday*	*jueves*	2	9	16	23	30
viernes *Friday*	*viernes*	3	10	17	24	31
sábado *Saturday*	*sábado*	4	11	18	25	
domingo *Sunday*	*domingo*	5	12	19	26	

Ejercicio

Conteste en español:

1. ¿Qué día es hoy? (Hoy es lunes, etc....)
2. ¿Qué día es mañana?
3. ¿Qué día fue *(was)* ayer?
4. Si hoy es lunes, ¿qué día es mañana? (Si hoy es lunes, mañana es...)
5. Si hoy es miércoles, ¿qué día es mañana?
6. Si hoy es viernes, ¿qué día es mañana?
7. Si hoy es domingo, ¿qué día fue ayer? (Si hoy es domingo, ayer fue...)
8. Si hoy es jueves, ¿qué día fue ayer?
9. Si hoy es martes, ¿qué día fue ayer?
10. ¿Qué días de la semana tiene Ud. la clase de español? (Tengo la clase de español los...)

11. ¿Tiene Ud. sesión de laboratorio *(lab session)* hoy? ¿y *(and)* mañana?
12. ¿Qué días va Ud. a *(do you go to)* la universidad? (Voy...)
13. ¿Qué día va Ud. a la iglesia *(to church)*? (Voy a la iglesia el...)
14. ¿Qué días va Ud. al gimnasio?
15. ¿Va Ud. al teatro el sábado? ¿Va Ud. al templo?
16. ¿Va Ud. a un partido de fútbol *(football* or *soccer game)* el sábado?
17. ¿Va Ud. al cine *(to the movies)* hoy?
18. ¿Va Ud. al cine mañana? ¿o el domingo?
19. ¿Qué día de la semana le gusta más? (Me gusta más el...)
20. ¿Qué día le gusta menos *(least)*?

Las Estaciones y los Meses del Año *(The seasons and months of the year)*

el invierno *winter*	enero *January* febrero *February* marzo *March*
la primavera *spring*	abril *April* mayo *May* junio *June*
el verano *summer*	julio *July* agosto *August* septiembre *September*
el otoño *autumn*	octubre *October* noviembre *November* diciembre *December*

Ejercicio

Conteste en español:

1. ¿Qué mes del año *(What month of the year)* le gusta más? (Me gusta...)
2. ¿Cuáles son *(Which are)* los meses del invierno? ¿de la primavera? ¿del verano? ¿del otoño?
3. ¿Le gusta más el invierno o el verano?
4. ¿Qué estación del año le gusta más? ¿Qué estación le gusta menos?
5. ¿En qué mes es su cumpleaños *(is your birthday)*? (Mi cumpleaños es en...)
6. ¿En qué mes es el cumpleaños de su padre *(is your father's ...)*? (El cumpleaños de mi padre es en...) ¿y de su madre?
7. ¿En qué mes estamos *(are we)* ahora? (Estamos...)
8. ¿En qué mes comienza el año escolar *(does the school year begin)*? ¿En qué mes termina *(does it end)*?
9. ¿En qué meses tenemos las vacaciones *(do we have vacation)*?

10. ¿En qué mes celebramos la Navidad *(do we celebrate Christmas)*? ¿la independencia de los Estados Unidos *(of the United States)*? ¿el descubrimiento *(discovery)* de América? ¿el cumpleaños de Jorge Washington? ¿el día de San Patricio *(St. Patrick)*? ¿el día de San Valentín?

Tarea

Pronunciación

T: In Spanish **t** is a heavily dentalized sound. It is *not* followed by the light breath that is heard after the English **t**. Instead, it is formed by placing the tip of the tongue directly behind the upper front teeth. Although the sound is not really voiced, it does not have the totally unvoiced, breathy quality of the English. Listen and repeat:

te, tú, tanto, tonto, tinta, tetera, tintero, título,
tener, tierra, tío, tía, total, torta, tortilla, tuerto

D: The pronunciation of **d** in Spanish depends largely on the position of the **d** within the word or phrase. At the beginning of a sentence or of any group of words, the **d** is a hard, strongly dentalized sound, formed in much the same manner as the **t**, but voiced:

Dámelo. Diga. Duérmete. Doble. Durante el verano.

The same sound appears after an **n** or **l**:

cuando, ħablando, diciendo, balde, dando, caldo, donde

Between vowels, and in most other positions *within* the word or phrase, the Spanish **d** is very similar to the voiced *th* in the English words *these*, *they*, or *rather*. It is pronounced more softly than the English, with the tongue protruding less between the teeth:

nada, cada, todo, toda, mi vida, ħablado, vivido, tenido

At the end of a word, the final **d** is formed like the *th*, but is barely sounded. It is so soft that in careless speech it often disappears completely:

libertad, ciudad, unidad, voluntad, salud, ħermandad, virtud, verdad

In the word **usted**, it disappears completely, even in correct speech. Of course, in the plural, the *th* sound remains: usted, ustedes.

R: R in Spanish is formed by placing the tip of the tongue very gently on the hard palate. When the breath hits it forcibly, it causes the tongue to bounce against the hard palate. Important: Remember that the lips *must not move* as they do in English.

pero, para, cara, toro, cero, mero, moro, torero, coro, caro,
muro, puro, comer, por, andar, ħablar, decir, poner, aħora

RR: **Rr** is formed exactly like **r**, but the tongue is made to bounce several times against the hard palate by the even more forcible expulsion of breath. **Rr** often affects the sound of the vowel preceding it: the **e** becomes more like the *e* in *met;* the **o**, shorter, less open.

perro, parra, carro, torre, cerro, corro, ahorra,
correr, cerrar, tierra, carrera, barrera, carretera

When **r** begins a word, it is pronounced **rr**, and an **s** that precedes it often disappears:

rato, rata, rico, rey, rebelde, los reyes, los ricos

Ejercicios

A. Calendario personal

enero	febrero	marzo	abril
mayo	junio	julio	agosto
septiembre	octubre	noviembre	diciembre

Aquí *(Here)* tiene Ud. su calendario personal. Indique mes por *(by)* mes:

1. los cumpleaños y aniversarios de los miembros de su familia—y de Ud., por supuesto *(of course)*
2. los principales días de fiesta *(holidays)* nacionales: el día de la independencia; el día de acción de gracias *(Thanksgiving)*; el día de las elecciones; el día del año nuevo *(New Year's Day)*; el cumpleaños de Jorge Washington, Abrahán Lincoln, Martín Lutero King, Jr., Roberto E. Lee, etc.
3. las importantes fiestas religiosas: la Navidad, las Pascuas *(Easter)*, etc.
4. las fechas *(dates)* más importantes del año escolar: el primer día de clases, la semana de los exámenes finales, el fin *(end)* del semestre, la época de las vacaciones, etc.

B. Conteste ahora en español:

1. ¿Tiene Ud. un primo favorito (o una prima favorita)? ¿un tío favorito (o una tía)? ¿un hermano o una hermana?

2. ¿Le gusta mucho su familia? ¿Quién *(Whom)* le gusta más? ¿Quién le gusta menos?

3. ¿Hay una persona realmente excepcional en su familia? Si hay, ¿quién es?

4. ¿Son *(Are)* americanos sus abuelos? (Sí, mis abuelos... No,...)

5. ¿Son nativos de aquí *(of here)* sus padres? ¿Es Ud. nativo (nativa) de aquí?

6. Y finalmente, ¿qué día es hoy? ¿Qué hora es?

¡Fantástico!

Quinto Día

Números Cardinales 13–31

13	trece	17	diez y siete (diecisiete)
14	catorce	18	diez y ocho (dieciocho)
15	quince	19	diez y nueve (diecinueve)
16	diez y seis (dieciséis)[1]	20	veinte

las cuatro y
quince

las siete menos
quince

las ocho y
veinte

las once menos
veinte

20 veinte

21	veinte y un(o), veinte y una (veintiún, veintiuno, veintiuna)	25	veinte y cinco (veinticinco)
		26	veinte y seis (veintiséis)
22	veinte y dos (veintidós)	27	veinte y siete (veinti_____)
23	veinte y tres (veintitrés)	28	veinte y ocho (_____)
24	veinte y cuatro (veinticuatro)	29	_____ (_____)

30 treinta

31 treinta y un(o), treinta y una

Práctica

Recuerde *(Remember)* :

+   y *or* más   =   son
−   menos   ×   por *or* veces

[1] As you can see, Spanish also has one-word forms for the numbers 16–29. They are equally correct and particularly common in business letters, but since they do involve certain spelling changes and written accents, I would suggest that you use the long forms and just recognize the others.

Diga ahora en español:

1. $2 \times 10 = 20$, $15 - 8 = 7$, $12 + 7 = 19$, $19 - 10 = 9$, $13 + 4 = 17$, $11 + 3 = 14$, $6 \times 3 = 18$
2. $7 \times 4 = 28$, $16 + 15 = 31$, $25 - 12 = 13$, $30 - 20 = 10$, $21 + 11 = 32$
3. $3:15$, $4:20$, $7:40$ *(eight minus...)*, $9:42$, $10:27$

Y conteste, por favor:

1. ¿Cuántos *(How many)* días hay en una semana? ¿Cuántos meses hay en un año?
2. ¿Cuántos días hay en el mes de febrero? ¿Cuántos hay en abril? ¿en marzo? ¿en diciembre?
3. ¿Cuántas personas hay en un equipo *(team)* de béisbol? ¿y de básquetbol? ¿y de fútbol norteamericano?
4. ¿Cuántos muchachos *(fellows)* y cuántas muchachas hay en su clase de español? Vamos a contar *(Let's count)*...

¿ Qué tiempo hace? *(How is the weather?)*

¿Hace frío?—No. No hace mucho frío hoy.	Is it cold out?—No. It's not very cold.
Hace calor hoy. —Sí, hace mucho calor.	It's warm out today.—Yes, it's really hot.
Hace sol.	It is sunny.
Llueve.	It is raining
Nieva.	It is snowing.
¿Llueve mucho aquí?—No, pero nieva en el invierno.	Does it rain a lot here?—No, but it snows in the winter.

Verano en Gerona, España.

Invierno en Madrid.

Conteste una vez más:

1. ¿Hace mucho frío hoy? ¿Hace calor? ¿Llueve? ¿Hace sol?
2. ¿Qué tiempo hace *(What is the weather like)* en el invierno? ¿en el verano? ¿y en abril?
3. ¿Hace calor o frío en las zonas tropicales? ¿y en la zona ártica?
4. ¿Le gusta más a Ud. el calor o el frío?
5. ¿Nieva mucho aquí? ¿En qué meses nieva más? ¿En qué meses llueve más?

Los Colores

blanco *white*	negro *black*	rosado *pink*
rojo *red*	amarillo *yellow*	anaranjado *orange*
verde *green*	azul *blue*	pardo *brown*

Díganos ahora *(Tell us now)*:

1. ¿Cuál *(Which)* es su color favorito?
2. ¿Cuáles son los colores de la primavera? ¿y del otoño?
3. ¿Cuáles son los colores del 4 de julio? ¿de la Navidad? ¿y del Día de San Valentín?
4. ¿De qué color es el amor? ¿el silencio? ¿el matrimonio? ¿la pasión? ¿la virtud *(virtue)*? ¿el diablo *(devil)*? ¿el odio *(hate)*? ¿el ideal?

Tarea

Pronunciación

X: X is pronounced in two ways. Before a consonant, it is usually an *s*:

explicar, extraordinario, extranjero, extraño, expresión, extremo

Between vowels, the Spanish x is a compromise between the English *egz* as in *exact,* and *eks* as in *excellent.* In Spanish, it sounds like a rather softly spoken hard *g,* followed by an *s*: *egs.*

examen, examinar, hexámetro, exorbitante, exageración, exaltar, hexágono

In Mexico, the words **México** and **mexicano** are written with an **x**, but pronounced with the Spanish **j**. In Spain, these words are written with a **j**:

México (Méjico), mexicano (mejicano)

Y: The consonant y is pronounced like the *j* in *judge* when it follows an **n**: inyectar, conyugal, inyección. Otherwise it is pronounced as in English.

LINKING AND INTONATION

Linking is one of the most important factors that determine the rhythm of Spanish speech. Without it, accurate intonation is entirely impossible. In short, this is what it involves:

The final vowel of a word must be joined with the initial vowel of the following word, unless, of course, the words are separated by a comma or by a logical pause.

Repita, por ejemplo:

a. mi h̶ijo, mi h̶ermano, mi abuela, mi prima Antonia, mi tío Oscar, su amiga Inés, su único h̶ijo, su primera esposa

b. veinte y uno, veinte y dos, treinta y uno, treinta y seis

c. Señora H̶urtado, Señorita Ortiz, doña Amanda, doña Isabel

d. doce estudiantes, quince estudiantes, la clase de español, una estudiante excelente

e. No me gusta Alonso.   Me gusta más su h̶ermano.   ¿Cómo se llama Ud.? ¿Cómo está h̶oy?

As for patterns of correct intonation, sufficient variety exists among individuals and area groups to make an exact rule impossible. Furthermore, the patterns of a woman's speech are usually quite different from those of a man; the patterns of a young person's much different from those of the aged. And there are patterns of leisure, patterns of stress, patterns of the very cultivated, patterns of the less. Still, certain rhythms and stresses, a certain rise and fall of the voice, do characterize native speech and distinguish it from that of the foreigner. And so, the best thing for you to do is to mimic the intonation of your instructor and of the many speakers on our tapes. And should you choose to identify with one of them, then let those speech patterns be the ones you select to work on and perfect. You can do it!

Ejercicios

A. Problemas

1. H̶ay treinta apartamentos en mi casa *(house)*. Tres apartamentos están desocupados *(are vacant)*. ¿Cuántos apartamentos ocupados h̶ay?

2. Tengo veinte y dos primos. Doce son muchachos. ¿Cuántas primas tengo?

3. H̶ay sesión de laboratorio dos veces por *(two times per)* semana. El semestre tiene *(has)* catorce semanas. ¿Cuántas sesiones de laboratorio h̶ay en un semestre?

4. H̶ay treinta y un jugadores *(players)* en nuestro equipo de fútbol *(our football team)*. Diez y seis son veteranos. ¿Cuántos jugadores nuevos *(new)* h̶ay?

5. Ah̶ora es la una y media. El concierto comienza *(begins)* en treinta y cinco minutos. ¿A qué h̶ora es el concierto?

B. Conteste una vez más:

1. ¿Qué tiempo h̶ace h̶oy?

2. ¿H̶ace más frío en el norte o en el sur *(south)*?

3. ¿Cuáles son los colores de la bandera *(flag)* norteamericana?

4. ¿Cuál es el color del océano? ¿de este libro *(this book)*? ¿del comunismo? ¿del Día de San Patricio? ¿de sus ojos *(your eyes)*?

5. ¿Cuántas h̶oras h̶ay en un día?

Sexto Día

Números Cardinales 10–100

10	diez	60	sesenta
20	veinte	70	setenta
30	treinta	80	ochenta
40	cuarenta	90	noventa
50	cincuenta	100	cien (ciento)
		101	ciento uno
		116	ciento diez y seis

Cardinal numbers ending in *one* (21, 31, 41, etc.) change **uno** to **un** before a masculine noun, **uno** to **una** before a feminine noun:

> cuarenta y un años *41 years*   veinte y una (veintiuna) horas *21 hours*

After 29, **veintinueve**, there are no one-word forms:

> treinta y cinco días *35 days*   setenta y ocho trombones *78 trombones*

Ciento become **cien** when it immediately precedes *any* noun, including **millón** *(million)*:

> cien dólares *100 dollars*   cien millones de habitantes *100,000,000 inhabitants*

> *But:* ciento diez dólares *110 dollars*
> ciento cincuenta millones *150,000,000*

Práctica

1. Vamos a contar de diez en diez *(by tens)* hasta 100.
2. Vamos a contar de cinco en cinco hasta 150.
3. Diga en español: $20 + 30 = 50$; $100 - 40 = 60$; $75 + 10 = 85$; $91 + 8 = 99$; $100; $150; 180 pesetas; 72 pesos

Ahora vamos a conversar:

1. ¿Cuántas semanas hay en un año? ¿y en dos años?
2. ¿Cuántos estados *(states)* hay en los Estados Unidos? ¿Cuántos senadores hay en el Senado? ¿Cuántos representantes tiene su estado?
3. ¿Cuántos centavos *(cents)* hay en un dólar? ¿Cuántos años hay en un siglo *(century)*?

4. ¿Cuántos años tiene *(How old is)* su padre? ¿y su madre? ¿y sus abuelos? ¿Cuántos años tiene Ud.? (Tengo...)

5. Si gano *(I earn)* cincuenta dólares por semana, ¿soy rico o pobre *(poor)*? ¿Si gano cien dólares por mes? ¿cien dólares por día? ¿cincuenta dólares por hora?

Países y Nacionalidades *(Countries and nationalities)*

Norteamérica (la América del Norte)	norteamericano
los Estados Unidos (E.E.U.U.)	norteamericano, estadounidense
the United States (U.S.A.)	
el Canadá	canadiense
Méjico, México	mejicano, mexicano
Centroamérica (la América Central)	centroamericano
el Salvador	salvadoreño
Honduras	hondureño
Costa Rica	costarricense
Guatemala	guatemalteco
Nicaragua	nicaragüense
Panamá	panameño

Las Antillas

Cuba	cubano
Puerto Rico	puertorriqueño
la República Dominicana	dominicano
Haití	haitiano
Jamaica	jamaiquino

Sudamérica (la América del Sur) sudamericano

Colombia	colombiano
Venezuela	venezolano
el Ecuador	ecuatoriano
el Perú	peruano
Bolivia	boliviano
Chile	chileno
(la) Argentina	argentino
el Uruguay	uruguayo
el Paraguay	paraguayo
el Brasil	brasileño

Europa europeo

Inglaterra	*England*	inglés
Irlanda	*Ireland*	irlandés
Escocia	*Scotland*	escocés
Francia		francés
Italia		italiano
España	*Spain*	español
Portugal		portugués
Alemania	*Germany*	alemán
Austria		austríaco
Bélgica	*Belgium*	belga
Holanda	*Holland*	holandés
Suiza	*Switzerland*	suizo
Dinamarca	*Denmark*	danés
Noruega	*Norway*	noruego
Suecia	*Sweden*	sueco
Finlandia		finlandés
Rusia		ruso
Grecia	*Greece*	griego
Polonia	*Poland*	polaco
Rumania		rumano
Checoslovaquia		checoslovaco
Hungría	*Hungary*	húngaro
Bulgaria		búlgaro
Yugoslavia		yugoslavo

África	africano
Egipto *Egypt*	egipcio
Marruecos *Morocco*	marroquí, marrueco
Asia	asiático
La China	chino
India	indio
el Japón	japonés
las Filipinas	filipino

el Medio Oriente *the Middle East*

Arabia	árabe
Israel	israelí, israelita
Turquía	turco
Australia	australiano

Note: The names of languages are usually the same as the nationality, but are accompanied by the definite article: **el español, el portugués, el francés,** etc.

Conversación

1. ¿De dónde es Ud.? (*Where are you from?*) ¿De dónde es su padre? ¿y su madre? ¿y sus abuelos? (Mis abuelos son...)
2. ¿Cómo llamamos a un hombre *(What do we call a man)* que es de la Argentina? (Es un...) ¿del Perú? ¿de Francia? ¿de Inglaterra? ¿del Japón? ¿del Ecuador? ¿de Alemania? ¿de Suiza?
3. ¿Cómo llamamos a una mujer *(woman)* que es de Italia? (Es una...) ¿de Guatemala? ¿de Bélgica? ¿de Dinamarca? ¿de Rusia? ¿de Polonia? ¿de Holanda? ¿de Escocia? ¿de España? ¿de Portugal?
4. ¿Cómo llamamos a los habitantes de Egipto? (Son...) ¿de Puerto Rico? ¿África? ¿Grecia? ¿Cuba? ¿Brasil?
5. ¿De dónde es un rumano? ¿una sueca? ¿un húngaro? ¿un chino? ¿una portuguesa? ¿un chileno? ¿un austríaco? ¿una holandesa?
6. ¿Qué lengua hablan *(do they speak)* en el Japón? ¿en Colombia? ¿en Dinamarca? ¿en Alemania? ¿en Rusia? ¿en el Brasil? ¿en los Estados Unidos? ¿y en México? ¿y en España? ¿y en Chile? ¿y en Panamá?... ¿Ah, sí?

Pues vamos a aprenderlo, ¡ahora mismo! *(Then let's learn it, right now!)* ¿Está bien?

Vocabulario Activo de la Lección de Conversación

Mi familia *My family*

mi padre *my father*
   madre *mother*
   hijo, hija *son, daughter*
   hermano, hermana *brother, sister*

tío, tía *uncle, aunt*
primo, prima *cousin*
abuelo, abuela *grandfather,
   grandmother*
esposo, esposa *husband, wife*

Los colores

blanco *white*
azul *blue*
amarillo *yellow*

negro *black*
verde *green*
rojo *red*

Expresiones comunes

y *and*
a *to*
¿Cuánto? *How much?*
¿Qué? *What?*
¿Cómo? *How?*
si *if*
¿Cómo se llama Ud.? *What is your
   name?* Me llamo… *My name is…*
Buenos días. *Good morning.*
Buenas tardes. *Good afternoon.*
Buenas noches. *Good evening. Good
   night.*

o *or*
de *of; from*
¿Cuántos? *How many?*
¿Dónde? *Where?*
hay *there is, there are*
Sí *Yes*
Hola. *Hello.*
Adiós. *Goodbye.*
¿Cómo está Ud.? *How are you?*
Muy bien, gracias. *Very well, thanks.*
Por favor. *Please.*
De nada. *You're welcome.*

Los días de la semana *The days of the week*

lunes *Monday*
martes *Tuesday*
miércoles *Wednesday*
jueves *Thursday*

hoy *today*

viernes *Friday*
sábado *Saturday*
domingo *Sunday*

mañana *tomorrow*

Los meses del año *The months of the year*

enero *January*
febrero *February*
marzo *March*
abril *April*
mayo *May*
junio *June*

julio *July*
agosto *August*
septiembre *September*
octubre *October*
noviembre *November*
diciembre *December*

Las estaciones *The seasons*

el invierno *winter*
la primavera *spring*

el verano *summer*
el otoño *autumn*

¿Qué hora es? *What time is it?*

Es la una. *It is one o'clock.*
Son las dos. *It is two o'clock.*
Señor *Mr.*
Señora *Mrs.*
Señorita *Miss*

Los números cardinales

1	uno	11	once
2	dos	12	doce
3	tres	13	trece
4	cuatro	14	catorce
5	cinco	15	quince
6	seis	16	diez y seis
7	siete	17	diez y siete
8	ocho	18	diez y ocho
9	nueve	19	diez y nueve
10	diez	20	veinte
30	treinta	70	setenta
40	cuarenta	80	ochenta
50	cincuenta	90	noventa
60	sesenta	100	cien(to)

¿Qué tiempo hace? *How is the weather?*

Hace (mucho) frío. *It is (very) cold.*
Hace (mucho) calor. *It is (very) warm out.*
Hace (mucho) viento. *It is (very) windy.*
Hace (mucho) sol. *It is (very) sunny.*
Llueve. *It is raining.*
Nieva. *It is snowing.*

Parte
Primera

O exercicio, e Louvor
das Letras, que o mundo acclama
tem na nobreza o melhor
Illustra afama,
tal mais sagrado Esplendor.

Andrade

Lección Primera

Momento de Vida: Día de Matrícula

Registration day

Es la semana **antes del comienzo del** semestre, y Anita Castro **camina al gimnasio para matricularse. En el camino ve a un amigo,** Miguel Abad.

before the start of the • is walking to the gym to register. On the way she sees a friend

Anita: ¡Miguel! ¡**Hombre**!

Man!

Miguel: ¿Qué tal, Anita?

Anita: Así, así. **Voy a matricularme** ahora.

I'm going to register

Miguel: Si **deseas, te espero** a las once, ¿**está bien**?

you wish, I'll wait for you • all right? • But

Anita: Fenomenal. **Pero**, ¿dónde?

Miguel: **En la puerta** del gimnasio.

At the door

Anita: **De acuerdo**. Hasta luego, **entonces**.

OK • then

Miguel: Y **suerte, chica**, mucha suerte.

good luck, girl

Anita entra al gimnasio. **Estudia por** un momento la lista de las clases. **Saca una pluma, escribe un poco en unos papeles y va a la mesa de su consejero.**

She studies for

She takes out a pen, writes a little on some papers, and goes to the desk of her advisor.

Anita: Buenos días, doctor Fernández.

Dr. Fernández: Ah, sí, señorita... Perdón. ¿Ud. es...?

Anita: Anita Castro.

Dr. Fernández: **Claro**. Anita Castro. ¿Cómo está?

Of course

Anita: Bien, gracias, señor. ¿Y Ud.?

Dr. Fernández: Muy bien. Pero, **vamos a ver**. ¿Qué clases **desea tomar este** semestre?

let's see • do you wish to take this

Anita: **Aquí tengo** la lista, señor. Inglés, francés, historia y arte.

Here I have

Dr. Fernández: Ajá... Inglés 21: martes y jueves a las nueve. Novela **Contemporánea**.

contemporary

Anita: Sí, me gusta mucho la literatura moderna.

Dr. Fernández: Claro, Juanita...

Anita: Anita.

Dr. Fernández: Perdón. Anita... Pero **no sé**. La clase **está llena**. Hay **otra** sección a las ocho.

I don't know • is full

another

Anita: Por favor, señor. **No vivo** aquí en la universidad. **Viajo** una hora en el **tren**, y...

I don't live • I travel

train

Dr. Fernández: ¿**Desde cuándo no vive** Ud. aquí? Ud. **siempre**...

Since when don't you live • always

Anita: Desde **ahora mismo.** Por favor, doctor Fernández.　　　　right now

Dr. Fernández: **Bueno.** Hay otra sección a las seis **de la tarde.**　　All right • p.m.

Anita: ¡Ay, no! Entonces **no como. Trabajo** a las siete y media.　　I don't eat. I work

Dr. Fernández: ¿**Por qué** no **toma Ud.** entonces el Inglés 42:　　Why don't you take
　　Prosa Religiosa Medieval?

Anita: ¿A qué hora?

Dr. Fernández: A las nueve **de la mañana.**　　　　　　a.m.

Anita: De acuerdo. Ahora, señor, ¿el Francés 13, a las diez?

Dr. Fernández: Vamos a ver... Ay, no, Martita. Perdón. Juanita **Esa**　　That
　　clase **también** está llena. **Ahora bien**...　　also • Now, then

　　Media hora más tarde. Anita habla **con** Miguel.　　Half an hour later • with

Miguel: Entonces, Anita, ¿qué clases **tomas**?　　are you taking

Anita: **Escucha,** Miguel. Prosa Religiosa Medieval; Urdu 1;　　Listen
　　Bioquímica Avanzada y Problemas Constitucionales del Congo　　Advanced Biochemistry
　　Oriental.　　Eastern

Miguel: Pero, **mujer.** ¿Urdu? ¿Problemas Consti...? ¿Y Bio-　　woman (girl)
　　química Avanzada? ¡**No sabes nada** de Bioquímica elemental!　　You don't know anything about

Anita: **No importa.** Tengo **todas mis** clases los martes y jueves **de**　　It doesn't matter • all my • from
　　nueve a dos. El resto del **tiempo** estudio en la **escuela de la vida.**　　time • school of life

Miguel: ¡Magnífico! En **esa escuela enseño yo.**　　that school / teach

Anita: ¿Ah, sí? **Pues**... buenos días, profesor.　　Well

VOCABULARIO ACTIVO

el hombre *man*　　　　la mujer *woman; wife*
el amigo, la amiga *friend*　　la clase *class; classroom*
la escuela *school*　　　la mesa *table; desk*
la pluma *pen*　　　　el papel *paper*

－－－－－－－－

　hablar *to speak*　　　estudiar *to study*
　comer *to eat*　　　enseñar *to teach*
　vivir *to live*　　　escribir *to write*
　caminar *to walk*　　tomar *to take*
　trabajar *to work*

－－－－－－－－

　en *in; at (a place); on*　　con *with*
　ahora *now*　　　siempre *always*
　pero *but*　　　también *also; too*

－－－－－－－－

　¿Por qué? *Why?*　　　No sé. *I don't know.*

Preguntas

1. ¿Adónde camina Anita? ¿Por qué?
2. ¿A quién *(Whom)* ve en el camino? (Ve a...)
3. ¿Con quién habla Anita en el gimnasio?

4. ¿Qué clases desea tomar la muchacha?
5. ¿Por qué no toma el Inglés 21 a las nueve de la mañana?
6. ¿Por qué no desea Anita tomar la sección de las ocho? ¿y de las seis de la tarde?
7. ¿Qué clases toma por fin *(finally)*?
8. ¿Por qué está muy contenta con sus clases?
9. ¿Dónde estudia Anita el resto del tiempo?
10. ¿Quién enseña en esa escuela?
11. En su opinión, ¿es Anita una estudiante buena, mala *(good, bad)* o típica?
12. ¿Es Ud. como ella *(like her)*?

Estructura

1. THE GENDER OF NOUNS AND THE ARTICLES

All nouns in Spanish are either masculine or feminine. These are the articles that go with them:

A. The definite article *the*

	MASCULINE	FEMININE
SINGULAR	**el** hombre *the man*	**la** mujer *the woman*
PLURAL	**los** hombres *the men*	**las** mujeres *the women*

El is also used before a feminine singular noun that begins with a stressed **a** or **ha**. The plural remains **las**:

el agua *the water*   el hambre *hunger*
But: las aguas *the waters*

B. The indefinite article *a, an*

un chico *a boy*   **una** chica *a girl*

Un may also be used before a feminine singular noun that begins with a stressed **a** or **ha**:

un alma *a soul*   un hambre *a hunger*

C. Nouns that refer to male beings and almost all that end in **-o** are masculine:

el padre *the father*   el hijo *the son*
un libro *a book*   un dólar *a dollar*

An important exception: **la** mano *the hand*, **una** mano *a hand*

D. Nouns that refer to female beings and most nouns ending in **-a** are feminine:

la madre *the mother*   la hija *the daughter*
la ventana *the window*   la puerta *the door*

An important exception: **el** día *the day*, **un** día *a day* (Recall: **Buenos días**.)

2. THE PLURAL OF NOUNS

A noun is made plural by adding **-s** if it ends in a vowel, **-es** if it ends in a consonant. A final **-z** becomes **-ces** in the plural:

el maestro *the teacher*	los maestros
la clase *the class, the classroom*	las clases
la mujer *the woman*	las mujeres
la lección *the lesson*	las lecciones[1]
el lápiz *the pencil*	los lápices

Ejercicios

1. Place the definite article before each of the following nouns and read aloud:

   hombre, chicos, casa, libro, señora, señoritas, muchacho, mesa, familia, padre, madres, tío, tía, amiga, amigos, mano, manos, agua, día, días, historia

2. Place the indefinite article before these:

   lección, libro, idea, día, mano, madre, hermana, carta, padre, escuela, clase

3. Make the following nouns plural:

   primo, lección, carta, padre, amigo, mujer, hijo, lápiz, pluma, puerta, papel

4. How would you associate the ideas of Group A with those of Group B?

A	B
el maestro	escribir... enseñar... entrar... la madre...
un examen	el invierno... el verano... en una casa...
una pluma	estudiar... a las ocho, a las doce y a las seis
una puerta	
los hijos	
tomar	
vivir	
comer	
las ventanas cerradas	
mucho calor	

3. CONTRACTIONS

$$a + el = al \qquad\qquad de + el = del$$

There are only two contractions in Spanish. The preposition **a** *(to, toward)* plus the masculine singular article **el** becomes **al**. **De** *(of, from)* plus **el** becomes **del**:

Camina **al** gimnasio	She is walking to the gym.
¿ Hablas **al** maestro?	Are you talking to the teacher?
Es el primer día **del** semestre.	It is the first day of the semester.

---

[1] Notice that the plural form of nouns ending in **-ción** does not need an accent mark; lec/cio/nes.

No other form is ever contracted:

> Camina **a la** escuela.
> ¿Hablas **a los** estudiantes?
> Es el primer día **de la** semana.

> She is walking to school.
> Are you talking to the students?
> It's the first day of the week.

Ejercicios

A. Complete usando *(using)* **al, del, a la, de la, a los, de los.**

> Por ejemplo: Voy ___al___ dentista. Camina ___a la___ casa.

1. Enero es el primer mes _____ año.   2. El martes es el segundo día _____ semana.   3. Por favor, cierre Ud. la puerta _____ casa.   4. Mañana voy _____ teatro.   5. Habla _____ profesora de español, no _____ profesor de inglés.   6. ¿Escribe Ud. _____ otro chico también?   7. Estudio la historia _____ Estados Unidos.   8. Escribo la primera parte _____ lección.   9. La esposa _____ médico trabaja en la clínica.   10. ¿Va Ud. _____ laboratorio ahora?

B. Ahora conteste según *(according to)* los modelos:

> ¿Toma Ud. el tren **de la noche**? (día)
> **No. Tomo el tren del día.**

> ¿Habla Ud. **al profesor**? (profesora)
> **No. Hablo a la profesora.**

1. ¿Va Ud. **al dentista**? **(médico)**
   No. Voy _____.
2. ¿Va Ud. mañana **al teatro**? (ópera)
3. ¿Camina Ud. **a la escuela**? (gimnasio)
4. ¿Pedro es el sobrino **del señor Fernández**?[2] (la señora García)
5. ¿Desea Ud. la sección **de la una**? (tres)
6. ¿Hoy es el primer día **de la semana**? (mes)
7. ¿Es Ud. amigo **de la señora Campos**? (el doctor Campos)
8. ¿Julio es un mes **del invierno**? (verano)
9. ¿Abril es el primer mes **del otoño**? (primavera)
10. ¿Es Ud. el (la) estudiante más brillante **de la escuela**? (mundo—*world*)
    ¡Estupendo!

Vamos a continuar.

4. THE SINGULAR OF REGULAR VERBS—PRESENT TENSE

All Spanish verbs belong to one of three conjugations. The infinitive of the first ends in **-ar**, of the second in **-er**, and of the third in **-ir**. For example: **hablar** to speak, **comer** to eat, **vivir** to live.

---

[2] Notice that the definite article is used before a person's title when one is speaking *about* (not *to*) him.

In the singular of regular verbs, the infinitive ending is replaced as follows:
(Read aloud, stressing the syllable whose vowel is in boldface)

Person		hablar	comer	vivir
1	*I*	hablo	como	vivo
2	*you, my pal (fam.)*	hablas	comes	vives
3	*he, she, it, you*	habla	come	vive
	(Ud.—polite)			

Since the verb ending generally tells who the subject is, subject pronouns are used in Spanish only for clarification or emphasis. Get accustomed to using the verb, then, without any subject pronoun.

¿ Comes ahora ?—No.	Are you eating now ?—No.
Como más tarde.	I eat later.

Notice that the simple present tense in Spanish has three translations in English.

Hablo inglés.	I speak English.
	I am speaking English.
	I do speak English.

Even in questions or in negative statements, where English must use an auxiliary verb (*Is* he coming? *Do* you speak? They *aren't* going. She *doesn't* know.), Spanish maintains the simple tense:

¿ Habla inglés ?	Does he speak English ?
	Is he speaking English ?
No habla inglés.	He doesn't speak English.
	He isn't speaking English.

Ejercicios

A. Escriba las formas correspondientes *(Write the corresponding forms)* :
   yo : hablar, tomar, entrar, llamar, comer, vivir, recibir *(to receive)*
   María : estudiar, enseñar, desear, comprender *(to understand)*, abrir, escribir
   Ud : tocar, trabajar, preparar, aprender *(to learn)*, insistir, admitir
   tú : caminar, viajar, esperar, creer *(to believe)*, permitir, consistir

B. Ahora conteste según el sujeto indicado entre paréntesis *(Answer according to the subject indicated in parentheses)*. Por ejemplo :

¿ Quién toma café ? (Yo)	Who takes *(drinks)* coffee ?
Yo tomo café.	I take coffee.

   1. ¿ Quién toma té ? (Pepe)   2. ¿ Quién enseña el Español 1 ? (El doctor García)   3. ¿ Quién camina al gimnasio para matricularse ? (Anita)   4. ¿ Quién

escribe los ejercicios hoy en la pizarra? (Tú—*you, my pal*)   5. ¿Quién toma el coche *(car)* hoy? (Yo)   6. ¿Quién come primero—Miguel o yo? (Ud.)   7. ¿Quién desea hablar ahora? (Yo)   8. ¿Quién vive más cerca de *(closest to)* la escuela? (Mi amiga Carmen)   9. ¿Quién estudia más—Ud. o Juanito? *(Yo)*   10. ¿Quién trabaja más—su madre o su padre? (Mi padre)

C. Busque en el Grupo B una contestación lógica para cada pregunta del Grupo A. *(Look in Group B for a logical answer to each question of Group A)*.

A	B
1. ¿Toca Ud. el clarinete?	_____ El doctor Fernández.
2. ¿Trabajas aquí?	_____ No. Con sus tíos.
3. ¿Camina Ud. a la universidad?	_____ No. En la cafetería.
4. ¿Escribo en la pizarra?	_____ No. El piano.
5. ¿Vive María con sus padres?	_____ Por favor, no. Comes mucho.
6. ¿Quién enseña el Inglés 22?	_____ Sí, si deseas.
7. Deseo comer otra vez ahora.	_____ No. Tomo el bus.

5. NEGATIVE SENTENCES

A sentence is made negative by putting *no* before the verb.

No trabajas mucho. — Al contrario, estudio día y noche.

You don't work very hard. — On the contrary, I study day and night.

No me gusta el francés.
— ¿Por qué? — No sé.

I don't like French.
—Why? — I don't know.

Ejercicio

Cambie las frases siguientes a la forma negativa *(Change the following sentences to the negative form)* :

1. Juan vive aquí.   2. Deseo estudiar filosofía.   3. Me gusta mucho el invierno.   4. Tomo mis vacaciones en el verano.   5. Hablo muy bien el español.   6. Caminas muy rápidamente (mente—*ly*). 7. Trabaja con Pepe Mera.   8. Escribes con mucha imaginación.   9. Ud. entra por esta puerta.   10. Son amigos de mi familia.   11. Cierre Ud. las ventanas.   12. Abran Uds. el libro.

6. QUESTIONS

A question is formed by placing the subject *after* the verb, and most frequently, at the end of the sentence. (Have you noticed that every question is preceded by an inverted question mark as well as followed by the usual question mark?)

¿Estudia Ud. español?

Are you studying Spanish?

¿Vive su familia en México?
¿Vive en México su familia?

Does his family live in Mexico?

¿Es médico su padre?

Is your father a doctor?

If the subject is not expressed, the question is indicated by a rise in the speaker's voice:

¿Trabajas mañana?	Are you working tomorrow?
¿Tomo el tren o el autobús?	Do I take the train or the bus?

The questions *don't you?, isn't he?, haven't they?*, etc., placed at the end of a positive statement are usually translated in Spanish by ¿**no**?

Ud. toma biología, ¿no?	You take biology, don't you?
Son españoles, ¿no?	They are Spaniards, aren't they?
Está bien, ¿no?	It's all right, isn't it?

Do you?, is it?, etc. after a negative statement are usually expressed by ¿**verdad**?

No es Paco, ¿verdad?	It's not Frank, is it?
Ud. no habla ruso, ¿verdad?	You don't speak Russian, do you?
No vamos, ¿verdad?	We're not going, are we?

Ejercicios

A. Cambie a preguntas, primero afirmativas, después negativas *(Change to questions, first affirmative, then negative)*:
1. Julia toca el piano.   2. Su hermano es dentista.   3. Ud. toma cinco cursos este semestre.   4. Entro por la otra puerta.   5. La clase de las diez está llena *(full)*.   6. Tomas el tren de las siete.   7. Su familia es de California.   8. Sus padres son muy ricos.   9. Pablo estudia música española.   10. El niño escribe con pluma.

B. Exprese ahora en español:
1. The class is full, isn't it?   2. You're taking English, aren't you?   3. José doesn't live here, does he?   3. There are five professors in the department, aren't there?   4. You don't speak French, do you?   5. María is very intelligent, isn't she?   6. You don't like football much, do you?   7. I take the train at six-thirty, don't I?

Teatro

Now *you* make up a short scene (perhaps 10–12 lines) of your own and be ready to act it out in class. The subject: you go to see your advisor about changing your program. You want certain courses at certain times, or with certain professors. Or you meet one of your friends and exchange information about what you're both taking this semester, about what you like and don't like, and so forth. You may use whatever parts of the **Momento de Vida** you choose, plus whatever vocabulary you may know from the **Lección de Conversación** or elsewhere. But do try to be original, and see if you can give the scene a twist ending. **Buena suerte, mis actores.** And be brilliant, ¿**está bien**?

Hora de Conversación I

Sobre la Educación *(About education)*

escuela elemental *grade school*
la universidad *college*
el semestre *semester, term*
profesor(a)
maestro, maestra

escuela superior *high school*
colegio *high school, junior college*
el examen *examination*
estudiante

---

estudiar *to study*
leer *to read*
aprender *to learn*

escribir *to write*
enseñar *to teach*

---

libro *book*
biblioteca *library*
novela
ensayo *essay*
cuento *story*

cuaderno *notebook*
comedia *play*
periódico *newspaper*
revista *magazine*

---

pluma *pen*
el lápiz *pencil*
el papel *paper*
la (sala de) clase *classroom*

mesa, escritorio *desk*
pizarra *blackboard*
tiza *chalk*

---

cursos

filosofía y letras *humanities*
medicina
derecho *law*

contaduría *accounting*
periodismo *journalism*
lenguas *languages*

bellas artes *fine arts*

música
literatura
el arte

escultura *sculpture*
arquitectura
pintura *painting*

ciencias

biología
física *physics*
química *chemistry*
matemáticas
geología *geology*

botánica *botany*
antropología
zoología
entomología
astronomía

Conversación

1. ¿Qué clases toma Ud. este semestre? ¿Cuál le gusta más? ¿y menos?
2. ¿Le gusta aprender lenguas extranjeras? ¿Habla Ud. otra lengua extranjera?
3. ¿Qué ciencia considera Ud. la más importante de todas?
4. ¿Le gusta a Ud. el arte? ¿Prefiere Ud. el arte abstracto o el arte realista? ¿Quién es su pintor *(painter)* favorito?
5. ¿Le gusta la música? ¿Quién es su compositor *(composer)* favorito?
6. ¿Le gusta leer? ¿Qué tipo de libros prefiere Ud.? ¿Quién es su autor favorito?
7. ¿Qué usa Ud. para escribir? ¿En qué escribe Ud. sus lecciones?
8. ¿Qué tiene Ud. ahora en su escritorio?
9. ¿Cómo se llama su profesor (o profesora) de español? ¿de ciencia? ¿de inglés?
10. ¿Dónde hay una gran colección de libros, revistas, periódicos, etc.? ¿Va Ud. frecuentemente a la biblioteca? ¿Tiene Ud. muchos libros en casa? ¿Qué clase *(kind)* de libros son?

Escuela elemental. México.

Instituto de telecomunicaciones en Asunción, Paraguay.

Lección Segunda

Momento de Vida: La Subasta

La escena es un **lugar de veraneo cerca del mar** y hay turistas **por todas partes**. En una **tienda grande celebran** una subasta. Vamos a entrar.

Vendedor: Cien pesos **por este** genuino **camello disecado**... cien pesos **por segunda vez**... ¡y **se vende** al señor **de la camisa roja**! **Felicitaciones,** señor... y señora. (Hay aplausos.)

Turista: Gracias.

Vendedor: **Dígame,** ¿cómo se llaman Uds.?

Turista: **Nos llamamos** Rivera, Ernesto Rivera y **señora**.

Vendedor: ¿Y Uds. son **de** aquí?

Turista: Sí y no. **Somos de la ciudad.** Pero **vivimos** aquí en el verano.

Vendedor: Estupendo, señor Rivera, y felicitaciones otra vez. **Bueno,** amigos, ¿qué **vendemos** ahora? ¡Ajá! **Sólo para** Uds., señores y señoras, una **cosa** especial. Aquí **tenemos**... aquí tenemos ...un momento, por favor. (El vendedor **susurra al oído de su ayudante.**) ¿**Qué demonios es esto**?

Ayudante (al oído del **otro**): Es un... no sé... **creo que** es un **abrelatas**.

Vendedor (a los **clientes**): Aquí tenemos una cosa excepcional— ¡un abrelatas auténtico de la época de...

Ayudante (otra vez al oído del vendedor): No. Son **pinzas**... pinzas.

Vendedor: Perdonen. Un **par** de pinzas extraordinarias de la época de... ¡Napoleón! Ahora bien, ¿cuánto **pagan Uds. por estas** magníficas...

Ayudante (siempre al oído del otro): **Tijeras.** Son tijeras.

Vendedor: ¿... por estas magníficas tijeras... **del palacio** de Fontainebleau? (Silencio. **Nadie dice nada.**) Pero amigos, **son del más puro** aluminio... (Silencio absoluto.) Bueno, ¿**quién compra** por diez pesos estas magníficas... (Nadie. **Algunos clientes se levantan. De repente,** el ayudante **interrumpe.**)

Ayudante: Con permiso, señores. Deseo hablar en privado por un momento con mi **colega** aquí. Por favor, **no escuchen Uds.** Es una cosa personal.

Auction

summer resort near the sea • everywhere • large store they're holding

for this • stuffed camel twice • (it is) sold • with the red shirt • Congratulations

Tell me

Our name is • wife

from

We're from the city • we live

All right

are we selling • only for

thing • we have

whispers into the ear of his assistant. What the devil is this?

other one • I think that

can opener

customers

tongs

pair

will you pay for these

scissors

from the palace

No one says anything • they're made of the purest • who will buy

Some customers get up.

Suddenly • interrupts

colleague • don't you listen

El vendedor y su ayudante hablan en un **susurro muy alto mientras** *very loud whisper while*
los clientes escuchan **atentamente.** *attentively*

Ayudante: Pero hombre, ¿ **eres tonto?** *are you a fool?*

Vendedor: ¿Yo? ¿Por qué?

Ayudante: **Porque** estas tijeras son de **plata,** ¡de pura plata! *Because • silver*

Vendedor: ¿ **Realmente?**

Ayudante: ¡Con **oro dentro! Valen mil** pesos, o más. *gold inside. They're worth 1000*

Vendedor: ¡No! Entonces, ¿qué **debemos hacer?** *should we do?*

Ayudante: **Chist. (Señala al público.) Ellos escuchan.** *Shh. He points • They're listening • They don't hear a thing*

Vendedor: No. **No oyen nada.**

Ayudante: Bueno. Hay sólo una solución. **Retiramos** las tijeras **de** *We withdraw • from the sale*
la venta, y más tarde…

Vendedor: No. Yo no soy **así.** Si yo **prometo algo** a mis clientes, **no** *like that • promise something • I never take back my word.*
retiro nunca mi palabra. (Se dirige otra vez al público.) Amigos, *He turns*
¿quién desea comprar por cinco pesos estas magníficas tijeras…
de la mesa de María Antonieta?

Muchas **voces:** Yo… **Nosotros…** Aquí, aquí… Diez pesos… Veinte… *voices • We*
Cincuenta… Cien…

Vendedor: ¿Cien pesos? Bueno. Cien pesos, señores… cien pesos
por segunda vez… ¡y **se venden** a la señora **del sombrero** *(they're) sold • with the white hat*
blanco! Felicitaciones, señora. Y ahora, señores y señoras, aquí
tenemos una cosa realmente excepcional. ¡Un **reloj** eléctrico… *clock*
de la casa de Jorge Washington…!

VOCABULARIO ACTIVO

casa *house; home*

la ciudad *city*

el mar *sea*

tienda *store*

cliente *(m. and f.) customer*

cosa *thing*

---

comprar *to buy*

creer *to think, believe*

deber *should, ought to; to owe*

vender *to sell*

escuchar *to listen (to)*

ser to be (someone or something); to be (from, for, made of)

¿Quién? *(pl. ¿Quiénes?) Who?*

algo *something*

entonces *then*

aquí *here*

cerca de *(prep.) near*

sólo *only*

nadie *nobody, no one*

nada *nothing*

nunca *never*

muy *very*

que *(conj.) that, who*

porque *because*

Preguntas

1. ¿Dónde ocurre esta escena? ¿Hay más residentes o turistas allí *(there)*?

2. ¿De dónde son los señores Rivera? ¿Qué compran en la subasta?
3. ¿Qué tiene ahora para el público el vendedor?
4. ¿Qué susurra al oído de su ayudante?
5. ¿Qué contesta primero el ayudante? ¿y más tarde? ¿y después *(later)*?
6. ¿Desean comprar el artículo los clientes?
7. ¿Por qué interrumpe el ayudante?
8. ¿Hablan en un susurro muy alto o muy bajo *(soft)* los dos vendedores?
9. Según *(According to)* el ayudante, ¿de qué son las tijeras? ¿y cuánto valen?
10. ¿Por qué desean los clientes comprar ahora las tijeras?
11. ¿Qué ofrece *(offers)* el vendedor ahora al público?
12. ¿Le gustan a Uds. las subastas? En su opinión, ¿son genuinas o no, por lo general *(in general)*? ¿Compra Ud. en ellas *(them)*?

Estructura

7. SUBJECT PRONOUNS

SINGULAR		PLURAL	
yo	*I*	nosotros (nosotras, *f.*)	*we*
tú	*you* (familiar)	vosotros (vosotras, *f.*)	*you* (familiar)
él	*he*	ellos	*they*
ella	*she*	ellas	*they* (f.)
usted (Ud.)	*you* (polite)	ustedes (Uds.)	*you* (polite)

A. Uses of the subject pronouns

Subject pronouns are normally omitted in Spanish, unless they are needed for emphasis or clarification. Except for **Ud.** and **Uds.**, which may be used at the discretion of the speaker, their unnecessary insertion or repetition is abnormal, and therefore incorrect. Keep this rule in mind: use the subject pronoun in Spanish only when you stress it with your voice in English.

1. Emphasis:

¿Quién prepara la comida?	Who's preparing dinner?
—Yo la preparo hoy.	—*I'm* preparing it today.
—Ay, por favor. ¡Tú no!	—Oh, please. Not *you*!

2. Clarification:

Él come mucho; ella come poco.	*He* eats a lot; *she* eats little.
Uds. trabajan. Ellos sólo hablan.	*You* work. *They* only talk.

The subject pronoun may stand alone, or it may follow **ser** *(to be)*.

¿Quién va?—Él.	Who is going?—He.
¿Quiénes toman el curso?	Who is taking the course?
—Nosotros.	—We (are.)

¿ Quién es ?—Soy yo.	Who is it ?—It's I.
¿ Quién es mi amor ? Eres tú.	Who is my love ? It's you.

B. All about "you"

Usted (abbreviated **Ud.** or **Vd.**) and **ustedes** (abbreviated **Uds.** or **Vds.**) are third person polite forms for *you*. **Usted** should be used when speaking to anyone with whom one is *not* on an intimate, first-name basis. The plural, **ustedes** *(all of you* or *both of you)*, applies in these same circumstances in Spain, but in Spanish America it is used for both polite and familiar forms :

Buenas tardes, señoras. ¿ Cómo están Uds ?	Good afternoon, ladies. How are you ?
—Muy bien gracias. ¿ Y Ud., señor Presidente ?	—Fine, thank you. And you, Mr. President ?

The second person forms, **tú** and **vosotros**, are used only when speaking to a relative, a child, or anyone with whom a close relationship exists. (In Spanish America, **ustedes** generally replaces **vosotros**. The singular **tú** usually remains.)

Hola, chico. ¿ Cómo estás ?	Hi there, boy. How are you ?
—Bien. ¿ Y tú ?	—Fine. And you ?
¿ A dónde vas ?	Where are you going ?
—Al cine. ¿ Me acompañas ?	—To the movies. Will you come with me ?
¿ No trabajáis hoy, hombres ?	Aren't you working today, guys ?

Ejercicio

Answer in Spanish, using subject pronouns in place of the given nouns.

POR EJEMPLO :

a. ¿ Quién habla ? : Juan...—**Él**...
b. ¿ Quién va ? : *I*...—**Yo**...
c. ¿ Quiénes trabajan hoy ? : Pepe y yo...—**Nosotros**...

Ahora conteste :
1. ¿ Quién toca primero ? : *I*...   2. ¿ Quién toma el coche ? : *Miguel*...   3. ¿ Quiénes caminan ? : *Los niños*...   4. ¿ Quiénes viajan a España ? : *Mis padres*...   5. ¿ Quién escribe la carta ? : *Ana*...   6. ¿ Quién es brillante ? : *You,* señor...   7. ¿ Quién es la muchacha más hermosa del mundo *(the prettiest girl in the world)* ? : *You,* amor mío...   8. ¿ Quién es el estudiante más inteligente de la clase ? : *I*...   9. ¿ Quién es la persona más difícil *(most difficult)* del mundo ? : *Mi profesor(a) de español*...   10. ¿ Quiénes hablan español magníficamente ? : *We (do)*...   11. ¿ Qué estudiantes nunca *(never)* preparan la tarea ? : *You-all*...   12. ¿ Quiénes son más materialistas, los hombres o las mujeres ? (Respuesta libre—*Free response* !) ¿ Quiénes son más idealistas ? ¿ más sentimentales ? ¿ más fuertes *(stronger)* ? ¿ más responsables ?

8. THE PLURAL OF REGULAR VERBS—PRESENT TENSE

PERSON		hablar	comer	vivir
1	nosotros, -as	hablamos	comemos	vivimos
2	vosotros, -as	habláis	coméis	vivís
3	ellos, ellas, Uds.	hablan	comen	viven

Ejercicios

A. Escriba las formas correspondientes del presente:
   Juana y yo: desear, estudiar, entrar, escuchar; comer, creer, comprender;
   vivir, recibir, abrir
   Paquito y tú *(Spain only)*: comprar, vender, pagar, deber, aprender, admitir.
   escribir (Now how would this be said in Spanish America?)
   los estudiantes: trabajar, preparar, caminar, creer, beber, vivir, insistir

B. Cambie según las indicaciones:
   1. **Estudiamos** ahora la Lección Dos.
      aprender, preparar, escribir, enseñar, terminar *(to finish)*
   2. **Vendo** estas tijeras por diez pesos.
      nosotros, el señor Masa, las tiendas grandes, ¿Vosotros...?, ¿Uds...?
   3. No **comen** mucho.
      beber, tomar, desear, recibir, preparar, comprender
   4. Me gustan **los deportes** *(sports)*.
      mis clases, las personas sinceras, las cosas simples, las casas cerca del mar,
      las subastas

C. Conteste ahora en español:
   1. ¿Come Ud. mucho? 2. ¿Comprenden Uds. la lección? 3. ¿Bebes mucha
   Coca Cola? ¿Tomas vino *(wine)*? 4. ¿A qué hora come su familia? 5. ¿Escriben Uds. los ejercicios en español? 6. ¿Vivís cerca, amigos? 7. ¿Cree Ud.
   en la democracia? 8. ¿Reciben muchas visitas sus padres.? 9. ¿Hablan
   Uds. otra lengua en casa *(at home)*? 10. ¿Desean Uds. terminar ahora este
   ejercicio?

9. *SER* (to be)

ser

soy	I am
eres	you (tú) are
es	he, she (Mary, etc.), it is; you (Ud.) are
somos	we (John and I, etc.) are
sois	you (vosotros) are
son	they (my parents, etc.) are; you (Uds.) are

Práctica

Diga muy rápidamente las formas correspondientes de **ser**:

Paco _____, yo _____, mis padres _____, tú _____, Uds. _____,
¿ Quién _____ ?, ellas _____, vosotros _____, mi amigo _____, Ud. _____,
María _____, Manolo y yo _____, ¿ Quiénes _____ ?

10. THE MEANING AND USES OF *SER*

Spanish has two verbs that mean *to be*. These verbs are **ser** and **estar**. (Recall:
¿Cómo está Ud.?) Each has its own meaning and functions and one may never
be substituted for the other without making a difference in the *idea* of the sentence.

In general, **ser** tells *who* or *what* the subject is essentially. It identifies. It states
basic qualities or characteristics. These are some of its important uses:

A. **Ser** joins the subject with a noun or pronoun:

¿ Qué es su hijo?—Es médico.[1]	What is your son?—He's a doctor.
¿ Qué es Ud.?—Soy un gran genio.	What are you?—I am a great genius.
Los Smiths son españoles.—¿ De veras?	The Smiths are Spaniards.—Really?
¿ Quiénes son esos hombres?— Son policías.	Who are those men?—They're policemen.
¡ Dios mío! ¿ Qué es eso?—Es tu comida, querido.	Good Lord! What's that?—It's your dinner, dear.
No somos niños.—Claro que no.	We're not children.—Of course not.

B. **Ser** is used when stating *origin* (where the subject is from), *material* (what it is
made of), or *destination* (whom or what it is intended for):

¿ De dónde es Ud.?—Soy de Lima.	Where are you from?—I'm from Lima.
La casa es de adobe.	The house is (made of) adobe.
La mesa es para la cocina.	The table is for the kitchen.
¿ Para quién es? ¿ Es para mí? Gracias, ¡ un millón de gracias! Pero, ¿ qué es?	Whom is it for? It's for me? Thank you, thanks a million! But... what is it?

C. When **ser** joins the subject to an *adjective* (*not* followed by a noun), it implies
that the subject is *characterized* by the quality the adjective describes:

Juan es brillante. Es fantástico.	John is brilliant. He's fantastic.
Somos muy sinceros.—¡ Qué bien!	We are very sincere.—That's good!

---

[1] After **ser**, the indefinite article (*a, an*) is omitted in Spanish when a noun of occupation, religion, or nationality is not
modified by an adjective.

Las casas son grandes, pero no son modernas.—¡Lástima!	The houses are large, but they're not modern.—Too bad.
¡Amor mío, eres maravilloso! —Sí, es verdad.	Darling, you're wonderful! —Yes, that's true.

Ejercicios

A. Estudie por un momento las cosas siguientes:
ladrillos *(brick)*, madera *(wood)*, piedra *(stone)*, vidrio *(glass)*, cemento, aluminio, metal, plástico
Y ahora conteste:
1. ¿De qué es su casa? *(What is your house made of?)*   2. ¿De qué es la escuela?   3. ¿De qué son las puertas?   4. ¿De qué son las ventanas?
5. ¿De qué es su silla *(chair)*?   ¿y su mesa?

B. Repase *(Review)* la lista de los países en las páginas 29–32, y después conteste:
1. ¿De dónde es Ud.?   2. ¿De dónde son sus padres? ¿y sus abuelos?
3. ¿Cuáles son los países más importantes de Hispanoamérica? ¿y de Europa?
4. ¿Cuáles son los países más grandes?   5. ¿Cuáles son los más pequeños *(smallest)*?   6. Por lo general, ¿cuáles son más ricos—los países industriales o los países agrícolas *(agricultural)*?   7. ¿Somos nosotros los líderes *(leaders)* económicos del mundo *(of the world)*? ¿Somos los líderes intelectuales? ¿y morales?

C. Observe bien los adjetivos siguientes:
joven (*pl.* jóvenes) *young*, viejo *old*, de edad mediana *middle-aged*, alto *tall*, bajo *short*, gordo *fat*, delgado *slim*, rico *rich*, pobre *poor*, bonito *pretty*, hermoso *beautiful*, buen mozo *handsome*, bueno *good*, malo *bad*

Ahora descríbase a sí mismo *(describe yourself)* y a los miembros de su familia. *(Change the ending* -o *to* -a *for a female person; add* -s *to the final vowel,* -es *to a final consonant for the plural.)*

D. Diga en español:
1. We are Americans.   2. My cousin Joe is a dentist.   3. His *(Sus)* brothers are doctors.   4. This *(Esto)* is a table.   5. Who are you? *(sing. and plural)*.
6. I am John's sister (the sister of Juan).   7. Are you *(fam.)* good *(buenos)* students?—Yes. We're geniuses.   8. Who is Sylvia?—I don't know.

11. THE DOUBLE NEGATIVE
In Spanish, you "don't know nothing," "don't talk to nobody," etc. In other words, a double or even a triple negative still adds up to a negative:

No sé nada.	I don't know anything.
No habla con nadie.	He doesn't speak with anyone.
No estudiamos nunca.	We never study.

Ejercicios

A. Substituya *(Substitute)* según las indicaciones:
1. No creen nada.
   Yo _____.
   _____. (tomar)
   Elda y yo _____.
2. No viajamos nunca.
   ¿Tú _____?
   Mis hermanos_____.
   _____. (entrar)
3. Los Molina no hablan con nadie.
   Nosotros _____.
   Esa muchacha _____.
   _____. (trabajar)

B. Conteste ahora de la manera más negativa *(in the most negative way)*. Por ejemplo:

¿Qué tiene Ud. en la mano?	— **No tengo nada en la mano.**
¿Hay *muchas personas* hoy?	— **No hay nadie hoy.**
¿Comen *siempre* aquí?	— **No comen nunca aquí.**

1. ¿Siempre trabajan con Pepe? 2. ¿Hay algo para José? 3. ¿Con quién hablas? 4. ¿Siempre caminan Uds. a la universidad? 5. ¿Qué desea Ud.? 6. ¿Qué sabe Ud. *(do you know)*? 7. ¿Qué escriben ahora? 8. ¿Quién vive aquí? 9. ¿Viajan Uds. siempre en avión *(by air)*? 10. ¿Hay muchas personas en el club?

12. OTHER GROUPS OF FEMININE NOUNS

All nouns that end in **-ción** (equivalent of English *-tion*) or **-tad, -dad** (equivalent of English *-ty*) are feminine. Almost all that end in **-ión** are also feminine.

la nación	la unión	la revolución
la reacción	la libertad	la fraternidad

Ejercicios

A. ¿Cómo asocia Ud. *(do you associate)* las ideas del Grupo A con las del Grupo B?

A	B
la libertad	14 de julio... muchas personas y mucho
la revolución norteamericana	tráfico... Jorge Washington... solidaridad
la revolución francesa	internacional... el amor... democracia...
la ciudad	educación profesional
las Naciones Unidas	
la universidad	
la pasión humana	

B. Ahora conteste una vez más:
1. ¿Hay libertad absoluta en este mundo? 2. ¿Cuál es la más importante emoción humana? 3. ¿Cree Ud. en las Naciones Unidas? 4. La educación universitaria, ¿debe ser una preparación para una profesión o una introducción a las humanidades? 5. Finalmente, ¿cree Ud. en la evolución de la sociedad o en la necesidad de la revolución?

Teatro

Escriba un diálogo corto *(short)* original basado en el **Momento de Vida** de esta lección, pero si es posible, con una terminación diferente. Entonces, ¡ a la escena! *(To the boards!)*

Hora de Conversación II

La Casa *(The house)*

cocina *kitchen*
el **comedor** *dining room*
baño, cuarto de baño *bathroom*
sala *living room*
ventana *window*
puerta *door*
la **pared** *wall*
escalera *stairs*
piso *floor, story*
suelo *floor*

alcoba *bedroom*
estudio *study*
cuarto *room*
la habitación *room*
el corredor *corridor, hall*
sótano *basement*
el desván *attic*
armario *closet, cupboard*
el estante *shelf*
techo *roof*

los muebles *furniture*

silla *chair*
mesa *table, desk*
cama *bed*
el **sillón** *armchair*
el tocador *dresser*

el sofá *sofa*
alfombra *rug*
escritorio *desk*
lámpara *lamp*
cómoda *chest (of drawers)*

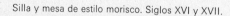

Silla y mesa de estilo morisco. Siglos XVI y XVII.

¡Vamos a comer!

utensilios y aparatos *utensils and appliances*

cuchillo *knife*
el tenedor *fork*
cuchara *spoon*
cucharita *teaspoon*
cubierto *place setting*
el mantel *table cloth*
la sartén *frying pan*
olla *pot*
el tostador *toaster*
cafetera *coffee pot*
el acondicionador *air conditioner*
el refrigerador *refrigerator*

toalla *towel*
servilleta *napkin*
plato *plate*
taza *cup*
vaso *glass*
loza *dinnerware*
estufa *stove;*
horno *oven*
máquina de lavar *washing machine*
el lavaplatos eléctrico *dishwasher*
la secadora *dryer*

Conversación

1. ¿Vive Ud. en un apartamento o en una casa? ¿Cuántas habitaciones tiene? ¿Cuántos baños?
2. ¿En qué cuarto duerme Ud. *(do you sleep)*? ¿En qué cuarto come la familia?
3. ¿Qué muebles tiene Ud. en su alcoba? ¿cuántos armarios? ¿Qué muebles hay en la sala?
4. ¿Dónde prepara su madre las comidas? ¿Qué aparatos eléctricos tiene?
5. ¿Cuántas ventanas tiene su sala? ¿Cuántas puertas tiene? ¿cuántas lámparas?
6. ¿Dónde estudia Ud. en su casa? ¿Dónde está la televisión? ¿Cuál es su cuarto favorito?
7. ¿En qué duerme Ud.? ¿En qué se sienta? ¿En qué come Ud.? ¿En qué escribe? ¿Qué usa Ud. para tomar sopa *(soup)*? ¿café? ¿leche *(milk)*? ¿para comer carne *(meat)*?
8. ¿De qué color es su alcoba? ¿el comedor? ¿la cocina? ¿la sala? ¿el baño?

Lección Tercera

Momento de Vida: Dormitorio de Estudiantes

Son las diez de la noche en un dormitorio de estudiantes, y el **ruido**
es **increíble.** Pablo Camacho **grita** a Cuco Rodríguez, uno de **sus**
compañeros de cuarto.

Pablo: **En fin,** hombre, **¿no apagas nunca tu** radio? **Tengo que**
estudiar.

Cuco: No es mi radio. Es el **tocadiscos.**

Pablo: Entonces, ¿no apagas nunca tu tocadiscos?

Cuco: **Es de Felipe.** Mi tocadiscos **no funciona.** No sé **qué tiene,**
pero... **Oye,** Pablo, **tal vez** tú...

Pablo: Por favor, Cuco, **otro día,** ¿**está bien**? Tengo examen de
ciencia mañana. Felipe... ¡Fe-li-pe! (Felipe **no oye** nada.
Tiene puestos los audífonos, marca con sus pies el compás
de la música, y habla **al mismo tiempo** por teléfono.)

Felipe (**en voz muy alta,** al teléfono): Entonces, ¿**vienes** o no
vienes?... ¿Qué **dices**?... Hombre, tienes que hablar **más**
fuerte...

Pablo: Yo **no comprendo.** ¿Por qué **no se quita** Felipe los
audífonos?

Cuco: Porque hay **individuos que nacen con ellos puestos.**

Pablo: **¡Caramba!** Y uno de ellos tiene que ser **nuestro** compañero
de cuarto. ¡¡Fe-li-pe!! (Felipe toma el **receptor** en **su mano**
izquierda y con **la derecha** come **unos caramelos** que tiene en su
mesa. La música continúa.)

Felipe (siempre al teléfono): ¡Ay, **qué hambre tengo!** Aquí **no**
dan de comer. Oye, ¿tú tienes hambre también?... Pues si
vienes **acá**... Hombre, ¿por qué no hablas más fuerte?... ¿Qué
música?... No. No es posible. Es la **grabadora** de Pepe García
en el **cuarto vecino.**

Cuco: **¡Válgame Dios! Yo digo** que en el **mundo entero** no hay
otro **como él.**

Pablo: **Tienes razón. Algún** día...

Felipe: Sí... Claro. Buena idea... Pablo Camacho y Cuco
Rodríguez...

noise

incredible • shouts
• his roommates

Come on • don't you ever turn
off your • I have to

record player

It's Phil's • doesn't work •
what's wrong with it • Listen •
maybe

some other

doesn't hear

He has his earphones on • his
feet the beat • at the same time

in a very loud voice • are you
coming • do you say •
louder

don't understand • doesn't
Phil take off

people who are born with
them on • I'll be! • our

receiver • his left hand

his right • some candies

am I hungry! • they don't
feed you

here

tape recorder

room next door

Heaven help me! I say • whole
world • like him

You're right. Some

Cuco: ¿Qué **dice** ahora de **nosotros**? Oye, Felipe... ¡O-ye, Fe-li-pe!... (Felipe no responde. Cuco **se acerca a él, levanta a la fuerza** uno de sus audífonos, y grita) ¿CON QUIÉN HABLAS? — *is he saying now about us? goes over to him, lifts up forcibly*

Felipe: Ah, Cuco... (Felipe **cubre** el teléfono con la mano.) Con Elena Osorio, la chica **rubia** de nuestra clase de inglés. — *covers / blonde*

Cuco: Pero, ¿qué **dices de** Pablo y de mí? — *are you saying about*

Felipe: Pues ella **está conforme con** venir acá, pero **tiene miedo de venir sola.** Ahora bien, si **sus** amigas Dorotea y Carmen vienen con **ella**... — *is willing to • she's afraid to come alone • her / her*

Cuco: ¿Dorotea qué?

Felipe: Dorotea Arango. Es una **muchacha** fantástica—**alta, delgada,** perfecta **para ti.** — *girl • tall / slim • for you*

Pablo: ¿Y la **otra**? — *other one*

Felipe: Tú tienes que estudiar.

Pablo: **No tengo prisa. ¿Cómo es?** — *I'm not in a hurry. What is she like? • Small, brunette • body*

Felipe: Estupenda. **Pequeña, morena,** y tiene un **cuerpo** fenomenal. Pero **dicen** que es un poco **coqueta.** — *they say • flirty*

Pablo: **Ya sé bastante** ciencia. **Vámonos.** — *I already know enough • Let's go.*

Felipe: (otra vez al teléfono) Bueno, hombre, sí... Cuco Rodríguez y Pablo... Sí. Son altos, no muy **buenos mozos,** pero **tienen dinero, un Potosí.** — *good-looking • they have money, a "gold mine"*

Pablo: ¿**Cómo?** — *What*

Cuco: ¡Caramba!

Felipe: Bueno, Elena. Hasta luego. Adiós.

Pablo: Entonces, ¿a qué hora vienen?

Felipe: Mañana, a las ocho y media.

Pablo: ¿Mañana?... Pues **en realidad es mejor para mí. Esta noche** tengo que estudiar. — *really, it's better for me. Tonight*

Cuco: **Pues yo voy** a la cafetería a **tomar** una Coca Cola. ¿**Uds. tienen sed**? — *Well, I'm going • get • Are you thirsty?*

Pablo: Gracias, no.

Felipe: **Yo tampoco.** Pero **sí tengo mucho sueño.** (Mira por un momento a Pablo, quien estudia ahora ávidamente.) En fin, Pablo... hombre, ¿no apagas nunca la **luz**? — *Neither am I • I am very sleepy • He looks at / light*

VOCABULARIO ACTIVO

chica, chico *girl, boy*
estudiante *(m. and f.) student*
cuarto *room*
la luz *(pl. luces) light*
el tocadiscos *record player*

el pie *foot*
la mano *hand*
el hambre *(f.) hunger*
la sed *thirst*
dinero *money*

*tener *to have*

comprender *to understand*

*venir *to come*
*decir *to say; tell*

contestar *to answer*
gritar *to shout*

---

alto *tall*
delgado *thin*
derecho *right*
otro *another*; el otro, la otra, los otros *the other(s)*

moreno *brunette, dark-haired*
rubio *blond*
izquierdo *left*

---

como *like, as*

esta noche *tonight, this evening*

Preguntas

1. ¿ Dónde ocurre este episodio ? ¿ Qué hora es ?
2. ¿ Cómo se llaman los tres compañeros de cuarto ?
3. ¿ Qué grita Pablo a su amigo Cuco ? ¿ Qué contesta Cuco ?
4. ¿ Por qué tiene que estudiar Pablo esta noche ? ¿Por qué no puede *(can't he)* ?
5. ¿ Qué tipo de muchacho es Felipe ? ¿ Le gusta a Ud. ? ¿ Hay una persona como él en su *(your)* dormitorio ?
6. ¿ Con quién habla Felipe por teléfono ? ¿ Por qué no puede oír *(hear)* muy bien ?
7. ¿ Está conforme Elena con venir al cuarto de los chicos ? ¿ Con qué condiciones ?
8. ¿ Cómo se llaman sus amigas ? ¿ Cómo son ? *(What are they like)* ?
9. ¿ Qué dice Felipe acerca de *(about)* sus compañeros de cuarto ?
10. ¿ Cuándo *(When)* van a venir las chicas ?
11. ¿ A dónde va ahora Cuco ? ¿ Por qué ?
12. ¿ Cómo desea Pablo pasar el resto de la noche ?
13. ¿ Qué le dice Felipe ? *(What does Phil say to him ?)*
14. ¿ Cuántos compañeros de cuarto tiene Ud. ? ¿ Son como Pablo, Felipe y Cuco ? ¿ O como Elena y sus amigas ? ¿ Hay mucho ruido en el dormitorio de Ud. ?

Estructura

13. THREE IMPORTANT IRREGULAR VERBS: *TENER, VENIR, DECIR*

tener *(to have)*	venir *(to come)*	decir *(to say, tell)*
tengo	vengo	digo
tienes	vienes	dices
tiene	viene	dice
tenemos	venimos	decimos
tenéis	venís	decís
tienen	vienen	dicen

Ejercicios

A. Diga la forma correspondiente de los verbos :
   yo : tener, venir, decir; **tú** : tener, venir; **él** : venir, tener; **ella** : decir; **ellos** : decir; **Uds.** : venir, tener; **Ud. y yo** : tener, venir, decir; **vosotras** : venir, decir; **tú y Pepe** : tener

B. Ahora cambie según los sujetos nuevos *(change according to the new subjects):*
   1. ¿ Viene Ud. a la clase mañana ?
      (Uds., los estudiantes, la maestra, tú, nosotros, Paco y tú)
   2. No tengo tiempo ahora.
      (Ana y yo, mi amigo, Uds., tú, vosotros, la clase)
   3. ¿ Dicen la verdad *(truth)* ?
      (Ud., nosotras, yo, el presidente, tú, vosotros)

14. IDIOMS WITH *TENER*

Many very common idioms are formed with **tener**. These are some :

tener (mucha) hambre	to be (very) hungry
tener (mucha) sed	to be (very) thirsty
tener (mucho) frío	to be (very) cold
tener (mucho) calor	to be (very) warm, hot (a person)
tener (mucho) sueño	to be (very) sleepy
tener miedo	to be afraid
tener prisa	to be in a hurry
tener razón	to be right
no tener razón	to be wrong
tener... años (de edad)	to be... years old

¿ Tienes hambre ?—No, pero tengo sed.	Are you hungry ?—No, but I'm thirsty.
¡Ay, qué frío tengo !—Y él tiene calor.	Oh, am I cold !—And *he's* warm.
¿ Tienen miedo ?—Sí, y tienen mucha razón.	Are they afraid ?—Yes, and they're so right.

Tener que plus an infinitive means *to have to* :

Tengo que trabajar.	I have to work.
Tenemos que comer ahora.	We have to eat now.

Ejercicios

A. Conteste en español :
   1. ¿ Tiene Ud. hambre ahora ? ¿ sed ? ¿ frío ? ¿ calor ? ¿ sueño ? ¿ miedo ?
   2. ¿ Tiene Ud. razón siempre ? ¿ casi *(almost)* siempre ? ¿ Tienen razón siempre sus padres ?

3. ¿Tiene Ud. que estudiar esta noche?
4. ¿Cuántos años tiene Ud.? ¿y sus padres? ¿y sus hermanos?
5. ¿Tenemos que terminar hoy esta *(this)* lección?
6. ¿Qué hace Ud. cuando *(do you do when)* tiene mucha hambre? ¿Y cuando tiene sed? ¿Y cuando tiene un examen?
7. ¿Tiene Ud. miedo de sus padres? ¿y de sus profesores?

B. Lea bien, y después escoja *(choose)* la conclusión correcta:
1.   ¿Desean Uds. comer ahora?
   —No, gracias. No tenemos (hambre, sed, frío).
2.   Creo que Federico es el primero de la clase.
   —Ud. (tiene razón, no tiene razón, tiene mucho sueño.) Roberto es mucho mejor estudiante que *(than)* él.
3.   Por favor, cierre Ud. la ventana. Tengo (mucho calor, mucha hambre, mucho frío).
4.   ¿Qué hora es?
   —Son las dos de la mañana.
   —¿Ah, sí? Ahora comprendo por qué tengo (sueño, calor, razón).
5.   Vivimos en una zona tropical. La temperatura siempre está entre 90 y 100.
   —Entonces Uds. siempre (tienen que trabajar, tienen miedo, tienen mucho calor).

15. PRONOUN OBJECTS OF A PREPOSITION

The pronouns that serve as object of a preposition are the same as the subject pronouns except in the first and second persons singular:

SINGULAR			PLURAL		
1	(para) **mí** *(for)* me		(para) nosotros(as) *(for)* us	
2	ti	*you*	vosotros(as)		*you*
3	él	*him, it (m).*	ellos		*them (m.)*
	ella	*her, it (f.)*	ellas		*them (f.)*
	Ud.	*you*	Uds.		*you*

Exception: **conmigo** *with me*   **contigo** *with you (fam.)*

All other forms remain regular after the preposition **con**: con él, con ella, con Ud., con nosotros, etc.

Ejercicios

A. Cambie según las indicaciones, y lea en voz alta *(read aloud)*:
1. La carta es para **ellos**.   *her, me, you* (polite pl.), *us, him*
2. Vienen con**migo**.   *you* (fam. sing.), *us, you* (polite sing.), *her*
3. Vamos a **él**.   *her, them, you* (polite sing.), *you* (fam. pl.)
4. Trabaja mucho por **ti**.   *us, me, them* (f.)

5. No hablan de **mí**. *you* (fam. pl.), *them, her, you* (polite pl.), *us* (f.)
6. Viven cerca de **Ud.** *us, you* (fam. sing. and pl.). *him, them*

B. Conteste afirmativa o negativamente:
1. ¿Hablas conmigo? 2. ¿El tocadiscos es para mí? 3. ¿Estudia con nosotros? 4. ¿Viven contigo? 5. ¿Habla Ud. de mí? 6. ¿Vienen con Uds.? 7. ¿Trabaja ella con Uds.? 8. ¿Debo preguntar por Uds.? 9. ¿Sabe Ud. algo de él? 10. ¿Viven Uds. cerca de ellas?

16. POSSESSION

A. **De** plus a noun is used to express possession. Spanish does *not* use an apostrophe:

el coche de papá	Dad's car
la hermana de Esteban	Steve's sister
los libros del maestro	the teacher's books

B. Possessive adjectives
Possessives, like all adjectives, must agree in gender and number with the noun they describe.
These are the possessive adjectives that modify a *singular* noun. (Notice that they always precede the noun and are never stressed with the voice.)

mi padre, **mi** madre	my father, my mother
tu libro, **tu** carta	your book, your letter
su amigo, **su** amiga	his, her, your (**de Ud.** or **de Uds.**), their friend
nuestro coche, **nuestra** casa	our car, our house
vuestro pueblo, **vuestra** ciudad	your town, your city

When the possessive adjective describes a *plural* noun, **-s** is added to the singular ending:

mis padres	my parents	**nuestros** coches	our cars
tus libros	your books	**vuestras** casas	your houses
sus amigos	his, her, your (**de Ud.** or **de Uds.**), their friends		

When clarification is necessary, **su** or **sus** may be replaced as follows:

su padre:	el padre de él, de ella, de Ud., de ellos, de ellas, de Uds.
sus padres:	los padres de él, de ella, etc.

These forms also place emphasis on the possessive, as if it were being stressed with the voice in English: *his* father, *your* father, etc.[1]

---

[1] Actually, when the language is used in context there is much less need for clarification than in isolated sentences And so, **su** or **sus** remains the normal form:

¿Cómo está Ud.? ¿Y su familia?	How are you? And your family?
No me gustan ni Ana ni su hermana.	I don't like either Ann or her sister.

Ejercicios

A. Lea en voz alta, y después cambie:
mi libro (papeles); su casa (cuartos); tu familia (primos); nuestro maestro (escuela); sus profesores (clase); mi pluma (lápices); vuestra tía (tíos); nuestra madre (abuelos); su hijo (hijos); mi mano (pies); sus clientes (tienda).

B. ¿Qué asocia Ud. con las cosas o ideas siguientes?
1. los parientes *(relatives)* de mi mamá   2. la filosofía de mi papá   3. la clase de español   4. los ruidos de la ciudad   5. la vida de un estudiante

C. Diga en español:
1. my father's house, Paul's brother, the boy's hands, the doctor's car, my sister's friends, the children's teacher
2. our house, his father, their mother, your *(fam. sing.)* friend, her family, my pen, your *(polite sing.)* record player, her husband, your *(fam. pl.)* room, your *(polite pl.)* city
3. our classes, his parents, their brothers and sisters, your *(fam. sing.)* friends, her children, my things, your *(polite sing.)* students, their wives, your *(polite pl.)* customers, your *(fam. pl.)* ideas

17. ADJECTIVES

All adjectives must agree in gender and number with the noun they describe:

un niño alto, una niña bonita, muchos estudiantes, buenas noches

A. The feminine of adjectives
Adjectives that end in **-o** change **-o** to **-a**:

bueno, buena *good*   malo, mala *bad*

Adjectives of nationality that end in a consonant and adjectives that end in **-dor, -ón, -án,** or **-ín** add **-a**:

inglés, inglesa *English*   alemán, alemana *German*
hablador, habladora *talkative*   burlón, burlona *mocking*

All other adjectives have the same form for both masculine and feminine:

un cuarto grande *a big room*   una casa grande *a big house*
un libro fácil *an easy book*   una lección fácil *an easy lesson*

B. The plural of adjectives
Adjectives are made plural exactly as nouns are. Those ending in a vowel add **-s**; those ending in a consonant, **-es**. A final **z** becomes **c** before **-es**:

mujeres bonitas *pretty women*   perfumes franceses *French perfumes*
buenos días *good day(s)*   momentos fugaces *fleeting moments*

C. Adjectives used as nouns

Very often, an adjective is used with the definite or indefinite article to form a noun, especially adjectives of nationality, age, and financial position:

un joven *a young man*	la pobre *the poor woman*
los ricos *the rich*	una inglesa *an Englishwoman*
los jóvenes *young people*	los franceses *the French*

Ejercicios

A. Diga la forma femenina singular de los adjetivos siguientes:
bonito, bueno, malo, difícil, inglés, francés, español, alemán, grande, joven

B. Ahora haga *(make)* plurales los adjetivos siguientes:
mucho, poco, fácil, francés, español, fría, caliente, querido, larga, mala, fugaz

C. Diga ahora lo opuesto *(the opposite)* de:
alta, difíciles, pequeñas, un joven, una rica, los viejos

D. Finalmente, ¿qué asocia Ud. con las cosas siguientes?
1. una educación buena   2. una persona importante   3. los pobres   4. los ricos   5. los españoles   6. los japoneses   7. los alemanes   8. los franceses   9. un curso interesante   10. un día bonito

18. THE POSITION OF ADJECTIVES

Descriptive adjectives that serve to set off the noun from others of its kind usually follow the noun:

un sombrero blanco   a white hat

(The function of *white* is to *distinguish* this hat from hats of other colors.)

Important categories of distinguishing adjectives include those of color, shape, nationality, religion, or classification:

una mesa redonda	a round table
las mujeres españolas	Spanish women
una novela filosófica	a philosophical novel
una casa moderna	a modern house
una clase interesante	an interesting class
mi hermana casada	my married sister

Bueno and **malo** may be placed either before or after the noun. **Bueno** is shortened to **buen**, and **malo** is shortened to **mal**, before a masculine singular noun:

un buen muchacho	un muchacho bueno
una mala cosa	una cosa mala
buenas ideas	ideas buenas

Ejercicios

A. Conteste en español:

1. ¿Hay una mesa redonda en su casa? 2. ¿Tiene Ud. un sombrero negro? 3. ¿Le gustan más a Ud. las camisas *(shirts)* blancas o de colores? (Me gustan más...) 4. ¿Tiene Ud. muchos amigos hispanos? 5. ¿Le gustan a Ud. las comedias musicales? 6. ¿Tiene Ud. un hermano casado? 7. ¿Hay muchos profesores buenos en su escuela? 8. ¿Vive Ud. en una casa moderna o en una casa vieja? 9. ¿Hay muchos programas interesantes en la televisión? 10. ¿Estudia Ud. otra lengua extranjera?

B. Colores:

azul *blue*; blanco *white*; negro *black*; rojo *red*; verde *green*; amarillo *yellow*; pardo *brown*; violeta *violet*; gris *gray*

Ahora conteste una vez más:
¿De qué color es el océano? ¿el cielo *(sky)*? ¿la sangre *(blood)*? ¿la hierba *(grass)*? ¿la cobardía *(cowardice)*? ¿su camisa *(shirt)*? ¿De qué color son sus zapatos *(shoes)*? ¿sus ojos *(eyes)*? ¿las flores *(flowers)*?

Teatro

Escriba Ud. una escena original sobre la vida en su dormitorio. O si no vive Ud. en un dormitorio, describa un episodio típico en su casa—con sus hermanos, sus amigos, etc. Entonces, prepárese para representarlo *(Then get ready to act it out)*; y con mucho énfasis dramático; ¿está bien?

Hora de Conversación III

El Cuerpo Humano *(The human body)*

cabeza *head*
oreja *(outer) ear*
ojo *eye*
boca *mouth*
lengua *tongue*
brazo *arm*
la mano *hand*
  dedo *finger; toe*
la carne *flesh*
la piel, el cutis *skin*
pecho *chest*
estómago *stomach*

pelo *hair*
oído *(inner) ear*
pestaña *eyelash*
labio *lip*
garganta *throat*
pierna *leg*
el pie *foot*
uña *fingernail*
la sangre *blood*
hueso *bone*
el corazón *heart*
espalda *back; shoulder*

cara *face*
la nariz *nose*
ceja *eyebrow*
el diente *tooth*
el pulmón *lung*

muñeca *wrist*

músculo *muscle*

Y la Ropa *(Clothes)*

vestido *dress; (pl.) clothes*
camisa *shirt*
saco *(suit) jacket*
falda *skirt*

los pantalones, calzones *pants*
la combinación, refajo *slip*
abrigo, sobretodo *overcoat*
el guante *glove*
zapato *shoe*
bota *boot*

bata *robe*
pijama *(m. or f.) pajamas*

el traje *suit*
corbata *tie*
chaqueta *(sport) jacket*
blusa *blouse*
el suéter *sweater*
calzoncillos *shorts*
camiseta *undershirt*
sombrero *hat*
bufanda *scarf*
el calcetín *sock*
media *stocking*
el impermeable *raincoat*
zapatilla *slipper*
camisa de noche *nightgown*

Conversación

1. ¿En qué parte del cuerpo tenemos los ojos? ¿el corazón? ¿la boca? ¿las uñas? ¿la lengua? ¿los dedos? ¿los dientes? ¿las cuerdas vocales? ¿las pestañas? ¿los pulmones?

2. ¿Qué partes del cuerpo usamos para comer? ¿bailar *(dance)*? ¿cantar *(sing)*? ¿jugar al béisbol? ¿tocar el piano? ¿estudiar? ¿tocar el clarinete? ¿oír *(hear)*? ¿besar *(kiss)*?

3. ¿Qué llevamos *(do we wear)* en la cabeza? ¿en los pies? ¿en las piernas? ¿en las manos? ¿sobre el pecho?

4. ¿Cuánto cuesta *(costs)* un buen abrigo? ¿un par de guantes? ¿un par de zapatos? ¿zapatillas? ¿zapatos de goma? ¿un vestido? ¿un buen traje de hombre? ¿una camisa? ¿un par de medias? ¿un par de calcetines? ¿un par de pantalones?

5. ¿De qué color es su camisa (o blusa, o vestido)? ¿De qué color son sus zapatos? ¿De qué color es su vestido o traje favorito? ¿Qué colores usa Ud. más?

6. ¿Qué lleva Ud. cuando llueve? ¿y cuando nieva? ¿y para dormir?

¿Qué partes del cuerpo usamos para …? Clase de gimnástica.

Lección Cuarta

Momento de Vida: Fiesta

Es **noche de fiesta en casa** de Amelia y Carlos Robles y los **invitados comienzan a llegar. Suena el timbre de la puerta.**

a party night at the home • guests are beginning to arrive. The doorbell rings

Amelia: Pero Ricardo... Rita... ¡ **Qué gusto** ! ¿ Cómo están ?

What a pleasure!

Ricardo: Bien, bien. ¿ Y Uds. ?

Carlos: **A las mil maravillas,** hombre. Y tú, Rita, **estás tan hermosa como** siempre.

Wonderful • you look as beautiful as

Rita: Ah, muchas gracias. **Muy amable.**

(You're) very kind

Amelia: Pues **pasen,** pasen a la **sala**... Bueno. **Uds. conocen a** Miguel y Nilda Salgado, ¿ verdad ?

come on in • living room • You know

Ricardo: No tenemos **todavía** el gusto.

yet

Carlos: ¿ Ah, no ? Pues, Miguel y Nilda Salgado... Ricardo y Rita Hurtado.

Ricardo: **Encantado.**

(I'm) delighted

Miguel: **A sus órdenes.**

At your service

(**Se dan la mano y empiezan a charlar** cordialmente. Suena otra vez el timbre de la puerta, y entran dos **matrimonios** más.)

They shake hands and begin to chat • couples

Amelia: ¡ **Qué contenta estoy de verles** ! Pasen a la sala y voy a **hacer las presentaciones.**

How pleased I am to see you!

make the introductions

Carlos: Mejor tú **traes algunas cositas,** Amelia, y *yo* **hago** las presentaciones.

you bring in a few little things • I'll make

Amelia: Muy bien, **querido. En seguida traigo los entremeses.**

dear. I'll bring the hors d'oeuvres right away

Carlos: Bueno. Vamos a ver... Ramón y Marisela López... Mariano y Felipita Gómez... Ricardo y Rita Hurtado... Miguel y Nilda Salgado. Muy bien. **Ya estamos.**

There we are.

Una **criada** trae una **bandeja de cocteles** y Amelia pasa **entre** los invitados con otra bandeja de entremeses.

maid • tray of cocktails • among

—Gracias... Ah, **sabroso.**

very tasty

—Sí, **está rico.**

it's delicious

—Voy a tomar dos, si **me permite.**

you permit me

—Delicioso. ¿ **Sabes,** Felipita ? Tú **debes aprender a cocinar como** Amelia.

You know • you should learn to cook like

—Gracias, querido, muchas gracias. Y tú...

Suena una vez más el timbre. Amelia **recibe con un fuerte abrazo a** los invitados y se dirige con ellos a la sala.

receives with a big hug

Amelia: Con permiso, amigos. Voy a hacer las presentaciones. Rafael y Matilde Obligado... Rómulo y Teresa Delgado... Germán y Elena Benítez... Leopoldo y Lola Ramírez... Miguel y Nilda Salgado... Ricardo y Rita Hurtado...

Mientras Amelia continúa la lista de los **nombres**, dos invitados **charlan** en un **rincón** de la sala.

While • names

chat • corner

—Entonces Ud. es el famoso Leopoldo Benítez **de quien** hablan siempre los Robles...
—Soy Leopoldo Ramírez, no Benítez. Benítez es el hombre alto que está **allí** con Miguel Salgado.
—**Ese** es Delgado, no Salgado. **Yo conozco** muy bien **a** Miguel Salgado.
—¿Ah, sí? Perdón. ¿Y Ud. se llama...? Sabe, con **este ruido no oigo casi nada**.
—Me llamo Mariano Gómez.
—(En voz muy alta) ¿Qué dice? ¿López?

about whom

there

That • I know • (don't translate)

this noise I can hardly hear a thing

Una voz contesta **del otro lado** de la sala:
—¿**Me llama alguien**? Aquí estoy.

from the other side

Is someone calling me?

Amelia: Rafael y Elda Conchado... Felipe y Carmen Donado... Eduardo y Ester García... Esteban y Josefa Mejía...

Dos amigas hablan en otro rincón:
—La fiesta es muy **bonita**, ¿no?
—Sí. Magnífica.
—Pero Amelia **está un poco vieja, ¿no crees?**
—No es joven. Pero no sé... **Creo que está cansada.**
—Es verdad. Con **una sola criada** es imposible hacer una fiesta grande.
—Claro. Cuando *yo doy* una fiesta, tengo tres, o más.
—Esta noche voy a hablar con Amelia.
—Absolutamente. Como buena amiga, **sí debes. ¡Qué pálida está la pobre!**
—¡Y **qué flaca** está!

pretty

looks a little old, don't you think? • I think she's tired

only one maid

I give

you really should • How pale the poor thing looks!

how thin

El timbre suena y suena.

Amelia: Alberto y Gloria Condado... Miguel y Nilda Delgado... Rómulo y Elena Gómez... Leopoldo y Teresa López... Ricardo y Rita García... Carlos y Amelia Mejía... No. Ricardo y Rita Hurtado ...Carlos y Amelia... ¿Qué digo? *¡Esa soy yo!* Pablo y Luisa Hernández... José y María... ¿Fernández...? Roberto y...

That's me!

VOCABULARIO ACTIVO

fiesta *party; holiday*   invitado *guest*
sala *living room*   el nombre *name*

---

*estar *to be (in a place, condition, or position)*
*dar *to give*   *hacer *to do; make*
*ir *to go*   llegar (a) *to arrive (at or in)*
*traer *to bring*   *ver *to see*
*saber *to know (a fact), to know how to*
*conocer *to know (a person or a place), to be familiar with*

---

rico *rich*   pobre *poor*
viejo *old*   joven *(pl.* jóvenes*) young*
bonito *pretty*   cansado *tired*
hermoso *beautiful*

---

todavía *still; (not)... yet*   ya *already*
allí *(over) there*   casi *almost*
mientras *while*

Preguntas

1. ¿En qué casa hay fiesta esta noche?
2. ¿Quiénes llegan primero a la fiesta?
3. ¿Quiénes están en la sala ya?
4. ¿Cuántos matrimonios vienen ahora?
5. ¿Qué va a hacer Amelia mientras *(while)* Carlos hace las presentaciones?
6. ¿Vienen muchas o pocas personas a la fiesta?
7. ¿Son íntimos amigos todos los invitados? ¿Por qué dice Ud. eso *(that)*?
8. ¿De quién hablan las dos señoras que están en un rincón de la sala? ¿Qué dicen de ella?
9. ¿Cómo sabemos que Amelia está muy cansada ya?
10. ¿Le gustan a Ud. las fiestas? ¿Hace Ud. muchas fiestas en su casa?
11. ¿Son sus amigos como los amigos de Amelia y Carlos? ¿De qué hablan Uds.?

Estructura

19. THE PRESENT INDICATIVE OF *ESTAR* (*to be*), ***IR*** (*to go*), **AND *DAR*** (*to give*)

Notice how very much alike these verbs are:

estar	ir	dar
estoy	voy	doy
estás	vas	das
está	va	da
estamos	vamos	damos
estáis	vais	dais
están	van	dan

Ejercicios

A. Cambie según el sujeto nuevo :
1. Estoy muy cansado.
(El niño, Mis pies, Marta y yo, Ud., Uds., Tú, Vosotros)
2. ¿Vamos a clase ahora ?
(Vosotros, Tú, Los estudiantes, Yo, Felipe, Ud.)
3. Siempre da dinero a los pobres.
(Yo, Sus padres, La señora Gutiérrez, Uds., Tú, Vosotras)

B. Complete las frases siguientes usando la forma correcta de **estar**, **ir** o **dar** :
1. Anita, ¿ a dónde _____ ? _____ a la biblioteca. Tengo que estudiar.
2. ¿ Cuánto _____ Ud. por este coche ? No _____ nada. No me gusta.
3. Mi hermano y yo _____ a visitar México este verano.— ¡ Qué suerte !
4. Uds._____ a la fiesta de María, ¿ no ? No es posible._____ muy cansados,
y es tarde ya.
5. ¿ Dónde _____ Paco y Juanita ? No sé. No _____ aquí.
6. Nuestro profesor _____ pocos exámenes, pero son difíciles.

20. GENERAL VIEW OF *ESTAR*

In general, **estar** tells *where* or in what *position* or *condition* the subject is. (Recall : **ser** tells *who* or *what* the subject is, what it is like in essence.)

A. **Estar** states location or position :

Estamos en la clase.	We are in the classroom.
La biblioteca está en la Calle Colón.	The library is on Columbus Street.
¿ Dónde está mi libro ?	Where is my book ?
Están sentados.	They are seated.

B. **Estar** with adjectives
When *to be* links the subject with an adjective, **estar** indicates a *state*, a *condition,* or a *semblance of being* (what the subject feels like, looks like, happens to be like at a certain time). Notice the difference from **ser**, which indicates essential qualities, basic characteristics[1] :

Está pálida.	She is (looks, has turned) pale.
Es pálida.	She is pale (characteristically).
Juan está malo.	John is sick (in bad condition).
Juan es malo.	John is bad.
¿ Cómo está tu madre ?	How is your mother (feeling) ?
¿ Cómo es tu madre ?	What is your mother like ?
La sopa está fría.	The soup is cold (its state).
La nieve es fría.	Snow is cold (its characteristic).

[1] Although conditions or states are often temporary, and characteristics are often permanent, temporary versus permanent is NOT the guiding factor in the use of ser and estar. A condition or state may be quite permanent : **Está muerto.** *(He is dead.)* **Siempre estoy cansado.** *(I am always tired.)* And a characteristic may change : **Era tan bueno, y ahora es tan malo.** *(He used to be so good, and now he's so bad.)*

Las uvas están verdes.	The grapes are green (unripe).
Las uvas son verdes.	The grapes are green (color).

Age and financial position are considered characteristics, and so the adjectives **joven, viejo, rico,** and **pobre** normally take **ser**:

Mi padre no es viejo, pero tampoco es joven.	My father isn't old, but he isn't young either.
¿Es rica tu tía?	Is your aunt rich?

When **estar** is used with **viejo** or **joven**, it implies an appearance of being old or young, and not the age itself:

Estás muy joven con ese traje.	You look very young in that outfit.

Ejercicios

A. Conteste en español:

1. ¿Dónde está Ud. ahora? 2. ¿Dónde están sus padres? ¿y sus hermanos? 3. ¿Dónde está su casa? 4. ¿Está Ud. sentado o parado (standing) ahora? 5. ¿Dónde está Madrid? ¿y Buenos Aires? 6. ¿Cuál (What) es la capital de España? ¿y de Francia? ¿y de los Estados Unidos? 7. ¿Dónde está la Casa Blanca?

B. Busque en el Grupo B (Look in Group B for) una respuesta lógica para cada (each) pregunta o comentario del Grupo A:

A	B
1. Estás muy pálida. ¿Estás mala?	Sí, pero ya está casada.
2. Nuestro hijo Miguel es el mejor estudiante de la clase.	¿Quién sabe? Pero es seguro que no son pobres.
3. Elena es muy joven, ¿no?	¿Por qué? ¿Está frío?
4. No me gusta este café.	No. Estoy cansada, nada más.
5. El señor Rosas está muy viejo.	Es alto, delgado y moreno.
6. Las rosas son rojas.	Mucho mejor, gracias, ¿Y Ud.?
7. Carmen está muy bonita esta noche, ¿verdad?	Uds. deben estar muy contentos de (with) él.
8. ¿Cómo están Uds. ahora?	Y las violetas son azules.
9. ¿Cómo es Diego?	Sí, porque tiene muchos problemas.
10. ¿Tienen mucho dinero los padres de Esteban?	Claro. Es una muchacha muy hermosa.

C. Exprese ahora en español:

1. ¿Where are you?—We're here, in the living room. 2. The old lady is sitting (sentada) near the window.—Yes, she likes the light. 3. John is absent (ausente) again today.—Oh, no! 4. What is your cousin like?—She's

very intelligent and beautiful, like me **(yo)**.—¡ Caramba! 5. ¿ Are you going to be at **(en)** Ann's house tonight?—No. I'm very tired.

21. THE PREPOSITION *A* AFTER *IR, VENIR,* AND OTHER VERBS

As we have seen, in Spanish as well as in English, certain verbs are followed directly by the infinitive: **¿Quieres ir?** *(Do you want to go?)* **¿Qué puedo hacer?** *(What can I do?)* **No sé hablar ruso.** *(I don't know how to speak Russian.)* However, verbs of direction, such as **ir** and **venir**, and verbs of teaching, learning and beginning are followed by **a** before an infinitive. The preposition **a** increases the feeling of motion ⟶ toward a goal:

Vamos a estudiar esta noche.	We're going to study tonight.
Viene a visitarme.	He's coming to visit me.
Aprenden a hablar inglés.	They're learning to speak English.
Ahora comienzas a comprender.	Now you're beginning to understand.

Ejercicios

Cambie según las indicaciones:

1. Vienen a hablar con mi padre.
   _____ el Dr. Salas.
   _____ estudiar _____.
   Van _____.
   (Yo) _____.

2. Aprendemos a hablar español.
   _____ francés.
   Comienzan _____.
   _____ escribir _____.
   Enseñan _____.

3. Vamos a hacer la tarea.
   _____ preparar _____.
   ¿ Tú _____?
   ¿ Comienzas _____?
   ¿ Aprendes _____?

4. Vengo a trabajar contigo.
   (Nosotros) _____.
   _____ Uds.
   Vamos _____.
   _____ caminar _____.

22. THE INFINITIVE AFTER PREPOSITIONS

The infinitive is the only verb form regularly used after a preposition. Don't be misled by the *-ing* form in English:

antes de salir	before leaving (or going out)
después de terminar	after finishing
al entrar	upon entering
Estoy cansada de esperar.	I'm tired of waiting.

Ejercicios

A. Lea bien los diálogos siguientes, y después conteste las preguntas:

1. — ¿ Adónde vas esta noche, Pedro?
   — Después de comer, voy al cine con Carlos, Felipe y Marta.

Conteste: a. ¿ Adónde va Pedro esta noche ?
b. ¿ Va a ir antes o después de comer ?
c. ¿ Cuántes personas van con él ?

2. — ¿Qué tienes, María ? ¿ Estás enferma ?
— No. Es que mañana tengo tres exámenes y estoy cansada de estudiar.

Conteste: a. ¿ Es maestra o estudiante María ?
b. ¿ De qué está cansada ?
c. ¿ Cuántos exámenes tiene mañana ?

3. — Sra. Blanco, antes de salir, haga el favor de cerrar las ventanas.

Conteste: a. ¿ Está dentro *(inside)* o fuera *(outside)* la señora Blanco ?
b. ¿ Qué debe hacer *(should she do)* antes de salir ?

4. Al entrar en su casa, José Hierro llama a su mujer :
— ¿ Cómo estás, querida ?
— Bien, Pepe. Pero el niño no está muy bien. No come nada.

Conteste: a. ¿ Está casado o soltero *(unmarried)* José Hierro ?
b. ¿ Qué hace al entrar en su casa ?
c. ¿ Por qué dice la señora que no está muy bien el niño ?

B. Escriba oraciones originales *(Write original sentences)* usando 5 de las expresiones siguientes :

antes de (venir, salir, ir, terminar)	before (coming, etc.)
después de (leer, estudiar, tomar, hablar)	after (reading, etc.)
al (ver, entrar, llegar, contestar)	upon (seeing, etc.)
además de (saber, hablar, traer)	besides (knowing, etc.)
Estoy (Estás, etc.) cansado de	I'm tired of...

23. IRREGULAR FIRST PERSON SINGULAR VERB FORMS

In the present tense, most irregular verbs are irregular only in the first person singular. The other persons are regular. For example :

hacer *(to make; to do)* :   **hago,** haces, hace, hacemos, hacéis, hacen
salir *(to go out; to leave)* :   **salgo,** sales, sale, salimos, salís, salen
saber *(to know a fact; to know how to, etc.)* :   **sé,** sabes, sabe, sabemos, sabéis, saben
conocer *(to know a person; to be acquainted or familiar with)* ;   **conozco,** conoces, conoce, conocemos, conocéis, conocen

Ahora complete Ud. las conjugaciones siguientes :

valer *(to be worth)* :   **valgo,** vales, _____, _____, _____, _____
poner *(to put)* :   **pongo,** _____, _____, _____, _____, _____
caer *(to fall)* :   **caigo,** _____, _____, _____, _____, _____

traer *(to bring)* :   **traigo,** _____, _____, _____, _____, _____
ver *(to see)* :   **veo,** ves, _____, _____, _____, _____
producir *(to produce)* :   **produzco,** _____, _____, _____, _____, _____

Ejercicios

A. Diga rápidamente las formas correspondientes :
   yo : poner, traer, salir, valer, caer, hacer, producir, conocer
   tú : ver, hacer, saber, poner, salir, conocer
   Pepe : valer, saber, conocer, caer, hacer, salir, producir
   Ud. y yo : traer, conocer, caer, valer, salir, producir, ver
   vosotros : hacer, poner, ver, traer, salir, producir
   Uds. : saber, conocer, ver, traer, caer, salir

B. Ahora complete las oraciones siguientes usando verbos del grupo arriba indicado (indicated above) :
   1. ¿ Qué _____ (yo) ahora ?—No _____ nada, absolutamente nada.
   2. ¿ Quién _____ el tocadiscos para la fiesta ?—Si deseas, yo _____ el mío *(mine).*
   3. ¿ Cuánto dinero _____ Ud. ?—_____ millones, en mi imaginación.
   4. El Japón _____ más automóviles que nosotros.—¡ Imposible !
   5. ¿ _____ Uds. a qué hora comienza el concierto ?—A las ocho.
   6. No _____ casi nada aquí.—Claro. ¿ Por qué no pones *(put on)* la luz ?
   7. Roberto y yo _____ mañana para México.—¡ Qué suerte !
   8. (Yo) _____ de casa a las siete de la mañana, y no llego a la escuela hasta *(until)* las nueve.—Debes vivir más cerca.
   9. ¿ Dónde _____ (yo) la radio, aquí o en la sala ?—Aquí, por favor.

24. *SABER* AND *CONOCER*

Saber and **conocer** both mean *to know.* However, their implications are very different.

Saber means *to know a fact, to know (something) thoroughly or by heart,* or *to know how (to do something):*

¿ Sabe Ud. que viene Alicia ?	Do you know that Alice is coming ?
No saben la lección.	They don't know the lesson.
Sabe tocar el piano.	He knows how to play the piano.

Conocer means *to be acquainted or familiar with (a person, a place, or a thing).* The English *recognize, cognizant,* and *incognito* are derived from the same source.

No conozco a su marido.	I don't know her husband.
¿ Conoce Ud. este poema ?	Do you know (are you familiar with) this
— ¿ Si lo conozco ? ¡ Lo sé	poem ? — Am I familiar with it ? I know
de memoria !	it by heart !

Ejercicios

Conteste en español:

1. ¿Sabe Ud. tocar el piano? 2. ¿Conoce Ud. la ciudad de San Francisco? 3. ¿Qué ciudad conoce Ud. mejor *(best)*? 4. ¿Saben Uds. de dónde es su profesor(a) de español? 5. ¿Conocen Uds. a la esposa (al esposo) de su profesor(a)? 6. ¿Sabe Ud. de memoria muchos poemas? 7. ¿Saben Uds. bien esta lección? 8. ¿Sabe Ud. hablar un poco ahora en español? 9. ¿Cuál conoce Ud. mejor—Europa o la América latina? 10. ¿Sabe Ud. qué hora es?

¡Ay, no! ¡Tenemos que terminar!

Teatro

Escriba un diálogo original titulado "Fiesta". Dos invitados hablan acerca de sus amigos, de su vida personal, de otros invitados, etc. Ud. sabe cómo, ¿verdad?

I. *La España antigua* (Ancient Spain)

Tiempos prehistóricos. **Siglos** quince, catorce, trece antes de Cristo. — *Centuries*
Y los habitantes principales de España son los **iberos**, hombres — *Iberians*
bajos y morenos de tipo mediterráneo, creadores de una civilización — *short*
bastante avanzada. Saben cultivar la **tierra, labrar** metales, construir — *quite advanced • earth, work*
5 **casas de piedra** y hacer objetos de adorno. Pero curiosamente, — *stone houses*
aunque tienen **cierta** unidad racial, los iberos son muy individualistas, — *although • certain*
y España está dividida en más **de** mil **tribus** independientes. — *than • tribes*

En el siglo once antes de Cristo los **celtas,** hombres más altos — *Celts*
y rubios, de origen nórdico, comienzan a **llegar.** Más primitivos **que** — *arrive • than*
10 los iberos, y muy **guerreros, se establecen mayormente** en el norte — *warlike, they establish themselves mainly •*
y en el oeste de la península, **mientras que** en partes del **este** y del — *while • East*
sur se mezclan con los iberos para formar una raza celtíbera. **Al** — *South they mix • At*
mismo tiempo, los fenicios, grandes navegantes del norte de África, — *the same time, the Phoenicians, great navigators*
vienen al sur de España a **comerciar.** Allí **fundan** la ciudad de Cádiz, — *trade • they found*
15 y traen sus **conocimientos** metalúrgicos y agrícolas. — *knowledge*

Pinturas prehistóricas, cuevas de Cogul, Lérida.

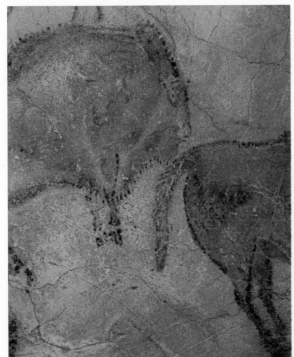

Figuras de animales en las cuevas de Altamira, Santander.

Detalle de un vaso ibérico: Guerreros con lanza y escudo *(shield)*, Valencia.

El hombre lucha con el toro. Cerámica ibérica del siglo III o II A.C., Valencia.

La Dama de Ibiza,
bello ejemplo de escultura prerromana.

La famosa Dama de Elche, obra maestra del arte
ibero, refleja la influencia griega en la España
primitiva.

Los **griegos**, que representan en el mundo antiguo la **cima** de la cultura europea, también **mandan colonos** y comerciantes a España. En el siglo siete antes de Cristo establecen ciudades en el este de la península, introducen nuevos métodos de agricultura y fomentan
20 las artes—el teatro, la poesía, la filosofía.

Y pasa el tiempo. En el siglo seis **A.C.**, los **cartagineses** vienen a España. Avanzan **poco a poco por** la península, **hasta que** en el siglo tres A.C. deciden ocupar **todo** el territorio y **lanzar desde** allí la invasión del **imperio** romano. En 219 (doscientos diez y nueve)
25 A.C. el general cartaginés **Aníbal cruza** los Alpes y ataca a Roma. La **lucha** es terrible. Al principio **parece** que los cartagineses van a **ganar.** Pero por fin los romanos triunfan, y en 218 A.C. mandan sus primeras legiones a ocupar España y **destruir** las bases de sus **enemigos.** Así comienza el **primer** período decisivo en la formación
30 cultural de España, un período en que España va a **hacerse** "más romana que Roma **misma".**

Los seis siglos de la dominación romana **dejan su sello** en toda la historia de España. Los romanos **construyen nuevas** ciudades, con magníficos **edificios** públicos y **particulares,** con **puentes,** templos,
35 **baños,** acueductos y **caminos.** Su lengua, el latín, su arte, su sistema

Greeks • high point
send colonists

(antes de Cristo) B.C. •
Carthaginians • little by little •
through • until
all • launch from
empire
Hannibal crosses
fighting • it seems
win
destroy
enemies • first
become
itself
leave their mark
construct new
buildings • private • bridges
baths • roads

El acueducto de Segovia, maravilla de la ingeniería romana.

Detalle de un mosaico romano en la región de Barcelona. Para el siglo III D.C. España es la colonia más importante del imperio de los Césares.

Hermoso vaso greco-hispano. La escena representa los trabajos *(labors)* de Hércules.

de **leyes** y sus instituciones sociales y económicas **llegan a ser** la base de la vida española. Y la tolerancia romana **aun** permite **por** un tiempo el **crecimiento** de la **fe** cristiana. España también contribuye a la cultura romana. Allí **nacen** tres **emperadores** romanos y muchos

40 **grandes escritores,** como Séneca, Lucano y Marcial. Y España contribuye también la **riqueza** de sus minas, de su **ganadería** y de sus **recursos** naturales.

laws • become

even • for

growth • faith

are born • emperors

great writers

riches • stock-raising

resources

Pero pasa siempre el período de la **grandeza, y para principios** del siglo quinto **D.C.**, Roma está en decadencia. **Godos**, visigodos
45 y otras tribus germánicas atacan sus **fronteras** y los romanos **ya no pueden defenderse**. En 409 (cuatrocientos nueve) los **feroces hunos**, de origen asiático, invaden Europa y los godos tienen que **buscar** refugio. Cruzan los Alpes y los Pirineos y toman posesión del vasto territorio de los **Césares**. El dominio romano **llega a su fin**.

greatness • by the beginning *(después de Cristo)* A.D. • Goths

borders • can no longer defend themselves • fierce Huns

seek

Caesars • reaches its end

Las ruinas de un anfiteatro romano se levantan cerca del mar en Tarragona, España.

El gran teatro romano de Mérida, Extremadura. La presencia romana es evidente aún *(still)* en toda la península Ibérica.

Este impresionante capitel románico *(romanesque)* capta la esencia religiosa de la antigua España cristiana. ▶

La corona de Recesvinto, rey visigodo, es un tesoro de oro y piedras preciosas.

50 Los godos llegan a ser la clase dominante de España, pero con el tiempo, la superior cultura hispanorromana triunfa **sobre la** de sus conquistadores. **Se sustituye** el latín por el **lenguaje** gótico como lengua **culta**. **Se adopta** el catolicismo como religión oficial, y la **iglesia** llega a ser el instrumento más importante del **estado** y de la
55 educación. Pero todavía no hay unidad. La monarquía continúa **a merced** de facciones rivales, y **al empezar** el siglo ocho, España, **débil** y decadente, ya no puede resistir.

over that

is substituted • language
cultured • is adopted
church • state

at the mercy • upon starting
weak

El alcázar de Segovia, fortaleza *(fortress)* árabe comenzada en el siglo VIII, es símbolo de la confluencia de culturas en la historia española.

Las invasiones **musulmanas** comienzan en el año 711 (sete-   Moslem
cientos once). En siete años los árabes ocupan casi toda la península
60 hasta que son **derrotados por** un pequeño bando de **guerreros**   defeated by • warriors
cristianos en el norte. Abandonan entonces el norte y establecen su
dominio en el centro y en el sur del país. Córdoba, Toledo, Granada,
Valencia y Sevilla llegan a ser los **focos** de una gran civilización, y   focal points
una nueva época en la historia española comienza. Con el tiempo
65 va a **surgir** una nación.   arise

Preguntas

1. ¿Quiénes son los habitantes principales de la España prehistórica? ¿Cómo es la cultura de los iberos?
2. ¿Quiénes son los celtas? ¿Cuándo comienzan a llegar a la península ibérica?
3. ¿Qué contribuyen a España los fenicios? ¿y los griegos?
4. ¿Por qué deciden los cartagineses ocupar la península en el siglo III A.C.? ¿Qué hacen los romanos después?
5. ¿Por cuánto tiempo dominan España los romanos? ¿Cuáles son sus mayores contribuciones?
6. ¿Qué contribuye España a Roma?
7. ¿Qué pasa a principios del siglo quinto D.C.? ¿Qué consecuencias tiene para la historia de España?
8. ¿Cómo es España durante el período de la dominación gótica? ¿Qué cambios ocurren en la vida española?
9. ¿Quiénes invaden España en el año 711? ¿Dónde se establecen mayormente los árabes? ¿Qué llegan a ser sus ciudades?
10. Como Ud. ve, España es en efecto una amalgama de muchas razas y pueblos diferentes. En su opinión, ¿es mejor para un país tener una raza "pura" o una mezcla *(mixture)* de muchas razas? ¿Por qué?

Lección Quinta

Momento de Vida: Losada y Compañía

Estamos en las **oficinas** de Losada y Compañía. Elena González, la recepcionista nueva, está **al conmutador**.

Elena: Buenos días, Losada y Compañía... Ah, Mercedes. ¿**Eres tú**? ¡Qué gusto **de oírte**!... Sí, **hace una semana que trabajo** aquí... Sí, me gusta... sólo que **me cuesta trabajo** aprender **de memoria** todas las extensiones. **Nunca recuerdo**, por ejemplo, si el número del **jefe** es el **quinientos setenta y nueve** o el **novecientos setenta y cinco. Me vuelvo loca**... Sí, tienes razón. **Con el tiempo**... (Suena el número y una luz roja **se enciende** en el conmutador.) **Espera**, Mercedes. En un momentito estoy contigo... Losada y Compañía.

Sr. Ramos (al teléfono): Buenos días. ¿**Me puede comunicar** con el señor Salas?

Elena: ¿**Cómo se escribe**, por favor?

Sr. Ramos: S-A-L-A-S.

Elena: **Más despacio**, por favor, ¿S-A-...?

Sr. Ramos: L-A-S. Es muy complicado.

Elena: Ah, sí. ¿**De parte de quién**, por favor?

Sr. Ramos: Del señor Ramos. R-A-M-O-S.

Elena: Ah, gracias. Un momentito, señor. (Elena **busca** la lista de las extensiones pero **no la encuentra. Desesperada, cierra los ojos, aprieta un botón, y vuelve** a hablar con Mercedes.) Aquí estoy, Mercedes. **Así que, ¿qué me cuentas? ¿Cómo te va** en... (Suena otra vez el teléfono.) **¡Dios mío! Me muero si no me dejan en paz** por cinco minutos. Espera, Mercedes... Losada y Compañía... Pero, ¿señor Ramos? ¿Desconectado?... ¡Ay, **lo siento mucho! En seguida**, señor... (Elena cierra los ojos y aprieta otro botón.) Muy bien. (Se enciende otra luz roja en el conmutador.) Losada y Compañía... ¡Pero, Cándida! ¡Qué gusto de oírte! **Hace meses que pienso llamarte.** Sí... Sí... Siempre con Pablo. **Pensamos casarnos** en abril. Pero, **¡qué sorpresa!** (Varias luces rojas se encienden.) Espera, Cándida. **Vuelvo en seguida**... Losada y Compañía... ¡Pablo! **¡Amor mío!** No te puedo hablar en **este** momento. Espera, ¿eh, querido?

offices
at the switchboard

Is it you • to hear you! • I've been working for a week • it's hard for me
by heart all • I never remember
boss • 579
975 • I'm going mad.
With time • lights up
Wait (Hold on)

Can you connect me

How do you spell it?

More slowly

Who's calling

looks for
doesn't find it. Desperate, she closes her eyes, presses a button and goes back
So, what do you say?
How are things going with you
For heaven's sake! I'll die if they don't leave me alone

I'm very sorry! Right away

For months I've been thinking of calling you • We're planning to get married • what a surprise!

I'll be right back • My love. I can't speak to you at this

87

... No, no te voy a desconectar. Muy buenos, Losada y...
Pero, señor Ramos...

Sr. Ramos: Sí. R-A-M-O-S. Señorita, ¿por qué **no quiere** Ud.   *don't you want*
comunicarme con el señor Salas—S-A-L-A-S?

Elena: **Su nombre de pila**, por favor.   *His first name*

Sr. Ramos: No sé su nombre de pila. Pero si Ud.—U-S-T-E-D—no
me comunica...

Elena: ¡**Cómo no**, señor! Inmediatamente. (Se encienden tres   *Of course*
luces más en el conmutador.) Losada y Compañía. Buenos
días... ¡Patricio! Pero chico, ¡qué gusto! Espera. Tengo que
contestar otras **llamadas**... ¿Mercedes?... ¿Cándida?...   *calls*
¿Pablo?... ¿**Están ahí todavía**?... Bueno. Losada y Compañía   *Are you still there?*
...¿Juanita? **Espérame**, chica, ¿eh? En seguida...   *Wait for me*

    (El botón número 795 se enciende en el conmutador.)

Sr. Salas: Señorita, aquí habla el señor Salas. **Hace dos horas**   *For two hours I've been*
que quiero comunicarme con el señor Alberto Ramos y las   *trying to reach*
líneas siempre están **ocupadas. Comienzo a perder** la paciencia   *lines • busy. I'm beginning to*
y **cuando yo pierdo**..   *lose • when I lose*

Elena: ¡Cómo no, señor! En seguida. Pero dígame, ¿cómo se
escribe Ramos, por favor...?

VOCABULARIO ACTIVO

jefe	*boss*	llamada	*call; telephone call*
oficina	*office*	número	*number*
trabajo	*work; job*	tiempo	*(a period of) time*

---

cerrar (cierro)	*to close*	perder (pierdo)	*to lose*
comenzar (comienzo)	*to begin*	sentir (siento)	*to feel; regret*
pensar (pienso)	*to think*	llamar	*to call*
contar (cuento)	*to count; tell*	sonar (sueno)	*to sound; ring*
morir (muero)	*to die*	volver (vuelvo)	*to return, go back*
*poder (puedo)	*to be able, can*	esperar	*to wait* (for); *hope; expect*
encender (enciendo)	*to turn on (a light, radio, etc.)*		
*querer (quiero)	*to want, wish to; like, love (a person)*		

---

nuevo	*new*	todos	*all, everyone*

¿Cómo?   *How? What (did you say)?*

Preguntas

1. ¿Dónde estamos en esta escena?
2. ¿Quién está al conmutador? ¿Con quién habla?
3. ¿Cuánto tiempo hace que Elena trabaja allí?
4. ¿Qué le cuesta trabajo *(does she find hard)* aprender?
5. ¿Qué no recuerda nunca Elena?

6. ¿Quién llama ahora? ¿Con quién quiere hablar? ¿Qué le pregunta Elena?
   (What does Elena ask him?)
7. ¿Qué otros amigos de Elena llaman ahora?
8. ¿Por qué llama otra vez el señor Ramos?
9. ¿Qué botón se enciende ahora en el conmutador? ¿De quién es ese número?
   (Whose number is that?)
10. ¿Qué dice el señor Salas? ¿Qué responde Elena?
11. ¿Le gusta a Ud. trabajar en una oficina? ¿Sabe Ud. usar el conmutador?
12. Una pregunta más: ¿Qué piensa Ud. de Elena? ¿Es una joven típica o no?

Estructura

25. RADICAL (OR STEM) CHANGING VERBS

Radical changing verbs are those whose *root* vowel, **e** or **o**, becomes a diphthong when stressed. Although these verbs do not belong to what are normally considered regular conjugations, they are not really irregular because they all conform consistently to a pattern. Radical changing verbs are of two general types: **-ar** or **-er** verbs and **-ir** verbs. The present indicative of *all* radical changing verbs conforms to the same pattern. Generally, **e** becomes **ie** and **o** becomes **ue** when stressed. A few **-ir** verbs change **e** to **i**. This is the pattern:

	PERSON			
SINGULAR	1 ⟶	e > ie	e > i	o > ue
	2 ⟶	e > ie	e > i	o > ue
	3 ⟶	e > ie	e > i	o > ue
PLURAL	1 ⟵			
	2 ⟵			
	3 ⟶	e > ie	e > i	o > ue

Say the following conjugations in rhythm (1, 2, 3, ⟶; ⟵ 1, 2; and back ⟶):

cerrar *(to close)*	perder *(to lose)*	sentir *(to feel, regret)*
cierro	pierdo	siento
cierras	pierdes	sientes
cierra	pierde	siente
cerramos	perdemos	sentimos
cerráis	perdéis	sentís
cierran	pierden	sienten

contar *(to count)*	volver *(to return)*	dormir *(to sleep)*
cuento	vuelvo	duermo
cuentas	vuelves	duermes
cuenta	vuelve	duerme
contamos	volvemos	dormimos
contáis	volvéis	dormís
cuentan	vuelven	duermen

Pedir *(to ask for, request)* and **servir** *(to serve)* are two **-ir** verbs that change the stressed **e** to **i**:

pedir	servir
pido	sirvo
pides	sirves
pide	sirve
pedimos	servimos
pedís	servís
piden	sirven

Some irregular verbs are radical changing in the present:

querer *(to want; to like someone)*	**poder** *(to be able)*
quiero	puedo
quieres	puedes
quiere	puede
queremos	podemos
queréis	podéis
quieren	pueden

Ejercicios

A. Diga las formas correspondientes:

yo: cerrar, perder, dormir, sentir, encontrar *(to find, to meet)*, mover, poder

tú: morir, pedir, contar, entender *(to understand)*, querer, sentir

ella: perder, querer, dormir, encontrar, poder, volver, pedir, servir

nosotros: querer, perder, contar, sentir, mover

vosotros: cerrar, entender, dormir, poder, volver

ellos: perder, encontrar, querer, poder, servir, pedir

B. ¿Puede Ud. encontrar en el Grupo II la conclusión de cada frase del Grupo I?

I	II
¿A qué hora	de 1 a 12... mi sombrero... verte enfermo...
Mi madre nunca pierde	sirven la comida?... paciencia con nosotros...
Uds. siempre piden	muy tarde esta noche?... mucho dinero... las
¿Vuelves	sillas?
No encuentro	
El niño cuenta	
¿Por qué mueves	
Siento	

C. Ahora conteste en español:

1. ¿Hasta *(Until)* qué hora duerme Ud. los días de clase *(on school days)*?
2. ¿Hasta qué hora duerme Ud. los sábados y domingos?   3. ¿A qué hora se

acuesta Ud. *(do you go to bed)* normalmente? *(Me...)* ¿y los sábados? 4. ¿A qué hora vuelve Ud. a casa por *(in)* la tarde? 5. ¿Entiende Ud. *(Do you understand)* bien los verbos de cambios radicales? 6. ¿Entienden Uds. cuando habla en español su profesor(a)? 7. ¿Quiere Ud. ir a una fiesta conmigo mañana? 8. ¿Quién quiere un examen hoy? 9. ¿Puede Ud. hacer una comida? 10. ¿Cierra Ud. todas las ventanas cuando sale de su casa?

26. MORE ABOUT THE PRESENT

Remember: the present tense describes all actions that are still happening now, even if they began some time ago in the past.

A. **Desde...** *since (a certain date or time)*

The present tense is used for an action that has been going on *since* a certain date or time and still *is*. (The English *has been* can be misleading.)

Estamos casados desde junio.	We have been married since June (and we still are).
Vivo aquí desde abril.	I have been living here since April.
¿Desde cuándo esperas?	Since when have you been waiting?

B. **Hace...** *for (a certain period of time)*

When an action *has been going on for a period of time*, and still *is*, **hace**... que (now it makes...) states the length of time, and the following verb is, of course, in the present.

Hace un mes que estudio español.	I have been studying Spanish for a month (and still am).
Hace quince años que vivimos aquí.	We have been living here for fifteen years.
¿Cuánto tiempo hace que trabajas?	How long have you been working?
Hace días que me siento enfermo.	I have been feeling ill for days.

Ejercicios

A. Cambie según las indicaciones:
1. Hace seis meses que Ricardo **vive** en Chile.
   (viajar, trabajar, estar, estudiar)
2. Hace tres días que **mi marido** espera el cheque.
   (yo, mi marido y yo, los pobres, tú, vosotros)
3. Hace un año que **escribo** este libro.
   (buscar, leer, preparar, acabar)
4. **Están** aquí desde mayo.
   (vivir, venir, comprar, enseñar, comer)
5. La pobre está enferma desde el **domingo**.
   (Monday, Tuesday, Wednesday, Thursday, Friday, Saturday)

B. Termine de una manera original:

1. Hace una hora que... 2. Hace seis semanas que... 3. Hace un año que... 4. Hace cinco años que... 5. Hace días que... 6. ...desde septiembre. 7. ... la semana pasada.

27. FIRST AND SECOND PERSON OBJECT PRONOUNS

	DIRECT	INDIRECT	REFLEXIVE
me	me	to me	myself, to myself
te	you *(fam.)*	to you	yourself, to yourself
nos	us	to us	ourselves, to ourselves
os	you *(fam. pl.)*	to you	yourselves, to yourselves

—¿Me quieres? —Do you love me?
—No, no te quiero. —No, I don't love you.
—¡Ay ¡ Me mato! —Ay! I'll kill myself.

—No me conoces bien. —You don't know me very well.
—Sí, te conozco. Tú —Yes, I know you. You don't
  no te conoces. know yourself.
Nunca nos ocurre nada. Nothing ever happens to us.
Os digo, niños,... I tell you, children,...

28. POSITION OF OBJECT PRONOUNS IN RELATION TO THE VERB

Object pronouns are placed immediately before a conjugated verb form, except with a direct affirmative command:

No me da nada. He doesn't give me anything.
Nos hablan demasiado. They talk to us too much.
Te prometo que... I promise you that...

They *must* be attached to the end of a direct affirmative command:

Dígame... Tell me...
Espérenos. Wait for us.
Escríbame. Write to me.

They *may* be attached to the end of an infinitive[1]:

Vienen a vernos. They are coming to see us.
  (*or:* Nos vienen a ver.)

Voy a visitarte. I'm going to visit you.
  (*or:* Te voy a visitar.)

[1] Actually, when the infinitive is not preceded by another verb, the object pronoun *must* be attached: **Conocerte es amarte.** (*To know you is to love you.*) The same principle applies to the placement of object pronouns with a present participle (Lección Décima).

Ejercicios

A. Conteste afirmativamente las preguntas siguientes. *(Notice that we're going to be on friendly* **tú** *and* **vosotros** *terms.)*

1. ¿Me amas locamente? 2. ¿Te gusta nuestra clase? 3. ¿Os gusta el español? (Sí, nos...) 4. ¿Vienes a visitarnos mañana? 5. ¿Te veo el lunes? 6. ¿Os habla claramente *(clearly)*? 7. ¿Os traigo café? 8. ¿Me traes una Coca Cola? 9. ¿Os preparáis para el examen? 10. ¿Vas a llamarnos esta noche?

B. Exprese de otra manera *(in another way)* las frases siguientes. Por ejemplo:

Vamos a invitarte.   **Te vamos a invitar.**
¿Nos quieres hablar?   **¿Quieres hablarnos?**

1. Voy a prepararte bien. 2. Me va a gustar mucho. 3. No quieren admitirnos. 4. Te vengo a hablar. 5. Nunca van a comprenderme. 6. ¿Me vas a servir la comida? 7. Tienen que aceptaros. 8. ¿No puedes contestarme? 9. Comienzo a amarte. 10. Vamos a haceros un favor.

C. Ahora escriba en español:
1. Tell me the truth. 2. Write to us. 3. Wait for me. 4. Listen to us. 5. Answer me. 6. Do me a favor.

29. NUMBERS BY HUNDREDS

100	ciento (**cien** before a noun)	600	seiscientos(as)
200	doscientos(as)	700	**setecientos**(as)
300	trescientos(as)	800	ochocientos(as)
400	cuatrocientos(as)	900	**novecientos**(as)
500	**quinientos**(as)	1000	mil

Beyond 1000, Spanish does not count in hundreds. 1950, for example, is **mil novecientos cincuenta** *(one thousand nine hundred fifty)*:

1502 mil quinientos dos
2001 dos mil uno
93.716 noventa y tres mil setecientos diez y seis
May 2, 1973 el dos de mayo de mil novecientos setenta y tres

Notice that **y** appears *only* between 16 and 99 (**diez y seis... noventa y nueve**)!

Problemas de Aritmética

Haga sus cálculos en español, ¿está bien?

a. 200	b. 700	c. 940	d. 592	e. 100	f. 50
+350	−185	−300	−492	× 10	×20

Ejercicio

¿ Cómo relaciona Ud. los Grupos A y B ? (Por favor, lea los números en voz alta.)

A	B
1776	el descubrimiento de América... la Revolución francesa...
1914–1918	la Primera Guerra Mundial... la invasión normanda de
1492	Inglaterra... la independencia de los Estados Unidos...
1789	la Guerra Civil... la Segunda Guerra Mundial
1066	
1939–1945	
1861–1865	

Teatro

Prepare una corta escena original sobre **En la oficina**. Por ejemplo, Ud. es un cliente y llama para hablar con el jefe de la compañía, pero la recepcionista le comunica *(connects you)* siempre con un número equivocado *(wrong)*. O Ud. es la nueva recepcionista y no sabe todavía los números de las extensiones, ¡ ni siquiera *(nor even)* los nombres de sus jefes ! O mejor, use Ud. la imaginación y vamos a ver.

Hora de Conversación IV

De tiendas (*Shopping*)

zapatería *shoe store*
sombrerería *hat store*
ropería *clothing store*
el bazar *(Spain)*, el almacén *(Sp. Am.)*
    department store

lechería *dairy, milk bar*
quesería *cheese store*
verdulería *greengrocery*

barbería, peluquería *barber shop*
lavandería (en seco) *laundry ; cleaner*

ferretería *hardware store*
carpintería *carpenter's shop*

librería *book store*
botica, farmacia, droguería
banco *bank*
agencia de viajes (seguros, bienes
    raíces) *travel (insurance, real estate
    agency)*

costurería *couturier*
peletería *fur or leather shop*
sastrería *tailor shop*
bodega, tienda de comestibles o de
    ultramarinos, abarrotería *(Sp. Am.)*
    grocery
carnicería *butcher shop*
panadería *bakery*
confitería *sweet shop*
salón de belleza *beauty salon*
tintorería *cleaner and dyer*
mueblería *furniture store*
plomería *plumber's shop*
imprenta *printer's shop*
relojería *watchmaker's shop*
joyería *jewelry store*
prendería *pawn shop*
funeraria *funeral home*
el garaje
la estación de servicio, bomba
    (Sp. Am.) service station

Conversación

1. Si el hombre que vende ropa es un ropero, y el hombre que vende libros es un librero, ¿cómo se llama el hombre que vende: zapatos, leche, muebles, relojes, queso, sombreros?

2. Si un carnicero trabaja en una carnicería, ¿dónde trabaja un panadero? ¿un sastre? ¿un agente de viajes? ¿un costurero? ¿un bodeguero?

3. ¿Adónde voy para comprar un par de zapatos, un abrigo, una mesa, un anillo *(ring)* de diamantes, una póliza de seguros, gasolina para mi coche, aspirinas?

4. ¿Adónde voy si quiero depositar mi dinero? ¿si quiero comprar una casa? ¿si necesito dinero? ¿si mi coche no funciona bien? ¿si está sucia mi ropa?

5. ¿Hay tenderos *(storekeepers)* en su familia? ¿Quiénes son? ¿Hay un farmacéutico (o boticario, droguista)? ¿Hay un banquero? ¿un agente de viajes? ¿un mecánico? ¿un carnicero? ¿un director de funeraria? ¿Qué tiendas hay donde vive Ud.?

Lección Sexta

Momento de Vida: En un Almacén

Estamos en un **almacén grande del centro**. Una señora **se acerca** a la Información.　　*large downtown department store • approaches*

Señora:　Por favor, ¿puede Ud. decirme en qué **piso** venden **cortinas para la cocina**?　　*floor • kitchen curtains*

Señor de la Información:　En el **quinto**, señora.　　*fifth*

Señora:　¿Y dónde está el **ascensor**?　　*elevator*

Señor de la Información:　Aquí **mismo, a la derecha**. Pero **no funciona** hoy.　　*Right here, on the right • it's not working*

Señora:　¿Y la **escalera automática**?　　*escalator*

Señor de la Información:　A la **izquierda**. Pero **tampoco funciona**.　　*left • it's not working either*

Señora:　Entonces, ¿cómo **subo** al quinto piso?　　*do I go up?*

Señor de la Información:　Por la escalera. **Esa sí** funciona.　　*That is*

Señora:　Gracias.

　　(**Al principio** la pobre señora no sabe qué hacer. **Por fin** decide subir por la escalera. **Llega cansadísima** al quinto piso y **se dirige a una dependienta**.)　　*At first • Finally* / *She arrives exhausted • goes over to a saleslady*

Señora:　Señorita, ¿venden Uds. cortinas en este departamento?

Dependienta:　Sí, señora. ¿**Para qué habitación las desea Ud.**?　　*For what room do you want them?*

Señora:　Para la cocina.

Dependienta:　¡**Cuánto lo siento**! Aquí las tenemos sólo para la sala. Las cortinas para la cocina están en la **planta baja**.　　*I'm so sorry!* / *ground floor*

Señora:　¡Dios mío! No puedo **dar un paso más**.　　*take another step*

Dependienta:　**Es una gran lástima**, señora… Pero **aquí tiene Ud. una silla**. ¿Por qué no **descansa un poco**? Bueno, **así es mucho mejor**, ¿no?　　*It's really a shame • here's a chair • rest a little • that's much better*

Señora:　Gracias, pero sólo por un momento.

Dependienta:　¡**Cómo no**, señora! Y **mientras tanto puedo mostrarle unas** elegantísimas cortinas para la sala, que liquidamos hoy **a un precio muy reducido, menos que al por mayor**.　　*Of course • meanwhile I can show you some • at a very reduced price, less than wholesale*

Señora:　Pero ya tengo cortinas nuevas en la sala. **Las necesito** sólo para la cocina.　　*I need them*

Dependienta: **Lo sé**, señora. Pero son las cortinas **más finas** que tenemos, y si **le digo** el precio **a que** las vendemos hoy—sólo hoy —no va a **creerlo**.

I know (it) • finest
I tell you • at which
believe it

Señora: ¿Sí? ¿**Cuánto valen**?

How much are they?

Dependienta: Ayer, cien pesos. Hoy, cincuenta. Mañana, cien pesos otra vez.

Señora: Pero...

Dependienta: ¿**Me hace** un favor? Sólo **permítame mostrárselas**. Ud. no tiene obligación de comprar. **Aquí las tiene Ud. ¡Qué bonitas**, eh! ¿No le gustan?

Will you do me • let me show them to you • here they are • How pretty

Señora: Sí, me gustan. Pero son azules y mi sala es verde. ¿No las tiene Ud. de otro color?

Dependienta: No, señora. Es el **último par**. Pero realmente, **hoy día está de moda mezclar** los colores. **Todo el mundo lo hace**.

last pair • nowadays it's fashionable to mix • Everybody does it

Señora: Sí, pero yo soy un poco **conservadora**.

conservative

Dependienta: ¡Ay, no! ¿**A su edad**? Ud. debe tener ideas jóvenes. **A mí no me dan miedo los colores.**

At your age?
Colors don't scare *me*.

Señora: Pero...

Dependienta: Una oportunidad **como ésta**, no la tiene Ud. todos los días.

like this one

Señora: Bueno, **me quedo con ellas**.

I'll take them.

Dependienta: **Me alegro**. ¿Tiene Ud. una **cuenta de crédito** aquí?

I'm glad • charge account

Señora: No. **Pago al contado. Le doy** sesenta pesos.

I pay cash. I'll give you

Dependienta: Muy bien. **La vuelta**, diez pesos. Y aquí tiene Ud. sus cortinas. Adiós, señora, y gracias.

Your change

Señora: Gracias a Ud.

(La señora se dirige a la escalera.)

Dependienta: Señora, Ud. puede tomar el ascensor. Aquí mismo está, a la derecha.

Señora: ¿Funciona ya?

Dependienta: Sí, pero **sólo baja.** (La dependienta se vuelve a otra dependienta y **le susurra al oído**.) ¿Sabes, María?, tu idea **sale** estupenda. El señor de la Información es una **maravilla. Mira**, aquí viene **otra**.

it only goes down
whispers into her ear • is turning out • wonder • Look • another one

(Se acerca otra señora, **medio muerta** después de subir a pie los cinco pisos.)

half dead

Segunda Señora: ¡Dios mío! No puedo dar un paso más. (Habla a la dependienta.) Señorita, me dice el señor de la Información que venden Uds. en este departamento **sábanas y fundas**.

sheets and pillowcases

Dependienta: ¡Cuánto lo siento, señora. **Ésas se venden** en el primer piso. Pero aquí tiene Ud. una silla. ¿Por qué no descansa un poco? Y mientras tanto puedo mostrarle unas magníficas

Those are sold

cortinas para la sala... el último par... una **ganga increíble**...   incredible bargain
hoy... sólo hoy a este precio... menos que al por mayor....

VOCABULARIO ACTIVO

el ascensor *elevator*	la edad *age*
piso *floor; story*	precio *price*
escalera *stairway;* —automática *escalator*	

bajar *to go down*	subir *to go up*
descansar *to rest*	mirar *to look at*
desear *to desire, wish*	mostrar (muestro) *to show*
funcionar *to work (a mechanism)*	pagar *to pay*

mucho (very) *much; (pl.) many*	poco *little (in amount); (pl.) few*
primer(o) *first*	último *last*
por *by; for (during a period of time)*	tampoco *neither, not... either*

a la derecha *on the right*	a la izquierda *on the left*
al principio *at first*	hoy día *nowadays*
Lo siento *I'm sorry*	Me alegro *I'm glad*

Preguntas

1. ¿ Dónde tiene lugar *(takes place)* este episodio ?
2. ¿ A quién se acerca la señora ?
3. ¿ En qué piso dice el señor de la Información que venden cortinas para la cocina ?
4. ¿ Dónde está el ascensor ? ¿ Y la escalera automática ?
5. ¿ Por qué tiene que subir a pie la señora ? ¿ Cómo llega al quinto piso ?
6. ¿ Qué clase de cortinas venden en el quinto piso ? ¿ Dónde las venden para la cocina ?
7. ¿ Qué ofrece *(offers)* la dependienta a la señora ?
8. ¿ Qué quiere mostrarle la dependienta mientras descansa ?
9. ¿ Por qué no necesita la señora cortinas nuevas para la sala ?
10. ¿ De qué color son las cortinas que le muestra la dependienta ?
11. ¿ De qué color es la sala de la señora ?
12. ¿ Cuánto cuestan las cortinas hoy ? ¿ Y mañana ? ¿ Por qué las compra la señora ?
13. ¿ Baja por la escalera la señora ? ¿ Por qué ?
14. ¿ Qué dice la dependienta a la otra dependienta ?
15. ¿ Quién llega muy cansada ahora al quinto piso ?
16. ¿ Qué quiere comprar la segunda señora ? ¿ Qué va a venderle la dependienta ?

Estructura

30. THE PERSONAL *A*

Except after **tener, a** is used before a direct object that refers to a person. In this usage, **a** cannot be translated into English:

¿ Conoce Ud. a María ?	Do you know Mary ?
Veo a mis padres todos los días.	I see my parents every day.
Llama a Juan, no a Ud.	He's calling John, not you.
But: Tengo dos hijos.	I have two sons.

The personal **a** is often very important in distinguishing between the subject and object of a verb:

¿ Llama tu madre ?	Is your mother calling ?
¿ Llama a tu madre ?	Is he calling your mother ?
¿ Conoce Diego a la maestra ?	Does Jim know the teacher ?
¿ Conoce a Diego la maestra ?	Does the teacher know Jim ?

Ejercicios

A. Cambie según las indicaciones :

1. ¿ Conoce Ud. a Roberto ?
   ¿ Llama _____ ?
   ¿_____ al Dr. López ?
   ¿_____ Uds. _____ ?
   ¿ Buscan _____ ?
   ¿_____ los niños ?

2. Busco a mi marido.
   _____ amigos.
   Invito _____.
   Encuentro _____.
   _____ nuestros _____.
   Tenemos _____.

B. Diga en español :
   1. I see Henry. 2. Do you know my uncle? 3. We have fifteen cousins.
   4. They are going to visit their parents. 5. He isn't bringing (**llevar**) Johnny this afternoon. 6. She loves her husband very much.

31. THIRD PERSON OBJECT PRONOUNS

DIRECT	INDIRECT	REFLEXIVE
lo it, him, you *(Ud.)*		(to) himself
le[1] him, you *(Ud.)*	**le** ⎰ to him / to her / to it / to you	(to) herself / (to) itself
la her, it, you *(f.)*		**se** ⎰ (to) itself / (to) yourself
los them, you *(Uds.)*		
les[1] them, you *(Uds.)*	**les** ⎰ to them, / to you *(m. and f.)*	(to) themselves
las them, you *(f.)*		(to) yourselves

[1] **Le** and **les** are frequently used in Spain as direct objects referring only to male persons.

Notice that only the direct object has masculine and feminine forms, that the indirect has only singular and plural, and the reflexive only the one form, **se,** for the entire third person. Note also that **lo** may refer to a masculine person or a thing, but that the direct object **le** refers only to a person :

¿Juan ? Lo (le) vemos todos los días.	John ? We see him every day.
¿María ? La conozco bien.	Mary ? I know her well.
¿Tienes los libros ?—Sí, los tengo aquí.	Do you have the books ?—Yes, I have them here.
Le hablan como a un niño.	They speak to him as to a child.
Les explica la lección.	He is explaining the lesson to them.
¿Se divierten Uds. ?	Are you enjoying yourselves ?
Nadie se conoce realmente.	No one really knows himself.

Ejercicios

A. Cambie a pronombres *(pronouns)* las palabras indicadas. Por ejemplo :

¿Tú preparas **la comida ?**	**¿Tú la preparas ?**
No dice nada **a su esposa.**	**No le dice nada.**

1. ¿Conoce Ud. **a María ?** 2. Tienen que dar **la respuesta** *(answer)* hoy. 3. ¿Tiene Ud. **mi lápiz ?** 4. ¿Sabes **el precio ?** 5. Voy a ver **las fotos** mañana. 6. Juanita no lleva **zapatos** hoy. 7. Tomo **el ascensor.** 8. No sé **su edad.** 9. Hablo **al Sr. Masa** todos los días. 10. Manda *(He sends)* dinero **a sus padres.** 11. Escribe **a sus hijos.**

B. Ahora cambie a pronombres **reflexivos** :
1. **Le** compro un radio. (Me...) 2. **Te** llama Roque. 3. **Nos** habla. 4. **La** quiere mucho. 5. Voy a buscar**le** un abrigo. 6. ¿**Lo** preparan ahora ? 7. Vamos a comprar**le** algo.

C. Conteste según el modelo : ¿Sabe Ud. **el precio ?** —Sí, lo sé. (No, no lo sé.)
1. ¿Dices **la verdad ?** (Sí, la...) 2. ¿Miras **a Elena ?** 3. ¿Muestro **las cortinas verdes ?** 4. ¿Pagamos **el dinero** ahora ? 5. ¿Mando **el cheque** al banco ? 6. ¿Quieres ver **al jefe ?** 7. ¿Llamo **a los chicos ?** 8. ¿Vas a perder **los papeles ?** 9. ¿Debemos hablar **al profesor ?** 10. ¿Cuento la historia **a los invitados ?** 11. ¿Podemos comprar **todas las cosas** aquí ? 12. ¿Escuchas **la radio ?** 13. ¿Escribe Ud. **a sus padres ?** 14. ¿Vamos a ver **su casa nueva ?** 15. ¿Vas a contestar **el teléfono ?** 16. ¿Explico otra vez la lección **a los estudiantes ?** 17. ¿Debo dar algo **a los pobres ?**

32. TWO OBJECT PRONOUNS TOGETHER
A. Which pronoun goes first ?
When a verb has more than one object pronoun, this is their order :

INDIRECT BEFORE DIRECT; REFLEXIVE FIRST OF ALL[1]

Nos lo manda.	He's sending it to us.
No **me la** dan.	They're not giving it to me.
Va a comprár**selos**.	He's going to buy them for himself.

B. Special use of **se**

When both the direct and the indirect object pronouns are in the *third* person (when both begin with l), the indirect becomes **se**.

INDIRECT   DIRECT

$$
\begin{matrix} \text{le} \\ \\ \text{les} \end{matrix} + \begin{matrix} \text{lo} \\ \text{la} \\ \text{los} \\ \text{las} \end{matrix} = \textbf{se} \left\{ \begin{matrix} \text{lo} \\ \text{la} \\ \text{los} \\ \text{las} \end{matrix} \right.
$$

Le mando el dinero hoy.	I'll send him the money today.
Se lo mando hoy.	I'll send *it to him* today.
Vamos a decirles la verdad.	We're going to tell them the truth.
Vamos a decír**sela**.	We're going to tell it to them.
Le muestra las cortinas.	She shows her the curtains.
Se las muestra.	She shows them to her.

Ejercicios

A. Cambie según el modelo:

Manda el libro **a su hermano**.
Le manda el libro.
Se lo manda.

1. Dan el dinero **al empleado**.   2. Muestra las cortinas **a la señora**.   3. Lee los cuentos *(stories)* **a sus niños**.   4. Va a escribir una carta **a su novia**.   5. No quiere vender su casa **a los Pérez**.   6. Traigo café **a los hombres**.

B. Ahora conteste afirmativamente:
1. ¿Me lo da Ud.? (Sí, se lo...)   2. ¿Nos la presentan Uds.? (Sí, se...)
3. ¿Me los manda el Sr. Arias?   4. ¿Se las manda Ud. a Ricardo?   5. ¿Me lo compras? (Sí, te...)   6. ¿Se lo digo a Uds.? (Sí, nos...)   7. ¿Quiere Ud. vendérmela?   8. ¿Nos las escribe Ud.?   9. ¿Os lo pago? (Sí, nos...)
10. ¿Se los repito a Uds.? (Sí, nos...)

---

[1] On the less frequent occasions when the direct object is **me, te, nos,** or **os**, the indirect object isn't used at all. Instead the phrase **a él, a ella, a Ud.**, etc., follows the verb:

Me llevan a ella.	They're taking me to her.
Nos presenta mañana a ellos.	He's introducing us to them tomorrow.

C. Busque en el Grupo 2 la conclusión lógica de cada frase del Grupo 1 :

1	2

1

Voy a contarles el secreto
Si nos la mandan
  inmediatamente
Si te lo venden a un precio
  reducido
El maestro va a explicárnoslo
  otra vez
Si se las muestro a Ud., señora,
Si quieren, pueden usar mi
  tocadiscos
Si la comida está preparada ya

2

¿ vas a comprármelo ?... porque no
podemos comprenderlo... si prometen
no repetírselo a nadie... seguramente
le van a gustar... ¿ por qué no se
la servimos ahora mismo ?... pero no
tengo tiempo hoy para traérselo...
vamos a recibirlo antes del viernes.

33. ADDING AN EXTRA *A MÍ, A TI, A ÉL*

For emphasis or for clarification (in the case of the possibly ambiguous **le, les** or **se**), the phrases **a mí, a tí, a él, a ella, a Ud., a nosotros**, etc., are used *in addition to* (*not* in replacement of) the normal direct or indirect object pronoun. Adding the extra phrase is equivalent to stressing the object pronoun with the voice in English :

A mí no me hablan así. — They don't talk to *me* that way.
La veo siempre a ella ; a él nunca. — I always see *her; him* never.
No se lo dan a Ud. Se lo dan a ellos. — They're not giving it to *you*. They're giving it to *them*.
Te lo digo a ti. — I'm telling *you*.
Vamos a mandárselo a ellas. — Let's send it to *them*.

Ejercicio

Diga en español :
1. Are you giving it to *me* or to *him*?—I'm giving it to *you*.   2. Are they sending them to *us*?—No, they're sending them to *me*.   3. We're going to tell it to *her*, not to *him*.   4. Are you going to write to Mary, Paco?—No, only to *you*, my love.
5. You can't talk to *us* that way.—Well, I can always talk to *them*.   6. We always see *him*; we never see *her*.

34. *GUSTAR*

We have already used **gustar** many times. Let's look at it now a little more closely. **Gustar** means *to be pleasing*. It does *not* mean " to like " ! However, Spanish does use **gustar** in a special construction to translate the English *to like*. This is how it works :

The subject of **gustar** is the *thing that is pleasing*.
The *person to whom it is pleasing* is the indirect object.

¿ Le gusta este abrigo ?—No, me gusta el otro.

Do you like this coat? (Is this coat pleasing to you?)—No, I like the other one.

¿ Te gusta bailar ?—Sí, pero a mi marido no le gusta.

Do you like to dance?—Yes, but my husband doesn't like it. (To my husband it is not pleasing.)

¿ Le gustan las cortinas ?—Sí, me gustan mucho.

Do you like the curtains? (Are they pleasing to you?)—Yes, I like them very much.

¿ Les gusta a Uds. el teatro ?— Sí, pero nos gustan más los deportes.

Do you-all like the theatre?—Yes, but we like sports better. (Sports are more pleasing to us.)

Notice that when *what* you like is plural, you must use **gustan**:

Me gusta mucho.   I like it very much.
Me gustan mucho.   I like *them* very much.

Ejercicios

A. Conteste con oraciones *(sentences)* completas:
1. ¿ Le gusta a Ud. viajar ? ¿ Les gusta a sus padres ?
2. ¿ Les gusta a sus amigos bailar ? ¿ leer ? ¿ estudiar ? ¿ Les gusta a Uds. ?
3. ¿ Le gustan a Ud. las películas *(films)* sentimentales ?
4. ¿ Te gusta ir al teatro ? ¿ Te gusta más la televisión o el cine ?
5. ¿ Le gustan a Ud. más las mujeres bonitas o inteligentes ? ¿ Le gustan más los hombres guapos *(handsome)* o ricos ?

B. Díganos ahora cinco cosas que le gustan mucho, y tres que no le gustan.

35. *PEDIR* AND *PREGUNTAR*

Pedir means *to ask for, to request*. No preposition is used to translate *for* after **pedir** because the English *for* is included within the meaning of the verb.

Preguntar means *to inquire, to ask* (a question):

Pedimos pan, no tortas.   We're asking for bread, not cake.
¿ Quién quiere preguntar algo ?   Who wants to ask (about) something ?

With both these verbs, the person *to whom* the request is made or the question addressed is the *indirect object*. *What* the speaker is requesting or inquiring about is the *direct object*:

Pepe me lo pide siempre.   Joe always asks me for it.
Esta vez se lo pido a él.   This time I'm asking *him* for it.
Van a preguntarnos quién es.   They're going to ask us who he is.
Vamos a preguntárselo.   Let's ask them (about)it.

Ejercicios

A. Lea bien y después escoja la conclusión correcta:
  1. — El niño siempre me pide algo de comer *(to eat)*.
     — Claro, porque (es de una familia muy rica, tiene mucha sed, el pobre tiene hambre).
  2. — Escuchen, mis estudiantes. Si Uds. no comprenden algo, deben (preguntármelo, pedir permiso para salir, pedirme un examen).
  3. — José siempre me pide dinero y nunca me lo paga. Ahora me pide diez dólares más. ¿Qué debo hacer con él?
     — En mi opinión, (no debes darle nada, debes dárselo todo, debes preguntarle por qué no lo acepta).
  4. — Guillermo está muy pálido hoy, y muy cansado.
     — Es verdad. Voy a preguntarle (si está enfermo, cómo vuelve a casa, si necesita más dinero).
  5. — Para llegar a la oficina del director, ¿subo o bajo?
     — No lo sé. (Pregúntemelo otra vez, Pregúnteselo a otra persona, Pídales el número de su teléfono.)

B. Termine ahora de una manera original:
  1. Cuando les pido algo a mis padres...   2. Si te pido un favor...   3. Mañana voy a preguntarle al profesor...   4. ¿Me pregunta Ud...?

Teatro

Use Ud. su imaginación para escribir un diálogo original titulado: En el almacén. Después, puede representarlo *(perform it)* en la clase con sus amigos.

Repaso de Gramática

A. Articles: DEFINITE: el, la ; los, las   *But:*   el agua

               INDEFINITE: un, una   *But:*   un alma

B. Contractions: a + el = al   de + el = del

C. Present Indicative

   1. Regular verbs

       hablar: hablo, hablas, habla, hablamos, habláis, hablan

       comer: como, comes, come, comemos, coméis, comen

       vivir: vivo, vives, vive, vivimos, vivís, viven

   2. Irregular verbs

       ser: soy, eres, es, somos, sois, son

       tener: tengo, tienes, tiene, tenemos, tenéis, tienen

       venir: vengo, vienes, viene, venimos, venís, vienen

       decir: digo, dices, dice, decimos, decís, dicen

       estar: estoy, estás, está, estamos, estáis, están

       ir: voy, vas, va, vamos, vais, van

   3. Irregular first person singular

dar doy	**traer** traigo	**poner** pongo	**valer** valgo
hacer hago	**conocer** conozco	**caer** caigo	**saber** sé
salir salgo	**producir** produzco	**ver** veo	

   4. Radical changing verbs

      ar, er   **ir**

      e > ie   o > ue   e > ie   e > i   o > ue

      cerrar, perder   contar, mover   sentir   pedir   dormir

D. Pronouns

   1. Subject and object of preposition

SUBJECT		OBJECT OF PREPOSITION		But:
yo	nosotros(as)	(de) mí	nosotros(as)	contigo
tú	vosotros(as)	ti	vosotros(as)	conmigo
él	ellos	él	ellos	
ella	ellas	ella	ellas	
Ud. (usted)	Uds. (ustedes)	Ud. (usted)	Uds. (ustedes)	

2. First and second person objects of verb

DIRECT		INDIRECT	REFLEXIVE
me	me	to me	myself, to myself
te	you	to you	yourself, to yourself
nos	us	to us	ourselves, to ourselves
os	you	to you	yourselves, to yourselves

3. Third person object pronouns

DIRECT		INDIRECT		REFLEXIVE	
lo	it, him, you (Ud.)		$\left\{\begin{array}{l}\text{to him}\\\text{to her}\\\text{to it}\\\text{to you}\end{array}\right.$		$\left\{\begin{array}{l}\text{(to) himself}\\\text{(to) herself}\\\text{(to) itself}\\\text{(to) yourself}\end{array}\right.$
le	him, you (Ud.)	**le**			
la	her, it, you *(f.)*			**se**	
los	them, you (Uds.)		$\left\{\begin{array}{l}\text{to them}\\\text{to you (}m\text{ and }f.\text{)}\end{array}\right.$		$\left\{\begin{array}{l}\text{(to) themselves}\\\text{(to) yourselves}\end{array}\right.$
(les)	them, you (Uds.)	**les**			
las	them, you *(f.)*				

Special use of **se**: Se replaces a third person indirect object pronoun when the direct object is also in the third person.

INDIRECT	DIRECT			
le	lo			$\left\{\begin{array}{l}\text{lo}\\\text{la}\\\text{los}\\\text{las}\end{array}\right.$
	la	$+$	$=$ **se**	
les	los			
	las			

For clarification or emphasis, **a mí, a ti, a él, a ella, a Ud., a nosotros(as), a vosotros(as), a ellos, a ellas, a Uds.** may be used in *addition* to the object pronoun: **Se lo di a ella** *(I gave it to her)*.

4. Placement of object pronouns

   a. Before a conjugated verb form (except a direct affirmative command): Me conoce.   Nos hablan.   Te quiero.   Las ve.

   b. Attached to the end of (1) a direct affirmative command, (2) an infinitive, (3) a present participle: **Digame**...   **Va a llamarnos**...

   c. With relation to each other: *Indirect before direct, reflexive first of all*

E. **Ser** and **Estar**

ser	**estar**
(Who/What)	*(Where/How)*
1. Joins subject with noun or pronoun	1. Location

2. Origin, material, destination, possession

3. With adjectives: *characteristic, quality*

2. Position

3. With adjectives: *state, condition, semblance of being*

F. Adjectives
   1. All adjectives agree with the noun they describe.
   2. Possessives are placed before the noun and agree with the noun in gender and number.

mi(s) my	nuestro (a, os, as) our
tu(s) your	vuestro (a, os, as) your *(belonging to you all)*
su(s) his, her, your (de Ud., de Uds.), their	

   3. Position of adjectives
      Descriptive adjectives that set off the noun from others of its type *follow* the noun. **Bueno, malo, joven, viejo** may either precede or follow.

Estudio de Vocabulario

1. ¿Puede Ud. decirnos diez sustantivos que se refieran *(nouns that refer)* a personas (padre, amigo, etc.)? Use cinco en oraciones originales.

2. ¿Sabe Ud. cuatro palabras *(words)* que se refieran al cuerpo humano? ¿tres expresiones que se refieran al clima *(climate)*?

3. ¿Puede Ud. decir lo opuesto *(opposite)* de las expresiones siguientes?
   a. comprar, aprender, escuchar, ir, subir, tener razón, izquierdo, Lo siento
   b. frío, malo, poco, bien, rubia, viejos, pobres, aquí, algo, más

4. ¿Qué asocia Ud. *(do you associate)* con: la escuela... (maestro, estudiar, etc.), casa... vacaciones... amigos... un dormitorio de estudiantes... una tienda... una fiesta... una oficina...

5. ¿Cómo relaciona *(do you relate)* las ideas del Grupo A con las del Grupo B?

A	B
tocadiscos	entrar, música, laboratorio de lenguas, dependienta,
grabadora	precio, pagar, pluma, papel, comprar, enseñar,
puerta	maestro, tener hambre, la luz, estudiante, lápiz, carta,
tienda	oficina, llamada, número, salir, la radio, ventana,
escribir	jefe, oficina
encender	
comer	
trabajo	
teléfono	
clases	

II. *Surge una nación* (A nation arises)

La España medieval es un mosaico de muchas razas, de muchas
culturas. La mayor parte de los cristianos **habitan** las tierras del norte,   inhabit
divididas en pequeños **reinos** independientes. Y mientras los nobles   kingdoms
se ocupan en **guerras y rivalidades** internas, el **pensamiento** del   wars and rivalries • thinking
5 hombre ordinario está dominado **mayormente** por la religión. Con-   mainly
sidera su vida en este mundo como una preparación para la vida

Un viejo patriarca judío ruega por su gente
(pleads for his people) en la corte de la Reina
Isabel.

Un caballero armado. Relieve del siglo XIII.
La guerra es una parte íntegra de la vida
medieval.

eterna y nada más; **se siente** pequeño, **anónimo dentro de la gran**   he feels • anonymous within the
colectividad. En tierras islámicas, al contrario, hay una nueva   great
opulencia, un **verdadero florecimiento** cultural. Córdoba, Granada,   real flourishing
10 Valencia y Toledo **se hacen** centros de **lujo** y esplendor. Filósofos y   become • luxury
científicos árabes y **judíos** realizan grandes estudios. Y la arquitectura   scientists • Jewish
musulmana, sus técnicas industriales y su sistema de irrigación
empiezan a resucitar a una España casi **perdida** en la oscuridad.   lost

  Así, por trescientos años, cristianos, musulmanes y judíos vi-   Thus
15 ven **juntos** con **bastante** tolerancia mutua. Muchos cristianos viven   together • considerable
bajo el dominio de los árabes, **conservando sus leyes,** su religión,   under the rule • preserving
su lengua y sus costumbres. En efecto, estos cristianos arabizados   their laws
(llamados mozárabes) y los musulmanes que viven en territorio   called
cristiano (llamados mudéjares), son el **eslabón** principal entre la   link
20 cultura oriental y la occidental. Pero en los siglos once y doce
nuevas sectas fanáticas del norte de África invaden España, y la
tolerancia musulmana **se convierte en** persecución. **La paz** se hace   turns into • Peace
guerra, y la España cristiana se prepara para defender la **fe.**   faith

  El primer héroe de la Reconquista y el héroe nacional de España
25 es El Cid, Rodrigo Díaz de Vivar, que **lucha** contra los nuevos   fights

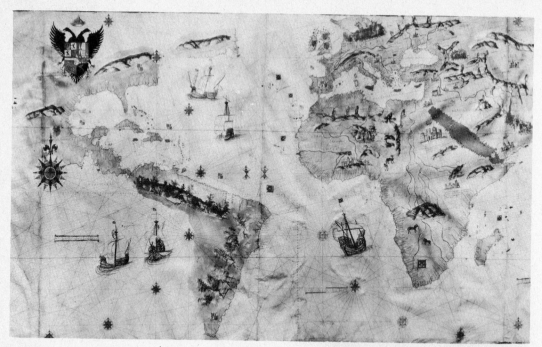

Mapamundi de Vespucio (1526). Época de la colonización.

Los Reyes Católicos
toman Granada en 1492.

invasores y toma de sus manos la ciudad de Valencia. Poco a poco los reinos cristianos empiezan a extenderse por tierras musulmanas. En 1085 toman Toledo; en 1236 toman Córdoba. Y en 1238 llegan a Sevilla. Sólo Granada **queda** como el **último baluarte** de Islam.

30 Pero la Reconquista **no se puede efectuar** en tan poco tiempo. Porque la España cristiana está dividida todavía y hay guerras y disensiones **continuas**.

Por fin, en el año 1469, España **da el primer paso** definitivo **hacia** la unificación. Isabel, **reina** de Castilla, **se casa con** Fernando,

invaders

remains • last bulwark
cannot be carrried out

continual

takes the first step
toward • the queen • marries

La torre de una iglesia católica se levanta sobre un hermoso patio de La Alhambra.

La arquitectura árabe, con sus arcos redondeados *(rounded)* y mosaicos multicolores, ofrece un fuerte contraste con la austera arquitectura cristiana del período medieval. Detalle de La Alhambra, Granada. Siglo XV.

35　rey de Aragón, y las dos regiones más **potentes** de España comienzan a **actuar como una sola.** Juntos, Fernando e Isabel **someten a** los reinos más pequeños. Juntos formulan un plan para **acabar con** el antiguo sistema feudal y establecer el concepto de una monarquía absoluta. **Quitan a** la vieja **nobleza** sus privilegios tradicionales,
40　**favorecen a la alta burguesía y crean** una nueva nobleza **cortesana.** Reorganizan la Inquisición como **arma del estado** y convierten el fervor religioso del español en acción política. España está **en camino de hacerse** una nación.

king • powerful
act like one • take over
put an end to

They take away from • nobility
they favor the upper middle class and create • courtly •
an arm of the state
on the way to becoming

Llega el año 1492, año **fatídico** de grandes **realizaciones** y de
45 trágicos errores. **Los Reyes Católicos se dirigen contra** Granada, y
en enero de **aquel** año toman la hermosa ciudad. Tres meses después
expulsan a los judíos, que representan en efecto gran parte de la
burguesía y de la clase profesional. Y el 12 de octubre **Cristóbal Colón,**
patrocinado por Isabel, descubre el Nuevo Mundo. Los **barcos**
50 españoles empiezan a salir a la conquista de América, y un **pueblo**
unido **mira** con optimismo hacia el futuro. Una época nueva va a
comenzar.

fateful • accomplishments
Ferdinand and Isabel attack
that
they expel
Christopher Columbus
sponsored by • ships
people
looks

◀ "La Virgen de los Reyes Católicos".
Retrato anónimo de Fernando e Isabel.

Un auto de fe de la Santa Inquisición. Las
ejecuciones públicas eran un espectáculo
común y corriente en la España del siglo XVI.

Preguntas

1. ¿Dónde viven la mayor parte de los cristianos en la España medieval? ¿Cómo es la vida en los reinos cristianos? ¿En qué piensa mayormente el hombre medieval?

2. ¿Qué ocurre mientras tanto en las tierras islámicas?

3. ¿Cuáles son los grandes centros culturales de la España musulmana?

4. ¿Cuál es la contribución de los musulmanes? ¿y de los judíos?

5. ¿Quiénes son los mozárabes? ¿y los mudéjares? ¿Qué importancia tienen?

6. ¿Por qué cambia la tolerancia musulmana? ¿Qué ocurre entonces?

7. ¿Quién es el primer héroe de la Reconquista de España? ¿Por qué no se puede completar en poco tiempo la Reconquista?

8. ¿Cómo se unifica finalmente España? ¿Qué cambios políticos efectúan Fernando e Isabel?

9. ¿Por qué se llaman Fernando e Isabel "los Reyes Católicos"? ¿Cómo utilizan la religión?

10. ¿Qué ocurre en el año 1492? En su opinión, ¿cuál es la mayor contribución de Fernando e Isabel? ¿y su defecto principal?

Lección Séptima

Momento de Vida: Visita al Psiquiatra

Estamos en la oficina de un famoso **psiquiatra**. Entra un nuevo
paciente y se dirige a la recepcionista.

Paciente: ¿Está el Dr. Ocantos?
Recepcionista: Sí, señor. ¿Tiene Ud. una **cita** con él?
Paciente: Sí, para **esta tarde** a la una y media.
Recepcionista: Pero ahora son las diez **de la mañana**.
Paciente: Lo sé. Pero no puedo esperar más. Si no me ve **ahora
mismo**…
Recepcionista: Bueno, voy a ver si el doctor puede recibirle
antes. Con permiso. (**Se va.** Vuelve en un momento.) Tiene Ud.
mucha suerte, señor. El otro paciente **está para** salir. El doctor
Ocantos puede verle en seguida
Paciente: Un millón de gracias, señorita.

(**Se abre la puerta del consultorio.** Sale el médico con otro
paciente.)
Médico: Pues, adiós. **Nos vemos** el viernes, ¿no?
Otro Paciente: Sí, doctor.
Médico: Pues **dé mis recuerdos** a sus padres.
Otro Paciente: No. **Los odio.**
Médico: Buen muchacho. Creo que está Ud. casi **curado** ya.
Otro Paciente: Gracias, doctor. Gracias **por todo.**
Médico: De nada. (**Se vuelve** al nuevo paciente.) Buenos días,
señor. Me dice la recepcionista que su **caso** es urgente.
Paciente: Sí, doctor, sufro horriblemente.
Médico: ¿**Le duele algo**?
Paciente: Me duele todo, **desde la cabeza hasta** los pies.
Médico: ¡Ajá! **Jaquecas** y…
Paciente: **No es eso.** Es que sufro de un terrible complejo de
inferioridad. **Si no me quita Ud. este** complejo, no sé qué voy a
hacer. No puedo vivir más **así.**
Médico: **Cálmese, se lo ruego.** Por favor, señor, **recuéstese en
aquel sofá**… Ahora, quiero saber algo de Ud. ¿Su nombre?
Paciente: ¿Mi nombre? **A ver si lo recuerdo**… Ah, sí… Víctor

psychiatrist	
appointment	
this afternoon	
in the morning	
right now	
sooner • She leaves.	
is about to	
The door of the consultation room opens.	
We'll see each other	
give my regards	
I hate them.	
cured	
for everything	
He turns	
case	
Does something hurt you?	
from my head to	
headaches	
It's not that.	
If you don't take away this	
like this	
Calm yourself, I beg you • lie down on that sofa over there	
Let's see if I remember it	

... no... Héctor Ortega. Siempre **me confundo**.   *I get mixed up*

Médico: Muy bien. ¿Y cuántos años tiene Ud.?

Paciente: **Unos** veinte o treinta.   *About*

Médico: Ahora, ¿**me hace el favor de** decirme por qué cree que   *will you please*
tiene un complejo de inferioridad?

Paciente: Pues no sé exactamente. **Tal vez porque no hablé hasta**   *perhaps because I didn't speak until I was eleven • it still is hard for me*
los once años de edad, o porque **todavía me cuesta trabajo**
recordar mi nombre. **Esto** me hace creer **a veces** que soy un poco   *This • at times*
inadecuado.

Médico: Sí, comprendo. Ahora, dígame, ¿**asistió** Ud. a la escuela?   *did you attend*

Paciente: Sí, **asistí** por muchos años. Por fin me **enseñaron** a leer.   *I attended • they taught*
Fui muy mal estudiante, me dicen.   *I was*

Médico: Y después de graduarse, ¿adónde **fue**?   *did you go?*

Paciente: No **me gradué**. Nunca **aprendí** a escribir. **Me fui** a trabajar,   *I didn't graduate • learned • I went • I didn't like that either. So I decided*
pero **eso tampoco me gustó. Así que decidí** no trabajar más.

Médico: Entonces, ¿**de qué vivió** Ud.?   *what did you live on?*

Paciente: Pues, mis padres **me dejaron** una gran fortuna.   *left me*

Médico: **Menos mal.**   *Not so bad, then.*

Paciente: Pero **la perdí toda** en una semana.   *I lost it all*

Médico: ¿Cómo **la perdió** Ud. tan rápidamente?   *did you lose it*

Paciente: Pues se **la di** a mi **novia**.   *I gave it • fiancée*

Médico: ¿**Se la dio** a su novia? ¿Y...?   *You gave it*

Paciente: Y **se casó con otro**. Pero dice que me quiere todavía.   *she married someone else*

Médico: Pues **así son las mujeres**. Pero dígame, Héctor...   *that's how women are*

Paciente: Víctor.

Médico: Dígame, Héctor o Víctor, ¿no cree Ud. que debe **buscar**   *look for work*
trabajo ahora?

Paciente: Sí, pero con este complejo de inferioridad que tengo...
Doctor, ¿no puede Ud. hacer algo por mí?

Médico: Amigo, no tiene Ud. que **preocuparse ni un momento más**   *to worry one more minute about that*
por ese complejo. Le digo sinceramente que no lo tiene.

Paciente: ¡Doctor! ¡Qué me dice! ¿No tengo un complejo de
inferioridad?

Médico: No, señor. Es Ud. **verdaderamente** inferior.   *really*

Paciente: Gracias, gracias, doctor, ¿**Cómo puedo pagarle**?   *How can I ever repay you?*

VOCABULARIO ACTIVO

cita *appointment; date*   novia, novio *sweetheart*
la mañana *morning*   la tarde *afternoon; early evening*

---

acercarse (a) *to approach*   dejar *to leave (behind); to allow, let*
irse (me voy) *to go away, leave*   quitar *to take away or off*
asistir (a) *to attend (school, etc.)*   recibir *to receive*
buscar *to look for, seek*   recordar (recuerdo) *to remember*

antes, *adv. before, sooner;* — de, *prep. before*

desde *from; since*

así *so, thus; this way, like this*

después, *adv. after(wards), later;* — de, *prep. after*

hasta to, *until; up to; even*

bastante *enough; quite, rather*

ahora mismo *right now*

a veces *at times*

tal vez *maybe, perhaps*

en seguida *immediately, right away*

por fin *finally, at last*

Lo sé. *I know.*

Preguntas

1. ¿Dónde ocurre esta escena?
2. ¿Quién entra en la oficina del psiquiatra?
3. ¿Cómo se llama el psiquiatra?
4. ¿Para qué hora tiene su cita el nuevo paciente? ¿Qué hora es ahora?
5. ¿Por qué dice el paciente que tiene que ver en seguida al médico?
6. ¿Qué síntomas tiene?
7. ¿Comó se llama el joven?
8. ¿Cuántos años tiene?
9. ¿A qué edad aprendió a hablar?
10. ¿Qué otra dificultad tiene?
11. ¿Qué aprendió en la escuela?
12. ¿De qué vivió cuando decidió no trabajar más?
13. ¿Cómo perdió toda su fortuna? ¿En cuánto tiempo?
14. ¿Con quién se casó su novia?
15. ¿Por qué decide el psiquiatra que su paciente no tiene un complejo de inferioridad?

Estructura

36. THE PRETERITE (PAST) TENSE OF REGULAR VERBS

comprar	comer	vivir
compré (*I bought*)	comí (*I ate*)	viví (*I lived*)
compraste	comiste	viviste
compró	comió	vivió
compramos	comimos	vivimos
comprasteis	comisteis	vivisteis
compraron	comieron	vivieron

Notice: In -**ar** verbs, the first person plural of the preterite is the same as that of the present. The context clarifies the meaning; -**er** and -**ir** verbs have identical preterite endings.

Ejercicios

A. Diga la forma correspondiente del pretérito:
yo: viajar, trabajar, comprar, vender, decidir, vivir
tú: terminar, estudiar, enseñar, aprender, comprender, escribir
Juan: hablar, preguntar, contestar, responder, suspender, permitir
nosotros: visitar, preparar, llegar, comer, beber, resistir
vosotros: buscar, esperar, bajar, subir, romper, asistir
Uds.: caminar, entrar, cerrar, abrir, deber, permitir

B. Ahora cambie al pretérito:
1. Habla bien. 2. Abro la puerta. 3. No beben. 4. ¿Viven Uds. aquí?
5. ¿No descansas? 6. ¿Le gusta la comida? 7. Lo llamamos. 8. Le
dejo. 9. ¿Las compráis? 10. No comemos mucho. 11. Trabajo poco.
12. ¿Comprende Ud.? 13. ¿Se lo mandan? 14. ¿Venden la casa?
15. ¿Viajan Uds. en el verano? 16. Tomas mucho café.

37. MEANING OF THE PRETERITE
Spanish has two simple past tenses: the preterite and the imperfect. Each of these
tenses has its own meaning and functions, and the use of one or the other depends
entirely on the *idea* that the speaker wishes to convey.

The preterite is the recording past. It records, reports, and narrates. It views a
past action as a completed unit, stating only that it took place at some point in
time.

Me dejaron una fortuna.	They left me a fortune.
La perdí toda.	I lost it all.
Mi novia se casó con otro.	My fiancée married someone else.
Lo compramos ayer.	We bought it yesterday.
¿Dónde lo encontraste?	Where did you find it?

Ejercicios

A. Conteste según los modelos. Por ejemplo:

¿Lo compró Ud. esta mañana? (No. Ayer.) **No. Lo compré ayer.**
¿Ya terminaron Uds.? (Sí. A las dos.) **Sí. Terminamos a las dos.**

1. ¿Lo recibiste? (Sí. El lunes.) 2. ¿Ya vendieron Uds. la casa? (Sí. En
junio.) 3. ¿Tomó Ud. café? (No. Té.) 4. ¿Descansaste mucho? (No.
Nada.) 5. ¿Volvió Ud. tarde? (No. A las seis.) 6. ¿Asistieron Uds. al
concierto? (No. A la función de teatro.) 7. ¿Lo dejaron aquí? (Sí. Esta
mañana.) 8. ¿Te recordaron? (Sí. En seguida.) 9. ¿Se acercó la
señora a la dependienta? (No. Al señor de la Información.) 10. ¿Se los
mandaron Uds.? (Sí. La semana pasada.)

B. Diga en español:

1. Mike spoke to me yesterday.   2. He earned **(ganar)** a great deal last year.
3. Mary's brother attended the University of Madrid.   4. He lived in Spain
(for) five years.   5. Where did you buy that hat?   6. Who won **(ganar)**?
7. Did Johnny drink his milk?   8. They took it.   9. Our uncle sent it to us.
10. Did you call him?

38. THE PRETERITE OF *SER, IR,* AND *DAR*

ser	ir	dar
fui	fui	di
fuiste	fuiste	diste
fue	fue	dio
fuimos	fuimos	dimos
fuisteis	fuisteis	disteis
fueron	fueron	dieron

As you see, the preterite of **ser** and **ir** are identical. The context clarifies any possible
ambiguity.

Ejercicios

A. Conteste en español:

1. ¿Adónde fue Ud. ayer?   2. ¿Fue a trabajar su padre?   3. ¿Adónde fue
su madre?   4. ¿Fueron españoles sus bisabuelos *(great-grandparents)*?
¿Fueron ingleses? ¿Fueron franceses?   5. En su opinión, ¿quién fue el
mejor *(best)* presidente de los Estados Unidos?   6. ¿Quiénes fueron los
mejores escritores *(writers)*?   7. ¿Fueron Ud. y sus amigos al cine esta
semana? ¿Fueron a un partido *(game)* de fútbol?   8. ¿Les di mucho
trabajo ayer?   9. ¿Dio Ud. una fiesta la semana pasada?   10. ¿Dieron
Uds. muchas fiestas el año pasado?

B. Complete ahora usando el pretérito de **ser, ir** o **dar**:

1. ¿Uds. _____ a la fiesta anoche? —No. _____ al teatro.   2. ¿Quién
te _____ esa idea? —Nadie me la _____. La idea _____ mía *(mine)*.
3. Elsa y yo _____ los primeros en llegar. —¿Quiénes _____ los últimos?
4. ¿No te _____ (yo) el número de mi teléfono? —No me _____ nada.
5. (Yo) _____ al aeropuerto a buscarlos, pero no los encontré. —Claro,
porque el vuelo *(flight)* _____ cancelado.

C. Diga finalmente en español:

1. Helen went to see him.   2. Did you **(Uds.)** give them the letter?   3. Yes,
I gave it to them.   4. We went to the movies last night.   5. George Washing-
ton was the first **(primer)** president of the United States.—No, *I* was **(Fui yo.)**
—Yes, dear.

39. DEMONSTRATIVES: THIS, THAT, THESE, THOSE

	MASCULINE	FEMININE	
SINGULAR	este	esta	*this*
	ese	esa	*that (near you)*
	aquel	aquella	*that (over there)*
PLURAL	estos	estas	*these*
	aquellos	aquellas	*those (over there)*
	esos	esas	*those (near you)*

Notice that in Spanish, *this* and *these* both have *t*'s:

Quiero este libro.	I want this book.
Viene esta tarde.	He's coming this afternoon.
¿ Conoces a estos niños ?	Do you know these children ?
Compró ese coche.	He bought that car.
No me diga esas cosas.	Don't tell me those things.
En aquellos tiempos...	In those days...
Deme este lápiz, esa pluma y aquel libro.	Give me this pencil, that pen, and that book over there.

Demonstratives *point out* (demonstrate) which one(s) of a group the speaker is indicating. They agree in gender and number with the noun to which they refer and are usually repeated before each noun. A demonstrative adjective may be made into a pronoun *(this one, that one, these, those)* by adding an accent mark above the stressed vowel:

Quiero éste, no ése.	I want this one, not that one.
Aquéllas son las mejores.	Those (over there) are the best ones.

Ejercicios

A. Lea en voz alta, y después cambie según las indicaciones:
este muchacho (muchacha) ; ese abrigo (sombreros) ; aquella montaña (montañas) ; estos lápices (plumas) ; esa mujer (personas) ; este ascensor (escalera) ; aquellos libros (novelas) ; esta vez (ocasiones) ; aquel tiempo (tiempos) ; ese almacén (precios)

B. Replace all the nouns in the above phrases with demonstrative pronouns.

Por ejemplo : este muchacho—**éste** ;   esta muchacha—**ésta**.

C. ¿ Qué asocia Ud. con cada una de las cosas siguientes ? esta clase... este país... este verano... esta semana... este año... esta escuela... estos tiempos... estas lecciones...

40. NEUTER DEMONSTRATIVES

esto this   **eso** that   **aquello** that

Esto, eso, and, more rarely, **aquello** are demonstratives that refer to a whole idea rather than to a specific noun. (Remember: demonstratives that end in **o** refer to nothing specific.) Therefore, they are invariable and never need a written accent:

Esto me hace creer…	This makes me think…
No, no es eso.	No, its not that.
Eso no es verdad.	That's not true.

Ejercicios

A. Busque Ud. en el Grupo 2 una respuesta lógica para cada pregunta o comentario del Grupo 1 :

1	2
Voy a sacar "A" en todos mis cursos.	Tienes razón. Eso es más importante que el dinero.
Busco el amor, nada más.	Creo que fue una explosión.
¿ Qué piensa Ud. de todo esto ?	¿ Por qué ? Yo no veo nada malo.
Esto es injusto.	Al contrario. Te adoro.
Esto me hace creer que no me quieres.	Eso es imposible. No estudias nunca.
¿ Qué fue eso ?	No lo sé todavía.

B. Diga en español :
1. She bought this chair, that table, and those curtains. —All that? 2. I don't like that. That's not fair. 3. That's the man who took it. 4. This is why he wants it. 5. These children are impossible. —Those are worse.

41. MORE USES OF THE DEFINITE ARTICLE

The definite article is much more important in Spanish than in English. It is generally used before every noun, unless the meaning *some* or *any* is implied.

Just as in English, it refers to something specific :

Es la esposa del presidente.	She's the wife of the president.
El agua está muy fría.	The water is very cold.

It *differs from English* in the following ways :

A. It is used when the noun is given a general or abstract sense.

Las mujeres son así.	Women are like that.
Así es **la** vida.	That's life.
El agua refresca.—Si, pero **el** vino nos gusta más.	Water is refreshing.—Yes, but we like wine better.

B. It precedes a person's title (except **don**[1] and **santo**) when speaking *about* him (not *to* him).

¿ Está el doctor Ocantos ?	Is Dr. Ocantos in ?
¿ Conoce Ud. al señor Rojas ?	Do you know Mr. Rojas ?
Aquí viene el profesor Mera.	Here comes Professor Mera.

But: Buenos días, señor Mera.

C. It is used to tell time and normally precedes days of the week and seasons of the year (except after **ser**).

Son las dos y media.	It's half past two.
Te veo el martes.	I'll see you on[2] Tuesday.
No tenemos clase los lunes.	We don't have class on Mondays.
Me gusta más el invierno que el verano.	I like winter better than summer.
But: Ahora es invierno.	Now it is winter.
Hoy es martes.	Today is Tuesday.

D. It is used instead of the possessive adjective with parts of the body or articles of clothing, unless the one to whom they belong is left unclear.

Deme la mano.	Give me your hand.
Me duele la cabeza.	My head hurts.
Cerró los ojos.	He closed his eyes.
Se quitó el sombrero.	He took off his hat.

Ejercicios

A. Complete las frases siguientes :
1. *(Money)* es la causa de todo mal. 2. *(Bread)* sostiene *(life)*. 3. Mamá, quiero *(bread)*. 4. *(Wine)* refresca más. 5. *(Liberty)* vale más que *(wealth)*. 6. *(The children)* no se lavaron bien *(their hands)*. 7. Ese niño siempre se quita *(his gloves)*. 8. Buenas noches, *(Mr. Rosado)*. ¿ Cómo está *(Mrs. Rosado)* ? 9. *(Today is Friday)*. No tengo clases *(on Fridays)*. 10. ¿ Qué hora es ?—*(It's half past four.)* 11. Nos visitó *(last Monday)*. 12. ¿ Quiénes son más crueles : (*men or animals*) ?

B. Termine ahora de una manera original :
1. La vida_____ 2. La felicidad (*happiness*)_____ 3. El amor_____
4. Las mujeres_____ 5. Los hombres_____ 6. Los jóvenes_____
7. La educación_____

[1] **Don** is a title of respect used only before a person's *first name* : Don Juan, Don Quijote, Don Fernando. It is capitalized only at the beginning of a sentence,

[2] Notice that **on** is not translated.

Teatro

Escriba una escena original describiendo (*describing*) una visita a un médico, a un dentista o a un psiquiatra. (Si Ud. necesita más vocabulario, puede encontrarlo en la página 67).

If you like, your doctor may make some of these wise recommendations:

    a. Ay, señor(ita), eso es grave. Haga *(Make)* inmediatamente su último testamento (*last will and testament*).

    b. Ah, eso no es nada.

    c. A mí me duele(n) también. *(Mine hurt[s] too)*.

    d. Querido amigo, Ud. debe ver a un psiquiatra.

    e. No se bañe *(Don't bathe)* por seis meses.

    f. Ud. necesita unas vacaciones.

¿Entiende la idea?

Hora de Conversación V

Sustancias y Artículos de Uso Diario

hierro *iron*   **oro** *gold*   cuero *leather*
acero *steel*   **plata** *silver*   plástico
el cobre *copper*   platino *platinum*   cemento
el bronce *bronze*   estaño *tin*   piedra *stone*
el latón *brass*   **madera** *wood*   ladrillo(s) *brick(s)*
aluminio   **vidrio** *glass*   el cartón *cardboard*
cromo *chromium*   caucho, goma *rubber*   el papel *paper*

---

el jabón *soap*   almohada *pillow*
toalla *towel*   sábana *sheet*
toallita *washcloth*   funda *pillow case*
navaja (de afeitar) *razor*   manta, cobija *blanket*
crema dental *toothpaste*   sobrecama *bedspread*
cepillo (dental) *(tooth)brush*   colcha *quilt*
el peine *comb*   el colchón *mattress*

---

el carbón *coal*   botella *bottle*   tela *fabric, cloth*
el aceite *oil*   **caja** *box*   el algodón *cotton*
petróleo   **lata** *can*   seda *silk*
el gas   el abrelatas *can opener*   lana *wool*
la electricidad   tarro, frasco *jar*   el nilón *nylon*

---

el **reloj** *clock; watch*   **pañuelo** *(hand)kerchief*
el paraguas *umbrella*   **gafas, los lentes,** *eyeglasses*
el impermeable *raincoat*   anteojos para el sol *sunglasses*

---

lámpara *lamp*   cuadro *picture; painting*
bombilla, bombillo *bulb*   espejo *mirror*
el enchufe *plug; socket*   las cortinas *curtains*
enchufar *to plug in*   las persianas *Venetian blinds*

Conversación

1. ¿ De qué se construye una casa ? ¿ De qué es la casa en que vive Ud. ?
2. ¿ De qué se hace un automóvil ? ¿ una mesa ? ¿ una olla o una sartén ? ¿ un vaso ? ¿ un sofá ? ¿ un televisor ? ¿ una estatua ? ¿ un anillo ? ¿ una lata ? ¿ un vestido ? ¿ una pelota ? ¿ dinero ? ¿ zapatos ? ¿ una caja ? ¿ un avión ? ¿ un libro ? ¿ un reloj ?

3. ¿Qué usamos para lavarnos? ¿para limpiar los dientes? ¿para peinarnos? ¿para poder ver mejor? ¿para protegernos de la lluvia? ¿para afeitarnos? ¿para abrir una lata?

4. ¿Qué combustibles se emplean para calentar *(heat)* la casa? ¿Cuál prefiere Ud.? ¿Cuál usa Ud. en su propia casa?

5. ¿Puede Ud. hacer una descripción detallada *(detailed)* de su sala? ¿y de su alcoba? ¿y de su comedor? ¿y de su cama?

6. ¿Qué hay en las paredes de su cuarto? ¿Tiene Ud. carteles *(posters)* también? ¿De qué son?

Lección Octava

Momento de Vida: Los Testigos
The Witnesses

Esta mañana **hubo un atraco** en el Banco Nacional y el **lugar** está en pandemonio. Un reportero de la televisión se acerca a un grupo de personas **aglomeradas en el portal** principal, mientras que **por fuera** la multitud se pone de puntillas para ver mejor.

there was a holdup • place

jammed in the doorway • on the outside the crowd stands on tiptoe to see better

Reportero (al micrófono): Bernardo Costas aquí en el Banco Nacional donde hoy **sucedió** el atraco **mayor y más atrevido** de la historia de nuestra ciudad: ¡un **robo** de **más de** diez millones de pesos! Vamos a oír ahora exactamente cómo ocurrió.

took place • biggest and most daring • theft • more than

(La cámara **apunta** hacia la **gente reunida** en el portal. Varias personas **saludan** enérgicamente con la mano, y un chico de doce años hace **muecas** grotescas para la televisión. La cámara descansa por fin sobre un hombre pequeño y nervioso **vestido con** un uniforme **gris**.)

points • people gathered

wave

"faces"

dressed in

gray

Reportero: Bueno, señor Pardo, Ud. es el guarda de este banco, ¿verdad?

Sr. Pardo: **Lo fui. Ya no** quiero trabajar en **ningún** banco. **Le pueden matar a uno aquí.**

I was. No more • any • A person can get killed here.

Reportero: Pero me dicen que **fue Ud.** uno de los héroes de este trágico episodio.

you were

Sr. Pardo: **Así es.**

That's so.

Reportero: Pues, ¿quiere Ud. contarnos en **sus propias** palabras **lo que pasó?**

your own • what happened

Sr. Pardo: Muy bien. A las nueve menos cuarto en punto entraron dos hombres armados con revólveres. **Se me acercaron y me pidieron las llaves** de la **caja fuerte.**

They came up to me and asked me for the keys • vault

Reportero: Y Ud., ¿qué **hizo? ¿Se las dio?**

did you do? Did you give them to them? • I fainted

Sr. Pardo: No. **Me desmayé**... los nervios, ¿entiende? Pero **al caerme, mi cabeza chocó** con el botón de la alarma, y...

as I fell, my head struck

Reportero: Entonces, ¿**fue Ud.** quien avisó a la policía?

it was you

Sr. Pardo: Exactamente.

Reportero: ¡Qué valor! ¡Qué presencia! Mil gracias, señor Pardo, y mis mayores **felicitaciones.** Y ahora, Ud., señora... (La cámara

congratulations

se **vuelve** a una mujer enorme de unos cuarenta años vestida de colores **vivos**.) Díganos, ¿cómo se llama Ud.? — turns / loud

Señora: Rosita Conchita de Torres. (Habla con una voz **finita**.) — very tiny

Reportero: Ud. **vio** el atraco, ¿verdad? — you saw

Señora: Sí, lo **vi** todo. (La señora **sonríe ampliamente** para la cámara.) Fue terrible. Yo vine esta mañana a hacer un depósito. Dos mil pesos—imagínese—que ganamos en la lotería. Mi **marido los quiso gastar** en seguida, pero yo **le dije** que… — I saw • smiles broadly / husband wanted to spend them • I told

Reportero: **Seguro**, señora, seguro. — Sure(ly)

Señora: Así que esta mañana los **traje** al banco **tempranito**, a las ocho en punto. Pero **al abrir** la puerta **me siguieron** cuatro hombres con rifles en la mano. ¡Ay, **qué miedo tuve**! (La señora sonríe otra vez para la cámara.) — I brought • nice and early / on opening • followed me / did I get a scare!

Reportero: Claro, señora, y…

(Otra señora **se mete entre** ella y la cámara.) — pushes herself between

Señora 2: Yo los vi también. **No menos de siete fueron**. Los **conté** con **estos mismitos dedos**. — They were no less than 7 • I counted • these very fingers

Señora 3: Siete, **más** una mujer. — plus

Señora 4: Y uno **que estuvo** siempre en el **coche**. — who was • car

Un Joven: **No vinieron en** coche. Llegaron **a pie**. Yo los vi entrar. En efecto, **fui a coger al jefe por detrás**, pero se **volvió de repente** y comenzó a **disparar** con una **metralleta**. — They didn't come by • on foot / I went to grab the leader from behind, but he turned around suddenly • shoot • submachine gun • I didn't hear any shot.

Señora 3: **Yo no oí ningún disparo**.

Señora 1: Con un rifle, digo yo.

Un Hombre: Yo vi que **sacó un cuchillo**, nada más. — he took out a knife

Joven: Una metralleta, hombre, una metralleta fue.

Reportero: ¿Y **le hirió a Ud.**? — did he wound *you*?

Joven: No. Pero **sí le dio** al guarda. El pobre **murió al instante**. — he did hit • died instantly

Hombre: El guarda no está muerto. **Le vi levantar** más tarde la cabeza y hablar. — I saw him raise

Joven: ¡Qué va, hombre! **Tan muerto como tu abuelo quedó**. — He was as dead as your grandfather • Listen to me • Talk • about mine

Hombre: **Óyeme**, hijo. **Habla de tu propio abuelo, no del mío**.

Joven: Pero **si el mío** vive todavía. **El tuyo**, me imagino que **hace años ya que come el polvo**. — mine • yours • he's been chewing the dust for years

Hombre: ¿Qué sabes tú, **mocoso**? — you pipsqueak

Joven: Más que tú, **viejo**. — old man

Hombre: ¿**Así piensas**? Pues te voy a enseñar a **guardar la lengua**. (Los dos comienzan a **pelear** entre los **gritos entusiasmados** de la multitud. **Por encima se oyen** siempre las voces de los testigos.) — Oh, you think so? • hold your tongue • fight • enthusiastic shouts / Above it all are heard

Señora 3: Doce ladrones hubo, o más. ¡Y **qué tipos más feos**! — what ugly-looking guys

Hombre 2: A las diez en punto fue. Miré en ese momento mi **reloj**. — watch

Señora 4: Altos, grandes y morenos…

Señora 5: **Más bien delgados** y rubios… muy **guapos, en efecto.**   Rather slim • handsome, in fact

Hombre 3: **Se escaparon** en el autobús Número 2.   They escaped

Hombre 4: ¡ **Figúrense**! ¡ Una sola mujer atracó el Banco Nacional!   Imagine!

VOCABULARIO ACTIVO

la gente *people*
   persona *person; pl. people*
   ladrón *thief*
   robo *robbery; theft*

la llave *key*
el botón *button*
el reloj *clock; watch*
la voz *voice*

---

abrir *to open*
caer (caigo, caes) *to fall*;
   —se *to fall down*
levantar *to raise, lift up*;
   —se *to get up, rise*

poner (pongo, pones) *to put*
pelear *to fight*
herir (hiero) *to wound*
matar *to kill*
sonreír (sonrío) *to smile*

---

pequeño *small, little (in size)*
guapo *handsome*
seguro *sure; certain*

grande *large, big; great*
feo *ugly, homely*
vestido *dressed*

---

tarde *late*; más— *later*

temprano *early*

Preguntas

1. ¿ Qué ocurrió esta mañana en el Banco Nacional?
2. ¿ A quiénes se acerca el reportero de la televisión?
3. ¿ Cuánto dinero robaron los ladrones?
4. ¿ Sobre quién descansa ahora la cámara? ¿ Cómo es ese individuo?
5. ¿ Por qué no quiere trabajar más en ningún banco el guarda?
6. Según él, ¿ a qué hora ocurrió el robo? ¿ y cuántos hombres entraron?
7. ¿ Qué le pidieron al guarda? ¿ Por qué no se las dio?
8. ¿ Cómo avisó Pardo a la policía?
9. ¿ A quién apunta ahora la cámara? ¿ Puede Ud. describir a esta persona?
10. ¿ Por qué vino Rosita al banco esta mañana? ¿ Qué le pasó al abrir la puerta?
11. Según ella, ¿ cuántos ladrones atracaron el banco?
12. ¿ Qué versión del robo cuenta la segunda señora?
13. ¿ Qué dicen los otros testigos?
14. ¿ Por qué comienzan a pelear el joven y uno de los hombres?
15. ¿ Qué otras contradicciones encuentra Ud. en las historias *(stories)* de los testigos?
16. ¿ Qué piensa Ud. de ellos? ¿ Son gente típica o no? De todos los personajes de este **Momento,** ¿ quién le gusta más? ¿ y menos? ¿ Quién es el más real?

Estructura

42. THE PRETERITE OF -*IR* RADICAL (STEM) CHANGING VERBS

The -**ir** radical changing verbs change **e** to **i** or **o** to **u** in the third person of the preterite. The -**ar** and -**er** radical changing verbs have no change in the preterite.

sentir *(to feel; to regret)*	**dormir** *(to sleep)*
sentí	dormí
sentiste	dormiste
⟶ sintió	⟶ durmió
sentimos	dormimos
sentisteis	dormisteis
⟶ sintieron	⟶ durmieron

Ejercicios

A. Complete las conjugaciones siguientes:
   pedir: pedí, pediste, _____, _____, _____, _____
   servir: serví, _____, _____, _____, _____, _____
   morir: morí, _____, _____, _____, _____, _____
   mentir *(to lie)*: mentí _____, _____, _____, _____, _____

B. Diga en español:
   1. I slept, I felt, I asked for it (**pedir**), I lied.   2. He died, he served, he slept, he felt,   3. They asked for it.   4. She slept all day.   5. We served them. 6. Mr. Ramos died last night.   7 You (**tú**) lied. —No. *He* lied.   8. I regretted it (**sentir**). —Well, *they* didn't regret it.   9. At what time did they serve dinner? —At eleven-thirty. —My goodness!

C. Conteste ahora:
   1. ¿Durmió Ud. bien anoche?   2. ¿Cuántas horas durmió?   3. ¿Murieron muchas personas en accidentes de automóvil el año pasado?   4. ¿Quién le sirvió la comida *(dinner)* anoche?   5. ¿Se sintió Ud. *(Did you feel)* cansado ayer? ¿y esta mañana?   6. ¿Cómo se sintieron sus padres ayer?   7. ¿Pidió Ud. dinero a su padre la semana pasada?   8. ¿Mintió Ud. alguna vez *(ever)* a su profesor? ¿y a sus padres?   9. ¿Mintió Ud. alguna vez a su mejor amigo?   10. ¿Se durmió Ud. alguna vez *(Did you ever fall asleep)* en la clase de matemáticas? ¿en la clase de español?

43. THE PATTERN OF IRREGULAR PRETERITES

Most irregular preterites fall into a very clear pattern:

1. The first person singular ends in an *un*stressed **e**.
2. The third person singular ends in an *un*stressed **o**.
3. The whole conjugation repeats the stem of the first person singular.

A. **u** stems

    tener : tuve, tuviste, tuvo, tuvimos, tuvisteis, tuvieron
    estar : estuve, estuviste, estuvo, estuvimos, estuvisteis, estuvieron

Complete las conjugaciones siguientes :
andar *(to walk)* : anduve, _____, _____, _____, _____, _____
saber *(to know)* : supe, _____, _____, _____, _____, _____
poder *(to be able)* : pude, _____, _____, _____, _____, _____
poner *(to put)* : puse, _____, _____, _____, _____, _____
traducir[1] *(to translate)* : traduje, _____, _____, _____, _____

B. **i** stems

    querer *(to want; to like, love)* : quise, quisiste, quiso, quisimos, quisisteis, quisieron
    decir *(to say, tell)* : dije, dijiste, dijo, dijimos, dijisteis, dijeron[2]

Complete ahora estas conjugaciones :
hacer *(to do; to make)* : hice, _____, hizo[3] , _____, _____, _____
venir *(to come)* : vine, _____, _____, _____, _____, _____,

C. **a** stems[4]

    traer *(to bring)* : traje, trajiste, trajo, trajimos, trajisteis, trajeron

Ejercicios

A. Diga las formas correspondientes del pretérito :
yo : estar, poder, poner, hacer, traer, decir
Ud. : tener, andar, traducir, saber, venir, querer
nosotros : estar, saber, hacer, venir, decir
María y Elena : poner, poder, tener, producir, traer, decir
tú : querer, decir, venir, estar, hacer, conducir
vosotros : querer, decir, venir, estar, hacer, conducir

B. Ahora cambie según las indicaciones :
1. Mis abuelos **estuvieron** aquí ayer. (venir) 2. **Tuvo** una comida excelente. (servir) 3. No **pude** ir. (querer) 4. **Estuvo** enfermo. (sentirse) 5. ¿Ya lo **hiciste**? (traducir) 6. ¿Lo **trajisteis** tú y Rodrigo? (decir) 7. **Hicieron** muchas cosas. (traer) 8. **Vinieron** a la escuela. (andar) 9. ¿Quién lo **trajo** aquí? (poner) 10. Lo **dijimos** anoche. (saber) 11. **Anduve** todo el día.

[1] All verbs ending in -ducir (producir, conducir, reducir, etc.) are conjugated like **traducir,** and usually correspond to English verbs ending in *–duce* or *–duct.*

[2] The **i** of the diphthong **ie** disappears after **j.**

[3] **c** changes to **z** before **o** in order to keep the sound soft.

[4] A good many Spanish verbs are based on **traer,** and correspond to English verbs ending in *-tract:* **atraer, contraer distraer,** etc.

(Los chicos)   12. **No quisieron** volver. (Nosotros)   13. **El pobre** no pudo resistir. (Los pobres)   14. Se lo **trajimos** ayer. (Sus amigos)   15. No **hicimos** nada. (decir)   16. ¿**Quién** los condujo allí? (¿Quiénes)   17. No **tuvimos** tiempo. (¿Vosotros...)   18. ¿No nos lo dijo **Ud.**? (tú)   19. No **dijeron** nunca la verdad. (saber)   20. **Vine** con ellos. (Roberto y yo)

44. UNEQUAL COMPARISON OF ADJECTIVES: MORE, LESS...THAN

A. Regular comparisons

Unequal comparisons are regularly formed in Spanish by placing **más** *(more)* or **menos** *(less)* before the adjective:

alto	**más alto**	bonita	**menos bonita**
grandes	**más grandes**	cómodas	**menos cómodas**

Than is normally translated by **que**:

Paco es más alto *que* yo.	Frank is taller than I.
Éstos son más grandes *que* ésos.	These are larger than those.
Elena es menos astuta *que* María.	Helen is less shrewd than Mary.

However, **de** is used for *than* before a number:

Escribió más *de* diez dramas.	He wrote more than ten dramas.
Me quedan menos *de* cinco minutos.	I have less than five minutes left.

B. Irregular comparisons

Only six adjectives form their comparatives irregularly in Spanish:

mucho(s)	**más**	*more*	poco(s)	**menos**	*less, fewer*
bueno(s)	**mejor(es)**	*better*	malo(s)	**peor(es)**	*worse*
grande(s)	**mayor(es)**	*larger, older*	pequeño(s)	**menor(es)**	*smaller, younger*

Más grande refers only to size or greatness, **más pequeño** to size alone:

Raúl es más grande, pero yo soy mayor.	Ralph is bigger, but I am older.
Anita es más pequeña que su hermana menor.	Anita is smaller than her younger sister.
Un hombre bueno es más grande que un hombre ambicioso.	A good man is greater than an ambitious man.

Ejercicios

A. Lea bien, y después conteste las preguntas:

1. Luis tiene veinte y dos años y su hermano Ramón tiene diez y nueve. ¿Quién es mayor?   2. Mi tío tiene tres millones de dólares. Mi padre tiene sólo dos. —¡Ay, pobre! ¿Quién es más rico?   3. Gary sacó *(got)* "A" en matemáticas. Felipe sacó D. ¿Quién es mejor estudiante de matemáticas?

4. Paco tiene seis pies de alto *(is six feet tall)*. Alberto tiene cinco pies con nueve pulgadas *(inches)*. ¿Quién es menos alto? 5. Ayer compré un vestido por 20 pesos y una blusa por 4. ¿Gasté más de veinte y cinco pesos o menos? ¿Gasté más de diez o menos? 6. Londres tiene unos nueve millones de habitantes. Nueva York tiene ocho. Y Tokio tiene unos diez millones. ¿Cuál de las tres ciudades tiene la mayor población *(population)*? 7. Carlos es mayor que Miguel. Ricardo es mayor que Miguel, pero menor que Carlos. ¿Quién es el más joven del grupo? ¿Quién es el mayor?

B. Conteste otra vez:

1. ¿Quién es mayor, su madre o su padre? 2. ¿Tiene Ud. hermanos mayores? ¿y menores? 3. ¿Es Ud. más alto que su padre? ¿o que su madre? 4. ¿Es Ud. más joven que la mayor parte de sus amigos? 5. ¿Tiene Ud. más amigos ahora que antes? 6. ¿Es Ud. más feliz que antes? 7. ¿Tiene Ud. más o menos de cien dólares en el banco? ¿y en el bolsillo *(your pocket)*? 8. ¿Hay más de treinta personas en su clase de español? 9. ¿Hay más o menos de mil estudiantes en esta escuela? 10. ¿Tiene más o menos de diez representantes su estado *(state)*?

45. SUPERLATIVES: THE MOST, THE LEAST, THE BEST

A. Superlatives use the same form as the comparatives, generally preceded by the definite article. Notice that after a superlative, *in* is translated as **de**:

Pablo es el mejor atleta de todos.	Paul is the best athlete of all.
Es el más alto de la familia.	He is the tallest in the family.
Elsa es la mayor.	Elsa is the oldest.
Los mellizos son los menores.	The twins are the youngest.
Soy la muchacha más feliz del mundo.	I am the happiest girl in the world.

B. -ísimo

-ísimo is an ending that adds *very, extremely, exceptionally*, and the like to the meaning of an adjective or adverb. Although it is not a true superlative, it often expresses the English *most*:

Es un libro malísimo.	It's a very bad book.
Marta es hermosísima.	Martha is very (most) beautiful.
Habló rapidísimamente.	He spoke very rapidly.
Es un hombre rarísimo.	He's a most (highly) unusual man.

Ejercicios

A. ¿Qué o a quién asocia Ud. con cada una de las ideas siguientes?

1. la mujer más hermosa del mundo 2. el hombre más guapo 3. la persona más inteligente 4. la cosa más importante de mi vida 5. la cosa más difícil para mí 6. la invención más brillante del hombre 7. la cosa peor

del mundo   8. la cosa mejor de nuestra vida   9. la clase más interesante de todas (¡ Naturalmente !)

B. Diga más enfáticamente. Por ejemplo :

Habla en voz **baja**. Habla en voz **bajísima**.

1. Esta lección es **difícil**.   2. Ese muchacho es **inteligente**.   3. Estamos **cansados**.   4. Trabajamos **mucho** ayer.   5. Habló **rápidamente**.   6. Marta fue una muchacha **hermosa**.   7. Caminan **lentamente**.   8. Los precios están **altos**.   9. La clase es **interesante**.   10. La familia es **pobre**.

C. Ahora exprese en español :
1. I know that Richard is handsomer and more intelligent than I. Why do you love me **(a mí)** ? —Because you're richer. —Darling, you have just made me the happiest man in the world.   2. Who is the best student in this class ?   3. That was the worst day of my life.   4. His younger brother is much taller than he.

46. STRESSED FORMS OF THE POSSESSIVE

English *mine* or *of mine*, etc. is translated in Spanish by a stressed possessive that either follows the noun or stands alone after **ser**. Notice that all these forms have both feminine and plural endings that agree with the *noun* to which they refer (*not* with the possessor) :

mío (a, os, as) *mine, of mine*   nuestro (a, os, as) *ours, of ours*
tuyo (a, os, as) *yours, of yours*   vuestro (a, os, as) *yours, of yours*
suyo (a, os, as) *his, of his; hers, of hers; yours* (de Ud., de Uds.), *of yours; theirs, of theirs*

Es muy amigo mío.—Es amigo   He's a very good friend of mine.
   nuestro también.   —He's a friend of ours, too.
Estos lápices son suyos.   These pencils are his (or hers, yours, theirs).

Just as with the unstressed **su**, the third person **suyo** may be replaced for reasons of emphasis or clarification by **de él, de ella, de Ud., de ellos, de ellas, de Uds.**

Estos lápices son de él (de ella).   These pencils are his (hers).

Ejercicios

A. Conteste de una manera original según los modelos :

¿ Es tuyo el libro ? —**No. No es mío. Es de (Juan, mi profesor, etc.)**
¿ Es de María este reloj ? —**No, no es suyo. Es (mío, de Elisa, etc.)**

1. ¿ Es de Uds. esta casa ?   2. ¿ Fue amiga tuya Dolores ?   3. ¿ Son de Ud. estos guantes ?   4. ¿ Fueron suyas las cartas ?   5. ¿ Fue de tu padre el

almacén? 6. ¿Es nuestro el dinero? 7. ¿Es de ellos el tocadiscos?
8. ¿Son suyos todos esos discos *(records)*? 9. ¿Es vuestra aquella mesa?
10. ¿Son míos estos cigarrillos?

B. Busque en el Grupo 2 la conclusión de cada frase del Grupo 1.

1	2
Ese primo tuyo tiene que ser	vinieron a verme anoche... grande o
Unos amigos míos	la más pequeña?... el chico más
¿Son nuestros los asientos	tonto del mundo... de la derecha o
Este reloj mío	de la izquierda?... que la suya... pero
¿Es suya la llave	no sé donde están los de ellos...
Mi oficina es más grande	nunca funciona
Aquí tienen Uds. sus papeles	

Teatro

Prepare Ud. su propia versión original de "Los testigos". Es decir *(That is)*, Ud.
es un reportero de la radio o de la televisión y habla con varias personas en la
escena de un accidente, de un homicidio, etc. O si prefiere, Ud. puede hablar
con las personas que están reunidas en el portal del Banco Nacional. ¿Qué le
van a decir?...

Hora de Conversación VI

El Mundo de Hoy

democracia
comunismo
juez *judge*
la corte, el tribunal *court*
policía *(m.) policeman ; (f.) police (force)*

política *politics ; policy*
las elecciones *election(s)*
el régimen *regime*
la ley *law*
bombero *fireman*

---

presidente
primer ministro *prime minister*
dictador *dictator*
rey, monarca *king, monarch*
emperador *emperor*
gobernador *governor*
senador
representante *representative*
diputado *Congressman, deputy*
ministro *minister, secretary*
embajador *ambassador*

república
Parlamento *Parliament*
dictadura *dictatorship*
monarquía *monarchy*
imperio *empire*
gobierno *government*
Senado
Congreso
Cámara (de Diputados) *House*
ministerio *ministry, department*
embajada *embassy*

---

ejército *army*   marina *navy*
guerra *war*   bomba *bomb*
revolución   **el motín** *riot*

fuerza aérea *air force*
el proyectil *missile*
el ataque *attack*

---

unión, sindicato de obreros *union*
terremoto, temblor de tierra *earthquake*
tormenta *storm*
el huracán *hurricane*

huelga, paro *strike*
crecida de agua *flood*
el derrumbe *landslide*

Conversación

1. ¿ Quién es el presidente de los Estados Unidos ? ¿ y antes de él ? ¿ y antes de aquél ? ¿ Quién es el primer ministro de Inglaterra ? ¿ de la Unión Soviética ?
2. ¿ Qué forma de gobierno tenemos en los Estados Unidos ? ¿ Qué forma de gobierno tiene Inglaterra ? ¿ Francia ? ¿ España ? ¿ Rusia ? ¿ Argentina ?
3. ¿ Puede Ud. nombrar los dos senadores de su estado ¿ cinco miembros de la Cámara de Diputados ? ¿ nuestro embajador ante las Naciones Unidas ?
4. ¿ Qué piensa Ud. de las Naciones Unidas ? ¿ Por qué piensa así ?
5. ¿ Cree Ud. en la democracia ? ¿ Cree Ud. que va a triunfar sobre el comunismo ?
6. ¿ Qué noticia de las últimas dos o tres semanas le impresionó más ?
7. ¿ Qué piensa Ud. de las huelgas estudiantiles ? ¿ y de las huelgas de trabajadores industriales ? ¿ y de la conscripción militar ? ¿ Por qué ?

Lección Novena

Momento de Vida: Un Programa de Radio

María Gómez **acaba de poner** la radio. El programa está **a medio** terminar. **Se oye** la voz de un hombre: *has just turned on • half over • is heard*

Él: Ud., señorita Lagos, mi **fiel** secretaria, que me **ayuda** siempre con todos mis problemas, tiene Ud. que ayudarme una vez más. **Se lo ruego.** Es la decisión más importante de mi vida. *faithful • helps / I beg you*

Ella: Siempre estoy aquí para ayudarle, señor Hurtado, si puedo.

Él: Tengo que hacerle una confesión. Por primera vez en mi vida, estoy **enamorado**, locamente enamorado. Y no sé si debo decírselo a ella inmediatamente o **guardar** el secreto en este pobre corazón mío. ¿Qué me dice Ud., señorita Lagos? *in love / keep*

Ella: No sé. ¿Cuánto tiempo hace que la conoce Ud.?

Él: Parece que toda mi vida, aunque en realidad, **la conocí sólo hace tres días**, en un almacén del centro. *I met her only three days ago*

Ella: ¿Y **cómo fue**? *how did that happen?*

Él: Pues **yo salía y ella entraba** por la misma puerta. La miré. Ella me miró. **Chocamos en el portal**, y sin saber cómo, **quedamos atrapados** en esa puerta **giratoria** que tienen. Por cinco minutos **dimos vueltas** en esa puerta... ella y yo... yo y ella... **solos** en un mundo **lleno de** gente. Nadie **podía** salir. Nadie podía entrar. El mundo **era** nuestro. Cuando **nos sacaron** de la puerta, no hablamos. No dijimos **ni una palabra.** Pero **sabíamos**, sí, sabíamos... Pero, señorita Lagos, ¿por qué **llora Ud.**? Porque es tan romántico el caso, ¿no? *I was going out and she was entering • We collided in the doorway • we were trapped / revolving / we went round and round • alone • full • could / was • they got us out / a single word • we knew / are you crying?*

Ella: No sé qué decir, señor. ¿Es bonita ella?

Él: Sí, muy bonita.

Ella: ¿Más bonita que yo?

Señora Gómez (**Adentro**): María, **apaga** la radio. *(From inside) • turn off*

María: No puedo, mamá. Es el momento más hermoso del cuento.

Él: ¿Más bonita que Ud.? **No lo creo.** *I don't think so.*

Ella: ¿Y es joven?

Él: Muy joven.

Ella: ¿Más joven que yo?

Él: No, no lo creo.

Ella: ¿Y le quiere a Ud.?

Él: Mucho.

Ella: Pero no más que yo. ¡Ay, señor Hurtado! No puedo **sopor-**   stand it
tarlo más. **Ya no** puedo vivir así... Ud. es mío, mío, mío. No   No longer
puede ser de ella.

Él: ¡Silvia!

Ella: ¡Jorge!

Él: Pero **no tenía** la menor idea. No sabía... ¿Por qué no me lo   I didn't have
dijo Ud. antes?

Ella: **Hacía meses que quería decírselo,** pero no podía. Pero hoy,   For months I had been wanting to tell you • it slipped out of my mouth.
se **me escapó de la boca.**

Él: Silvia. Soy tuyo, tuyo. **Para siempre.**   Forever

Ella: Y yo soy tuya. Pero, ¿**y** la otra?   what about

     (Música. Se oye **la voz del locutor.**)   the announcer's voice

Locutor: Silvia y Jorge acaban de encontrar la **felicidad** donde   happiness
menos la **esperaban,** en su propia oficina. Pero, ¿va a durar este   they expected
nuevo amor? ¿O **piensa** volver **Jorge** al almacén del centro?   does George intend to
¿Qué va a pasar si queda atrapado otra vez en esa puerta
giratoria y encuentra... a "la otra"? **Escuchen** Uds. mañana a   Listen
la misma hora el próximo **capítulo** de nuestro drama de amor   chapter
y **peligro.** Y hasta entonces, **no olviden** comprar "Adiós," el   danger • don't forget
único jabón que dice "adiós" a todo **olor desagradable** y   the only soap • unpleasant odor
"hola" al amor. Hasta mañana, señoras. Adiós, Adiós, Adiós.

VOCABULARIO ACTIVO

el amor love
el corazón *heart*

peligro *danger*
vida *life*

---

ayudar *to help*
durar *to last*
guardar *to keep; hold*
llorar *to cry*
olvidar *to forget*

parecer (parezco) *to seem, appear*
quedar *to remain, be left*
sacar *to take out, pull out*
soportar *to stand, endure*
terminar *to finish; end*

---

enamorado (de) *in love (with)*
lleno (de) *full (of), filled (with)*
mismo *same*

propio *(one's) own*
próximo *next*
único *only, sole; unique*

---

poner (la radio, etc.) *to turn on*
una vez *(one) time*; por primera — *for the first time*
para siempre *forever*

apagar (la luz, etc.) *to turn off*
ya... no *no longer, not... any more*

Preguntas

1. ¿Qué acaba de hacer María Gómez? ¿Qué oye *(does she hear)*?
2. ¿Qué problema tiene el Sr. Hurtado?
3. ¿Por qué necesita la ayuda de su secretaria? ¿Cómo se llama ella?
4. ¿Cuánto tiempo hace que conoce el Sr. Hurtado a su amor?
5. ¿Dónde la conoció?
6. ¿Qué les pasó en el portal del gran almacén?
7. Cuando los sacaron de la puerta giratoria, ¿qué dijeron?
8. ¿Qué hace la secretaria cuando oye este cuento de amor?
9. ¿Qué quiere saber de la otra mujer?
10. Por fin, ¿qué confiesa *(does she confess)* a su jefe? ¿Lo sabía el Sr. Hurtado?
11. ¿Cuánto tiempo hacía que ella quería decírselo?
12. ¿Qué dice el Sr. Hurtado cuando sabe *(finds out)* que su secretaria está enamorada de él?
13. ¿Qué producto quiere vendernos el locutor del programa de radio?
14. ¿Escucha Ud. mucho la radio? ¿La escucha su madre por la tarde? ¿Hay programas de radio como éste donde vive Ud.? ¿Le gustan a Ud.?

Estructura

47. THE IMPERFECT

Spanish has two simple past tenses: the preterite and the imperfect. We have already discussed the preterite. Now here are the forms of the imperfect. They are usually translated as *was doing, used to do, would do* (for example, *I was buying, I used to buy, I would buy*):

comprar	comer	vivir
compraba	comía	vivía
comprabas	comías	vivías
compraba	comía	vivía
comprábamos	comíamos	vivíamos
comprabais	comíais	vivíais
compraban	comían	vivían

Only three verbs are irregular in the imperfect:

ser	ir	ver
era	iba	veía
eras	ibas	veías
era	iba	veía
éramos	íbamos	veíamos
erais	ibais	veíais
eran	iban	veían

Ejercicios

A. Diga la forma correspondiente del imperfecto:

yo: tomar, dar, empezar, meter, vivir, dormir, ser

tú: acabar, comprar, esperar, valer, tener, cerrar,.ir

Ud.: jugar, tocar, amar, conocer, saber, mentir

ella y yo: estudiar, vender, hacer, ser, ver, ir

tú y Mariano: dar, ir, estar, poner, poder, ser

todos: morir, recordar, sacar, ser, ir, tener, hacer, salir

B. Ahora conteste:

1. Dónde vivía Ud. cuando era niño? 2. ¿Tenía Ud. muchos amigos? 3. ¿Quiénes eran sus mejores amigos? 4. ¿Estudiaban juntos Ud. y sus hermanos? 5. ¿Vivían Uds. en una casa o en un apartamento? 6. ¿Veían Uds. frecuentemente a sus abuelos? 7. ¿Era Ud. un muchacho (una muchacha) obediente o desobediente? 8. ¿Jugaba Ud. mucho al béisbol? 9. ¿Le gustaba más la televisión o el cine? 10. ¿Adónde iba su familia de *(on)* vacaciones?

48. THE CONCEPT OF PRETERITE VS. IMPERFECT

Although the preterite and the imperfect are both simple past tenses, they imply totally different meanings. Their use depends on the *idea* that the speaker wishes to communicate, and they can never be interchanged without changing the meaning of the sentence. The difference between the preterite and the imperfect can best be seen in the following diagram:

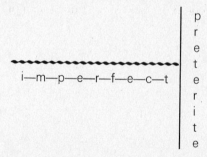

The imperfect is the pictorial past. Its continuous, moving line describes a past action in progress. (We _were leaving_ the building when...) It relives what *used to be.* (They _used to_ or _would play_ every day.) It paints the background of an event, sets the stage upon which another act was performed. (It was midnight. It was hot out. There was nobody in the street.)

The preterite is the recording past. It cuts into the past |, recording its events as units completed at a certain time, reporting merely the fact that they took place. (I came |, I saw |, I conquered |.)

49. USES OF THE IMPERFECT

A. It tells what *was happening* at a certain time:

Yo entraba y ella salía.	I was going in and she was coming out.
¿Qué hacían?—Cantaban y bailaban.	What were they doing?—They were singing and dancing.

B. It recalls what *used to be or happen* over a period of time. (In English, *would* sometimes means *used to.*)

Cuando éramos niños, jugábamos en el parque.	When we were children, we used to (or would) play in the park.
Nos levantábamos a las seis.	We used to (would) get up at six.

C. It describes a state of mind, a situation, or an emotional or physical condition in the past:

La casa no era muy grande.	The house wasn't very large.
La amaba mucho.	He loved her very much.
Estaban tan cansados.	They were so tired.
Yo no sabía, no tenía la menor idea.	I didn't know, I didn't have the slightest idea.

D. It sets the stage upon which another action was laid. It tells time in the past:

Era la medianoche.	It was midnight.
La casa estaba a oscuras.	The house was dark.
Hacía mucho calor.	It was very hot out.
No había nadie en la calle.	There was no one in the street.
But: De repente, oí un grito.	Suddenly, I heard a shout.

au gusta
al gusta

Ejercicios

A. Lea bien los diálogos, y después conteste las preguntas:

1. —Hace mucho tiempo que conoces a Emilia, ¿verdad?
   —Sí. ¿Y sabes? No lo vas a creer. Pesaba *(She weighed)* 180 libras *(pounds)* cuando era joven.

   Conteste: a. ¿Era gorda *(fat)* o delgada Emilia cuando era joven?
   b. ¿Cómo es ahora?
   c. ¿Quién piensa Ud. *(Who do you think)* que habla de ella?

2. —¿Comieron ya los niños?
   —No. Estaban tan cansados que los acosté *(I put them to bed)* en seguida. Tenían sueño, no hambre.

   Conteste: a. ¿Por qué no comieron los niños?
   b. ¿Cuántos años piensa Ud. que tienen?
   c. ¿Dónde piensa Ud. que estuvieron?

3. — ¿ Era muy pequeña la casa ?

— En realidad, no. Es que vivían en ella muchas personas—los padres, seis hijos, dos abuelos, y un tío.

Conteste: a. ¿ Cuántas personas vivían en la casa ?

b. ¿ Cree Ud. que era pobre o rica la familia ?

4. — Parece que todas las muchachas querían estar en la clase del Sr. Rosas.

— Ah, sí. Porque era alto y guapo y ellas estaban locas por él.

Conteste: a. ¿ Por qué les gustaba a las muchachas el Sr. Rosas ?

b. ¿ Había *(Was there)* un maestro como él en la escuela de Ud. ?

5. — Volví a casa anoche y bebí cinco vasos de agua.

— ¡ Qué sed tenías ! *(Boy, were you thirsty!)*, ¿ eh, Manuel ? ¿ Dónde estuviste ?

Conteste: a. ¿ Qué hizo Manuel al volver *(upon returning)* a casa ?

b. ¿ Qué tenía ? what was wrong with him ?

c. ¿ Qué cree Ud. que hacía antes de volver a casa ?

6. — Se levantaban temprano *(They used to get up early)* todas las mañanas.

— Pero no cuando tenían que ir a la escuela.

Conteste: a. ¿ Les gustaba mucho o poco la escuela ?

b. ¿ Era Ud. así *(like that)* cuando era niño (niña) ?

7. — ¿ Quiénes ganaron ? who won ¿ Ellos o nosotros ?

— Ellos. ¡ Como siempre ! El fútbol no es nuestro juego *(game)*.

Conteste: a. ¿ Qué equipo *(team)* era mejor : el suyo o el nuestro ?

b. ¿ Jugaba Ud. mucho a los deportes *(sports)* ? ¿ Juega ahora ? Did you used to play sports alot ?

B. Ahora llene los blancos *(fill the blanks)* usando el imperfecto o el pretérito de los verbos indicados :

1. Cuando yo _____ pequeño, mi familia y yo vivi _____ en el Sur de California, cerca de la frontera mexicana. (ser/vivir)

2. ¿ Dónde estuvesta tú cuando te _____ ayer ? (estar/llamar)— estar dormido. (estar)

3. Cuando me _____ esta mañana a las ocho, no _____ (levantar/llover) Y por eso _____ de casa sin impermeable, sin paraguas. (salir)

4. _____ el mes de diciembre y _____ frío, mucho frío. (ser/hacer) _____ casi todos los días. (nevar)

5. El viernes mamá y yo _____ de compras y _____ cosas para toda la familia, menos para ti. (ir/comprar)—¡ Muchas gracias !

6. ¿ Sabes ? El otro día yo _____ al señor Robles con la señorita Salcedo. (ver)—¿ De veras ? *(Really)* ¿ Qué hacian ? (hacer)

50. CHANGES OF TRANSLATION WITH IMPERFECT AND PRETERITE

As we have noted, the use of imperfect or preterite always implies a difference in meaning :

| Estuvo enfermo ayer. | He was sick yesterday. (He took sick and has recovered.) |
| Estaba enfermo ayer. | He was sick yesterday. (Such was his condition at the time. When he took sick and whether or not he has recovered is not indicated.) |

With some verbs, this change in meaning actually produces a change in translation:

¿Lo sabía Ud.?	Did you know it? (This describes the mental state of knowing.)
Sí, lo supe anoche.	Yes. I found it out (learned it) last night. (Here the moment of finding out is recorded).
No quería ir.	He didn't want to go.
No quiso ir.	He refused to go. (At some point he put his unwillingness into action.)
Le conocíamos bien.	We knew (used to know) him well.
Le conocimos en Lima.	We met him in Lima. (That is where we made his acquaintance.)

Ejercicio

1. ¿Estuvo Ud. enfermo recientemente? 2. ¿Estuvo enfermo un pariente *(relative)* o un amigo suyo? 3. ¿Tenía Ud. un maestro favorito cuando estaba en la escuela elemental? 4. ¿Sabían Uds. que vamos a tener un examen el lunes? 5. ¿Cuándo supo Ud. que iba a asistir a esta escuela? 6. ¿Quería Ud. ir a otra universidad? 7. ¿Conocía Ud. bien a sus maestros en la escuela superior?

51. TIME EXPRESSIONS WITH *HACER*

A. Hacía... que

As you recall, the present tense describes an action that began some time ago and is still going on now. **Hace... que** states the length of time, and the verb that follows is in the *present*.

The imperfect, then, describes an action that *had begun* previously and *was still going on* at a later time in the past. **Hacía... que** states the length of time and the following verb is in the *imperfect*.

Hace dos meses que vivo aquí.	I have been living here for two months (and still am).
Hacía dos meses que vivía aquí.	I had been living here for two months (and still was when...)
Hace días que nos llama.	He has been calling us for days.
Hacía días que nos llamaba.	He had been calling us for days.

B. **Hace**

After a verb in the preterite or imperfect **hace** (+ period of time) means *ago* :

La conocí hace tres días.	I met her three days ago.
Vinieron hace una hora.	They came an hour ago.
Ana cantaba bien hace unos años.	Ann used to sing well some years ago.

Ejercicios

A. Cambie según las indicaciones :

1. Hace años que somos amigos.

   Hacía_____.

   _____ellos_____,

   ¿_____vosotros_____ ?

2. ¿ Cuánto tiempo hace que **se conocen** ?

   ¿_____ ? (estar enamorados)

   ¿_____hacía_____ ?

   ¿_____ ? (vivir allí)

3. Hace una hora que los esperamos.

   Hacía_____.

   _____esperaban.

   _____nos_____.

4. **Llegaron** hace tres días.

   _____. (venir)

   (Nosotros)_____.

   _____. (traérselo)

5. Lo vi hace poco *(a little while ago.)*

   (Ellos)_____.

   (Nosotros)_____.

   _____. (decírselo)

B. Diga en español :

1. We have been waiting for an hour.   2. We *had* been waiting for an hour.
3. He has been singing for many years.   4. He *had* been singing for many years.
5. He sang ten days *ago* in Chile.   6. I saw them two weeks ago.   7. When did Mike come ?—A month ago.

52. *ACABAR DE* + INFINITIVE

In the present tense, **acabar de** means *to have just* (done, gone, etc.). In the imperfect, it means *had just* :

Acabo de volver.	I have just returned.
Acababa de volver.	I *had* just returned.
María acaba de llamar.	Mary has just called.
María acababa de llamar.	Mary *had* just called.

Ejercicios

A. Conteste, usando siempre **acabar de**. Por ejemplo:

> ¿Quieres tomar algo?—**No, gracias. Acabo de comer.**
> ¿Cuándo van a escribirle?—**Acabamos de escribirle.**

1. ¿Ya mandó Ud. la carta? 2. ¿Cuándo volvieron sus padres? 3. ¿Ya vino esta mañana el cartero *(mailman)*? 4. ¿Quieres una Coca Cola? 5. ¿Hace mucho tiempo que conocen Uds. a José Acuña? 6. ¿Llegó a la una el tren?

B. Ahora diga en español:
1. They have just come. They had just come. 2. I have just eaten. I had just eaten. 3. We have just done it. We had just done it. 4. She has just sent it to him. She had just sent it to him. 5. We have just begun to fight. 6. ¿Had you (tú) just arrived? 7. I have just learned to speak English. 8. A friend of yours has just called. 9. Pepe had just told us (it). 10. My cousins had just arrived. 11. We have just finished this exercise. (¡Ole!)

Teatro

Ahora escriba Ud. su propio programa de radio. No tenemos que decirle nada. Seguramente Ud. tiene muchas ideas, y buenas. ¿Quién sabe? Algún *(Some)* día, Ud. puede presentarlo en la radio, o en la televisión... ¡o en el cine!

III. *América—su civilización y su conquista*

"Y desde que vimos tantas ciudades y villas pobladas en el agua, y en tierra firme otras grandes poblaciones..., nos quedamos admirados, y decíamos que parecía a las cosas de encantamiento..." Así describió un soldado de Cortés su entrada en tierra de los aztecas, la tribu dominante de México a la llegada de los españoles. Y bien podía parecerle cosa de encantamiento, porque los aztecas tenían una civilización muy avanzada, y su capital Tenochtitlán, construida en medio de un lago, era una ciudad grande, con magníficos palacios, templos y edificios públicos—una Venecia del Nuevo Mundo.

Según el testimonio de su propio calendario y de su escritura ideográfica, los aztecas llegaron el valle de Anáhuac en 1168. Siendo una tribu pobre, primitiva y muy guerrera, subyugaron a las tribus vecinas y adaptaron la cultura más avanzada de los toltecas y mayas. Para 1325 su imperio se extendía por gran parte de México.

since we saw so many populated cities and towns • villages • we were amazed

it resembled the things of enchantment • soldier • their entrance

arrival

seem to him a thing

built in the middle of a lake

Venice

According to • own • picture writing

Being • warlike, they subjugated • neighboring

By

La llegada de Cortés a México. Un pintor de la época lo muestra recibiendo ofrendas *(receiving offerings)* de los indios.

Aquí vemos a los soldados de Cortés combatiendo *(fighting)* en mar y tierra.

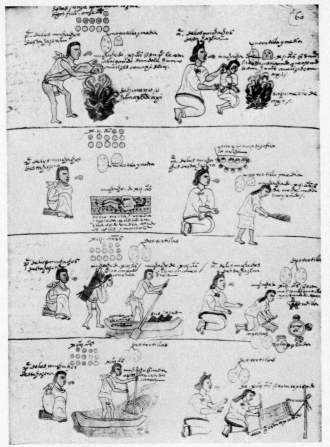

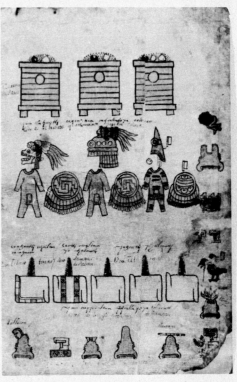

A la izquierda : etapas *(stages)* en la educación de los niños aztecas. A la derecha : inventario de tributos en el imperio azteca.

Su economía era agraria y se basaba en el **cultivo del maíz**. Pero había poca tierra cultivable, y frecuentemente los aztecas tenían que **crear** sus propias tierras en el agua.

20 Los aztecas conocían el matrimonio y el divorcio ; eran expertos en hacer cerámica y **tejidos** elegantes, y en labrar metales preciosos. Tenían restaurantes y **barberías** y escuelas, y el azteca de la clase noble estudiaba matemáticas, ingeniería, **poesía** y el arte de la guerra. **Como miembro** de la comunidad, **cada** hombre tenía que **prestar** sus servicios al estado, ayudando en la construcción de caminos,

25 trabajando en las tierras del rey y de los **sacerdotes**, y luchando como soldado en la guerra. Y la guerra era constante, no sólo **por razones** de expansión territorial y tributo, **sino** porque su religión **exigía** el sacrificio de un gran número de víctimas para sus numerosos **dioses**. Según **cálculos** de historiadores, los aztecas sacrificaban **hasta**

30 cincuenta mil personas **al año**. Ofrecían a sus ídolos los **corazones sacados de** sus víctimas **vivas**, comían sus **entrañas** y bebían su

growing of corn

create

woven fabrics

barber shops

poetry

As a member • every • lend

priests

for reasons

but • demanded

gods

calculations • as many as

per year • They offered • hearts taken from • live • entrails

La extraordinaria exactitud científica de su calendario demuestra los grandes conocimientos astronómicos de los aztecas.

sangre en ceremonias bárbaras, mientras los sacerdotes **bailaban** blood • danced in the skin of
en la piel de los muertos. ¡Curiosa combinación de civilización y the dead
barbarie! barbarity
35   Los incas[1] del Perú, que ocupaban mucho de **lo que** es hoy el what
Ecuador y Bolivia, también tenían una cultura muy avanzada. Los
largos caminos que **construyeron** en los altos Andes están en uso long • they built
todavía, y se conservan también muchos de sus **puentes** y de sus bridges
inmensas estructuras **arquitectónicas.** Aunque tenían grandes de- architectural
40 pósitos de metales, la base de su economía era agraria. Las tierras
estaban divididas en tres partes: **las del Sol,** las del Inca, rey absoluto those of the Sun
y descendiente directo del Sol, y las de la comunidad; y el indio
común trabajaba en todas. common
     El indio común tenía pocos privilegios bajo el imperio **incaico;** Incan
45 el Inca los tenía todos. El indio común **llevaba la misma ropa hasta** wore the same clothes until

[1] En realidad, el nombre verdadero de los indios que llamamos **incas** era **quechuas.** El término **inca**
se aplicaba originalmente sólo a los reyes y a la clase noble.

Figura de animal, labrada en oro. Arte
indígena peruano.

Procesión fúnebre, labrada en plata
por un artesano incaico.

que **quedaba** completamente **inútil**. El Inca **se ponía** ropa nueva todos   they were • useless • put on
los días. El indio común tenía sólo una mujer. El Inca tenía **centenares,**   hundreds
siendo las principales sus propias hermanas. El indio común no   the main ones being
tenía otra educación que su propia experiencia. El Inca y los nobles
50 asistían a escuelas especiales y tenían tutores individuales.

Los incas eran excelentes **tejedores de algodón y de lana;**   weavers of cotton and wool
sabían mucho de medicina y del uso de **anestésicos** y **hasta** hacían   anesthetics • even
operaciones delicadas. Pero, **a diferencia de** los aztecas, no tenían   unlike
escritura de ningún tipo, y sus **hombres eruditos** aprendían de   scholars
55 memoria la historia de **su pueblo,** para repetirla después a cada nueva   their people
generación. Esta historia llegó a su fin en 1532 con la llegada del
español.

En realidad, la ocupación de América por los españoles fue más
que una conquista política. España transplantó a América sus
60 instituciones y su cultura. Los españoles **se mezclaron** con los   mixed
indígenas, y la primera generación que **nació** en América después   natives • was born

de la conquista fue una generación **mestiza**. Los españoles construyeron nuevas ciudades y **las llenaron de** obras de arte. Estable-
cieron escuelas y universidades, y el misionero que venía siempre
65 **al lado** del conquistador era al mismo tiempo evangelista y educador.
    Pero había abusos también, y en muchos lugares los indios
eran **explotados** cruelmente. Es interesante observar, **sin embargo,**
que la protesta contra estos abusos vino de los españoles **mismos**. Un
fraile dominico, Bartolomé de las Casas, escribió un libro en que
70 denunciaba las injusticias **cometidas** contra los indios. Y en las
salas de la Universidad de Salamanca, el padre Vitoria **alzó su voz**
también en defensa de los **derechos** naturales del hombre. El indio
era **dueño** legítimo de su tierra, decía Vitoria, y el emperador de
España no tenía derecho de **quitársela**. La discusión **repercutió**
75 por toda España. Por fin, la **corona** decidió intervenir, promulgando
las Leyes de Indias para la protección de los indígenas. España,
que **creó** su propia "**leyenda** negra" de brutalidad, fue la **única**
nación **colonizadora** de esa época que **trató de** rectificarla. Pero la
cuestión básica del derecho a la conquista **queda** hasta hoy sin
80 solución.

*of mixed Indian and white
blood • filled them with*

at the side

exploited • nevertheless

themselves

Dominican friar

committed

halls • raised his voice

rights

the owner

take it from him • resounded

crown

created • legend • only

colonizing • tried to

remains

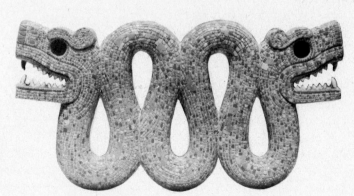

La serpiente de dos cabezas es una imagen que aparece
frecuentemente en el arte primitivo de los mayas.

Cabeza maya precolombina.

Las monumentales ruinas de Machu Picchu en los altos Andes del Perú.

Preguntas

1. ¿Dónde estaba construida la capital de los aztecas? ¿Cómo era la ciudad?
2. ¿Quién fue el conquistador de México? ¿Qué sabe Ud. de él?
3. ¿Cuándo llegaron al valle de Anáhuac los aztecas? ¿Qué cultura adaptaron?
4. ¿Cómo era la economía de los aztecas? ¿y su sistema político? ¿y su religión?
5. ¿Por qué decimos que la civilización azteca era una combinación de progreso y de barbarie?
6. ¿Quiénes eran los habitantes del Perú a la llegada de los españoles? ¿Cómo era su civilización? ¿Qué cosas notables tenían?
7. ¿Cómo vivía el Inca? ¿y el indio común? ¿Cómo se transmitía su historia?
8. ¿Por qué decimos que la ocupación de América por los españoles fue más que una conquista política? ¿Qué contribuyeron a América los españoles?
9. ¿Qué abusos había también? ¿De dónde vino la protesta? ¿Qué consecuencia tuvo la discusión nacional?
10. ¿Qué piensa Ud. de la colonización de Hispanoamérica comparada con la *(that)* de la América del Norte?

Lección Décima

Momento de Vida: Las Noticias

María: Mamá, ¿apago la radio ahora?
Sra. Gómez: ¿Qué hora es?
María: Las tres.
Sra. Gómez: Espera. Quiero oír **las noticias**.   the news
María: Está bien, mamá.

(La música termina. Se oye la voz de otro locutor.)

Locutor: Buenas tardes, damas y caballeros. La **Compañía Petrolera   Zero Oil Company
Cero** tiene el gusto de presentarles las noticias del mundo.

Montarraz. La pequeña ciudad de Montarraz **se despertó** esta   awoke
mañana **ante una nueva serie de temblores de tierra.** Los tem-   faced with a new series of earth-
blores **se repiten** a intervalos de quince minutos. **No se sabe**   quakes • recur • isn't known yet
todavía el número exacto de las víctimas **ni hasta qué punto llega**   nor the extent of damage to
el daño a propiedades. En estos momentos los **bomberos** están   property. At this time the
combatiendo los muchos **incendios** mientras la gente **anda por**   firemen are combating
las calles, ayudándose unos a otros. El **gobierno** acaba de   fires • walk about the streets
declarar un estado de emergencia y la **Cruz Roja está estable-**   helping each other • government
ciendo campamentos para ayudar a las víctimas.   Red Cross is establishing
                                                       camps

Santiago. La **huelga** de los mecánicos que comenzó en esta ciudad   strike
hace dos semanas continúa **interrumpiendo** el servicio tele-   interrupting
fónico. El gobierno federal está tomando **medidas** para poner   measures
fin a esta crisis en las **vías** de comunicación.   means

Tejas. El Centro de Estudios de Aeronáutica **Espacial** acaba de   (of) Space
anunciar el **aterrizaje** de la **cosmonave** Viajero 22 en el planeta   landing • space ship
Marte. La **tripulación, compuesta por** el capitán…   Mars • crew, composed of

¡Boletín! Interrumpimos este programa para comunicarles un
boletín especial: *Londres.* El **ganador** del **campeonato** inter-   winner • championship
nacional de sóquer que **se celebró** esta tarde en la capital britá-   took place
nica es el Brasil. El **equipo** victorioso, **capitaneado por** Antonio   team • led by
Silveira, triunfó con dos goles a uno sobre los campeones
nacionales del Ecuador. Más detalles después.

Los Angeles. La hermosa **artista de cine** Silvia Malón se casó   movie star
secretamente esta mañana con el director argentino Vicente

150

Espinel delante de dos mil de sus **entusiasmados admiradores**. La novia, **vestida con una sencilla minifalda roja, se puso a llorar de** felicidad **al recibir** las felicitaciones de la multitud en éste su **séptimo matrimonio**.

enthusiastic admirers · *dressed in a simple red miniskirt, began to cry with* · *upon receiving* · *seventh marriage*

Lima. Murió **súbitamente** anoche a la edad de 51 años el distinguido escritor, Dr. don Armando Paredes Ortega, **fundador** de la revista "Moderación." Le **sobreviven** su inconsolable **viuda** doña Eugenia Mercedes de Paredes y sus hijos Antonio, Miguel, Rosario, Cintia, Carlos, Pedro, Ramón, Rosalinda, Alicia, Enrique, Dorotea, Armando y Esteban.

suddenly · *founder* · *magazine* · *survive* · *widow*

Y ahora, **el tiempo de hoy**. Temperatura: 24 **grados**. **Humedad**: 35 por ciento. **Viento** del **nordeste** a 22 kilómetros por hora. Cielo **despejado**. Mañana: **nublado** por la mañana. **Aguaceros** esporádicos por la tarde, **cambiando** a despejado y **más fresco**. El jueves: **lluvia**.

today's weather · *degrees (centigrade)* · *Humidity* · *Wind* · *clear* · *cloudy* · *Showers* · *changing* · *cooler* · *rain*

Ahora, amigos, un **mensaje** de la Compañía Petrolera Cero. Se acercan las vacaciones de verano. Y cuando hace calor, ¿a quién no le gusta **hacer una excursión en coche a la playa**, a las montañas, al campo, **a cualquier parte**? Pero **¡qué pronto se arruinan estos días de placer si su coche no anda bien!** Y así, amigos, si quieren **garantizarse** el viaje más **cómodo** posible, usen Uds. exclusivamente la gasolina Cero, que hace funcionar su motor sin **ruido** y con la mayor economía. La gasolina Cero, C—E—R—O, para la felicidad de su motor.

message · *take a motor trip to the beach* · *anywhere at all?* · *how quickly these days of pleasure are spoiled if your car doesn't run well!* · *guarantee yourselves* · *noise*

Muchas gracias por su amable atención esta tarde. **Compren** Uds. la gasolina Cero, y **recuerden**, amigos, **ante todo**: **Manejen con cuidado**. La vida que **salven** puede ser la suya.

Buy · *remember* · *above all:* · *Drive carefully* · *you may save*

VOCABULARIO ACTIVO

campo *country (opp. of city)*
montaña *mountain*
playa *beach*
tierra *land; earth*
el viaje *trip;* hacer un— *take a trip*
el coche *car*
gusto *pleasure; taste*
la salud *health*

noticia *news item; (pl.) news*
mundo *world*
gobierno *government*
huelga *strike*
incendio *fire*
bombero *fireman*
daño *damage; harm*
ruido *noise*

---

*andar *to walk; work (a machine)*
casarse (con) *to marry*
celebrarse *to take place*

despertarse (me despierto) *to wake up*
manejar *to drive*
*ponerse a(+)infin. *to begin to*

---

pronto *soon*

Preguntas

1. ¿Qué programa escucha la Sra. Gómez? ¿Qué producto venden en ese programa?
2. ¿Qué ocurrió esta mañana en Montarraz? ¿A qué intervalos se repiten los temblores? ¿Quiénes están combatiendo los incendios? ¿Qué está haciendo la Cruz Roja?
3. ¿Qué problema hay en la ciudad de Santiago? ¿Qué está haciendo el gobierno?
4. ¿Qué noticia acaba de anunciarse en Tejas?
5. ¿Por qué interrumpen el programa? ¿Qué dice el boletín?
6. ¿Qué pasó esta mañana en Los Angeles?
7. ¿Quién fue don Armando Paredes Ortega? ¿Qué revista fundó? ¿Cuántos hijos le sobreviven?
8. ¿Qué tiempo hace hoy? ¿Qué tiempo va a hacer mañana? ¿Qué estación del año es? ¿Cómo lo sabe Ud.?
9. Según el locutor, ¿por qué es importante tener un coche en esta estación del año? ¿Cómo puede uno garantizarse el viaje más cómodo posible?
10. ¿Le gusta más escuchar las noticias en la radio o verlas en la televisión? ¿Qué programas escucha Ud. con más frecuencia? ¿Qué piensa Ud. de la propaganda comercial en la televisión?

Estructura

53. THE PRESENT PARTICIPLE

The present participle (English -*ing*) is formed regularly by adding -**ando** to the stem of -**ar** verbs, -**iendo** to the stem of -**er** and -**ir** verbs:

> hablando *speaking*   comiendo *eating*   viviendo *living*

With -**ir** radical changing verbs, the **e** of the stem changes to **i**, the **o** to **u**:

> sintiendo *feeling*   pidiendo *asking for*   durmiendo *sleeping*

Ejercicio

Escriba el gerundio *(present participle)* de:
1. llevar, dar, entrar, trabajar, poner, ser, dirigir, volver, estar, meter, saber
2. morir, servir, mentir, dormir, repetir, consentir

54. *ESTAR* + THE PRESENT PARTICIPLE

Estar followed by the present participle gives a vivid description of an action *in progress* at a given moment. Unlike English, it is *not* used to describe a general condition or situation.

Notice that object pronouns are normally attached to the end of the present participle:

> Está comiéndolo ahora.   He's eating it (right) now.

Están preparándolos.	They are (now in the process of) preparing them.
Estábamos jugando cuando llegó.	We were playing (at the very moment) when he arrived.

But remember: the *simple* present is used for an action that happens as a general rule:

Diego trabaja ahora.	Jim is working now. (He has a job.)
¿ Te sientes mejor ?	Are you feeling (Do you feel) better ?

Ejercicios

A. Cambie las oraciones siguientes para expresar una acción progresiva.

Por ejemplo : Estudian ahora.   **Están estudiando.**
Comíamos.   **Estábamos comiendo.**

1. Mi padre no trabaja.   2. María prepara la comida.   3. Viajan alrededor del *(around)* mundo.   4. Los bomberos combatían el incendio.   6. Andábamos y hablábamos.   7. Se celebra hoy la fiesta.   8. No manejas con cuidado. 9. Lloraba amargamente *(bitterly)*.   10. Termino ahora mismo el ejercicio.

B. Conteste ahora :
1. ¿ Qué está Ud. haciendo en este momento ?   2. ¿ Qué estaba haciendo hace una hora ? ¿ y hace dos horas ? ¿ y hace tres ?   3. ¿ Qué lección estamos estudiando ahora ?   4. ¿ Qué lección estábamos estudiando la semana pasada ?   5. ¿ Qué estaba Ud. haciendo esta mañana a las seis y media ? ¿ a las siete y media ? ¿ a las ocho ?   6. ¿ Qué estaban haciendo sus padres a esas horas ? ¿ y sus hermanos ?

55. SPECIAL USES OF THE REFLEXIVE

A. The reciprocal reflexive (to each other)
We have already seen that in Spanish, just as in English, reflexive pronouns (*myself, to myself,* and so forth) are used whenever the subject does the action to itself :

Me corté ayer.	I cut myself yesterday.
Se divertía mucho.	He was enjoying himself greatly.

In Spanish, they may also be used to express the idea *(to) each other:*

Se quieren mucho.	They love each other.
No se conocían entonces.	They didn't know each other then.
Nos escribimos todos los días.	We write to each other every day.

For clarification or emphasis, **uno(s) a otro(s)** may be added after the verb. The reflexive remains :

| Siempre se ayudaban uno(s) a otro(s). | They always used to help each other. |

B. The impersonal se

The third person singular **se** may be used impersonally with the meaning *one*. This construction is often translated by the passive voice, in English:

¿ Por dónde se sale de aquí ?	How does one get out of here ?
Aquí se habla español.	Spanish is spoken here. (One speaks Spanish here.)
Eso no se sabe.	That isn't known. (One doesn't know that.)
Se cree que...	It is believed that...

Ejercicios

A. ¿ Puede Ud. completar las frases del Grupo 1 usando frases del Grupo 2 ?

1	2
Hace diez años que	cien cartas... más frecuentemente ?...
Hacía diez años que	nos conocemos... locamente... con
Se quieren	el trabajo... pero no se encontraron.
Siempre nos ayudamos	...nos conocíamos
¿ Por qué no nos vemos	
Se buscaron todo el día	
Creo que se escribieron	

B. ¿ A quiénes asocia Ud. con los siguientes actos recíprocos ?

amarse... casarse... escribirse frecuentemente... llamarse por teléfono... ayudarse... entenderse... conocerse bien... odiarse

Ahora emplee tres de estas expresiones en oraciones originales.

C. Lea bien, y después conteste :
1. Para viajar más rápidamente de aquí a Europa, ¿ se va por mar o por avión ? 2. Para subir al décimo piso, ¿ se toma el ascensor o se usa mejor la escalera ? 3. Si está haciendo mucho calor, ¿ se pone el acondicionador o la calefacción *(heat)* ? 4. Si no se duerme mucho, ¿ es bueno o malo para la salud ? 5. Si no se quiere engordar *(get fat)*, ¿ se come de todo o se sigue una dieta ? 6. Si se aprende un gran secreto militar, ¿ se revela en seguida al público o se guarda la lengua ? 7. Si se ama mucho a una persona, ¿ se debe tratar de *(try to)* cambiarla o dejarla como es ?

D. Diga en español :
1. When one studies, one learns. 2. How does one talk so much **(tanto)** ? 3. It is said that... 4. When one loves truly **(de veras)**, as I love you... 5. It

is believed that he is never going to return.   6. It is also believed that I can't learn Spanish.—Nonsense! (**¡ Qué va !**)

56. EFFECTS OF THE REFLEXIVE ON VERBS

A. Many English verbs cannot take an object (often because the subject is actually doing the action to itself). These verbs are expressed in Spanish by adding the reflexive.

levantar *to raise, lift up*	levantarse *to rise, get up*
acostar *to put to bed*	acostarse *to go to bed, lie down*
sentar *to seat*	sentarse *to sit down*
abrir *to open (something)*	abrirse *to open (itself), be opened*
detener *to stop (something)*	detenerse *to (come to a) stop*
despertar *to wake (somebody else)*	despertarse *to awaken (oneself)*

Siéntese, por favor.	Sit down, please.
Las puertas se abren a las doce.	The doors open at twelve.
El tren se detuvo.	The train stopped.
Entonces me levanté y...	Then I got up and...

B. The reflexive may change or intensify the meaning of a verb. Often it adds the idea *to become* or *get* to the action described by the verb:

ir *to go*	irse *to go away*
llevar *to bring, carry*	llevarse *to take away*
dormir *to sleep*	dormirse *to fall asleep*
perder *to lose*	perderse *to get lost*
enojar *to anger*	enojarse *to get angry*
sorprender *to surprise*	sorprenderse *to be surprised*
cansar *to tire, bore*	cansarse *to get tired, bored*
llenar *to fill*	llenarse *to become filled*

C. A few verbs are always reflexive. For example:

quejarse (de) *to complain (about)*	arrepentirse (de) *to repent*
atreverse (a) *to dare (to)*	arrodillarse *to kneel*

Ejercicios

A. Lea los pequeños diálogos y después conteste las preguntas:

1. —Juanito siempre se queja de sus maestros.
   —Pues muy bien. Ellos siempre se quejan de él también.

   Conteste: a. ¿ Es buen o mal estudiante Juanito ?
   b. ¿ Se queja Ud. también de sus maestros ?
   c. ¿ Se queja Ud. de sus hermanos ?

2. —No me gusta levantarme temprano. Me acuesto a la medianoche y me despierto a las once de la mañana.
  —Muy ambicioso eres, ¿eh, Antonio?

Conteste: a. ¿Qué no le gusta a Antonio?
  b. ¿A qué hora se acuesta? ¿Y a qué hora se despierta?
  c. ¿A qué hora se acuesta Ud.? ¿A qué hora se levanta?

3. —Nos sorprendimos mucho de verte allí, Alfonso, ¡y tan temprano!
  —¿Por qué?
  —Porque pensábamos que te ibas a perder en el camino.

Conteste: a. ¿Por qué se sorprendieron de ver allí a Alfonso?
  b. Según esto, ¿fue fácil o difícil el viaje de Alfonso?
  c. ¿Cree Ud. que venía de poca o de mucha distancia?

4. —¿Sabes, Emilio? Me dormí anoche mirando la televisión. Me estoy cansando de ver siempre la misma cosa.
  —Yo también, Anita. A mí me gustan sólo los programas de noticias.

Conteste: a. ¿Qué estaba haciendo anoche Anita?
  b. ¿Por qué se durmió?
  c. ¿Qué programas le gustan más a Emilio?
  d. ¿Qué programas le gustan más a Ud.?

5. —Tú te enfadas demasiado, Enrique.
  —Sólo contigo, querida.

Conteste: a. ¿De qué se queja la esposa de Enrique?
  b. ¿Cree Ud. que es un matrimonio feliz?

B. Termine de una manera original las oraciones siguientes:
  1. Esta mañana me levanté... 2. Su esposa se fue... 3. No me atrevo a...
  4. Siempre se quejaban... 5. Nos detuvimos... 6. El otro día se perdió...
  7. Alfonso siempre se dormía...

57. REFLEXIVE OBJECTS OF A PREPOSITION

In the third person, the reflexive object of a preposition is **sí.** All other persons are the same as the nonreflexive:

(para) mí *(for) myself*   (para) nosotros(as) *(for) ourselves*
(para) ti *(for) yourself*   (para) vosotros(as) *(for) yourselves*
(para) **sí** *(for) himself, herself, yourself* (Ud.), *themselves, yourselves* (Uds.)

Lo compró para sí.   He bought it for himself.
No debes pensar sólo en ti. You shouldn't think only about your-
                             self.

After the preposition **con** *(with),* **sí** becomes **-sigo**:

Se lo llevó consigo.   He took it away with him(self).

Ejercicio

Conteste según los modelos, usando siempre el pronombre reflexivo:

¿Juan lo hizo por Lila? **No. Lo hizo por sí.**
¿Estaban hablando de mí? **No. Estaban hablando de sí.**

1. ¿Elisa piensa sólo en **su familia?** 2. ¿Lo van a decidir entre **todos los estudiantes?** 3. ¿Lo compraste para **mí?** 4. ¿Lo preparaste para **ellos?** (No. Lo preparé...) 5. ¿Rogó por **nosotros?** 6. ¿Uds. van a pagar por **todos?** (No, vamos...) 7. ¿Hicieron la comida para **los otros?** 8. ¿Lo guardaban siempre para **sus amigos?**

58. *MISMO*

Mismo, often translated *myself, yourself, himself,* etc., is an adjective that intensifies the meaning of the word it follows. It is *not* a reflexive pronoun, but does appear frequently after the reflexive object of a preposition and after subject pronouns:

Yo misma lo hago.	I my*self* do it.
Habló con el presidente mismo.	He spoke to the president him*self*.
Vamos hoy mismo.	We're going this *very* day.
Piensan sólo en sí mismos.	They think only of them*selves*.
Siempre hablas de ti mismo.	You always talk about your*self*.

Ejercicio

Cambie las oraciones siguentes, usando **mismo** para intensificar las palabras indicadas:
1. Lo compré para **mí**. 2. El **jefe** lo dijo. 3. Ella piensa sólo en **sí**. 4. Vienen **ahora**. 5. **Yo** lo recuerdo. 6. Muchas personas están enamoradas de **sí**. 7. Los hicimos para **nosotros**. 8. ¿Por qué no lo haces **hoy?** 8. Hace un momento estaban sentados **aquí**. 9. No lo estoy haciendo por **mí**. 10. **Tú** me lo dijiste, ¿no te acuerdas?

Teatro

En la televisión: Prepare Ud. un programa de las noticias del día. Hable de una o dos noticias y si quiere, puede hacer un anuncio comercial. Para finalizar, termine con el tiempo de hoy y mañana.

IV. *El Siglo de Oro* *(The Golden Age)*

Siglo diez y seis. España es la primera nación de Europa, el **imperio** | most powerful empire
más poderoso del mundo. Los barcos **cargados de oro** de América | laden with gold
llenan sus cofres. Su monarca, Carlos I (1515–1555), nieto de Fernan- | fill its coffers
do e Isabel y primer rey español de la familia Habsburgo, es también
5 **elegido** emperador del **Santo** Imperio Romano. Y su bandera **se iza** en | elected • Holy • is raised
Alemania, en **Flandes**, en Italia, en **Argel**, en **Tánger**, en **Marruecos**, | Flanders • Algiers • Tangiers • Morocco • islands
en los continentes de América y en las **islas** más remotas del Atlántico
y del Pacífico. España está en la **cumbre**. Pero, ¿ por cuánto tiempo ? | summit
    Estallan guerras—guerras políticas y guerras religiosas. La | Wars break out
10 **Reforma** protestante **sacude** Europa, y España **se resuelve** a defender | Reformation • shakes • resolves
la fe. Las guerras continúan **durante el reinado** de Felipe II (1556– | during the reign
1598), hijo de Carlos, y España **se desangra**. **Piratas** ingleses, | is bled dry • Pirates
holandeses y franceses atacan los barcos españoles, roban sus ricos
tesoros y **los hunden** en el mar. Por fin, en 1588 Felipe manda la | treasures • sink them
15 Armada Invencible **contra** Inglaterra. Pero la armada invencible es | against
vencida, y **de ahí en adelante** España empieza su **lenta** pero irreme- | vanquished • from then on • slow • decline. Her economy weakened
diable **caída**. **Debilitada su economía** por las demandas de la guerra
y por la expulsión de los judíos y de los **moriscos**, España no puede | Moslem converts to Christianity
recobrar su vigor. La decadencia de la gran nación es inevitable. | recover
20   Pero el florecimiento artístico y literario no va a **decaer** por mucho | decline
tiempo, y los siglos diez y seis y diez y siete llegan a ser una verdadera
Edad de Oro. Ésta es la época del gran poeta lírico Garcilaso de la | Golden Age
Vega, el "hombre completo" del ideal **renacentista**. Y hay otros | Renaissance
poetas innumerables—poetas líricos, épicos, místicos, satíricos ;
25 poetas **cultos**, poetas populares. Es la época del dinámico, prodigioso | cultured
y volátil Lope de Vega, "el padre del teatro español", "el Shake-
speare de España", y de los otros grandes **dramaturgos** que **lo** | dramatists • followed him
siguieron—Tirso de Molina, creador del **amante** trágico-satánico | lover
don Juan Tenorio ; Juan Ruiz de Alarcón, astuto y cínico observador de
30 la sociedad humana ; y Pedro Calderón de la Barca, tal vez el poeta y
filósofo más grande de todos, autor de una de las **obras maestras** | masterpieces
del teatro **mundial**, *La vida es sueño*. Es la época de artistas | of the world • a dream
incomparables como El Greco, Ribera, Velázquez, Murillo y Zur-
barán. Y sobre todo es la época de Cervantes—Miguel de Cervantes
y Saavedra, **cuyo** *Don Quijote de la Mancha* es **sin duda** la | whose • undoubtedly
obra máxima del **genio** español. Don Quijote, que **busca** el ideal | greatest work • genius • seeks
35 aunque sabe que no va a encontrarlo, que lucha contra **el mal**, | wrong
aunque sabe que va a perder, es la esencia del **alma** hispánica. | soul
Como España misma, espiritual y material, **con razón y sin razón**, | right and wrong
ocupó por un momento la **cima** y después tuvo que bajar. Y **siguió** | top • he kept on struggling
luchando, siguió **soñando**. Don Quijote de la Mancha, encarnación | dreaming
40 del Siglo de Oro. España en la cumbre.

Carlos I, Carlos V, el gran emperador. Retrato del Ticiano.

El palacio monasterio de El Escorial, a poca
distancia de Madrid, fue construido por el ascético
Felipe II para refugiarse del mundo. Este retrato del
emperador fue hecho por el famoso pintor Alonso
Sánchez Coello.

"Las Meninas" *(The Ladies in Waiting)* de Diego Rodríguez de Silva y Velázquez.
Velázquez (quien aparece a la izquierda) evoca en sus obras la corte del débil monarca
Felipe IV y la familia real.

"Las hilanderas" *(The Spinners)*, de Velázquez, capta la vida actual y tiene al mismo tiempo un valor mitológico.

"La rendición de Breda" *(The Surrender of Breda)* de Velázquez. La victoria en los campos de Breda fue uno de los últimos triunfos de las fuerzas españolas en las guerras de Flandes.

Velázquez : "La costurera" *(The Needlewoman)* ; "La Infanta María Teresa"; "Los borrachos" *(The Drunkards)*, cuadro alegórico-popular.

(página opuesta) El Greco (Domenico Theotocopuli):
"La Sagrada Familia". Poco estimado en los siglos que
siguieron a su muerte, el Greco ha sido reconocido en
tiempos modernos como uno de los valores más altos
de la pintura española.

Francisco de Zurbarán: *(arriba izquierda)* "Santa
Lucía"; *(abajo derecha)* "Visión del beato San
Alfonso". Bartolomé Esteban Murillo: "El Buen Pastor"
(The Good Shepherd). El tema religioso predomina a
través de los siglos en el arte español.

Velázquez: "El papa Inocencio X"

Retrato de Miguel de Cervantes.

Preguntas

1. ¿Cómo es España en el siglo XVI? ¿De dónde viene gran parte de su riqueza *(wealth)*?
2. ¿Quién fue el rey de España en la primera parte del siglo XVI? ¿Dónde se izó su bandera?
3. ¿Qué problemas surgieron entonces para España? ¿Qué efecto tuvo en España la Reforma protestante?
4. ¿Qué ocurrió en 1588? ¿Por qué comenzó entonces la caída de la gran nación?
5. ¿Por qué se llama esa época "el Siglo de Oro"?
6. ¿Qué sabe Ud. de Garcilaso de la Vega?
7. ¿Quién fue Lope de Vega? ¿Qué otros grandes escritores dramáticos le siguieron?
8. ¿Quiénes son algunos de los artistas españoles del Siglo de Oro?
9. ¿Quién es el autor de *Don Quijote de la Mancha*? ¿Qué simboliza don Quijote?
10. ¿Cuándo fue el "Siglo de Oro" de la literatura inglesa? ¿francesa? ¿italiana? ¿norteamericana? ¿Quiénes son sus escritores o pintores más importantes?

Lección Once

Momento de Vida: Drama en el Tribunal

El lugar: La Corte Suprema de la capital
El caso: El Estado contra José Montenegro
El **abogado** de la defensa: El famosísimo A. Pérez Albañil, **jamás vencido** en un **proceso** criminal. Pérez está interrogando en este momento a un **testigo**.

Pérez: Ahora bien, señor Hernández, **quiero que me cuente Ud.** otra vez **todo lo que pasó** aquella noche.

Hernández: ¿Todo? ¿**Quiere que vuelva** al principio?

Pérez: Sí, señor.

Hernández: Pero ya se lo dije diez veces.

Pérez: No importa, señor Hernández. Comience otra vez. Y **le aconsejo que no omita ningún** detalle.

Hernández: Muy bien. Vamos a ver... Eran las diez y media de la noche y yo estaba un poco cansado...

Pérez: ¡Ajá! La otra vez Ud. nos dijo que estaba **rematado.**

Hernández: Pues sí.

Pérez: **Hablemos a las claras,** señor Hernández. ¿Estaba Ud. rematado o sólo cansado aquella noche?

Hernández: Estaba cansado, muy cansado.

Pérez: ¿Entonces Ud. quiere **retirar** su testimonio anterior?

Hernández: No sé... No recuerdo... Tal vez...
        (El **fiscal se pone de pie.**)

Fiscal: Objeción, señor **Juez.** El estimado abogado de la defensa **quiere que el testigo responda** a una pregunta que **no viene nada** al caso.

Juez: ¿Ah, sí? Díganos, señor Pérez, ¿por qué insiste Ud. **en que el testigo conteste** si estaba rematado o sólo cansado?

Pérez: Porque un hombre que está **del todo** rematado no es **capaz de arrastrar** por un kilómetro el **cadáver** de su víctima. Pero un hombre que sólo está cansado, un poco cansado, **sí puede...**

Juez: Muy bien, señor Pérez. Continúe su interrogación.

Pérez: Gracias, señor Juez. Ahora, señor Hernández, **volvamos** a donde estábamos.

Hernández: Bueno. Ahora lo recuerdo muy bien. Estaba rematado aquella noche, del todo rematado.

lawyer • never defeated
trial
witness
I want you to tell me
everything that happened
Do you want me to go back

I advise you not to omit any

exhausted

Let's speak clearly

withdraw

District Attorney stands up
Judge
wants the witness to answer • has no relevance

that the witness answer

completely
capable of dragging • body
indeed can

let's go back

Pérez: ¿**Tan** rematado que **no podía ya tenerse en pie**?   So • you couldn't even stand up

Hernández: Exactamente.

Pérez: ¿**Ni levantar los brazos**?   Nor lift your arms

Hernández: En absoluto.

Pérez: ¿Ni mover **un dedo de la mano**?   a finger of your hand

Hernández: Sí, **así** estaba, **muerto de cansancio.**   that's how • dead tired

Pérez: Entonces, señor Hernández, **explíquenos** cómo pudo hacer   explain to us
una llamada teléfonica a la víctima—la última que recibió
antes de **tropezar con su asesino**?   meeting up with his murderer

Hernández: Pues es que... **quiero decir** que... Pues tan rematado no   I mean
estaba.

Pérez: ¡Ajá! **Confiéselo**, señor Hernández. Fue Ud. quien lo mató,   Confess it
¿verdad?

Hernández: No.

Pérez: Entonces, ¿no fue Ud. quien lo mató?

Hernández: Sí. **Quiero decir que no...**   I mean "No".

Pérez: **Le advierto que piense** mucho antes de responder. ¿**Quiere**   I warn you to think • Do you
Ud. que entendamos que...   want us to understand
(El señor Hernández se pone a llorar.)

Hernández: No sé... Estoy **confundido**... Si Ud. quiere **que lo**   confused • me to confess
confiese, muy bien. Sólo **déjeme en paz.** Déjenme todos en paz.   let me alone
Sí, lo hice. Lo maté con estas mismas manos.

Pérez: Pero Ud. no pudo, señor Hernández.

Hernández: ¿Por qué no pude?

Pérez: Porque hay cinco personas que **lo vieron** en aquel momento   saw you
a cien kilómetros de ahí.   100 kilometers from there

Hernández: ¿Ah, sí?... ¿Ah, no?

Juez: **Descansemos por un rato.** Yo también estoy confundido.   Let's rest for a little while

Media hora más tarde. La persona que se acerca ahora al **banquillo**   witness chair
de los testigos es una joven alta y delgada, de pelo rubio que
le llega hasta el borde de su minifalda.   reaches the edge of her miniskirt

Juez: Ah, **sentémonos**, señorita... quiero decir, siéntese Ud.   let's sit down

Srta.: Gracias, señor Juez.

Juez: Señor Fiscal, ¿quiere Ud. **hacerle alguna** pregunta?   to ask her any

Fiscal: No, gracias. **Que comience el señor Pérez.**   Let Mr. Perez begin.

Pérez: Muy bien, señorita. Vamos a comenzar. ¿Cómo se llama
Ud.?

Srta.: Lila **Bellavista.**   ("Beautiful sight")

Pérez: ¡**Qué nombre más apropiado**! ¿Y dónde reside Ud.? (Pérez   What an appropriate name!
le guiña el ojo a su ayudante, quien comienza a escribir furio-   winks to his assistant
samente.)

Srta.: En la Avenida del Retiro, 25, Piso **3°** A.   *(Tercero)*

Pérez: Excelente. Ahora díganos, Ud. no conocía a la víctima,
¿verdad?

Srta.: Al contrario, señor. Lo conocía muy bien. Yo era su esposa. Pero **lo odiaba.** Deseaba verlo muerto.   I hated him

Pérez: ¡No me diga! Pero Ud. **por supuesto** no estuvo aquella   of course
noche en la escena del crimen, ¿verdad?

Srta.: Sí, **estuve.** Y vi al asesino.   I was there

Pérez: ¿Ud. vio al señor Montenegro?

Srta.: No. Le vi a Ud.

Pérez: Pero, ¿qué...? ¿cómo...?

Srta.: Es **sencillo.** Yo fui aquella tarde a su oficina para pedirle   simple
un favor. "Ayúdeme, **sálveme**", le iba a decir. "Obligue a mi   save me
esposo a darme el divorcio." Pero Ud. no estaba. Miré por la
ventana y **le vi subir a** su coche. **Le seguí en el mío.** Le vi llegar   I saw you get into • I followed you in mine
a la casa de la víctima... y le vi entrar, y sacar un revólver, y
matarlo. **Créame,** señor, Ud. no sabe cuánto **se lo agradezco.**   Believe me • I thank you for it
Pero explíqueme, ¿por qué lo hizo? ¿Qué...? (Pérez la mira
incrédulo por un **rato.** Por fin empieza a hablar.)   disbelieving • while

Pérez: Sí, yo lo hice. Yo lo maté porque... (**Se vuelve hacia** los   He turns toward
espectadores.) Permítanme comenzar desde el principio. Eran
las diez y media de la noche y yo estaba cansado, rematado...

VOCABULARIO ACTIVO

abogado *lawyer*
caso *case*
asesino *murderer; assassin*
el crimen *crime*
la corte *court*
testigo *witness*

estado *state*
el lugar *place*; tener— *take place*
la paz *peace*; dejar en— *to leave or let alone*
principio *beginning*; al— *at first*
rato *little while*

empezar (empiezo) *to begin*
entender (entiendo) *to understand*
mover (muevo) *to move*

odiar *to hate*
pasar *to pass; happen*
salvar *to save*

capaz *capable, able*
*hacer una pregunta *to ask a question*
*querer decir *to mean*

muerto *dead*
subir a (un coche, etc.) *to get in*
por supuesto *of course*

Preguntas

1. ¿Dónde tiene lugar esta escena? ¿Quién es el abogado de la defensa?
2. ¿Qué quiere Pérez que le cuente el señor Hernández?
3. ¿Cómo empieza su historia el testigo? ¿Qué le dice Pérez?
4. ¿Qué objeción hace el fiscal? ¿Cómo defiende Pérez su posición?

5. ¿Qué dice ahora el testigo? ¿Qué preguntas le hace entonces Pérez?
6. ¿Qué confiesa por fin Hernández? ¿Por qué dice Pérez que no pudo hacerlo?
7. ¿Qué decide por el momento el juez?
8. ¿Quién se acerca ahora al banquillo de los testigos? ¿Cómo es?
9. ¿Qué le pregunta primero Pérez? ¿Por qué le guiña el ojo a su ayudante?
10. ¿Cómo trata Pérez a esta testigo? ¿Qué revela Lila acerca de *(about)* sí misma?
11. ¿A quién vio Lila en la escena del crimen?
12. ¿Por qué quiso ver aquella noche a Pérez? ¿Qué quería decirle?
13. ¿Qué pasó entonces? ¿Cómo comienza Pérez ahora su confesión?
14. ¿Le gustan a Ud. los dramas de detectives en la televisión? ¿Qué programa le recuerda este cuento *(does this story remind you of)*?

Estructura

59. THE PRESENT SUBJUNCTIVE

The regular forms of the present subjunctive are exactly like those of the indicative, except that -ar verbs change their ending vowel to -e, and -er and -ir verbs to -a:

hablar	comer	vivir
hable	coma	viva
hables	comas	vivas
hable	coma	viva
hablemos	comamos	vivamos
habléis	comáis	viváis
hablen	coman	vivan

Ejercicios

A. Diga la forma correspondiente del presente del subjuntivo:
   yo: mandar, llamar, salvar, abrir, comprender, insistir
   tú: contestar, andar, terminar, aprender, romper, cubrir
   Juan: descansar, desear, bajar, subir, asistir, recibir
   nosotras: trabajar, preparar, quitar, leer, permitir, vivir
   tú y María: estudiar, llevar, comprar, vender, creer, escribir
   Uds.: levantar, llenar, esperar, sorprender, deber, resistir

B. Cambie según el sujeto indicado:
   1. Quiero que **Juan** lo prepare. (Uds., tú, vosotros, Ud. y yo)
   2. Insisten en que se la **vendamos.** (yo, mi hermano y yo, mis abuelos)
   3. Esperamos que lo **permitan.** (Ud., los profesores, vosotros, tú)

60. DIRECT COMMANDS

A. A direct command is an order given by one person speaking directly to another:
   Go. Sit down. Give it to me. Don't say that.

All polite commands (**Ud.** and **Uds.**) and all negative commands (both familiar and polite) take their form from the present subjunctive:

Pase Ud. la sal, por favor.	Please pass the salt.
Escríbalo en la pizarra.	Write it on the blackboard.
Para mañana, lean Uds....	For tomorrow, read...
No abran los libros.	Don't open your books.
No hables, niño.	Don't speak, child.
No comáis tanto.	Don't eat so much.

B. Object pronouns *must* be attached to the *end* of a direct affirmative command:

Hágame el favor de...	Do me the favor of... (Please)
Ábranlos.	Open them.
Cómalo todo.	Eat it all.
Siéntese. (Siéntense.)	Sit down.
Pásemela.	Pass it to me.
Pregúnteselo a Juan.	Ask John (the question).

C. Object pronouns are placed *before* a negative command:

No lo escriba.	Don't write it.
No los abran.	Don't open them.
No se siente(n).	Don't sit down.
No me la pase.	Don't pass it to me.
No lo comas, hijo.	Don't eat it, son.
No se lo preguntéis.	Don't ask him.

Ejercicios

A. Indique siempre la conclusión más lógica:
1. —Tengo un hambre tremenda.
   —Entonces (cómalo todo, no coma tanto, bébaselo en seguida.)
2. —Esa silla está rota.
   —Pues (no se siente aquí, no se siente ahí, no la mire).
3. —Mi coche no funciona hoy y tengo que ir a la oficina.
   —En ese caso, (quédese en casa, tome un avión, tome el tren.)
4. —Nuestro equipo perdió ayer 33 a 2. ¡Qué desastre, eh!
   —¡Ay, no! (No me diga. Dígamelo otra vez. No tenga miedo.)
5. —Son las ocho y media ya, y Roberto está dormido todavía.
   —¿Ah, sí? Pues (despiértelo en seguida, mire otra vez el reloj, explíquele que debe acostarse).
6. —Mamá, ¿me dejas usar tu coche mañana?
   —Sí, Jaime, pero (no andes muy rápidamente, no vuelvas muy temprano, no manejes muy despacio).

B. Lea en voz alta, y después cambie a la forma negativa los mandatos siguientes : 1. Escríbale. 2. Hábleme. 3. Páseles la sal. 4. Cómalo todo. 5. Ódie-los. 6. Empiécenlo ahora. 7. Siéntense Uds. 8. Ábranlas. 9. Quíten-selo. 10. Ayúdenos. 11. Cásese muy joven. 12. Repítalo desde el princi-pio. 13. Cuéntennoslo. 14. Guárdelas en casa.

C. Cambie ahora a mandatos. Por ejemplo :

> Ud. toma el autobús aquí. **Tome el autobús aquí.**
> ¿ No le escribes ya ? **No le escribas ya.**
> Uds. siempre nos ayudan. **Ayúdennos siempre.**

1. ¿ Vuelve Ud. a la una ? 2. ¿ No tomas nada ? 3. No les responden. 4. ¿ Nos compra Ud. algo ? 5. No lloras por mí. 6. ¿ No lo soportan Uds. ? 7. ¿ La olvidan Uds. ? 8. Ud. me salva la vida. 9. ¿ Se quedan Uds. con nosotros ? 10. No lo dudas. 11. ¿ No lo dudáis ? 12. Se casan pronto. 13. ¿ No os casáis ? 14. ¿ Lo cuenta otra vez ? 15. Se levantan temprano.

D. Diga finalmente en español : 1. Buy it. (Ud., Uds.) 2. Don't drink it. (Ud., Uds., tú, vosotros) 3. Sell them to us. (Ud., Uds.) 4. Don't send it to them. (tú, vosotros, Ud., Uds.) 5. Don't ask him. (preguntárselo—Ud., Uds., tú, vosotros)

61. FIRST PERSON PLURAL COMMANDS

Let's or *Let us (go, do, sing)* is a direct command to *you* and *me*. It is expressed in Spanish in two ways :

A. The first person plural of the present subjunctive

Cantemos todos.	Let's all sing.
Tomemos por ejemplo…	Let's take for example…
Vendámosla.[1]	Let's sell it.
No le demos nada.	Let's not give him anything.

The only exception is **Vamos** *(Let's go)*. (The negative remains **No vayamos.**)

Vamos con ellos.	Let's go with them.

When **se** or the reflexive **nos** is attached, the final -s of the verb ending disap-pears. Notice that the normally stressed syllable requires a written accent when another syllable is added :

Mandémoselo.	Let's send it to him.
Sentémonos.	Let's sit down.
Vámonos.	Let's go (away).

---

[1] Notice again that object pronouns are attached to the end of an affirmative command, and that, as usual, they precede the verb in a negative command.

B. **Vamos a** + infinitive

In the affirmative command *Let's...,* **Vamos a** + the infinitive may be used instead of the present subjunctive:

Vamos a comer.	Let's eat.
Vamos a leer ahora.	Let's read now.
Vamos a venderla.	Let's sell it.

Ejercicios

A. Cambie a **nosotros** los mandatos siguientes:
1. Bailen Uds. 2. Coma Ud. 3. No le hable. 4. Tómelo. 5. Siéntese.
6. Cante ahora. 7. Bébalo todo. 8. Limpie la cocina. 9. No le contesten.
10. Mándenselo.

B. Diga ahora de otra manera *(now say in another way)*:
1. Bailemos. (Vamos...) 2. Visitémosle. 3. Llamémosla. 4. Démoslo.
5. Leamos juntos. 6. Tomémoslas. 7. Sentémonos. 8. Escribámosle.

C. Conteste afirmativa o negativamente, según los modelos. Por ejemplo:

¿Abro la puerta? (Sí... Ud.) **Sí, ábrala.**
¿Lo dejamos aquí? (No... Uds.) **No. No lo dejen aquí.**
¿Se lo mostramos? (Sí... nosotros) **Sí. Mostrémoselo.**

1. ¿Me siento aquí? (Sí... Ud.) 2. ¿Lo presentamos ahora? (Sí... nosotros)
3. ¿Nos levantamos muy tarde? (No... nosotros) 4. ¿Guardo las llaves?
(No... tú) 5. ¿Se lo muestro ahora? (Sí... Ud.) 6. ¿La abro inmediatamente? (No... tú) 7. ¿Los recibimos en la sala? (Sí... Uds.) 8. ¿La
esperamos más? (No... nosotros) 9. ¿Cerramos ahora las puertas? (Sí...
Uds.) 10. ¿Me lo quito? (Sí... Ud.) 11. ¿Nos lo quitamos? (Sí... Uds.)
12. ¿Te lo mando mañana? (No... tú) 13. ¿Nos sentamos con ellos?
(Sí... nosotros) 14. ¿La dejamos en casa? (No... nosotros) 15. ¿La
dejamos con ellos? (No... vosotros) 16. ¿Lo terminamos hoy? (No...
vosotros).

62. GENERAL VIEW OF THE SUBJUNCTIVE IN ENGLISH AND SPANISH

The subjunctive is used in correct English much more frequently than most of us realize. Only in a few verbs does its form differ noticeably from the indicative, and in most others it is distinguishable only in the third person singular. However, it appears very often through the use of the auxiliaries *may, might,* and even *should*:

A. It is often used after verbs that suggest, request, or state the speaker's will that something be done.

He demanded that she *come* at once.
They insist that you *be* there on time.
I suggest that he *do* it.

B. It appears also after expressions of emotion, usually when hope is implied.

> *May* the holiday season bring you joy.
> God *bless* you and *be* with you.
> How I wish Jim *were* here!

C. It is found in situations that involve unreality, that is, the indefinite, uncertain, inconclusive, contrary to fact.

> It is possible that he *may* know her.
> *Be* it as it *may*...
> If I *were* you (but I'm not), I wouldn't do it.

These are precisely the concepts of the subjunctive in Spanish as well. Spanish holds these concepts more consistently than English. The subjunctive appears in the *subordinate clause* whenever that clause bears the *implication of a command* or reflects the *color of an emotion*, whenever its positive reality is clouded by *doubt, indefiniteness, uncertainty, inconclusiveness, or an assumption that is contrary to fact*. These concepts, and not any particular verb, phrase, conjunction, or type of clause will call for subjunctive in the subordinate clause in Spanish.

These, then, are the concepts:
1. Indirect or implied command
2. Emotion
3. Unreality

63. THE FIRST CONCEPT OF THE SUBJUNCTIVE: INDIRECT OR IMPLIED COMMAND

A. An indirect or implied command, as opposed to a direct order *(Do it!)*, expresses one person's will or desire that someone else do[2] something *(I want you to do it)*.

When the sentence is broken up into its component parts, the hidden command becomes apparent:

Le ruego que me lo dé.	I beg you to give it to me. (I beg you: Give it to me.)
Les escribe que manden dinero.	He is writing to them to send money. (He is writing to them: Send money.)
Dígale que espere.	Tell him to wait. (Tell him: Wait.)

The force of the hidden command, no matter how mild or how emphatic it is, produces the subjunctive in the subordinate clause:

Quiero que me digan la verdad.	I want you to tell me the truth.
Insisten en que conteste.	They demand that he reply.
Nos pide que la ayudemos.	She asks us to help her.

---

[2] Notice the subjunctive here in English, too.

But: Obviously, if there is no change of subject, there can be no command:

Quiero abrirlo.	I want to open it.
¿Quieres venir?	Do you want to come?

B. *Let...*

Sometimes, *Let...* is used in English not to request permission, but to state the speaker's will. Although the main clause is omitted in Spanish, I *want* is understood, and the indirect command remains:

(Quiero) Que lo haga Jorge.	Let *George* do it.
Que decidan ellos.	Let *them* decide.
Que pague él, no yo.	Let *him* pay, not me.

Notice, of course, that object pronouns are placed *before* the verb in *indirect* commands.

C. After verbs of ordering, permitting, or forbidding, either the infinitive or the subjunctive may be used. These verbs include **mandar** *(to order)*, **dejar** *(to allow, let)*, **permitir** *(to permit)*, **prohibir** *(to forbid)*, **impedir** *(to prevent)*:

Le mandan acabar en seguida.	They order him to finish at once.
(Le) mandan que acabe en seguida.	
No le deje hacerlo.	Don't let him do it.
No deje que lo haga.	

Ejercicios

A. Lea en voz alta, y después cambie según las indicaciones:
1. Quiero que mis hijos lo **recuerden**. (aprender)   2. Le ruego que nos **pague** el dinero. (mandar)   3. Les pido que no **digan** nada a Papá. (escribir)   4. Insisten en que **contestemos** todas las preguntas. (vosotros)   5. Si quieren que Dios les **ame**... (salvar)   6. No quieren que **digamos** la verdad (revelar). 7. Te aconsejo que no **omitas** ningún detalle. (olvidar)   8. Dígale que **cierre** las ventanas. (abrir)   9. Quieren que **cantemos** todos. (bailar)   10. ¿No quieres que la **invite**? (nosotros)   11. ¿Por qué no permiten que **ayudemos**? (llamar) 12. ¿Por qué no nos permiten **ayudar**? (llamar)   13. ¿Le mandaron **quedarse**? (irse)   14. No quiero **dejarlo**. (acabar)   15. Prefiero que lo **dejen** ellos. (acabar)

B. Complete las frases siguientes:
1. Paco no quiere *(to speak)*.   2. Quiere *(you to speak)* en su lugar.   3. *(Write it)* en la pizarra.   4. El profesor quiere *(you to write it)* en la pizarra.   5. Deseo *(to see him)*.   6. No deseo *(her to see him)*.   7. Dígale *(to finish)* ahora mismo.   8. Dígale *(that I am finishing)* ahora mismo.   9. Insiste en que *(you answer him)*.   10. Le manda *(to leave)*.   11. Déjele *(do it)*.   12. Les pido *(to call us)* pronto.

C. Ahora conteste según los modelos. Por ejemplo :

¿ Quieres llamarla ?...   **No, quiero que la llame Juan (que la llames
tú, que la llamen los otros,** etc.)
¿ Prefiere Ud. esperar ?...   **No, prefiero que esperen ellos,** etc.

(Try to use a different subject in your answer each time.)
1. ¿ Quiere Ud. comer ahora ?   2. ¿ Desean Uds. abrirlos ?   3. ¿ Quieres verla ?
4. ¿ Prefieren Uds. invitarlas ?   5. ¿ Insistes en quedarte ?   6. ¿ Quieres
acabar ?   7. ¿ Quieren Uds. cantar ?   8. ¿ Prefiere Ud. cambiarlo ?   9. ¿ Insisten Uds. en hablar ?   10. ¿ Desea Ud. ayudar ?

Teatro

Vamos a ver si Ud. puede continuar esta escena en la corte. Por ejemplo, Ud.
es A. Pérez Albañil y nos relata su confesión. O tal vez Ud. es el fiscal y le
hace más preguntas a Lila Bellavista, o al señor Hernández, o a un nuevo testigo
misterioso. O si prefiere, Ud. es el juez y tiene que decidir el caso... O posiblemente
desea Ud. crear un caso original. A ver cómo usa Ud. la imaginación.

V. *Triunfo y desilusión*

El siglo diez y ocho empieza con la **muerte** del inepto Carlos II y marca el fin de la dinastía de los Habsburgos en España. Ahora es Luis XIV de Francia quien predomina en Europa. Luis **impone** en España la dinastía francesa de los **Borbones**, una dinastía que va
5 a **reinar** hasta el siglo veinte. En general, el siglo diez y ocho en España es un período de poco progreso material y de limitados avances culturales. Y mientras que Francia **se encuentra en su apogeo** político y cultural, España sigue el camino de la decadencia.

10   **Para fines** del siglo, el mundo occidental está en crisis. En Francia **se oyen** las voces de los grandes filósofos declarando la libertad fundamental del individuo. En Inglaterra, las fuerzas liberales empiezan a limitar el **poder** absoluto del monarca. En Norteamérica nace una nación nueva. Y en 1789 **estalla** violentamente en Francia
15 la revolución. Los cambios afectan también el aspecto económico, social e intelectual de la vida. Comienza la revolución tecnológica y la evolución de una **verdadera clase media**, la diseminación de la educación y la explosión de ideas nuevas. Surge Napoleón, haciendo **resonar** por toda Europa los **pasos** del imperialismo francés. Europa
20 está en erupción. Y España...

death

imposes
Bourbons
reign

is at its height

By the end
are heard

power

breaks out

real middle class

resound • steps

Carlos IV y la familia real, retrato de Francisco de Goya y Lucientes. El broche del pintor capta a lo vivo la afectación estéril del monarca que no supo defender a España ante el asalto napoleónico.

"La gallina ciega" *(Blind Man's Bluff)*, ejemplo del primer estilo neoclásico de Goya. El joven artista, nombrado pintor oficial de la corte en 1789, creó numerosas obras de esta clase para la Real Fábrica de Tapices *(Tapestries)*.

"El entierro de la sardina" *(The Burial of the Sardine)*, obra del período negro de Goya en la que se representa una escena de carnaval en Madrid. Aquí vemos al pueblo burlándose de La Muerte detrás de sus máscaras sombrías.

Los españoles continuaban como antes, cultivando la tierra como en siglos **anteriores**, y recordando un **pasado** glorioso. Y mientras el rey **iba de caza** en los magníficos **bosques** de sus suntuosos palacios, **entregaba** a sus favoritos las **riendas** del **gobierno**.

25 El dos de mayo de 1808 Napoleón invade España. Toma prisionero al rey Carlos IV, y **nombra** a su propio hermano, José Bonaparte, rey de España. Pero esta vez el pueblo español, acostumbrado a sufrir bajo sus propios reyes, decide no sufrir más. Sin **ejército**, sin armas, los españoles empiezan a resistir. Durante seis años luchan,
30 atacando un día aquí, otro día **allá**, y el gobierno de Bonaparte no puede funcionar. **Entretanto**, las Ideas liberales se extienden por España. En 1812 **las Cortes se reúnen** en Cádiz. Los líderes españoles invitan a delegados de Hispanoamérica, y todos juntos se dedican a escribir una constitución. De aquí en adelante España va a ser
35 **libre**. El **infante** Fernando, prisionero todavía en Francia, dice que quiere ser el primer rey democrático de España, ¡y España va a **renacer**! Los liberales siguen luchando hasta que a fines de 1813 los franceses **se retiran** definitivamente del **suelo** español. ¡España **sale** victoriosa! ¡Fernando va a volver!

previous • past

went hunting • forests

he handed over • reins • government

he names

an army

there

Meanwhile

Parliament meets

free • crown prince

be reborn

withdraw • soil • comes out

"Los fusilamientos del 2 de Mayo", por Goya, episodio horroroso de la ocupación napoleónica. Goya mismo se lanzó a la calle para retratar la heroica resistencia del pueblo español.

40   Fernando VII vuelve a España el primero de enero de 1814, y **no tarda en restituir** la monarquía absolutista. Abroga la constitución, **ordena el encarcelamiento o destierro** de los **jefes** liberales y España cae otra vez bajo la **mano de hierro**. El pueblo **se subleva** repetidamente contra Fernando. **Hasta** lo toma prisionero,
45 y declara un gobierno constitucional. Pero esta vez el rey de Francia **envía tropas** para sofocar la rebelión, y así termina el último **esfuerzo** español contra la tiranía de Fernando.

    Esperanza... triunfo... y desilusión.

    Mientras tanto, el descontento **crecía** en Hispanoamérica.
50 España explotaba los **recursos** naturales de las colonias, **agotando** sus minas, **cobrando impuestos excesivos**, prohibiendo el comercio con otros países. Y la corrupción política **impedía toda** reforma. Hispanoamérica estaba **lista** para la revolución. Pero, ¿cuándo? ¿Cómo?

55   En 1808 Napoleón invade España, y la **metrópoli** ya no puede **imponer el orden** en sus colonias. Hay sublevaciones esporádicas en la Argentina, en Venezuela y en México. Pero la causa revolu-

doesn't delay in restoring

he orders the imprisonment or exile • leaders • iron hand • people rise up
even

sends troops

effort

In the meantime • was growing
resources • exhausting
collecting excessive taxes
prevented any
ready

motherland
impose order

Libertadores de América

Simón Bolívar

José de San Martín

Francisco de Miranda

cionaria **adelanta** poco hasta que encuentra sus dos jefes principales— | moves forward
el joven venezolano Simón Bolívar en el norte; el soldado veterano

60 argentino José de San Martín en el sur. **Aunque quedan todavía** | Even though there still remain
fuertes núcleos **realistas**, entre 1820 y 1823, cuando ocurre la | royalist
rebelión popular contra el rey tiránico, los revolucionarios hispano-
americanos **hallan** su oportunidad, y Bolívar lleva la revolución a | find
su conclusión definitiva.

65 Para 1825 Hispanoamérica ya era independiente. Pero, ¿qué
efecto tuvo esa independencia en su historia subsecuente? **Claro** | Of course
está, ya no sufría la dominación española, y el ideal democrático
llenaba su pensamiento. Pero en realidad, el indio vivía en la misma
miseria que antes. Las luchas internas continuaban entre las facciones | poverty as before

70 políticas. La explotación económica continuaba también, esta vez
a manos de intereses extranjeros—ingleses, franceses, y más tarde | at the hands of
norteamericanos. Casi todas las naciones nuevas estaban dominadas
por **caudillos** o dictadores, e Hispanoamérica quedaba fragmentada | "strong men"
en pequeñas y numerosas repúblicas, **débiles, desunidas**. | weak, disunited

75 Triunfo... esperanza... y desilusión. Tragedia hispana.

Así como el realismo sucede al romanticismo en la literatura española, igual ocurre en el arte visual. He aquí *(Here is)* " Los pescadores de Barcelona", cuadro de Dionisio Baixeras y Verdaguer que data de 1886.

Goya: "Majas en el balcón", detalle de la cúpula de la Ermita de San Antonio, Madrid. La maja, figura idealizada, llegó a ser una especie de heroína romántica a principios del siglo XIX.

Preguntas

1. ¿Cómo empieza el siglo diez y ocho en España? ¿Quién domina en la Europa de aquella época? ¿Cómo continúa España durante el resto del siglo diez y ocho?

2. ¿Qué voces se oyen para fines del siglo? ¿Qué ocurre en Inglaterra? ¿en Norteamérica? ¿en Francia? ¿Qué otros cambios se realizan?

3. ¿Quién llega a ser la figura predominante de Europa a principios del siglo diez y nueve? ¿Cómo seguía España mientras tanto?

4. ¿Qué ocurre el dos de mayo de 1808? ¿Cómo reacciona el pueblo español? ¿Qué cambios políticos se efectúan en España durante el período de la ocupación francesa?

5. ¿Cómo terminó por fin la época napoleónica en España? ¿Qué pasó cuando volvió a reinar Fernando VII?

6. ¿Por qué crecía siempre el descontento en las colonias hispanoamericanas?

7. ¿Cuál fue el momento ideal para la revolución hispanoamericana?

8. ¿Quiénes fueron los dos jefes principales de la independencia latino-americana? ¿Cuándo realizó por fin su independencia Hispanoamérica?

9. ¿Cuáles fueron algunas de las consecuencias de esa nueva independencia?

10. ¿Cómo se puede comparar la revolución norteamericana con la de Hispanoamérica? ¿Qué diferencia había? ¿Qué similaridades?

Lección Doce

Momento de Vida: Los Secuestradores

Debido al número excesivo de *secuestros de aviones*, las líneas aéreas acaban de anunciar un nuevo plan para acabar con esa *amenaza*. *De aquí en adelante...*

Estamos **a bordo de** un "super-jet" **con destino a** Caracas, Venezuela. Las **azafatas** acaban de servir el segundo **postre** a los **pasajeros** de primera clase, mientras **los de** economía **estiran el cuello** para ver **lo que** están comiendo **allá por delante**. En el **asiento** 30C una mujer **viejísima** pide ayuda para ir al **aseo**. En el 50F una **criatura se desgañita llorando en brazos** de su mamá, que duerme tranquilamente. Y en los asientos 72A y B una joven **pareja de recién casados se abrazan apasionadamente, del todo olvidados del** niño del 71A que los observa atentamente.

Un hombre nervioso **de barba gruesa, anteojos** negros y **boina** verde se acerca a una de las azafatas y le **susurra** algo al oído.

Azafata: ¿A Cuba? Pero señor, **si** eso es imposible. Ya hay otro **caballero** en la cabina **delantera** que nos está **secuestrando** a la China Roja. Tal vez si Ud. **se lo arregla** con él... o si quiere hacer reservación en otro **vuelo**...

El hombre **de** la boina la mira **asombrado**. La señora del 30B **lucha** en vano para hacer **reclinar su asiento**, y el muchacho del 9A pide su quinta Coca Cola.

Azafata: **Así que**, señor, si Ud. quiere que **se lo presente**... Espero que no **le produzca ninguna molestia**...

El hombre la acompaña a la cabina delantera. En el último asiento **del pasillo** está sentado un hombre alto de anteojos **oscuros** y **abrigo "trinchera"**. Los dos comienzan a **discutir ruidosamente**. "La Habana." "Pekín." "La Habana primero, Pekín después." "No. Pekín primero, La Habana después." "Pero **yo traigo una metralleta**." "Y yo, una **granada** nuclear." "Pues esto ya no tiene solución. Tal vez **sea mejor que le pidamos consejo a la azafata**." "Señorita, ¿qué recomienda Ud. que **hagamos**? Temo que nunca nos pongamos de acuerdo."

Margin glosses:

Due • airplane hijackings

threat • From now on

on board • bound for
stewardesses • dessert
passengers • those in • stretch their necks • what • up front • seat
very old • lavatory • baby is screaming its head off in the arms
couple of newly-weds embrace passionately, completely oblivious to

with a thick beard, sunglasses • beret • whispers

(Don't translate.)
gentleman • forward • hijacking
work it out
flight
with • astonished
is struggling • her seat recline

So • me to introduce you
cause you any bother

on the aisle • dark • trench coat
argue noisily

I've got a submachine gun
grenade
it might be better if we ask the stewardess for advice • we do? • I'm afraid we'll never agree.

183

Azafata: Bueno, ¿qué les puedo decir? Tal vez... un **duelo a tiro limpio**, a cincuenta **pasos**, aquí mismo en el pasillo. **Siento que no haya más lugar**, pero...
"**Estupendo.**" "**De acuerdo.**"

duel, clean shot
paces • I'm sorry there isn't more room
OK

La señora del 3D quiere saber cuándo van a **poner la película** y su esposo pide su cuarto **coctel**. Los secuestradores se levantan para comenzar el duelo. **Se dirigen** a la cabina de economía, **miden** cincuenta pasos, sacan sus pistolas, y...

put on the movie
cocktail
They go • measure

1°: Pero esa pistola que tiene Ud. no es una pistola normal. ¿Dónde la **consiguió** Ud.?

did you get

2°: Bueno. **Está bien que se lo diga** ahora. Esta pistola es de una **marca** especial **fabricada** exclusivamente para la línea aérea. **Dispara balas de goma** que no penetran los **costados** del avión, y yo...

It's OK for me to tell you
make • manufactured
It shoots rubber bullets • sides

1°: Pero mire, hombre. Yo la tengo también—**igual, igualita**.

exactly the same

2°: Entonces, ¿Ud. también es secuestrador profesional?

1°: Sí, **pagado por** la compañía.

paid by

2°: Para **impedir** que un secuestrador legítimo lo secuestre.

prevent

1°: Exactamente.

2°: Pero, ¿cómo...? ¿por qué...?

1°: Pues cuando yo le vi a Ud., pensé que Ud. seguramente era... ya comprende, ¿verdad?... y decidí secuestrar el avión antes de que Ud...

2°: **Bien pensado**, hombre. Pero me sorprende que **haya** dos guardas en un **solo** vuelo, y a Caracas, **sobre todo**.

Good thinking • there should be
single • above all

1°: ¿A Caracas, dice? ¡A París!... Entonces, ¿éste no es el vuelo 551?

Azafata: No. Es el 155.

1°: ¡Ay, no! ¡**Ojalá que no lo sepan** en la oficina!

I hope they don't find out

2°: ¡Ojalá que **no nos muramos de susto** la próxima vez! (Los dos secuestradores se abrazan fuertemente.) ¡**Qué alivio**, eh! Señorita, por favor, le ruego **que nos traiga unas copitas**, y de las buenas, ¿está bien? **Hay que** celebrar.

we don't die of fright
What a relief
you to bring us some drinks
We have to

A los pocos minutos los dos guardas andan brazo en brazo **tambaleándose por** el pasillo. La **viejita** del 30C **aprieta débilmente** el botón para llamar a la azafata.

Within • Staggering around
little old lady • weakly presses

Azafata: Sí, señora, ¿**en qué la puedo servir**?
La vieja saca de su **bolsa** un **objeto** negro.

what can I do for you?
purse. • object

Vieja: ¿**Me hace Ud. el favor de llevar** este avión a Cuba?...

take

Los recién casados siguen abrazándose apasionadamente. El niño, **aburrido** ya, se vuelve a su **montón** de libros y **juguetes**. Y el señor del 3E pide su quinto coctel.

bored • pile • toys

VOCABULARIO ACTIVO

el avión *airplane*
asiento *seat*
pasajero *passenger*
vuelo *flight*
aseo *lavatory*

abrigo *(over)coat*
los anteojos *eyeglasses ; sunglasses*
barba *beard*
brazo *arm*
caballero *gentleman*

---

abrazar(se) *to embrace, hug*
acompañar *to accompany*
apretar (aprieto) *to press, squeeze*

arreglar *to arrange ; fix*
llevar *to carry ; take ; wear*
presentar *to present ; introduce*

---

aburrido *bored ; boring*
igual *equal, identical, same*

débil(mente) *weak(ly)*
oscuro *dark*

Hay que... One must, *It is necessary to...*
volverse (me vuelvo) *to turn (around or to)*
*ponerse de acuerdo *to come to an agreement*

Preguntas

1. ¿ Qué plan acaban de anunciar las líneas aéreas ?
2. ¿ Dónde estamos ahora ? ¿ Qué acaban de hacer las azafatas ? ¿ Qué quieren ver los pasajeros de economía ?
3. ¿ Qué pide la vieja del asiento 30C ? ¿ Qué hacen los recién casados del 72A y B ?
4. ¿ Quién le susurra algo a la azafata ? ¿ Qué le responde ella ?
5. ¿ Qué hace mientras tanto *(meanwhile)* la señora del 30B ? ¿ y el muchacho del 9A ?
6. ¿ Quién está sentado en el último asiento de la cabina delantera ? ¿ Cómo está vestido ?
7. ¿ Cómo discuten los dos secuestradores ? ¿ Por qué deciden pedirle consejo a la azafata ? ¿ Qué les recomienda ella ?
8. ¿ Qué quiere saber mientras tanto la señora del 3D ? ¿ Qué pide su esposo ?
9. ¿ Cómo comienza el duelo ? ¿ Qué descubre en seguida el primer secuestrador ? ¿ Quiénes son en efecto los dos secuestradores ?
10. ¿ Por qué decidió el primero secuestrar el avión ? ¿ Qué le sorprende al otro ?
11. ¿ Qué piden que les traiga la azafata ? ¿ Cómo quedan los dos a los pocos minutos ?
12. ¿ Quién llama ahora a la azafata ? ¿ Qué le pide ?
13. ¿ Qué hacen ahora los recién casados ? ¿ y el niño que los observaba ? ¿ y el señor del 3E ?
14. ¿ Qué piensa Ud. de este plan para acabar con los secuestros aéreos ? ¿ Qué plan nos recomienda Ud. ?

Estructura

64. THE PRESENT SUBJUNCTIVE OF RADICAL CHANGING VERBS

A. -ar and -er radical changing verbs keep the basic pattern of the present indicative, and merely change the ending vowel a to e, e to a:

cerrar *(to close)*	contar *(to count)*
cierre	cuente
cierres	cuentes
cierre	cuente
cerremos	contemos
cerréis	contéis
cierren	cuenten

perder *(to lose)*	mover *(to move)*
pierda	mueva
pierdas	muevas
pierda	mueva
perdamos	movamos
perdáis	mováis
pierdan	muevan

Ahora complete Ud. las conjugaciones siguientes:

recordar: recuerde, _____, _____, _____, _____, _____
sentar: siente, _____, _____, _____, _____, _____
entender: entienda, _____, _____, _____, _____, _____

B. The present subjunctive of -ir changing verbs adds a second change: the unstressed e of the *stem* becomes i, and o becomes u in the first and second persons plural:

sentir *(to feel; to regret)*	dormir *(to sleep)*
sienta	duerma
sientas	duermas
sienta	duerma
sintamos	durmamos
sintáis	durmáis
sientan	duerman

Complete otra vez:

mentir: mienta, _____, _____, mintamos, _____, mientan
morir: muera, _____, _____, muramos, _____, mueran
pedir: pida, _____, _____, pidamos, _____, _____
servir: sirva, _____, _____, _____, _____, _____

Ejercicio

Lea bien y escoja siempre la conclusión más lógica :

1. — Hace días que están sin comer. Espero que (no se mueran de hambre, no nos pidan algo, no nos mientan).
2. — Necesito dinero para comprar libros.
   — Te recomiendo que (no los pierdas, se lo pidas a tu papá, te muevas a otro lugar).
3. — Nos vieron sólo una vez, hace diez años o más. Por eso dudo *(I doubt)* que (nos olviden, nos recuerden, te lo cuenten).
4. — ¿ Cómo hago funcionar esta máquina *(machine)* ?
   — Le aconsejo que (vuelva más temprano, se siente más cerca, apriete este botón).
5. — Si todos estamos cansados, es mejor que (durmamos un rato antes de continuar, pidamos permiso para seguir adelante, sirvamos la comida a la media-noche).
6. — Estos documentos son importantísimos. Insistimos en que (no se lo repita a nadie, los muevan Uds. a un lugar más seguro, no pierdan los otros).

65. THE PRESENT SUBJUNCTIVE OF IRREGULAR VERBS

ser	saber	ir
sea	sepa	vaya
seas	sepas	vayas
sea	sepa	vaya
seamos	sepamos	vayamos
seáis	sepáis	vayáis
sean	sepan	vayan

All[1] other irregular verbs that we have studied merely add the usual subjunctive endings to the stem of the first person singular of the present indicative. For example :

hacer *(to do ; to make)*   hago *(I do ; I make)*

Pres. Subj. : **haga, hagas, haga, hagamos, hagáis, hagan**

Ejercicios

A. Give the first person singular of the present indicative and present subjunctive of the following verbs. For example :

valer : **valgo, valga**

decir, poner, tener, venir, salir, conocer, traer, caer, producir, traducir

---

[1] **Dar** is regular, except that the first and third person singular carries an accent mark (**dé**) to distinguish it from the pre-position **de**. However, the accent becomes unnecessary in a direct affirmative command when *one* object pronoun is attached : **Deme la mano** *(Give me your hand)*.

B. Cambie según las indicaciones:
1. Quiero que los niños me lo **digan**. (hacer, traer, poner, dar)
2. Insisten en que **vayamos**. (venir, salir, saberlo, conocerla)
3. Le ruego que **venga**. (tenerlo, traerlo, no hacerlo, decírmelo)
4. Te pedimos que no **te vayas**. (caer, traducirlos, sentarte, dormirte)
5. Es necesario que **salga**. (venir, irse, decirlo, producirla)
6. Espero que no **lo sepan**. (conocerse, caerse, perderse, tenerlo)

66. THE SECOND CONCEPT OF THE SUBJUNCTIVE: EMOTION

The color, the warmth of an emotion—the fear, surprise, joy, pity, etc.—expressed in the main clause produces the subjunctive in the subordinate clause:

Me alegro de que vengas.	I'm glad that you're coming.
Sentimos que esté malo.	We're sorry that he is sick.
Es lástima que no lo sepa.	It's a pity he doesn't know.
¿No le sorprende que sea Juan?	Aren't you surprised it's John?
Temo que no lo reciban[2].	I'm afraid that they won't receive it.
¡Ojalá que no sea tarde!	Oh, how I hope (If only) it isn't late!

If there is no change of subject, it is normal to use the infinitive instead of a subordinate clause:

Me alegro de estar aquí.	I am happy to be here.
Siente no poder venir.	He's sorry he can't come.

Ejercicios

A. Conteste en español:
1. ¿Teme Ud. que tengamos examen mañana?   2. ¿Le gusta que hablemos español siempre en la clase?   3. ¿Espera Ud. que nieve mucho este invierno?   4. ¿Le sorprende que aprendamos tan *(so)* rápidamente el español?   5. ¿Se alegra Ud. de que termine pronto el semestre?   6. ¿Siente Ud. que no tengamos más ejercicios en cada lección?   7. ¿Espera Ud. graduarse en junio?   8. ¿Esperan sus padres que Ud. reciba "A" en todos sus cursos?   9. ¿Le sorprende a Ud. que su profesor sea un gran millonario?

B. Busque en el Grupo 2 una respuesta lógica para cada comentario o pregunta del Grupo 1.

1	2
Va a ser una conferencia interesantísima.	En realidad, no dijo nada muy malo.
Mariana y José son una pareja muy simpática, ¿no le parece?	No te preocupes. Sé manejar muy bien.

[2] Notice that the present subjunctive covers both present and future actions.

Siento que no tengamos comida para todos.

Sí. Por eso me sorprende que peleen todo el tiempo.

Me molesta que Raúl hable así de nosotros.

Sin duda. Es lástima que no podamos asistir.

Debes ir 10 kilómetros más y después seguir por la derecha.

¿Por qué? ¿No funciona el tuyo?

Te ruego que tengas cuidado con el coche nuevo.

¡Ojalá que no me pierda en el camino!

Espero que me traigan un tocacintas.

No importa. Los demás pueden ir a un restaurante.

C. Termine ahora de una manera original:
1. Esta semana espero que... 2. ¿No le sorprende a Ud. que...? 3. ¡Ojalá que...! 4. Es lástima que... 5. No me gusta que... 6. Nos alegramos de que... 7. Siento que...

D. Diga finalmente en español:
1. We're sorry that you can't do it. 2. I hope he's well. 3. We hope to see you tomorrow. 4. She is afraid that it may rain. 5. I'm surprised that they're going. 6. It's a pity that Johnny isn't bringing it. 7. I'm glad they have it. 8. They are sorry that they *(same subject)* can't come.

67. THE FORMATION OF ADVERBS

Most adverbs are formed by adding **-mente** to the feminine singular of an adjective:

Lo hizo abiertamente. — He did it openly.
Habla lentamente. — He speaks slowly.
No lo haga inmediatamente. — Don't do it immediately.
La leí rápidamente. — I read it rapidly.
Escribe fácilmente. — He writes easily.

When two or more adverbs ending in **-mente** are used in succession, only the last retains **-mente**:

Lo explicó clara y francamente. — He explained it clearly and frankly.

Ejercicios

A. Cambie a adverbios los adjetivos siguientes:
rápido, sincero, repentino *(sudden)*, claro, enfático, exacto, inesperado *(unexpected)*, político, económico, trágico, lento

B. Ahora complete las oraciones siguientes usando adverbios del Ejercicio A:
1. El distinguido escritor murió... 2. Ese muchacho no trabaja... 3. Te hablo... 4. Les ruego que pronuncien las palabras... y... 5. No lo sé... 6. Dominan el país... y... 7. Empezó a nevar...

68. UNEQUAL COMPARISON AND SUPERLATIVE OF ADVERBS

Adverbs are compared in the same way as adjectives. In regular comparisons, **más** or **menos** is placed before the adverb:

Hable Ud. más despacio.	Speak more slowly.
No puedo leer más rápidamente.	I can't read more rapidly.
Él se expresa menos claramente que ella.	He expresses himself less clearly than she.
Viven más cerca que yo.	They live closer than I (do).

There are only four irregularly compared adverbs in Spanish:

mucho *a great deal*	más *more, most*
poco *little (not much)*	menos *less, least*
bien *well*	mejor *better, best*
mal *badly*	peor *worse, worst*

Ejercicio

Lea bien los pequeños diálogos, y después conteste las preguntas:

1. — Señorita Ramos, ¿ sabe Ud. escribir a máquina ?
   — Sí, señor. Escribo cuarenta palabras por *(a)* minuto.
   — ¿ Y Ud., Srta. Molano ?
   — Yo escribo sesenta por minuto.

Conteste: a. ¿ Cuál de las dos señoritas escribe más rápidamente a máquina ?
   b. ¿ Quién cree Ud. que habla con ellas ?

2. — Alicia comete muchas faltas cuando habla español. Casi no la entiendo.
   — Sí. Pero su hermana Linda habla muy bien. Es que Linda estudia más.

Conteste: a. ¿ Cuál de las dos hermanas habla mejor el español ?
   b. ¿ Por qué ?

3. — Pablo, ¿ no quieres jugar al tenis con nosotros ?
   — No, gracias. Francamente, es porque juego peor que vosotros.
   — Entonces debes estudiar menos y dedicarte más a los deportes.
   — Tal vez algún día. Pero primero tengo que graduarme.

Conteste: a. ¿ Por qué no quiere Pablo jugar al tenis con sus amigos ?
   b. ¿ Qué le recomiendan sus amigos ?
   c. ¿ Por qué no puede hacerlo ahora ?

Teatro

¿ Puede Ud. crear una escena original que tome lugar en un avión, en un tren, en un autobús, o en cualquier vehículo público ? Por ejemplo, dos pasajeros están hablando, o un pasajero está hablando con la azafata cuando de repente ocurre... Ud. nos lo va a decir.

VI. *Hasta el momento de hoy*

España, que **tuvo su momento culminante** en los siglos diez y seis y diez y siete, continuaba en el siglo diez y nueve su **descenso** al **abismo**. Fernando VII murió en 1833, dejando como **heredera** a una pequeña hija, Isabel. El hermano de Fernando, el **príncipe** don Carlos, anunció
5 en seguida sus pretensiones al **trono. A poco** estalló la lucha civil, guerras esporádicas que **duraron** casi todo el siglo diez y nueve, continuadas **a la muerte** de Carlos por su hijo y después por su nieto, y nunca **resueltas** definitivamente.

    El reinado de Isabel II se caracterizó por una turbulencia
10 constante. Por fin, en 1868 Isabel fue obligada a abdicar. Otra vez **irrumpieron** las guerras carlistas y España quedó dividida en numerosas facciones. En 1870 un príncipe italiano, Amadeo de Saboya, fue **elegido** rey por las Cortes, pero dos años después Amadeo **renunció a la corona** y volvió a Italia. En 1873 se proclamó la re-
15 pública, pero reinaba todavía la disensión. El español, **tan celoso** de su dignidad personal, no quería sacrificar parte de esa nueva libertad por el **bienestar** general. Y así, en 1875, después de otros dos años de lucha interna, la república fue suplantada otra vez por la monarquía. Alfonso XII, hijo de Isabel, fue invitado a volver, y
20 empezó entonces un período de relativa tranquilidad, si no de mucho progreso económico o tecnológico. Pero Alfonso murió **súbitamente** en 1885, y la nación continuó su marcha hacia el **desastre—atrasada**,

was at its height

descent • abyss

heiress

prince

throne. Shortly

lasted

at the death

resolved

broke out

elected

renounced the crown

so jealous

welfare

suddenly

disaster—behind the times

Las guerras internas trastornan a España durante todo el siglo XIX y comienzan de nuevo en el XX. En esta foto la muerte alcanza al soldado. (Guerra Civil, 1936)

débil y todavía **inconsciente** de su propia debilidad. Llegó el año   unconscious
1898 y vino la guerra con los Estados Unidos. El pueblo español
25 esperaba **entusiasmado** el anuncio de su triunfo militar sobre aquella   enthusiastically
nación de puritanos e indios. Y la noticia llegó... España estaba
derrotada, rápida, ignominiosamente. Sus últimas posesiones colo-   defeated
niales estaban perdidas. Era el **golpe de gracia**, la catástrofe final.   "coup de grâce"
    En 1902 Alfonso XIII, último rey de España, ascendió al trono,
30 **heredando** el caos que caracterizó el período de su **minoridad**.   inheriting • minority (age)
Había guerras todavía en **Marruecos**. Había sublevaciones separa-   Morocco
tistas y anarquistas. Y el gobierno no podía estabilizar una economía
irremediablemente **estancada**. En 1923 Miguel Primo de Rivera,   stagnant
apoyado por el rey, **dio un golpe de estado**, suspendió los derechos   supported • made a coup d'etat
35 constitucionales, e instituyó un período de dictadura que iba a
continuar hasta 1930.
    El resentimiento general crecía. Se formó una coalición de
monárquicos liberales, republicanos y socialistas, y Primo de Rivera   monarchists
fue obligado a renunciar. **Al año siguiente** se estableció otra vez la   The next year

Fratricidio. Desolación. Dos
escenas más de la Guerra
Civil.

40 república y **se inició una campaña** de reforma religiosa, económica y   a campaign was begun
social. El nuevo gobierno quería efectuar la separación de la iglesia
y del estado, pero encontró mucha resistencia. Las dificilísimas
condiciones económicas continuaban. Todo el mundo occidental
estaba sufriendo la depresión económica más grave de su historia,
45 y una España sin tecnología no podía prosperar. En las elecciones
de 1936, los **partidos izquierdistas salieron** victoriosos, y el país   leftist parties came out
quedó dividido entre extremistas de **ambos lados**.   both sides

La Guerra Civil empezó en ese mismo año. El general Francisco
Franco, apoyado por **la Falange Española** y por la Unión Militar,   (the rightist party)
50 **ayudado** también por Hitler y Mussolini, triunfó en 1939, y desde   aided
entonces está en **el poder**. A su muerte, está decidido que **se va a**   power • is going to be restored
restaurar la monarquía en la persona del príncipe Juan Carlos, nieto
de Alfonso XIII e instrumento del partido conservador. Mientras tanto,
España **goza de una paz insegura** y de una prosperidad relativa.   enjoys an uneasy peace
55 Más moderna, más abierta a las influencias del resto del mundo, pero
dividida todavía en muchas facciones, España recuerda con horror

"La clase obrera", de José Clemente Orozco. Este mural refleja la intensa pre-
ocupación por el proletariado que caracteriza el arte mexicano desde la Revolución.

la Guerra Civil y quiere **evitarla** en el futuro. Pero no sabe todavía
qué camino va a tomar... ¿democracia? ¿dictadura? ¿**hacia
adelante**? ¿**hacia atrás**?...

60   El siglo diez y nueve, que comenzó en Hispanoamérica con la
lucha por la independencia, produjo poco más que **fracaso** y frus-
tración. Golpes de estado. Guerras externas. Corrupción política
e intervención extranjera. En 1910 irrumpió la revolución en México,
una revolución contra los abusos del pasado, una revolución **por**...

65 **no se sabía** exactamente. Pero la violencia continuó por muchos años,
y por fin salió de ella el concepto de un México nuevo, más independiente, más **consciente** de su identidad. En el resto de la América
latina los cambios ocurren a veces con una **desesperante lentitud**,
a veces con una **asombrosa rapidez**. **Oscila** entre ayer y mañana—

70 conservatismo, radicalismo, **fidelismo**, militarismo, socialismo, anarquismo, democracia cristiana, comunismo. Y la vida **sigue igual**
para la gran mayoría de la gente. ¿Mañana...?

avoid it

forward?

back?

failure

for...

one didn't know

conscious

disheartening slowness

astonishing speed. It oscillates

Fidel Castroism

stays the same

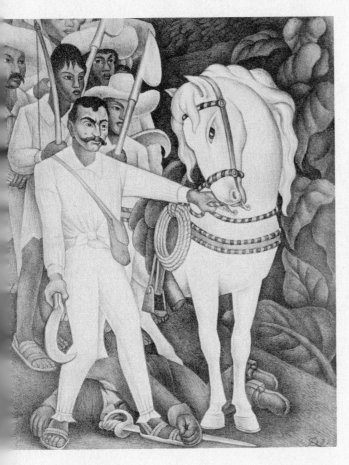

El notorio Pancho Villa—bandido y héroe—
encarnación de la Revolución.

Emiliano Zapata evocado por Diego Rivera.
Zapata, defensor de las masas campesinas,
fue otra víctima temprana de las luchas
revolucionarias.

Preguntas

1. ¿Qué pasó en España a la muerte de Fernando VII?
2. ¿Cómo fue el resto del siglo diez y nueve en España?
3. ¿Qué ocurrió en 1898? ¿Qué noticia esperaban tener los españoles? ¿Qué noticia llegó?
4. ¿Cuáles son los antecedentes de la Guerra Civil española? ¿Qué partido ganó? ¿Qué sucedió *(happened)* entonces?
5. ¿Cuál es la situación política de España en este momento? ¿Qué cree Ud. que va a ocurrir en los próximos diez años?
6. ¿Cómo se caracteriza la escena económico-política de Hispanoamérica en el siglo diez y nueve?
7. ¿Qué movimiento político cambió el curso de México? ¿Qué resultó después de la larga época de violencia?
8. ¿Cuál es la historia general de Latinoamérica en el siglo veinte? ¿Qué cambios notables puede Ud. mencionar?
9. En su opinión, ¿está lista Hispanoamérica para la democracia? ¿Por qué?

Repaso de Gramática

A. The Preterite
1. Regular

amar	beber	abrir
amé	bebí	abrí
amaste	bebiste	abriste
amó	bebió	abrió
amamos	bebimos	abrimos
amasteis	bebisteis	abristeis
amaron	bebieron	abrieron

Note : -er and -ir verbs are alike in the preterite.

2. -ir radical changing

pedir	morir
pedí	morí
pediste	moriste
pidió	murió
pedimos	morimos
pedisteis	moristeis
pidieron	murieron

Note : -ar and -er radical changing verbs are regular in the preterite.

3. Irregular

ser : fui, fuiste, fue, fuimos, fuisteis, fueron
ir : fui, fuiste, fue fuimos, fuisteis, fueron
dar : di, diste, dio, dimos, disteis, dieron
ver : vi, viste, vio, vimos, visteis, vieron

4. Pattern of other irregular preterites
First person singular ends in *un*stressed **e** ; third person singular ends in *un*stressed **o** ; entire conjugation repeats stem of first person singular.

a. **u** stems

tener tuve	**poner** puse
estar estuve	**saber** supe
andar anduve	**haber** hube
poder pude	**traducir** traduje (-jeron) (and all verbs ending in **-ducir**)

b. **i** stems

querer quise	**decir** dije (-jeron)
hacer hice... hizo	**venir** vine

c. **a** stem

traer traje

B. The Imperfect
1. Regular

amar	**beber**	**abrir**
amaba	bebía	abría
amabas	bebías	abrías
amaba	bebía	abría
amábamos	bebíamos	abríamos
amabais	bebíais	abríais
amaban	bebían	abrían

2. Irregular

ser	**ir**	**ver**
era	iba	veía
eras	ibas	veías
era	iba	veía
éramos	íbamos	veíamos
erais	ibais	veíais
eran	iban	veían

These are the only irregular imperfects in Spanish.

C. Preterite and Imperfect Contrasted

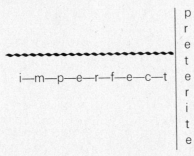

The preterite records, reports, narrates merely the fact that an action took place at some time in the past. The imperfect relives, describes what was happening at a certain time or what used to happen over a period of time. It sets the stage, paints the background of an event.

D. The Present Participle
The present participle is formed by changing the infinitive ending **-ar** to **-ando**, **-er** and **-ir** to **-iendo**:

amar amando   **beber** bebiendo   **vivir** viviendo

Estar + the present participle is the progressive tense. It describes an action in progress at a given moment. The object pronoun is usually attached to the end of the present participle: **Está escribiéndolo ahora** *(He is writing it now)*.

E. Demonstratives
1. Adjectives

este	esta	*this*	estos	estas	*these*
ese	esa	*that (near you)*	esos	esas	*those*
aquel	aquella	*(that over there)*	aquellos	aquellas	*those*

Note: In Spanish, *this* and *these* both have **t**'s.

2. Pronouns

NEUTER esto *this*   eso *that*   aquello *that* (less frequent)

Other demonstrative pronouns *(this one, that one, these, those)* are formed by placing an accent over the stressed vowel of the adjective: **éste, ésos, aquéllas**, etc.

F. **Gustar** *(to be pleasing)*

When **gustar** is used in translating the English *to like, what is pleasing* is the *subject* of **gustar**; the person *to whom it is pleasing* is the *indirect object*:

Me gusta el español.	I like Spanish. (Spanish is pleasing to me.)
¿Le gustan a Ud. los animales?	Do you like animals? (Are animals pleasing to you?)
No nos gusta eso.	We don't like that. (That isn't pleasing to us.)

G. Comparison of Adjectives
1. Regular

rico	**más rico**
bonita	**menos bonita**
altos	**más altos**

2. Irregular

mucho	**más**	poco	**menos**
bueno	**mejor**	malo	**peor**
grande	**mayor**	pequeño	**menor**

3. Superlatives usually add the definite article before the comparative: **el más rico, la menos bonita, los más altos, las mejores.**

H. Stressed Possessives (after the noun)

mío(a, os, as) *mine, of mine*   nuestro(a, os, as) *ours, of ours*
tuyo(a, os, as) *yours, of yours*   vuestro(a, os, as) *your, of yours*
suyo(a, os, as) *his, of his, hers, of hers, yours* (de Ud., de Uds.), *of yours, theirs, of theirs*

I. Uses of Reflexive Pronouns
  1. When the subject does the action to itself
  2. Reciprocal—*(to each other)*
  3. Impersonal **se** (*one*; often translated as passive in English)
  4. To make a transitive verb intransitive; to add the meaning *become* or *get*:

  perder/perderse; cansar/cansarse; despertar/despertarse;
  levantar/levantarse

J. **Hace** in Time Expressions
  1. **Hace**... **que**, followed by a verb in the present, states the length of time for which an action has been (and still is) going on: **Hace cuatro meses que le conocemos** *(We have known him for four months)*.
  2. **Hacía**... **que**, followed by a verb in the imperfect, states the length of time for which an action had been (and was still) going on when...: **Hacía cuatro meses que le conocíamos** *(We had known him for four months)*.
  3. **Hace** + period of time, after a verb in the preterite or imperfect, means *ago*: **Vino hace tres horas** *(He came three hours ago)*.

K. More Uses of the Definite Article
  1. General or abstract sense: **Las mujeres son así** *(Women are like that)*.
  2. Before a person's title (except **don** and **santo**) when speaking *about* (not to) him.
  3. With days of the week, seasons of the year (except after **ser**), and to tell time.

L. Forms of the Present Subjunctive
  1. Regular

hablar	comer	abrir
hable	coma	abra
hables	comas	abras
hable	coma	abra
hablemos	comamos	abramos
habléis	comáis	abráis
hablen	coman	abran

  2. Irregular

  ser: sea, seas, sea, seamos, seáis, sean
  saber: sepa, sepas, sepa, sepamos, sepáis, sepan
  ir: vaya, vayas, vaya, vayamos, vayáis, vayan
  haber: haya, hayas, haya, hayamos, hayáis, hayan

All other irregular verbs that we have studied add the normal subjunctive endings to the stem of the first person singular of the present indicative:

  hago: haga, hagas, etc.
  conozco: conozca, conozcas, etc.

3. **-ir** radical changing

sentir	morir
sienta	muera
sientas	mueras
sienta	muera
sintamos	muramos
sintáis	muráis
sientan	mueran

-ar and **-er** radical changing verbs have no change in the stem vowel of the first and second persons plural.

M. Direct Commands

Direct affirmative commands in **Ud.** and **Uds.** use the third person of the present subjunctive. Negative commands, both familiar and polite, use the corresponding form of the present subjunctive. Remember: *Object pronouns must be attached to the end of direct affirmative commands*. They are placed in their normal position *before* the verb in negative commands: **Siéntese Ud. No se siente Ud.**

N. The First Two Concepts of the Subjunctive
1. Indirect or implied command: **Quiero que lo haga.**
2. Emotion: **Sentimos que esté enfermo.**

Estudio de Vocabulario

1. ¿ Cuál es la primera idea que se le ocurre *(occurs to you)* cuando oye las palabras siguientes ?
   examen, incendio, playa, almacén, oficina, radio, noticias, médico, hacer un viaje, bomberos, ruido
2. En cada *(each)* uno de los grupos siguientes hay dos palabras que no corresponden a la idea fundamental. ¿ Puede Ud. hallarlas *(find them)* ?
   a. ir, venir, llegar, entrar, salir, entender, pensar, bajar, subir, acercarse
   b. almacén, dependienta, peligro, precio, vender, comprar, pagar, llorar, dinero
   c. robo, ladrón, policía, testigo, reloj, guarda, crimen, llave, banco
   d. tener sueño, cansado, dormir, descansar, noticia, cama, acostarse, asistir
   e. avión, pasajero, salud, azafata, piloto, vuelo, huelga, aeropuerto
3. ¿ Puede Ud. decir lo contrario de las expresiones siguientes ?
   algo, primero, tampoco, a la derecha, empezar, antes, olvidar, poner la radio, sonreír, aburrido, abrir, amar, temprano, pequeño, recibir, la mañana, feo

Parte
Segunda

VII. *Panorama geográfico-social*

El panorama cultural ya **se desarrolló ante** nuestros ojos—la historia · unfolded before
a través del arte. Y ahora nos espera el panorama físico, político, · through
social. Vamos a comenzar.

    España está situada en el extremo suroeste de Europa, ocupando
5 con Portugal la Península Ibérica, "**el último rincón**", "el fin del · farthest corner
mundo" como la llamaban antes del descubrimiento de América. Al
norte está Francia, separada de España por los montes Pirineos;
al sur, el continente de África, separado de España por el Estrecho
de Gibraltar; al oeste, el océano Atlántico; al este, el Mediterráneo
10 e Italia. La segunda nación más montañosa de Europa (sólo **Suiza** · Switzerland surpasses her
la supera en ese aspecto), España tiene cuatro **cordilleras** que la · mountain ranges
atraviesan horizontalmente. Y de sus cinco ríos importantes, sólo · cross
uno, el Guadalquivir en el sur, es enteramente navegable. Con
tantas barreras naturales, España presenta el fenómeno curioso de · so many barriers
15 ser una nación unida en su **aislamiento** peninsular, pero dividida · isolation
al mismo tiempo en muchas regiones diversas.

    La parte central, que se llama Castilla, es una meseta alta y **seca**. · dry
Sus duras tierras amarillas y **ocres** son poco fértiles, y su clima deja · ochre (reddish)
mucho **que desear**. En efecto, según el **dicho** popular, en Castilla · to be desired • saying
20 hay "nueve meses de invierno y tres meses de infierno". (**A propósito**, · by the way
Madrid, la capital, tiene la misma latitud que la ciudad de Nueva
York.) Y sin embargo, Castilla es el corazón dinámico y político de
toda España.

El pescador regresa. Tierras del norte.

Más verdes son las regiones del norte—la tranquila y vieja
25 Galicia, **cubierta de neblina**; el País Vasco (también llamado las *covered with haze*
Provincias Vascongadas), mundo singular **metido** en los Pirineos, *set*
una región agrícola, minera e industrial. Cataluña, que **da al** Medi- *faces the*
terráneo—tierra de clima **templado** y vegetación **florida**; el centro *mild • full*
industrial de España, la región más cosmopolita, y tal vez la menos
30 española. Barcelona, su capital, grande, dinámica, moderna, y puerto
de mar importantísimo, **se parece más a** San Francisco o a Nueva *resembles more*
York que a Madrid. Y la Costa Brava (la "Riviera española", al norte
de Barcelona), es la meca de los turistas extranjeros. Toda la historia
de Cataluña está **ligada con el exterior**, con Francia, Italia y el resto *linked with the outside*

35 de Europa; y si **agregamos** la reciente influencia norteamericana, *we add*
así **sigue** hasta hoy. *it continues*

Con Valencia en el este comienza la España islámica—Valencia,
famosa por sus **naranjas** y sus **aceitunas**, por su excelente sistema *oranges • olives*
de irrigación que **se remonta** al tiempo de los árabes, y por su *goes back*
40 hermoso clima **primaveral**. Valencia, tierra conquistada por el Cid, *spring-like*
conserva todavía su carácter ambivalente hispano-cristiano y norte-
africano. Siguiendo hacia el sur, encontramos la Costa del **Sol** con *Sun*
sus grandes hoteles blancos **alineados junto al mar**. (En la *lined up by the sea*
Recepción se habla inglés.) Y por fin, ocupando toda la región *Front Desk*
45 **meridional**, Andalucía—la España semi-tropical que **pregonan** las *Southern • advertise*
agencias de turismo, tierra de románticas guitarras y vinos deliciosos,
de arquitectura morisca y cuentos "**salados**"; la España de "Granada" *spicy*
y de "Malagueña", de **gitanos** y de música flamenca. Córdoba, *gypsies*
Sevilla... Región también de tierras amarillas y de pueblos **blan-** *bleached*
50 **queados** por el sol, y de anticuados métodos agrícolas porque no
siempre llega la tecnología moderna, y siempre **escasea** el agua. *is scarce*

En suma, España es una **amalgama** de muchas naciones peque- *composite*
ñas **encerradas** en una atmósfera casi insular, y la geografía sirve al *enclosed*
mismo tiempo como obstáculo y como instrumento de su unidad.

55 El panorama geográfico de Hispanoamérica es demasiado grande
para **abarcarlo de una vez**. Ocupa un área enorme, desde México, *grasp it all at once*
que limita con los Estados Unidos, hasta el **Cabo de Hornos**, cerca *Cape Horn*
del Antártico. Y las variaciones geográficas **concuerdan** con las *go along with*
distancias. **A diferencia de** la América del Norte, que está casi toda *Unlike*
60 en la zona templada, la mayor parte de Latinoamérica (incluso las
islas del Caribe), está en la zona tórrida o semi-tropical. Pero *islands*
muy a menudo la altitud afecta el clima más que la proximidad al *very often*
ecuador. México y la América Central están **atravesados por cadenas** *equator • crossed by ranges*
de montañas que van de este a oeste. Y así hay zonas templadas,
65 aun **frescas**, en el interior, mientras que las **costas** son **cálidas**. Al *cool • coasts • hot*
mismo tiempo, las **fallas** que ocurrieron **al nacer las cordilleras** *geological faults • when the ranges were born*
causan una gran actividad volcánica. Y como resultado, casi todas
las naciones centroamericanas son **propensas** a los **temblores de** *subject • earthquakes*
tierra.

70 En Sudamérica, continente más grande aún que la América del
Norte, la cordillera de los Andes forma una **especie** de columna *kind*
vertebral de norte a sur, ocupando gran parte de la región occidental.
En las costas hay **largas** zonas tropicales. Y en el centro se hallan *long*
las vastas **cuencas** del Orinoco y del Amazonas, con sus inmensas *basins*
75 junglas y regiones inexploradas. Hay otras cuencas interiores, como
la del **lago** Titicaca en el Perú, el lago más importante y alto del *lake*
continente. Y hay las vastas pampas de Argentina y del Uruguay,

tierras de una fertilidad **asombrosa**, tierras **tan lejanas** que sus estaciones son las opuestas de las nuestras—**es decir**, que cuando aquí
80 es invierno, allí es verano.

    Ahora bien, ¿quiénes son los habitantes de aquellos enormes
territorios? La mayoría de la población de Latinoamérica es mestiza.
Pero hay países como México, Colombia, Bolivia, el Ecuador, el
Paraguay y el Perú donde todavía hay un gran número de indios
85 puros, incluso algunas tribus muy primitivas. Hay países como el
Brasil y varias naciones del Caribe donde gran parte de la población
es de raza negra. Y hay otros, como Argentina, Chile y Costa Rica
donde predominan los blancos, muchos de ellos hijos de europeos
recién emigrados.

astonishing • so far away
that is

Now then

En el altiplano boliviano. La Cordillera de La Paz.

Valles de la Cordillera
Oriente, Colombia. Terreno
fértil para el cultivo del café.

90   En fin, el **mismo** carácter geográfico de Latinoamérica es respon-   very
sable **de** su problema fundamental. La naturaleza pone obstáculos   for
casi insuperables a la comunicación entre las varias regiones, y sobre
todo, a la explotación de los **recursos de que está tan ricamente**   resources with which it is so
dotada. Se están realizando en estos momentos grandes **esfuerzos,**   richly endowed • efforts
95 pero la naturaleza americana sigue todavía impasiva e **indomable.**   unbeaten

Preguntas

1. ¿Puede Ud. describirnos la posición geográfica de España?
2. ¿Qué fenómenos geográficos internos la caracterizan?
3. ¿Cómo es Castilla? ¿Qué dicen acerca de su clima?
4. ¿Cómo es Galicia? ¿y el País Vasco? ¿Por qué se distingue Cataluña?
5. ¿Qué influencia antigua refleja todavía Valencia? ¿Cuáles son sus productos principales?
6. ¿Cuál es la imagen turística de Andalucía? ¿Cómo es en realidad?
7. ¿Qué área ocupa Hispanoamérica? ¿Cómo se compara con la del Norte?
8. ¿Cuáles son algunos de los aspectos más notables de la geografía centro-americana? ¿y de la América del Sur?
9. ¿Quiénes integran por lo general la población de Latinoamérica?
10. ¿Qué problemas crea la naturaleza en Hispanoamérica? ¿Existe la misma situación en nuestro país?

Lección Trece

Cuento: Hora de Comer

Es una noche de verano y la familia Molinos está sentada a la mesa de la cocina. Por las ventanas abiertas entran los ruidos y aromas de los apartamentos **vecinos**. Gritos, radios **puestas a todo volumen**, olor a pescado y puchero, canciones de amor.

neighboring • blaring, the smell of fish and stew, songs

Sra. Molinos: Paco, **a comer y callar**, ¿ está bien ?

just eat and be quiet

Paco: ¿ Qué **he dicho yo** ?

have / said

Sra. Molinos: No sé, pero **no has comido** nada.

you haven't eaten

Sr. Molinos: ¡ Qué calor ! Algún día debemos comprar un **ventilador**.

electric fan

Esteban: **¿ Me quieren pasar la carne ?**

Will someone pass me the meat ?

Luisa: Por favor, Esteban. Acabemos ya. Quiero salir.

Sr. Molinos: ¿ Para dónde ?

Paco: Mamá, la sopa está fría.

Esteban: Repito, ¿ me quieren pasar la carne ?

Sra. Molinos: **Nada de** sarcasmos, Esteban, ¿ oyes ?

Cut out the

Esteban: ¿ Yo ?

Luisa: **Aquí la tienes.** Pero te digo que ya **has comido demasiado**.

Here it is • you have eaten too much

Esteban: Muchas gracias. Yo no sé. En esta casa…

Sr. Molinos: ¿ Adónde vas ?, te pregunté, Luisa.

Luisa: Al cine con Juanita, papá.

Sra. Molinos: **Nunca me ha gustado** esa chica.

I have never liked

Luisa: ¿ Por qué ? Es muy simpática.

Sr. Molinos: ¿ Con Juanita ? ¿ Y con quién **más** ?

else

Esteban: La leche, por favor.

Luisa: Con el novio de Juanita y…

Sra. Molinos: **Me sorprende que no se haya casado** tres veces ya. Esa chica ha tenido más novios que…

I'm surprised she hasn't gotten married

Luisa: Mamá, hasta ahora sólo ha tenido seis.

Sra. Molinos: ¡ Sólo !

Luisa: Y ahora **la cosa va en serio**

it's getting serious

Esteban: ¡ Enhorabuena ! Pero **no me han pasado** todavía la leche.

you haven't passed me (no one has…)

Sra. Molinos: Creo que no hay más. Si quieres **agua** o **té**…

water • tea

Sr. Molinos: ¿ Té ? El muchacho no está **enfermo**. Más bien vino, o cerveza. Tiene que aprender a **tomar como los hombres**.

sick. Better wine or beer

drink like a man

208

Esteban: Bien dicho, papá.

Sr. Molinos: Pero Luisa, no me has **contestado.** ¿Con quiénes vas?   answered

Luisa: Con Juanita y su novio... y con **el de Chita.**   Chita's (boyfriend)

Paco: Mamá, mi **silla** está **rota.**   chair • broken

Sra. Molinos: Si **no te sientas tranquilo,** Paquito, y comes...   you don't sit still

Esteban: ¿Con el de Chita? ¿Y Chita no va?

Luisa: No te estaba hablando a ti.

Sr. Molinos: Entonces yo te lo pregunto. ¿Y Chita no va?

Luisa: Es que yo voy en su lugar.

Sra. Molinos: ¿**Has oído,** Alfonso?   Have you heard (Did you hear) that

Sr. Molinos: Tú ibas, Luisa. No vas.

Luisa: Pero, papá...

Sr. Molinos: Tu mamá y yo **hemos decidido que no.**   have decided no

Paco: Mamá no ha dicho nada.

Sr. Molinos: A comer, Paco, y callar.

Luisa: Pero **les he prometido** que... (Se oyen unos **golpes muy fuertes desde arriba.**)   I've promised them • very loud knocks from above

Sra. Molinos: ¡Dios mío! ¿Qué fue eso?

Paco: Está **tronando.** ¡Uy-y-y-y!   thundering

Luisa: Nada. Los chicos están **bailando** arriba.   dancing

Sr. Molinos: ¿Están bailando? **Parece que se han caído todos de una vez.**   It seems that they've all fallen down together.

Sra. Molinos: ¡Ojalá que **no se haya caído el cielo raso** también. Ya estaba medio **destrozado.**   the ceiling hasn't fallen down / ruined

Sr. Molinos: **Voy a quejarme al dueño** de la casa.   I'm going to complain to the owner

Sra. Molinos: Sí, Alfonso, debes. Ya no se puede vivir aquí.

Sr. Molinos: Es verdad. El **barrio ha cambiado** mucho. Algún día, Blanca, vamos a buscar otro **piso.**   neighborhood has changed / apartment

Sra. Molinos: Como **habíamos pensado antes de nacer los niños.**   we had planned before the children were born • I had set aside

Sr. Molinos: ¿Recuerdas? **Yo había apartado** algún dinero, pero entonces...

Luisa: Entonces, mamá, papá, ¿salgo o no salgo? Por favor...

Sra. Molinos: Sí, Alfonso, algún día...

Esteban: ¿Está caliente todavía el **arroz**?   rice

Paco: **Nunca me han gustado las legumbres.**   I've never liked vegetables

Sra. Molinos: A comer, hijos, y callar, ¿está bien?

VOCABULARIO ACTIVO

el agua *(f.)* *water*

el té *tea*

la leche *milk*

cerveza *beer*

vino *wine*

la carne *meat*

el arroz *rice*

las legumbres *vegetables*

cocina *kitchen*

barrio *neighborhood*

vecino *neighbor; (adj.) neighboring*

el cine *movies, movie house*

bailar *to dance*
callar *to be quiet, hush up*
nacer (nazco) *to be born*

prometer *to promise*
quejarse (de) *to complain (about)*
sorprender *to surprise*

fuerte *strong*
roto *broken*
demasiado *too much; (pl.) too many*

simpático *nice, agreeable*
tranquilo *calm, quiet*

Preguntas

1. ¿En qué estación del año ocurre este episodio? ¿Puede Ud. describir la escena?
2. ¿Cuántos miembros de la familia Molinos hay presentes *(are present)*?
3. ¿Qué está haciendo en este momento la familia? ¿Qué quiere Esteban?
4. ¿Qué quiere hacer Luisa? ¿Con quiénes quiere salir?
5. ¿En qué consiste la comida de la familia? ¿Qué recomienda el padre que Esteban tome en lugar de leche?
6. ¿Por qué decide el señor Molinos que Luisa no debe ir?
7. ¿Qué ruidos se oyen desde arriba? ¿Qué teme la señora Molinos?
8. ¿Qué desean hacer algún día los Molinos? ¿Qué habían hecho antes de nacer sus hijos?
9. ¿En qué piensa todavía Luisa? ¿y Esteban? ¿y Paquito?

Conversación

1. ¿Se identifica Ud. con algún personaje de este cuento? ¿Reconoce Ud. entre ellos a algún miembro de su propia familia?
2. ¿Le parece a Ud. que la familia Molinos es rica, de la clase media o más bien pobre? ¿Por qué piensa Ud. así?
3. ¿Qué piensa Ud. de los Molinos como padres? ¿Deben darle permiso a Luisa para salir? En su opinión, ¿tienen derecho de decirle que no? ¿Por qué?
4. ¿Para qué cosas tiene Ud. que pedir permiso a sus padres? ¿Qué cosas hace Ud. sin consultarlos?
5. ¿Cree Ud. que los hijos deben obedecer *(obey)* a sus padres mientras que estén viviendo en su casa? ¿y mientras que no ganen su propio dinero? ¿Por qué?

Estructura

69. THE PAST PARTICIPLE

The past participle (equivalent of English *been, seen, shown, spoken, begun*) is regularly formed by replacing the infinitive ending **-ar** with **-ado**; **-er** or **-ir** with **-ido**:

hablar	**hablado** *spoken*	ir	**ido** *gone*
comer	**comido** *eaten*	ser	**sido** *been*

There are a few irregular past participles:

poner	**puesto** *put*	volver	**vuelto** *returned*
ver	**visto** *seen*	cubrir	**cubierto** *covered*
hacer	**hecho** *done*	abrir	**abierto** *open(ed)*
decir	**dicho** *said*	morir	**muerto** *died, dead*
escribir	**escrito** *written*	romper	**roto** *broken*

Ejercicios

Diga el participio pasivo *(past participle)* de los verbos siguientes:

dar, cerrar, saber, estar, ser, indicar, pensar, sentir, morir, volver, hacer, decir, enseñar, aprender, gustar, abrir, cubrir, venir, ir, andar, poner, poder, escribir

70. THE PAST PARTICIPLE AS AN ADJECTIVE

One of the most important uses of the past participle in both English and Spanish is as an adjective. Of course, when the past participle is used as an adjective, it must agree with the noun it describes:

Hay dos puertas abiertas.	There are two doors open.
Era un niño muy consentido.	He was a very spoiled child.
¡Ay, qué cansados estamos!	Oh, how tired we are!

The past participle describes any *position that has already been assumed*, though English may use a present participle *(-ing)*. Remember that in Spanish the present participle refers to an *action in progress*, taking place at a certain moment, and *not* to the resultant condition:

Está sentada cerca de la ventana.	She is sitting (seated) near the window.
Estaban dormidos.	They were sleeping (asleep).
La torre inclinada de Pisa.	The Leaning Tower of Pisa.

Ejercicios

A. Cambie según las indicaciones:
   una **clase** interesada (grupo); un **gato** perdido (perros); tres niños **cansados** (chicas); las **lecciones** acabadas (capítulos); **una puerta** cerrada (los libros)

B. Diga en español:
   a sleeping child; a sitting duck (**pato**); an open window; a broken promise (**promesa**); one enchanted evening; a boring class; a distinguished gentleman

C. ¿Qué asocia Ud. con las frases siguientes?

las ventanas abiertas, una puerta cerrada, la mano levantada, las manos levantadas, paquetes envueltos *(packages wrapped)* en papel rojo y verde, un paquete envuelto en papel blanco, una carta escrita a mano, cartas escritas a máquina, un niño consentido, un grupo de personas sentadas

Ahora emplee cinco de estas frases en oraciones originales.

71. THE AUXILIARY VERB *HABER*

We have already used certain forms of **haber** in the impersonal expressions **hay** *(there is, there are)* and **hay que** *(one must)*. Here are three important tenses of **haber**:

PRESENT INDICATIVE	PRESENT SUBJUNCTIVE
he	haya
has	hayas
ha	haya
hemos	hayamos
habéis	hayáis
han	hayan

The *preterite* follows the usual **u** pattern of irregular verbs.
Complete this conjugation:

hube, hubiste, hubo, _____ , _____ , _____

The imperfect (**había**) is regular.

Important: **Haber** means *to have* ONLY as an auxiliary verb before a past participle. As a main verb, only **tener** means *to have*:

Ya hemos ido.	We have already gone.
No tenemos tiempo.	We don't have time.

Ejercicios

Cambie según las indicaciones:

1. Lo **he** terminado ya. (tú, nosotros, Ud., ¿ ellos?)
2. Siento que no **hayan** venido. (tú, vosotros, Uds., los otros)
3. **Había** vuelto antes de la una. (Yo, Rafael y yo, ¿ tú?, ¿ todos?)

72. COMPOUND OR PERFECT TENSES

Compound (or perfect) tenses have two parts: the auxiliary verb **haber** and the past participle following it. *Perfect* (from the Latin *perfectum*) means *completed*. And so, compound or perfect tenses deal with completed actions. The purpose of the auxiliary verb **haber** is merely to tell *when*.

A. The Present Perfect

The present perfect (in English, *has gone, have done*) is formed by using the *present* of **haber** followed by a past participle. It states that as of now (present), the action is completed:

¿ Dónde está Pepe ?—Ha salido.	Where is Joe ?—He has gone out.
La han terminado ya.	They have already finished it.
Los hemos visto.	We have seen them.

Notice that object pronouns are placed before the *whole* verb form, and that the past participle does *not* change when used with **haber**.

B. The Pluperfect (Past Perfect)

The pluperfect (in English, *had gone, had done*) is formed by the *imperfect* of **haber** followed by a past participle:

La habían terminado ya.	They had already finished it.
Los habíamos visto.	We had seen them.

C. The Present Perfect Subjunctive

The present perfect subjunctive is formed by the *present subjunctive* of **haber** followed by a past participle:

Siento que no lo haya hecho.	I am sorry that he hasn't done it.
Esperan que haya llegado.	They hope he has arrived.

Ejercicios

A. Cambie al presente del perfecto y después al pluscuamperfecto *(pluperfect)*:
1. María llega. 2. Termino el libro. 3. Volvemos en seguida. 4. Los muchachos bailan bien. 5. Comes mucho. 6. ¿Estudian Uds. la lección? 7. ¿Preparáis la comida? 8. No digo nada. 9. Se quejan al dueño. 10. Me lo promete.

B. Cambie al presente del perfecto del subjuntivo:
1. Espero que venga. 2. Es lástima que esté enferma. 3. Siento que no tengas tiempo. 4. Es la persona más interesante que conozca. 5. ¿Le sorprende que sea su hermano? 5. ¡Ojalá que no mueran del calor! 6. Me molesta que digan eso. 7. Se alegran mucho de que ganemos. 8. Esperamos que lo arreglen bien.

C. Termine de una manera original las frases siguientes:
1. Nunca he visto... 2. Se habían casado... 3. Espero que no hayas... 4. No he comprendido nunca por qué... 5. ¿Ha preparado...? 6. No habíamos...

D. Ahora conteste:
1. ¿Ha visto Ud. alguna película *(film)* interesante recientemente? 2. ¿Ha ido al teatro este mes? 3. ¿Ha asistido a un partido de fútbol o de básquetbol esta semana? 4. ¿Qué viajes *(trips)* ha hecho Ud.? 5. ¿Han hecho muchos viajes sus padres u otros miembros de su familia? 6. ¿Había pre-

parado Ud. bien la lección antes de venir a la clase hoy? 7. ¿Había escrito todos los ejercicios? 8. ¿Había estudiado otra lengua extranjera antes de empezar el español?

E. Exprese finalmente en español:
1. Who has seen Jim?—I have seen him. He has gone out. 2. They had already left when we arrived. 3. He is afraid that they have died. 4. We had been there before. 5. I hope the letters have come. 6. Have you done it?— Yes. I have just *(acabo de)* finished. 7. We haven't had time. I hope we have time now.

73. THE DEFINITE ARTICLE FOR AN OMITTED NOUN
The definite article replaces a noun in the following cases:

A. To avoid repeating the same noun after a possessive:

nuestra casa y la de Juan	our house and John's
tu coche y el de tu hermano	your car and your brother's
el marido de Ana y el mío	Anna's husband and mine

B. The pseudo-demonstrative
As we have seen, a true demonstrative *(this, that, these, those) points out.* At times, English uses *that* or *those* not to point out one or more of a group, but merely to avoid repeating a noun. In such cases, Spanish logically uses the definite article:

el Museo de Arte y el de Historia Natural	the Museum of Art and that of Natural History
la Facultad de Medicina y la de Bellas Artes	the School of Medicine and that of Fine Arts
nuestro producto y los de nuestros competidores	our product and those of our competitors

Ejercicio

Cambie para evitar *(avoid)* la repetición:
1. ¿Ha visto Ud. mi abrigo y **el abrigo** de Roberto? 2. Sus maletas y **nuestras maletas** han desaparecido. 3. La clase de 1963 y **las clases** de 1964 y 1965. 4. La casa de su tío y **la casa** de mi padre están muy cerca. 5. La muerte de Cervantes y **la muerte** de Shakespeare coinciden en la misma fecha. 6. Mi coche y **el coche** de mi hermano son idénticos.

Teatro y Composición

Prepare Ud. una escena original titulada "En familia", y describa una comida o una tarde típica en su casa. O si prefiere, puede componer una viñeta *(vignette)* sobre algún miembro de su familia—su aspecto físico, su manera de hablar, su manera de ser.

Hora de Conversación VII

La Comida *(Food)*

(las) carnes y pescados *meats and fish*

el **bisté**, el biftec *steak*
el **jamón** *ham*
  tocino *bacon*
el **rosbif** *roast beef*
  hamburguesa *hamburger*
el **salmón**
  bacalao *cod*
  sardina
  lenguado *sole*
el **atún** *tuna*
  rodaballo *flounder*

costilla de cordero *lamb chop (rib)*
coteleta de ternera *veal cutlet*
chuleta de lechón (o cerdo) *pork chop*
carne picada *chopped meat*
mariscos *shellfish*
almeja *clam*
langosta *lobster*
ostra *oyster*
el **camarón** *shrimp*
cangrejo *crab*

(las) legumbres y otros comestibles *vegetables and other foods*

el **guisante** *pea*
el **maíz** *corn*
la coliflor
  apio *celery*
el **tomate**
el **bróculi**
los macarrones
  la **sal** *salt*
el **pan** *bread*
el cereal

zanahoria *carrot*
cebolla *onion*
habichuela
  stringbean
lechuga *lettuce*
sopa *soup*
salsa *sauce*
pimienta *pepper*
mantequilla *butter*
crema *cream*

patata, papa *potato*
espinacas *spinach*
ensalada *salad*
queso *cheese*
fideos *spaghetti*
huevo *egg*
pan tostado,
  tostadas *toast*
el **azúcar** *sugar*

frutas

el **limón** *lemon*
  pera
  manzana *apple*

naranja *orange*
piña *pineapple*
fresa *strawberry*

toronja *grapefruit*
durazno *peach*
sandía *watermelon*

(los) postres y bebidas *desserts and beverages*

el **pastel** (de manzana, etc.) *pie*
  helado(s) *ice cream*
el **café** *coffee*;—solo *black coffee*
la **leche** *milk*
  jugo *juice*

torta (de chocolate, etc.) *cake*
galleta (dulce), pasta *cookie*
taza de té *cup of tea*
vino *wine*

Conversación

1. ¿Qué le gusta más, la carne o el pescado? ¿Qué carnes le gustan más? ¿qué

pescados o mariscos? ¿qué legumbres? ¿qué frutas? ¿qué bebidas? ¿qué postres?

2. ¿Qué toma Ud. para el desayuno *(breakfast)*? ¿para el almuerzo *(lunch)*? ¿y para la comida *(dinner)*? En su opinión, ¿qué constituye *(what constitutes)* una comida perfecta?

3. ¿Cuál le gusta más—la comida china, italiana, francesa o mexicana?

4. ¿Es Ud. "arriesgado" *(daring)* en sus gustos culinarios? ¿Está Ud. dispuesto a comer carne de culebra *(snake)*? ¿carne de cocodrilo? ¿sopa de tortuga *(turtle)*? ¿ancas de rana *(frog's legs)*?

5. ¿Cómo le gusta la carne—bien asada *(well done)*, poco asada o a punto *(medium)*?

6. ¿Cómo le gustan los huevos—cocidos, fritos o revueltos *(boiled, fried or scrambled)*?

7. ¿Conoce Ud. una buena dieta para adelgazar *(get slim)*? ¿y para engordar *(get fat)*?

Lección Catorce

Cuento: El Ídolo

El **salón** está lleno. El aire está **cargado de** excitación. Las voces
gritan: "¡Ya viene! ¡Es él! ¡**Viva** Rafael! ¡Ahí está! ¡Ahora **sí**
vamos a **oír** algo! ¡Déjenle pasar! ¡Déjenle pasar! ¡Viva Rafael!"
El candidato ha llegado. Y mientras su figura alta y atlética sube a la
vieja plataforma **de madera** adornada con **banderas** tricolores, la
gente charla animadamente, **empujándose unos a otros** para ver
mejor. Un hombre **bajo** y corpulento se acerca al micrófono y **poco
a poco** las voces **se apagan**.

hall • laden
Hurray ! • really
hear

wooden • flags
pushing each other
short • gradually
die down

PRESENTADOR : Por favor, amigos, por favor... Bien. Y ahora, señores
y señoras, ha llegado el momento que hemos estado esperando.
(Voces y aplausos) Tengo el gran gusto y honor de presentarles
a Uds. al hombre **del siglo**, al próximo presidente de esta **bella**
nación, ¡¡don Rafael Urbano Paletero!! (Las voces y aplausos
irrumpen otra vez, acompañados **de** una música **ruidosa**. Don
Rafael se levanta.)

of the century • beautiful (poetic)

burst forth • by • noisy

DON RAFAEL : Gracias, mil gracias... Gracias... Bueno, bueno...
Muchas gracias... **Damas** y caballeros, queridos amigos : No
puedo decirles **cuánto me alegro** de estar con Uds. hoy, no
sólo para pedirles **que me favorezcan** con su voto, **sino** porque
siempre me ha gustado visitar esta bella ciudad donde nacieron
mis **bisabuelos**, esta bella ciudad, digo, centro de cultura, **fuente**
de justicia y **meca** de mujeres hermosas.

Ladies
how happy I am
to favor me • but

great-grandparents • fountain
mecca

    (Aplausos y gritos de aprobación.)

    No estoy aquí para hablar mal del otro **partido. No soy así.**
Nunca digo nada contra nadie. **Lo único** que quiero, estimados
amigos, es presentarles mi propia plataforma y **discutir** con
Uds. los problemas inmediatos que **acosan** a nuestra gran
república, una nación formada en la democracia y **nacida de
la sangre** de nuestros **ilustres antecesores**.

party • I'm not like that.
The only thing

discuss
beset
born of the blood
illustrious ancestors

    (Más aplausos. Una señora se vuelve a su esposo.)

Sra. : ¿**Qué te parece**, Alberto, eh? **Jamás me lo imaginaba** tan
guapo.

What do you think • I never imagined him so

Sr. : ¿A quién?

217

Sra.: A don Rafael.

Sr.: ¿Ya ves? Las mujeres **no sirven para política.** — are no good for politics

Sra.: Entonces, ¿tú no crees que él... la verdad, Alberto, ¿tú no...?

Sr.: **Déjame** escuchar, mujer, ¿está bien? — Let me

DON RAFAEL: Y así, **sin más tardar, les explico** en tres palabras **todo mi** programa: prosperidad, justicia, **fe.** Mi **lema** es, y siempre ha sido: ¡Progreso y Tradición! — without further ado, I'll explain to you • my whole • faith • motto

(Grandes aplausos. "¡Así debe ser!" "¡Que viva Rafael!")
Ahora bien, el otro partido, **cuyo nombre no quiero siquiera** mencionar, el otro partido, digo, está contra todo eso. — whose name I don't even want

("Sssssssss." "¡Abajo!" "¡Mueran!") — Down (with them)!
Pero no voy a hablar de ellos. **No** voy a decirles **más que** esto: que si cometen Uds. el error, el tremendo, inexcusable error de **entregar en sus** manos el gobierno de nuestro gran país, **algún día van a darse cuenta de** que lo han **colocado** en manos de ladrones **experimentados** y **mentirosos.** Pero no voy a decirles nada de eso. No soy así. — only • delivering into their • some day you'll realize • placed • experienced • liars

("Bien dicho, hombre." "¡Qué persona más simpática!" "¡Viva!")
¿Qué soy, me preguntan Uds.? Soy un hombre sencillo, de poca ambición personal. **No saco de** libros mis ideas. No. Soy un hombre de pocas palabras, de poca **astucia,** pero de mucho corazón, eso sí, de un corazón **dispuesto** a luchar por nuestro honor, y dispuesto a luchar contra nuestros **enemigos, no importa quiénes sean.** — I don't get from • shrewdness • ready • enemies, no matter who they may be

(Aplausos histéricos "¡Viva!" "¡Hurra!" "Arriba" "¡Díga-les, Rafael!" Una joven se vuelve a una amiga suya.)

Joven 1ª: ¡Qué hombre más divino!

Joven 2ª: Fantástico. Y dicen que es muy buen **padre de familia** también. — family man

Joven 1ª: ¿Quién te ha dicho eso? **Si** no está **casado siquiera.** — Why • even married

Joven 2ª: Al contrario. Yo leí en el periódico que...

Joven 1ª: Yo también y decían **que no.** — he wasn't

Joven 2ª: Imposible. **Yo se lo voy a preguntar.** — I'm going to ask him

Joven 1ª: Buena idea. Preguntémoselo ahora mismo.

Joven 2ª: **No me atrevo.** Mejor tú... — I don't dare

Joven 1ª: No. Tú...

DON RAFAEL: Y así, en conclusión, amigos míos, les prometo con toda la **franqueza** de un **alma** sincera y abierta que... Un momento. Parece que **alguien** tiene una pregunta... Sí... Sí... **¡Ajá! ¡Cómo no,** señor! Me alegro mucho de que me haya hecho esa pregunta. Y ahora, la **contestación.** Sí, es verdad que ayer en mi **charla ante** el Club Aristocrático de esta ciudad **propuse** una — frankness • soul • somebody • Aha! Of course • answer • talk before • I proposed

administración exclusivamente de los ricos, pero—recuerden
Uds.—pero, digo, ¡ en favor de los pobres !

    (Los aplausos **se hacen ensordecedores.** "¡ Bien contes-   *becomes deafening*
tado don Rafael !" "¡ Así ! ¡ Viva, viva. !")

    ¿ Hay otra pregunta ? ¿ **Alguna** otra pregunta ?   *Some*

Joven 2ª : ¿ Por qué no te atreves ?

Joven 1ª : ¿ Por qué no te atreves tú ?

DON RAFAEL : Bueno, entonces, **para concluir,** les digo que ha sido   *to conclude*
un **verdadero** honor y placer estar con Uds. esta noche. Bien sé   *real*
que según el proceso democrático, alguien tiene que **ganar** y   *win*
alguien tiene que perder en **toda** elección. Pero esta vez **es más**   *every • the matter is*
seria la cosa. No quiero que pierdan Uds., el **pueblo.** Necesito   *more serious • people • I need*
su ayuda, su **confianza,** su voto. La causa es buena. ¿ Puedo   *help • confidence*
contar con Uds. ?   *count on*

    (Aplausos y gritos **frenéticos.** "¡ Sí ! ¡ Siempre ! ¡ **Hasta la**   *frenzied • Unto death !*
muerte ! ¡ Arriba ! ¡ Victoria !)

Gracias, amigos, gracias. Algún día espero tener el gusto de
apretarles la mano personalmente. Hasta entonces, adiós, y   *shaking your hands*
gracias.

    (La música comienza otra vez y el candidato sale triunfante
del salón. "¡ Que viva Rafael !" "Viva.")

Sra. : La verdad, Alberto, ¿ tú no crees que es el hombre más guapo
del mundo ?

VOCABULARIO ACTIVO

el alma *(f.) soul; heart (fig.)*

el placer *pleasure*

el problema[1] *problem*

----

colocar *to place*

entregar *to hand over, deliver*

necesitar *to need*

*proponer[2] *to propose*

----

abierto *open*

bajo *low; short (in height)*

dispuesto *ready; disposed*

pueblo *(the or a) people; town*

grito *shout*

ayuda *help*

ganar *to win; gain; earn*

servir (sirvo) *to serve, be useful*

tardar *to delay; be late*

querido *dear*

sencillo *simple*

verdadero *true, real*

----

[1] Notice that many words ending in -ma, -ta, and -pa are masculine. For example : el programa, el drama, el planeta, el mapa. These words come from the Greek, not from the Latin.

[2] Most Spanish verbs that end in -poner correspond to English verbs ending in -pose : componer, suponer, etc. They are all conjugated like poner.

arriba *up; above;* ¡Arriba...! *Hurrah for...!*

abajo *down; below;* ¡Abajo...! *Down with...!*

contar (cuento) con *to count on*

darse cuenta de *to realize*

ni... siquiera *not...even*

poco a poco *little by little*

Preguntas

1. ¿A quién está esperando la gente? ¿Cómo es de aspecto físico don Rafael?
2. ¿Por qué se alegra don Rafael de estar en esta ciudad? ¿Cómo la describe?
3. ¿Por qué no va a hablar mal del otro partido? ¿Qué es lo único que desea hacer?
4. ¿Qué piensa de él la gente que lo escucha? ¿Qué comenta una señora con su esposo?
5. ¿Cuál es el programa de don Rafael? ¿Cuál es su lema?
6. Según él, ¿cómo es el otro partido? ¿Y cómo se describe a sí mismo?
7. ¿A qué está dispuesto siempre don Rafael? ¿Cómo reacciona el público a sus palabras?
8. ¿De qué hablan mientras tanto *(meanwhile)* las dos jóvenes? ¿Qué quieren hacer?
9. ¿Qué clase de administración propone don Rafael? ¿Qué pide a su público?
10. ¿Cree Ud. que va a recibir muchos votos? ¿Por qué?

Conversación

1. ¿Le interesa a Ud. la política? ¿Les interesa a sus padres? ¿Ha votado Ud. ya? Por lo general, ¿está Ud. en pro o en contra "el establecimiento" *(establishment)*?
2. ¿Desea Ud. ser alcalde *(mayor)* de su pueblo o ciudad? ¿gobernador del estado? ¿senador? ¿presidente? ¿Por qué? En su opinión, ¿quién fue el presidente más grande de los Estados Unidos?
3. ¿Cree Ud. que la mayor parte de los políticos *(politicians)* son sinceros? ¿Es posible llegar a una posición importante sin sacrificar los ideales?
4. ¿Conoce Ud. personalmente a algún funcionario *(official)* público? ¿Quién es? ¿Le gusta a Ud. como persona?
5. ¿Cree Ud. que las mujeres deben participar más activamente en la política? ¿Tienen las mismas oportunidades que los hombres en la política?

Estructura

74. INDEFINITES AND NEGATIVES

algo *something*

alguien *someone, somebody*

nada *nothing*

nadie *no one, nobody*

algún, alguno(a, os, as) *any, some (one or more of a group)*

ningún, ninguno(a, os, as) *no, none, not any (of a group)*

algún día *some day*

nunca *never*

alguna vez *ever, at some time*

jamás *never, (not) ever*

¿ Tienes algo para mí ? —No. Nada.

Do you have something for me ? —No. Nothing.

Alguien te llamó. —¿ Quién fue ?

Somebody called you. —Who was it ?

¿ Ha visto Ud. a[1] alguien ? —Hoy no he visto a nadie.

Have you seen anyone ? —Today I haven't seen anyone.

A. Alguno and ninguno

Notice that **alguno** and **ninguno** are shortened to **algún** and **ningún** before a masculine singular noun :

Algún día voy a ser rico.

Some day I'm going to be rich.

Ningún hombre me habla a mí así.

No man speaks to *me* that way.

But: alguna tarde

some afternoon

ninguna mujer

no woman

Both **alguno** and **ninguno** single out one or more from a group, thus differing from the indefinite pronouns **alguien** *(somebody)* and **nadie** *(nobody at all)* :

¿ Conoce Ud. a algunos de sus amigos ? —No, no conozco a ninguno.

Do you know any (some) of his friends ? —No, I don't know any (of them).

B. Alguna vez and jamás

In questions, **jamás** *(never;* synonymous with **nunca**) may also mean *ever,* but only when a negative answer is expected :

¿ Ha oído Ud. jamás tal cosa ?

Have you ever heard such a thing ? (I don't think you have.)

Alguna vez *(ever, at some time)* implies neither an affirmative nor a negative :

¿ Le ha oído Ud. cantar alguna vez ?

Have you ever heard him sing ? (No negative implication.)

¿ Han estado alguna vez en España ? —Sí, varias veces.

Have they ever been to Spain ? —Yes, several times.

C. Negatives after comparisons

A negative is used instead of an affirmative after a comparison :

Él sabe más que nadie.

He knows more than anyone.

Ahora te quiero más que nunca.

Now I love you more than ever.

---

[1] Indefinites that refer to persons require the personal **a** when they are the object of a verb.

Ejercicios

A. Cambie las oraciones siguientes a la forma negativa:
1. ¿Ha visto Ud. a **alguien**? 2. Conozco a **algunos** de sus hermanos.
3. **Algún** día vamos a ir a Italia. 4. **Siempre** habla mal de **alguien**. 5. Va a comprarme **algo**. 6. **Algún** estudiante va a ganar el premio. 7. Hay **una** casa como la nuestra. 8. Digo **algo** de gran interés. 9. ¿Puedo contar con **alguien** aquí? 10. **Siempre** servía para **algo**. 11. ¿Tú fuiste **también**? 12. ¿Lo han hecho Uds. **alguna vez**?

B. Lea bien los diálogos siguientes, y después conteste:
1. —Sr. Ortiz, ¿ha vivido Ud. alguna vez en otra parte?
   —No, señor. No he salido jamás de este pueblo ni voy a permitir que lo dejen mis hijos tampoco. Fue aquí donde nací y...

Conteste: a. ¿Ha viajado mucho el señor Ortiz?
            b. ¿Le parece a Ud. un tipo más bien *(rather)* conservador o progresista? ¿Por qué piensa Ud. así?

2. —Carmen, ¿te puedo ayudar en algo? Tal vez debes...
   —Por favor, no me digas nada, Miguel. Yo sé hacer estas cosas mejor que nadie.

Conteste: a. En su opinión, ¿quiénes son Carmen y Miguel? ¿amigos? ¿hermanos? ¿novios? ¿esposos?
            b. ¿Qué le pregunta Miguel a Carmen?
            c. ¿Quién le gusta más a Ud.? ¿Por qué? ¿Conoce Ud. a una mujer como Carmen?

3. —¿Sirve para algo este aparato?
   —No. Ya no sirve para nada. La batería no funciona. Necesita tres tubos nuevos y el sonido *(sound)* es horrible.

Conteste: a. ¿De qué clase de aparato cree Ud. que están hablando estos dos individuos?
            b. ¿Por qué ya no sirve para nada éste?

4. —La verdad, Paquita, ¿has visto jamás una chica como Graciela?
   —Nunca. No hay nadie como ella en este mundo—¡gracias a Dios!

Conteste: a. ¿Quiénes son estas dos personas que están hablando de Graciela?
            b. ¿Qué dice de ella Paquita?
            c. ¿Cómo se imagina Ud. a Graciela?
            d. ¿Por qué cree Ud. que no le gusta a Paquita?

C. Diga en español:
1. There is someone at the door—who can it be? 2. Nobody lives in that old house. 3. Now we want it more than ever. 4. Have you ever been to

Mexico?—No. Never.   5. No one is going to believe *that*.   6. Do you want something?—Nothing, thanks.

75. OMISSION OF *NO* IN NEGATIVE SENTENCES

As we have seen, a negative sentence in Spanish is kept consistently negative. **No** is placed before the verb; Spanish then uses a double, even a triple or quadruple negative. However, when **nadie, nunca,** or another negative is placed *before* the verb, **no** is omitted:

No vino nadie. Nadie vino.	No one came.
No ha viajado nunca. Nunca ha viajado.	He has never traveled.
No decía nada nunca a nadie. Nunca decía nada a nadie.	He never would say anything to anyone.
No lo sabe ninguno de ellos. Ninguno de ellos lo sabe.	None of them knows it.

Ejercicio

Diga de otra manera:
1. No le he visto nunca. (Nunca...)   2. No me quiere nadie.   3. Ninguno de ellos quiere ir con nosotros.   4. No le interesa nada.   5. Yo tampoco sabía la respuesta.   6. Aquí no nieva nunca.   7. Nada de eso nos importa.   8. No castigan nunca a esos niños.   9. Alfredo nunca me mintió.   10. No se va a presentar jamás ninguna oportunidad como ésta.

76. SHORTENING OF CERTAIN ADJECTIVES

A few adjectives lose the final **-o** before a masculine singular noun. These adjectives include **bueno, malo, alguno, ninguno, primero, tercero**:

un buen muchacho	a good boy
el tercer hombre	the third man
el primer capítulo	the first chapter
But: su primera mujer	his first wife

Grande becomes **gran** before *any singular* noun:

un gran autor	a great author
una gran colección	a great collection
But: grandes obras	great works

Ejercicios

A. Lea en voz alta y después cambie según las indicaciones:
1. Ésta es la tercera **vez** que ha llamado. (día)   2. Fue el primer gran **escritor**

americano. (escritora)   3. ¿Eres una buena **muchacha**? (muchacho)   4. Es una gran **oportunidad**. (oportunidades)   5. El primer **capítulo** es el mejor. (capítulos)   6. Algún **día** voy a actuar en el cine (vez)   7. ¡Imposible! Eres muy mala **actriz**. (actor)   8. No hay ninguna **ocasión** para usarlo. (tiempo)

B. ¿En qué piensa Ud. cuando oye las frases siguientes?
una gran oportunidad... un gran hombre... el primer día del año... mi primera maestra... una buena persona... un buen libro... algún día...

¿Puede Ud. emplearlas ahora en oraciones originales?

77. MORE ABOUT THE POSITION OF ADJECTIVES

As you recall, *nondescriptive* adjectives (demonstratives, unstressed possessives, and indefinitives, including **poco** and **mucho**) regularly *precede* the noun. *Descriptive* adjectives that set the noun off from others of its kind *follow* the noun. Any change in the normal position of an adjective will intensify its force or, at times, even change its meaning.

A. Change of meaning according to placement
When **gran(de)** is placed before the noun, it means *great*; **pobre** means *unfortunate*; **viejo** means *former* or *long-standing*:

un muchacho pobre	a poor (not rich) boy
el pobre muchacho	the poor (pitiful) boy
un amigo viejo	an old (elderly) friend
un viejo amigo	an old (long-standing) friend
un hombre grande	a big man
un gran hombre	a great man

B. Placement before the noun to characterize
A distinguishing adjective may be placed *before* the noun if it is used to describe a normal characteristic of that noun rather than to set if off from others of its type:

la roja sangre	the red blood
la blanca nieve	the white snow
las hermosas modelos	the beautiful models

C. Placement of two or more adjectives
There are two basic ways of treating a group of two or more adjectives that modify one noun:
1. Place the shorter or the more subjective adjective before the noun. Place the other(s)—the more categorizing—after. (Adjectives of nationality always follow.)

Es un joven escritor dramático.	He is a young dramatic writer.
la hermosa actriz francesa	the beautiful French actress

2. When both (or all) of the adjectives are felt to be equally distinguishing and of equal force, place them after the noun, joining two by **y** or separating all by commas.

Es un hombre muy rico y famoso.	He is a very rich and famous man.
Fue una operación delicada, peligrosa (y) complicadísima.	It was a delicate, dangerous (and) extremely complicated operation.

For more emphasis or dramatic effect, they may all be placed before the noun.

Si cometen Uds. el tremendo, inexcusable error...	If you make the tremendous, inexcusable error . . .

Ejercicios

A. Diga en español:
1. Cold soup; the cold snow; an intelligent and charming girl; his old teacher; our beloved country (**patria**); the red blood; the black coal (**el carbón**)
2. The poor sick boy; my rich Venezuelan uncle; a long, difficult lesson; a great day; a terrible fatal accident
3. A fantastic, incredible opportunity; an easy new method (**método**); her pretty blue eyes; a small white cat (**gato**); an expensive (**costoso**) Italian car

B. Conteste ahora:
1. En su opinión, ¿quién es el mejor escritor contemporáneo norteamericano?
2. ¿Quién es el dramaturgo *(dramatist)* más grande de la literatura inglesa?
3. ¿Cree Ud. que por lo general las mujeres hermosas son menos inteligentes que las mujeres feas? 4. ¿Ha sufrido Ud. alguna vez una operación delicada y peligrosa? 5. ¿Ha tenido alguna vez un accidente automovilístico? 6. ¿Piensa Ud. seguir algún día una carrera importante y lucrativa? 7. ¿Cree Ud. que nuestro país tiene una rica y larga tradición artística? 8. ¿Cuál ha sido la decisión más importante y definitiva de su vida? 9. ¿Ha visto Ud. mi pequeño cuaderno rojo? Creo que se ha perdido. 10. ¿Qué artista moderno le gusta más?

78. *DE* + A NOUN INSTEAD OF AN ADJECTIVE

When describing the material of which something consists or is made, Spanish generally uses **de** + a noun (the material) instead of an adjective:

un reloj de oro	a gold watch
una mina de plata	a silver mine
aretes de perlas	pearl earrings
un vestido de algodón	a cotton dress
una casa de ladrillos	a brick house

Ejercicios

A. ¿Puede Ud. relacionar las palabras del Grupo 1 con las del Grupo 2?

1   **2**

una plataforma   de plata, de diamantes, de algodón, de
una casa   seda, *(silk)*, de madera, de bronce, de
un abrigo   visón *(mink)*, de hierro *(iron)*, de alumi-
una cuchara   nio, de porcelana, de oro, de ladrillos
unos aretes
un reloj
una taza
un pañuelo *(handkerchief)*
una corbata
una olla *(pot)*
una figurilla *(figurine)*
una estatua

B. ¿Cuáles de estos objetos asocia Ud. con personas ricas y cuáles asocia con personas pobres?

C. ¿Cuáles de estos objetos tiene Ud. u *(or)* otro miembro de su familia?

Teatro y Composición

Imagínese que el presidente de nuestro país ha venido a este pueblo y que Ud. tiene la oportunidad de hacerle preguntas sobre varios tópicos. O que Ud. asiste a una conferencia de prensa *(press)* donde habla uno de los importantes candidatos presidenciales. O que Ud. ha estado en el salón donde habló don Rafael Urbano Paletero y que ahora está hablando personalmente con él. O si no le interesa ninguna de estas alternativas, escriba una composición sobre uno de los temas siguientes:

1. Por qué quiero (o no quiero) ser presidente de los Estados Unidos
2. Mi concepto de un gran presidente
3. Por qué creo (o no creo) en el sistema democrático

VIII. *Sobre democracia y dictadura*

"¡Libertad!" "¡Justicia!" "¡Arriba!" "¡Abajo!" "¡Victoria!"
"¡Voten!" "El pueblo **triunfará**".   *will triumph*

Los **oradores discurren**. Las hermosas palabras **retumban**,   *orators speak • resound*
aumentadas diez, veinte, cien veces por los micrófonos y **altavoces**...   *loudspeakers*
5 y después vuelven, **vacías, huecas**, para caer en el abismo de siempre.   *empty, hollow*
Así fue por la mayor parte la historia política de Latinoamérica, de las
veinte repúblicas que ocupan con los Estados Unidos y el Canadá
el hemisferio occidental. Y así, con pocas excepciones, **sigue siendo**   *it continues to be*
hasta hoy.

10 Al comenzar la época de su independencia, Hispanoamérica no
estaba preparada para la democracia. Sí, el ideal de libertad estaba
bien diseminado entre la clase "criolla"[1], entre la **juventud** más   *young people*
educada. Se repetían con **apasionado** fervor las palabras de Rousseau,   *passionate*
de Thomas Paine, de Locke. Pero había todavía muchas personas
15 que vivían en la ignorancia, o en la indiferencia. Había intereses
extranjeros que esperaban el momento oportuno para extender su
influencia en aquel campo fértil. Había entre los jefes **mismos** de la   *themselves*
revolución facciones personalistas que buscaban **cada** una el control.   *each*
E Hispanoamérica, **habituada** por siglos al dominio absolutista de   *And • accustomed*
20 España, no sabía qué dirección tomar.

Siguió a la revolución una época de luchas **internas** y externas.   *There followed after • internal*

---

[1] Descendientes directos de los exploradores y colonos españoles.

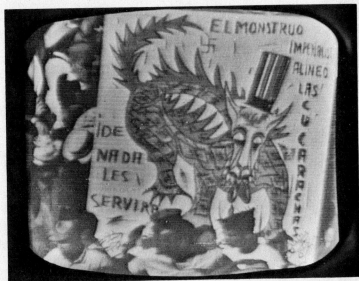

"El monstruo imperialista alineó
las cucarachas *(marshalled the
enemy against us)*. De nada les
servirá *(It will do them no good)*".
Propaganda fidelista en la
televisión.

Reunión de generales, 1969.
Una junta militar preside
sobre el destino del Brasil.

Mientras, en un pueblo de
los Andes colombianos un
concejo local está en sesión.

Cuba. La revolución ha
triunfado. Y de allí en
adelante … de allí … ▶

Surgieron múltiples naciones pequeñas y una sucesión infinita de **caudillos** y dictadores. Aumentó la influencia extranjera, y con ella la corrupción patente de los líderes políticos, Y el **ejército** asumía
25 **cada vez más el poder.**

Los **golpes de estado** ocurrían uno **tras** otro. En Honduras, por ejemplo, hubo 136 golpes de estado en los primeros 142 años de su independencia. En el Ecuador **se promulgaron** 16 constituciones en los primeros 115 años, ¡y en un período reciente, hubo 22 diferentes
30 presidentes y juntas militares! Sólo en las pequeñas repúblicas de Costa Rica y Uruguay se pudo establecer una tradición realmente progresista. Chile también gozó durante muchos años de una relativa estabilidad, si no de una verdadera democracia. Y en México, **pasados** los tormentosos años de la Revolución, **se dieron por fin**
35 **pasos** definitivos hacia la renovación.

Sobrevino la depresión económica de los años 30, y poco después la Segunda Guerra Mundial. Surgieron numerosos movimientos reformadores, mayormente izquierdistas. Pero por lo general el **cuadro** trágico de dictadura y de intervención extranjera (sobre

There arose

"strong men"

army

more and more power

coups d'état • after

were promulgated

having past • steps were finally taken

There came

picture

40 todo norteamericana) seguía **igual**. Trujillo gobernaba con **mano de** the same as ever • an iron hand
hierro en la República Dominicana, Perón en la Argentina, Pérez
Jiménez en Colombia, Rojas Pinilla en Venezuela, Batista en Cuba
y otros iguales en Bolivia, en el Brasil, en el Ecuador, en el Perú y
en casi todos los **diminutos** países de la América Central. Y las tiny
45 hermosas palabras retumbaban todavía: "Libertad... Democracia...
Patria... Justicia..."

Así se acercó la década de los años 50, una época que iba a
traer consigo cambios notables. Por primera vez parecía que Hispano-
américa iba a despertar de su **letargo**. Los **sindicatos de obreros** ya lethargy • labor unions
50 **hacían sentir** su fuerza política y el poder de los grandes **hacendados** were making...felt • land-
owners diminished • attacks
disminuía. La influencia extranjera disminuía también ante los **asaltos**
de una **creciente política** "anti-yanqui", "anti-imperialista". Y la growing policy
mayor parte de los viejos dictadores caían del poder. Mientras
tanto se formulaba en Cuba el Movimiento 26 de Julio, **prometedor** promising
55 de un futuro nuevo para la América latina. Desde su **escondite** en hiding place
las montañas, Fidel Castro proclamaba la liberación del pueblo
cubano, su independencia económica y política, en fin, la **integración** making

de un estado democrático. Y la gente lo recibió con los brazos abiertos. Pero la ilusión **se desvaneció ante las escuadras de muerte,** ₆₀ y Cuba **se sumió** en un absolutismo marxista. Sueño soñado. Sueño roto. *vanished before the firing squads • plunged*

¿Y hoy? La crisis continúa. A pesar de las nuevas fuerzas que están tratando de renovar la estructura social, la mayoría de las naciones latinoamericanas se hallan otra vez en manos de caudillos ₆₅ o de juntas militares. Otras son **regidas** por un solo partido político. *ruled* En Chile **se ha elegido** a un presidente marxista. En el Uruguay, el *has been elected* Paraguay y Colombia los terroristas **esparcen** la violencia. Y en todas *spread* partes florecen los "ismos" y **se multiplican** las facciones. Hispano- *multiply* américa está **al borde** del... ¿comunismo? ¿fascismo? ¿fidelismo? *on the border* ₇₀ ¿...? Y las palabras **resuenan,** siempre iguales: "Victoria... Justicia... *resound* El pueblo triunfará..."

En España, mientras tanto, la dictadura del generalísimo Franco continúa, **algo suavizada** por la influencia de los sindicatos de *somewhat softened* obreros y porque España está gozando de una relativa prosperidad. ₇₅ Pero existe también una gran **inquietud.** Los movimientos separa- *uneasiness* tistas florecen en Cataluña y en el País Vasco. Han ocurrido repetidos **motines estudiantiles** y se nota una **angustia** marcada entre la clase *student riots • anxiety* intelectual. Se sabe que existen numerosos núcleos izquierdistas

Lima: Manifestación pacífica de periodistas. Los pañuelos sobre la boca simbolizan la censura impuesta por el gobierno peruano.

Manifestación violenta en las calles de Mendoza, Argentina. La protesta irrumpe periódicamente contra el régimen dictatorial.

El sufragio ha llegado por fin a la mujer paraguaya. Estas ciudadanas de Asunción esperan su turno para votar.

a pesar de la vigilancia del gobierno. Y al mismo tiempo ya están   in spite
80 hechos los planes para el futuro. A la muerte del caudillo, la monarquía **será restaurada** en la persona del joven príncipe Juan Carlos,   will be restored
nieto de Alfonso XIII, pero el verdadero poder **pasará a manos** de   will pass into the hands
una junta militar. **A menos que**...   Unless
     ¿Mañana?

Preguntas

1. Al comenzar la época de la independencia, ¿qué factores militaban contra el triunfo de la democracia en Hispanoamérica?
2. ¿Qué siguió a la revolución?
3. ¿Qué ejemplos hay de la gran inestabilidad de Hispanoamérica en años subsecuentes?
4. ¿Qué países sí pudieron establecer una tradición democrática o progresista?
5. ¿Qué pasó después de la Segunda Guerra Mundial?
6. ¿Quiénes fueron algunos de los dictadores más notorios de aquel período?
7. ¿Qué cambios ocurrieron en la década de los años 50?
8. ¿Cuál es el panorama actual de Hispanoamérica?
9. ¿Cuál ha sido la historia política de España después de la Guerra Civil?
10. ¿En qué condiciones se encuentra España ahora?

Lección Quince

Cuento: La Suerte

Suerte. ¿La tendré? ¿No la tendré? Es un problema que nos preocupa siempre. Cuántas veces **hemos oído decir a nuestros conocidos**:

"¿Ramón? **Se ha hecho** millonario. Compró mil **acciones** de la Compañía **Unida** cuando no valían nada. Todos sabíamos que la
5 compañía estaba **a punto de declararse en bancarrota**, pero Ramón, que nunca ha sabido nada de la **bolsa**, compró. Y un día, descubren **uranio**, suben cien veces las acciones, y ahora no hay nadie más astuto que él. **Eso sí** es suerte."

"¡Pobre Elsa! En toda su vida no ha tenido ni un día bueno.
10 Las cosas le van siempre **de mal en peor**. **Nunca podré** comprenderlo. Eso sí es no tener suerte."

"Con la suerte que tengo yo, no lo dudes por un momento, amigo, ¡**me darán** el mismo profesor que **me suspendió** el año pasado!"

15 "**Chocaron** los dos coches. El **chófer** del primero murió instantáneamente. El otro murió en la ambulancia **camino al** hospital. Pero su mujer, que estaba sentada **junto a él**, escapó completamente **ilesa**. Estas cosas ocurren. Es la suerte, nada más."

No. Gracias, pero no. Ya no compro **suertes** ni boletos de lotería
20 ni nada de eso. Nunca he ganado nada en ninguna **rifa**, ni el **premio** más mínimo. Y estoy seguro de que **no cambiará** mi suerte ahora. Yo soy **de los que** tienen que trabajar siempre. ¿Sabe Ud.?, hay gente que tiene suerte para esas cosas. Yo conozco a una mujer, vecina nuestra, que...

25 Suerte. En realidad, ¿qué es? Recuerdo un cuento de un autor contemporáneo español llamado Joaquín Calvo Sotelo. El cuento **se titula** sencillamente "La suerte." **Trata de** un pobre chófer de taxi que encuentra un día en al **asiento trasero** de su coche una **cartera** que **contiene** cien mil pesetas. Siempre ha sido un hombre **honrado**,
30 pero esta vez, **piensa en** las muchas cosas que necesitan él y su familia. "El dinero **será de** un gran millonario. **Él no lo necesitará tanto como yo**", piensa. "Pero no es mío", **arguye** consigo mismo. "No tengo **derecho** a este dinero." Y así, **luchando** con su conciencia, decide entregar las cien mil pesetas a la policía.

35 Camino a la **comisaría, se le presenta en la calle la Dama Suerte.** 〔police station, Lady Luck appears to him on the street.〕
Está furiosa con él.—¿ Por qué me ofendes así?—pregunta al
chófer.—**Fui yo la que** le hice a ese señor olvidar su cartera en el taxi. 〔I was the one who〕
No quiero **que** le **devuelvas** el dinero. Si lo haces, **no volveré a** 〔you to return to him • I will never smile upon you
sonreírte nunca. Te castigaré por tu honradez. Ya lo verás. again. I'll punish you for your honesty. You'll see.〕

40 Pero el chófer ha hecho ya su decisión y entrega la cartera a
la policía. Pasan semanas. Pasan meses. Y las cosas le van de mal en
peor. **Va buscando en todas partes a** La Suerte. Quiere hablar otra 〔He goes around looking everywhere for •
vez con ella. Compra **patas de conejo** y **docenas** de amuletos, pero La 〔rabbit's feet • dozens
Suerte **no se le aparece** en ninguna parte. Un día, compra todos los 〔doesn't appear to him〕
45 números en **la rueda de ruleta y la obliga a** venir. Pero la Dama no 〔the roulette wheel and forces her to • desperate〕
quiere favorecerle más. Por fin, **desesperado,** el chófer decide
quitarse la vida. 〔take his own life〕
Sube al **último piso** de su casa y **se arroja** por la ventana. Pero 〔top floor • throws himself〕
en vez de morir **aplastado** en la calle, cae en el **toldo de una azotea.** 〔instead of • crushed • awning of a porch〕
50 Levanta la cabeza y entonces, en la ventana de la casa vecina, ve a
la Dama Suerte que le sonríe **cariñosamente.** 〔affectionately〕

VOCABULARIO ACTIVO

la calle *street*
la suerte *luck*; *tener —
to be lucky*

premio *prize*
cartera *wallet*
derecho *right (to something)*

cambiar *to (ex)change*
castigar *to punish*
*con**tener**[1] *to contain*
chocar *to collide*
descubrir *to discover*

*de**volver** *to return, give back*
dudar *to doubt*
preocupar(se) *to worry*
suspender *to fail, flunk*
*valer (valgo) *to be worth*

camino a *on the way to*
de mal en peor *from bad to worse*
en vez de *instead of*
junto a *next to*

el año pasado *last year*
*hacerse *to become (something)*
tratar de *to deal with; try to*
pensar en *to think of or about*

Preguntas

1. ¿ Qué problema nos preocupa siempre?
2. ¿ Cómo se hizo millonario Ramón? ¿ Cómo le van siempre las cosas a Elsa?
3. ¿ Qué teme el estudiante que se queja *(complains)* de su mala suerte?
4. ¿ Qué pasó cuando chocaron los dos coches?
5. ¿ Por qué no compra más suertes ni boletos de lotería la última persona que nos habla?

[1] Most Spanish verbs ending in -tener correspond to English verbs ending in -tain: obtener, mantener, etc. They are all conjugated like **tener.**

6. ¿ Quién escribió **La Suerte** ? ¿ Quién es el protagonista del cuento ?
7. ¿ Qué descubre el chófer en el asiento trasero de su taxi ?
8. ¿ En qué piensa cuando ve la gran cantidad *(quantity)* de dinero ?
9. ¿ Qué piensa el chófer acerca del hombre que perdió la cartera ?
10. ¿ Adónde decide llevar el dinero ? ¿ A quién encuentra en la calle ?
11. ¿ Por qué está furiosa con él la Dama Suerte ?
12. ¿ Qué hará la Dama si el chófer insiste en devolver el dinero ?
13. ¿ Qué hace el chófer ? ¿ Cómo le resultan después las cosas ?
14. ¿ Cómo trata de hacer volver a La Suerte *(make Lady Luck come back)* ?
15. ¿ Qué decide hacer por fin cuando se siente abandonado por la suerte ?
16. ¿ Cómo trata de quitarse la vida ? ¿ Por qué no muere en la calle ?
17. Cuando levanta la cabeza, ¿ a quién ve ? ¿ Qué hace ahora La Suerte ?

Conversación

1. ¿ Se considera Ud. una persona afortunada ? ¿ Por qué ? ¿ Cuál considera Ud. la circunstancia más afortunada de su vida ?
2. ¿ Recuerda Ud. un caso específico en que tuvo buena suerte ? ¿ o mala suerte ? ¿ una experiencia de un amigo o pariente *(relative)* suyo ?
3. ¿ Es Ud. supersticioso ? ¿ Cree Ud. en la astrología ? En su opinión, ¿ qué tiene más influencia en nuestra vida, la suerte o nuestra voluntad *(will)* ?
4. En el caso del chófer, ¿ cree Ud. que hizo bien o mal en devolver la cartera ?
5. ¿ Ha hallado Ud. *(Have you found)* algo alguna vez ? ¿ Qué hizo Ud. ? ¿ Qué hará si halla un día una cartera con diez dólares ? ¿ con diez mil dólares ?
6. En el sentido *(sense)* moral, ¿ es peor robar diez mil pesos que robar sólo diez pesos ? ¿ Es peor robar a una persona rica que a una persona pobre ?
7. ¿ En qué orden de importancia pone Ud. estos conceptos : dinero, salud, amor ?

Estructura

79. THE FUTURE

The future tense tells what *will* or what is *going to* happen.

There is only one set of endings for all conjugations in the future tense. They are added to the whole infinitive.

hablar

hablaré *(I will or shall speak)*	hablaremos
hablarás	hablaréis
hablará	hablarán

Ahora complete :
beber : beberé, beberás, _____ , _____ , _____ , _____
vivir : viviré, _____ , _____ , _____ , _____ , _____

Only a few very common verbs have irregular forms (corruptions of the original infinitive through centuries of use), but the endings remain the same. You can complete the conjugations.

venir : vendré, vendrás, vendrá, vendremos, vendréis, vendrán

tener : tendré, tendrás _____ , _____ , _____ , _____

poner : pondré, pondrás, _____ , _____ , _____ , _____

salir : saldré, _____ , _____ , _____ , _____ , _____

valer : valdré, _____ , _____ , _____ , _____ , _____

poder : podré, _____ , _____ , _____ , _____ , _____

saber : sabré, _____ , _____ , _____ , _____ , _____

haber : habré, _____ , _____ , _____ , _____ , _____

caber *(to fit)* : cabré, _____ , _____ , _____ , _____ , _____

hacer : haré, _____ , _____ , _____ , _____ , _____

decir : diré, _____ , _____ , _____ , _____ , _____

querer : querré, _____ , _____ , _____ , _____

Ejercicios

A. Diga la forma del futuro :

yo : comprar, hablar, leer, ser, vivir, sentir, venir, tener, poner

tú : enseñar, encontrar, perder, dormir, hacer, decir, querer

Ud. : dudar, amar, creer, abrir, haber, caber, poder

nosotros : cantar, comer, permitir, venir, tener, salir, valer

vosotros : estar, ser, ver, ir, poder, poner, saber, caber

los niños : dar, volver, reír, decir, hacer, querer, haber

B. Cambie ahora al futuro :
1. **Ha hablado** aquí. 2. ¿**Vas** a oírle? 3. No **estábamos** en casa. 4. ¿**Vinieron**? 5. Le **dije** la verdad. 6. ¿**Es** escritor o músico Russell? 7. Uds. no lo **hallaron** allí. 8. **Tenemos** que hacerlo. 9. ¿**Sabíais** las respuestas? 10. ¿**Valió** la pena? 11. ¿**Hay** tiempo? 12. ¿**Pueden** acabar?

C. Conteste en español (¿hay otra lengua ya?) :
1. ¿Adónde irá Ud. esta tarde? ¿y esta noche? ¿este fin de semana? 2. ¿Tendrá tiempo para venir a verme? ¿para acompañarme al cine? ¿para preparar todas sus tareas? 3. ¿A qué hora comerán Uds. esta noche? ¿A qué hora tomarán el desayuno *(breakfast)* mañana? 4. ¿En qué mes terminará este semestre? ¿En qué mes comenzará el nuevo año escolar *(school)*? 6. ¿Qué hará Ud. después de graduarse? ¿Se casará en seguida? 7. En su opinión, ¿hará frío o calor mañana? ¿Lloverá? ¿Nevará? ¿Tendrá Ud. que llevar abrigo y guantes? 8. ¿Cuándo se celebrarán las próximas elecciones presidenciales? ¿Votará Ud. en ellas? 9. ¿Quién cree Ud. que será nuestro próximo presidente? 10. ¿Habrá *(Will there be)* tiempo para completar esta lección? ¿y para acabar este ejercicio? (¡Ya se acabó!)

80. THE FUTURE OF PROBABILITY

In addition to its normal use to express a future action, the future tense may be used to state conjecture or *probability about a present action* :

¿ Quién será ?	Who can he be ? I wonder who he is.
¿ Dónde estarán ?	Where can they be ? I wonder where they are.
Estarán por aquí.	They probably are (must be) around here.
Juan lo sabrá.	John probably knows (must know).

Ejercicios

A. Lea en voz alta los diálogos, escogiendo siempre la conclusión más lógica :
1. — Miguel salió para Inglaterra hace ocho horas más o menos.
   — ¿ Fue por mar o en avión ?
   — En avión.
   — Entonces (ya estará en Londres, estará acercándose ahora a Estambul, estará todavía sobre el Atlántico).
2. — Mire, aquel señor tiene las manos más largas *(long)*, blancas y delicadas que haya visto jamás.
   — Es verdad. Será un gran (mecánico, violinista, boxeador).
3. — ¿ Por qué será que Diego siempre tiene dinero para comprar las cosas que quiere, y yo no ? Ya sé que sus padres no le dan casi nada.
   — Porque él (trabajará, descansará, estudiará) en su tiempo libre.
4. — ¿ Qué lengua hablarán aquellas personas ? Se parece *(It resembles)* mucho al español, pero suena un poco diferente.
   — Estarán hablando (ruso, japonés, portugués).
5. — El nene *(baby)* nació hace tres meses.
   — Entonces (ya estará caminando un poco, ya dirá algunas palabras, no podrá levantarse todavía).

B. Complete las frases siguientes :
1. *(It must be)* mi padre. 2. *(I wonder)* ¿ Qué hora *(it is)* ? 3. *(It's probably)* las tres. 4. *(They must be)* aquí. 5. Esos hombres *(probably are right)*. 6. El *(probably doesn't need)* el dinero tanto como yo. 7. ¿ De quién *(can it be)* ?

81. THE FUTURE PERFECT

The future perfect is composed of the future of **haber** + the past participle. It tells what *will have happened* by a certain future time and may also be used to express probability or conjecture about a present action (what probably *has* happened) :

Me habré ido para el sábado.	I will have left by Saturday.

Habremos vuelto para junio.	We shall have returned by June.
¿ Dónde está Juan ?—Habrá salido.	Where is John ?—He probably has (must have) gone out.
Ya lo habrán comprado.	They have probably bought it already.

Ejercicios

A. Cambie para indicar lo que **habrá ocurrido** (what *will have happened*) :
1. Lo terminará mañana. 2. Volverán para enero. 3. Ya lo haré. 4. ¿ Quién lo sabrá ? 5. No lo comenzaremos. 6. Chocarán seguramente. 7. Cambiarán el día. 8. Perderás la oportunidad. 9. ¿ Se casará para *(by)* junio ? 10. ¿ Os casaréis para junio ?

B. Cambie ahora para expresar conjetura o probabilidad :
1. Han llegado. 2. No lo ha dicho a nadie. 3. No han vuelto todavía. 4. Nos ha llamado por esa razón. 5. ¿ Quién la ha comprado ? 6. Lo has apretado demasiado. 7. Ya lo han arreglado. 8. Se ha quejado al dueño de la tienda. 9. Se lo hemos mostrado varias veces. 10. El pobre se ha caído.

82. OTHER MEANINGS OF WILL IN ENGLISH

When *will* means *to be willing* or *please*, it is translated by the present of **querer** :

¿ Quieren Uds. esperar un momentito ?	Will you (please) wait a moment ?
¿ Quiere Ud. pasar la sal y pimienta ?	Will you (please) pass the salt and pepper ?

Ejercicios

A. Diga en español :
1. Will you (please) be seated ? 2. Will you open the window ? 3. God wills it. 4. Will you (please) give him our regards **(recuerdos)** ?

B. Escriba cinco oraciones originales pidiendo a otras personas que hagan varias cosas. Por ejemplo :

¿ Quiere Ud. abrir las ventanas ?	¿ Quieren Uds. sentarse ?

83. *HABER DE*

To be (supposed or *expected) to* is expressed in Spanish by the idiom **haber de**. This is the *only* use of **haber** as a main verb that can be conjugated in all persons :

Hemos de verlos mañana.	We are (supposed) to see them tomorrow.

El avión ha de llegar a las dos.	The plane is (supposed) to arrive at two.
Había de venir, pero no vino.	He was (expected) to come, but he didn't.

Ejercicios

Lea bien los diálogos siguientes, y después conteste las preguntas:
1. —El tren ha de llegar a las cuatro y media, ¿no?
   —Sí, pero creo que llegará tarde. Está nevando mucho y los rieles están cubiertos de *(covered with)* nieve.

Conteste: a. ¿A qué hora ha de llegar el tren?
   b. ¿Por qué piensa la otra persona que llegará tarde?
   c. ¿Qué estación del año será?

2. —Habíamos de ir a la fiesta esta noche, pero no podemos.
   —¿Por qué? Rafaela lo va a sentir mucho.
   —Sí, lo sé. Pero mi esposa está enferma.

Conteste: a. ¿Adónde habían de ir esta noche?
   b. ¿Por qué no pueden ir?
   c. ¿Quién cree Ud. que es Rafaela?

3. —¿Sabes, Carmen? Dicen en la radio que ha de llover mucho esta tarde.
   —¡Ay, no me digas! Vine sin abrigo, sin sombrero, y sin paraguas.
   —No te preocupes. Yo te daré algo.

Conteste: a. ¿Qué dicen en la radio?
   b. ¿Por qué no quiere Carmen que llueva?
   c. ¿Dónde piensa Ud. que están las dos amigas?

4. —¡Dios mío! Hemos de tener examen mañana, ¡y no he estudiado!
   —En ese caso, Miguel, has de rogar a Dios que te ayude.

Conteste: a. ¿Por qué está preocupado Miguel?
   b. ¿Qué le recomienda la persona con quien habla?
   c. ¿Quién será esa otra persona?

Teatro y Composición

Haga Ud. una versión dramática de **La Suerte**. Puede usar el cuento del chófer que encontró la cartera, o puede contar un episodio original acerca de la suerte. O si prefiere, puede escribir una composición corta sobre uno de los tópicos siguientes:
1. Por qué me considero (o no me considero) una persona afortunada
2. Un caso de suerte excepcional
3. La persona más afortunada de este mundo

Hora de Conversación VIII

Entretenimientos *(Entertainments)*

el cine *the movies; movie house*
  película *film; (a) movie*
  noticiero *newsreel*
  teatro
  comedia *play; comedy*
el drama
  obra (de teatro) *play*
  zarzuela *(Spanish) operetta*
  comedia musical *musical*
  ópera, opereta
la función de variedades *variety show*
  concierto
el ballet, el baile *ballet*
  circo *circus*

  radio *(m. or f.)* *radio set*
la radiodifusión *broadcasting*
la estación *station*
un programa

la televisión *television; TV set*
el televisor *TV set*
  pantalla *screen*
el canal *channel*
  disco *record*
el tocadiscos *record player*
  cinta *tape*
  grabadora *tape recorder*

escena *scene; the stage*
escenario *scenery*
locutor *announcer*
el telón *curtain*
el guión *script*
  fondo *backdrop*
  actor, actriz
  artista *actress*
la estrella, el astro *star*
  reparto *cast*
  comediante *comedian; actor*
  director *conductor; director*
  empresario, productor *producer*
  payaso *clown*

el papel *role*
la representación *performance*
el baile *dance*
interpretar (un papel o **una
  canción**) *to perform (a role
  or a song)*
actuar (actúo) *to act*
bailar *to dance*
cantar *to sing*
ensayar *to rehearse*
estrenar *to open, debut*
  estreno *opening*
la **función** *performance (showing)*

Conversación

1. ¿Cuántas horas al día *(a day)* escucha Ud. la radio? ¿Cuántas horas al día mira la televisión? ¿Cuántas horas la miran otros miembros de su familia?
2. ¿Qué tipo de programa le gusta más a Ud.? ¿Cuál es su programa favorito?
3. ¿Qué piensa Ud. de los anuncios comerciales *(ads)* que hay en la radio y en la televisión? ¿Recuerda Ud. alguno de ellos?
4. ¿Prefiere Ud. la televisión o el cine? ¿el cine o el teatro? ¿Por qué?
5. ¿Le interesa ser actor o actriz? ¿director(a)? ¿escritor(a)? ¿Ha tomado parte alguna vez en una producción dramática? ¿en una presentación musical? Descríbanosla.

Lección Dieciséis

Cuento: La Dama de las Joyas

lady with the jewels

Era muy **temprano para cenar**. Los restoranes **empezarían** a servir la comida **a eso de** las nueve, y ahí estábamos, **recién llegados** a Barcelona después de **un viaje tan largo**. Y eran sólo las siete y teníamos un hambre feroz.

⁵ Nos acercamos al **conserje** del hotel. Tal vez él **conocería** un restorán… Pues sí, señores, había uno que **podría** recomendarnos. Estaba **bien cerca, a dos cuadras** del hotel, nada más. Pero no sabía en efecto si **nos gustaría tanto** como algún otro. No. **No se comía mal** allí, pero, ¿saben Uds.?, no era de primera clase, ni mucho menos.

¹⁰ Tal vez **sería** mejor esperar… **En absoluto.** Estábamos **rendidos de cansancio.** Con cualquier cosa nos **contentaríamos, ¡y a la cama!** Así que…

El conserje había tenido razón. El restorán era uno de aquellos que **habríamos pasado por alto** cien veces sin **fijarnos** siquiera. El ¹⁵ **letrero que colgaba encima de** la puerta estaba tan **gastado** como la ropa de su clientela. Y **por dentro las bombillas desnudas** echaban **un fulgor blanquísimo** sobre los **manteles salpicados de manchas amarillas,** sobre los **gruesos ceniceros de vidrio llenos de colillas de cigarrillos y fósforos apagados.** Un café **cualquiera** en un barrio ²⁰ de trabajadores. Por eso **nos extrañó tanto** verla a ella allí. A ella…

¿Quién **sería**? ¿Cuántos años tendría? No lo sé definitivamente. Era una mujer viejísima, **anciana. Su cara, tan arrugada como un papel desechado, habría sido** hermosa en tiempos pasados. Ojos azules, **nariz corta, boca más bien ancha, labios** finos. Y sus manos— ²⁵ ¡sus manos!—largas y delgadas; **cada dedo** estaba cubierto de **anillos** viejos—anillos de **diamantes, de zafiros, de esmeraldas,** de rubíes—dos, tres en cada dedo, **hasta uno en el pulgar.** Y la **áspera** luz eléctrica **resbalaba sobre** ellos, **pintando en las paredes,** en los ceniceros, en los manteles salpicados de manchas amarillas, los colores ³⁰ del **arco iris.** Sus brazos estaban cubiertos de **pulseras.** La **garganta seca lucía collares** de perlas, de oro, de **piedras** preciosas. Y en el **pecho caído brillaban** dos, tres, cuatro **prendedores. ¿Estaríamos soñando?** ¿Podrían ser genuinas aquellas joyas? No había duda. Por la **montadura,** anticuada pero **costosa,** por el brillo, por el color. ³⁵ La miramos **boquiabiertos. El camarero** acababa de traerle la

early to eat dinner • would begin
around • just arrived
such a long trip

concierge • would know
he could
quite close, two blocks away
we would like it as much •
The food wasn't bad

it would be • Absolutely not
• exhausted • we'd be satisfied
with anything • to bed.
And so

we would have passed by •
noticing • sign that hung over
• worn out
on the inside • bare bulbs cast
a stark white glow on the
tablecloths spattered with
yellow stains • thick glass
ashtrays full of cigarette stubs
and used matches • ordinary
blue-collar • it surprised us so

could she be

ancient. Her face, as wrinkled
as a crumpled piece of paper,
probably had been

short nose, a rather wide mouth,
lips • each finger

rings • diamonds, sapphires,
emeralds • even one on her
thumb • harsh
glanced over • painting
on the walls

rainbow • bracelets • dried-up
neck was adorned with
necklaces • stones
sunken breast shone • brooches.
Could we be dreaming?

setting • expensive

with our mouths open • waiter

comida—un solo plato de carne y legumbres—pero la **vieja** no | old woman

comía. **Se agachó** un momento, sacó de una bolsa grande una | She bent over

cacerola de **plata** y cristal, **midió en ella** precisamente **la mitad** de su | silver • measured into it • half •

comida, **la envolvió en pañuelos de seda**, y la devolvió a su bolsa. | wrapped it in silk handkerchiefs

40 Y todavía no comía. Seguimos observándola. Estaba ocupada

ahora con **algún aparato** que había colocado en la mesa. Era un | some kind of machine

pequeño **tocacintas**, nuevo, **portátil**, de la mejor **marca** importada, | tape player • portable • brand

un tocacintas que **valdría**… no sé cuánto, pero **harto, eso sí**. La vieja | probably was worth • plenty, indeed • inserted a

le metió un cartucho, y de repente, el lugar **se llenó de una ruidosa** | cartridge • was filled with a noisy

45 **música** norteamericana de los años 40. "Hold that Tiger… Hold

that Tiger…" Y la vieja sonrió y se puso a comer. Comía lentamente,

saboreando cada bocado. "Sometimes I wonder why I spend the | savoring each bite.

lonely nights…" Y sonreía, sonreía…

A la noche siguiente volvimos al pequeño restorán. No podríamos

50 **marcharnos** sin verla otra vez, sin hallarla. **Tendríamos que** saber… | leave • We would have to

Pero la vieja no estaba.

Primera terminación: Nos acercamos al camarero. Sí, él la

conocía. Iba allí **a menudo** a comer. ¿Quién era? Era una famosa | often

actriz **venida a menos. Reconoceríamos** en seguida su nombre. Y | "a has-been" • We would recognize • except • fabulous •

55 ahora no tenía nada, **menos** ese fabuloso **tesoro** de joyas, y **antes que** | rather than • they gave her to eat

venderlas, preferiría morirse de hambre. Así que **le daban de comer**

y no le pedían dinero porque…

Segunda terminación: Nos acercamos al camarero. Sí, él la

conocía. Iba allí a menudo a comer. Era una pobre **ilusa** que se creía | "nut"

60 millonaria. Y se cubría las manos y **todo el cuerpo de** joyas artificiales | her whole body with

porque…

Tercera terminación: Nos acercamos al camarero. "¡Qué dama

ni **qué nada!**" **Se rio.** "¡Hombre, **si** estuvimos cerrados anoche!" | what anything • He laughed • why

En uno de los manteles salpicados de manchas amarillas se

65 veía un pequeño arco iris.

VOCABULARIO ACTIVO

anillo *ring*
dedo *finger*
cigarrillo *cigarette*
fósforo *match*

bombilla *bulb*
cama *bed*
el mantel *tablecloth*
la mitad *(one) half*

---

brillar *to shine*
cubrir (*past part.* cubierto) *to cover*
echar *to throw; cast*

fijarse en *to notice*
marcharse *to go away*
soñar (sueño) con *to dream of*

---

ancho *wide*
corto *short (in length)*
caliente *warm; hot*
dulce *sweet*

cualquier *any (at all)*
costoso *expensive, costly*
lindo *beautiful*
portátil *portable*

a menudo *often*

encima *(adv.) on top, above; —* de *(prep.) on top of, over, above*

temprano *early*

(por) dentro *(on the) inside; —* de *(prep.) within, inside of*

Preguntas

1. ¿En qué ciudad tiene lugar este cuento? ¿De dónde cree Ud. que son los recién llegados?
2. ¿A qué hora comenzarían a servir la comida en los restoranes? ¿Por qué querían cenar temprano los visitantes?
3. ¿Por qué no sabía el conserje si les gustaría el restorán que había cerca de allí? ¿Por qué dijeron los turistas que no les importaba?
4. ¿Cómo era en efecto el restorán? ¿Puede Ud. describirlo?
5. ¿A quién les extrañó ver allí? ¿Cómo era de aspecto físico la dama?
6. ¿Qué llevaba en los dedos? ¿en los brazos? ¿en la garganta? ¿en el pecho?
7. ¿Qué acababa de traerle el camarero? ¿Qué hizo con ella la vieja?
8. ¿Qué aparato colocó entonces en la mesa? ¿Qué música escuchaba?
9. ¿Por qué volvieron los turistas a la noche siguiente?
10. Según la primera terminación, ¿cómo se explica el caso de la vieja? ¿y según la segunda? ¿y la tercera?
11. ¿Cuál de estas terminaciones prefiere Ud.? ¿Qué terminación le daría Ud.?
12. En la tercera terminación, ¿es posible que la señora haya sido sólo una ilusión de los cansados turistas? ¿Es posible que el camarero esté mintiendo y que en realidad la dama...? ¿Qué dice Ud.?

Conversación

1. ¿Quién es la persona más interesante que haya conocido Ud. jamás? ¿Podría describírnosla?
2. ¿Qué persona ha tenido más influencia en la vida de Ud.? ¿en la vida de su familia? ¿Le gustaría a Ud. ser exactamente como él (o ella)?
3. ¿Ha visto Ud. alguna vez a una persona realmente extraña *(strange)*? ¿Cómo era? ¿Le llegó Ud. a conocer?
4. ¿Ha visto Ud. alguna vez un restorán como el que se describe en este cuento?
5. ¿Cuál es el lugar más interesante que haya visitado Ud.? ¿el lugar más hermoso? ¿el lugar más feo *(ugly)*?

Estructura

84. THE CONDITIONAL TENSE

A. General meaning

The conditional is usually translated by *would (would go, would do)*, and occasionally in the first person by *should*. Since the conditional is primarily

the future of a *past* action, it has all the functions of the future tense, but with relation to the past.
Reduced to a mathematical ratio:

CONDITIONAL : PAST = FUTURE : PRESENT
(Conditional is to Past as Future is to Present)

Dice que vendrá.   He says that he will come.
Dijo que vendría.   He said that he would come.

B. Forms

The stem of the conditional, like the future, is the whole infinitive. The conditional endings, however, are the same as those of the imperfect tense of **-er** and **-ir** verbs:

hablar

hablaría *(I would speak* [*if...*]*)*
hablarías
hablaría
hablaríamos
hablaríais
hablarían

Now you complete:

bebería, beberías, _____, _____, _____, _____
viviría, _____, _____, _____, _____, _____

Irregular verbs have the same stem as in the future tense:

venir: vendría, _____, _____, _____, _____, _____
tener: tendría, _____, _____, _____, _____, _____
poner: pondría, _____, _____, _____, _____, _____
salir: saldría, _____, _____, _____, _____, _____
valer: valdría, _____, _____, _____, _____, _____
poder: podría, _____, _____, _____, _____, _____
saber: sabría, _____, _____, _____, _____, _____
haber: habría, _____, _____, _____, _____, _____
caber: cabría, _____, _____, _____, _____, _____
hacer: haría, _____, _____, _____, _____, _____
decir: diría, _____, _____, _____, _____, _____
querer: querría, _____, _____, _____, _____, _____

Ejercicio

Cambie, usando siempre el condicional:
1. Juan dijo que lo **haría**. (preparar, abrir, decir, perder)

2. Yo no **caminaría**. (llevarlo, decirlo, mandársela, tener tiempo)
3. Pepe y su amigo **irían**. (saberlo, comprarlos, no hacerlo, caber)
4. Manolo y yo no **saldríamos**. (poder, creerlo, venir, pedírselo)
5. Tú seguramente me **ayudarías**. (llevar, nombrar, ofrecerlo, querer)
6. Vosotras nos lo **daríais**. (mandar, devolver, cambiar, hacer, decir)

85. PRINCIPAL USES OF THE CONDITIONAL
A. It tells what *was going* to take place.

Prometió que lo haría.	He promised that he would do it.
Dijiste que me escribirías.	You said that you would write to me.

B. It states what *would* happen *if* something were so.

Vendría si...	He would come if...
Le llamaríamos si...	We would call him if...

C. It expresses conjecture or probability about a *past* action.

Sería él.	It probably was he. (It must have been he.)
¿Dónde estarían?	Where could they have been? (I wonder where they were.)

Ejercicios

A. Conteste en español:
1. ¿Me haría Ud. un favor? ¿Podría Ud. venir a mi casa esta tarde?... ¿Podría Ud. prestarme *(lend me)* veinte dólares hasta el domingo? 2. ¿Qué hora sería cuando comenzó la clase hoy? 3. ¿Cuándo dijo su profesor(a) que tendrían Uds. el próximo examen? 4. ¿Les gustaría a Uds. no tener exámenes nunca? 5. ¿Le gustaría a Ud. no tener que trabajar jamás? En ese caso, ¿qué haría con su tiempo libre? 6. En su opinión, ¿qué le gustaría más que nada a su madre? ¿y a su padre? 7. ¿A Ud. qué le gustaría ver más que nada en este mundo? 8. ¿Le gustaría casarse con una persona famosa? ¿con una gran figura internacional? ¿Por qué? 9. ¿Se casaría Ud. con una persona mucho mayor *(older)* que Ud.? ¿con una persona menos educada? ¿con una persona mucho más inteligente que Ud.? 10. Finalmente, ¿qué tal le parecería *(how would you like)* a Ud. vivir para siempre? ¿Por qué?

B. **¿Qué haría Ud.?**
   Lea con cuidado los casos siguientes, y después díganos lo que haría Ud.
   1. Su hija Isabel, que tiene diez y nueve años de edad, está enamorada de un hombre veinte años mayor que ella. Es una persona muy simpática, pero estuvo casado dos veces antes y tiene tres hijos de sus matrimonios anteriores. Ahora Isabel ha venido a pedirle permiso a Ud. para casarse con él. Dice que no quiere esperar, que la vida sin él sería del todo imposible... ¿Qué le diría Ud.?

2. Su compañero de cuarto le ha pedido cinco veces ya que le preste dinero y sólo dos veces se lo ha devuelto. Ahora tiene que comprar libros para un curso suyo y no tiene con qué comprarlos. Está desesperado. Se acerca a Ud. y le pide que le preste una vez más el dinero, sólo esta vez y nunca más... ¿Qué haría Ud.?

3. Ud. es uno de los ministros más importantes del gobierno. Recientemente Ud. se ha enterado de un secreto vital que puede tener consecuencias gravísimas para su país. Le gustaría revelarlo en seguida al público antes de que... El caso es urgente. El peligro es grande. Pero por razones que Ud. no entiende, el presidente y los demás ministros no quieren que el público lo sepa. Díganos, ¿qué haría Ud.?

C. Ahora traduzca al español:
1. Would *you* speak to him? 2. I wouldn't do that. 3. They would like *(Les...)* to go with us. 4. They would call him if... 5. She probably was here yesterday. 6. Who would think that *you*...? 7. I said that I would give it to him. 8. He wouldn't say that if... 9. Would you *(pl.)* have time? 10. We wouldn't be able to go.

86. THE CONDITIONAL PERFECT

The conditional perfect (in English, *would have gone, would have done*) is composed of the conditional of **haber** + the past participle. It tells what *would have happened (if)*:

Yo habría ido con mucho gusto.	I would have gone very gladly.
Lo habrían hecho si...	They would have done it if...

It may also express probability or conjecture about a *past* perfect action (what probably *had* happened):

Ya habrían llegado.	They probably had arrived already.
¿Dónde habría estado?	Where could he have been?

Ejercicios

A. Cambie para decir lo que **habría ocurrido** (what *would have* happened):
1. Fui con ellos. (Habría...) 2. Ya la habíamos comprado. 3. Nos lo dio ayer. 4. Vendría a la fiesta si... 5. ¿Quién creería eso? 6. No lo ha dicho.

B. Cambie para expresar probabilidad (Remember: the *future* expresses conjecture about the present, the *conditional* about the past):
1. Está aquí. Estuvo aquí. Ha estado aquí. Había estado aquí. 2. Fue Juan. Había sido Juan. 3. Ya habían llegado. 4. Lo habíamos perdido. 5. ¿Lo han hecho? ¿Lo habían hecho? 6. Había venido tarde.

C. Busque en el Grupo 2 una respuesta lógica para cada comentario del Grupo 1:

1

Hubo un incendio en mi casa
y yo mismo lo apagué.

Se hablaban como viejos amigos.

¿Qué habría hecho Ud. en esa
situación?

Los llamamos todo el día ayer,
pero no contestaron.

¿Se lo habrían dicho Uds.?

No me gustó mucho el libro,
pero, ¿qué iba a hacer?

¿La habrías creído tú?

2

Claro. Se habrían marchado ya.

Yo habría llamado a los bomberos.

No. Habríamos guardado silencio.

Se habrían conocido antes en
alguna parte.

En absoluto. Ella siempre miente.

No sé. Me habría muerto de miedo.

Yo lo habría cambiado por otro.

87. OTHER MEANINGS OF WOULD

A. When *would* means *used to*, it is translated by the imperfect:

Nos llamaba todos los días.

He would (used to) call us
every day.

Iban primero a la iglesia, después
a la escuela.

They would go first to church,
then to school.

B. When *would* means *please*, or is used to make a polite request, it is translated
by **querer**:

¿Quiere Ud. pasar la sal?
¿Quiere Ud. abrir la ventana?

Would you pass the salt?
Would you open the window?

Ejercicios

A. Complete las frases siguientes.
1. *(Would you help me)* a completar esta lección? 2. *(He would visit us)*
todos los días cuando vivíamos cerca. 3. *(Wouldn't it be)* mejor dejarla
aquí? 4. Dijeron que *(they would be)* aquí a tiempo. 5. *(Would you repeat)*
eso, por favor? No le oí. 6. Juan prometió que *(he would do it)* pero no lo
hizo. *(Would you be able to...?)* —Con mucho gusto.

B. Escriba oraciones originales usando las expresiones siguientes:
1. ¿Quiere Ud...? 2. ¿Me haría Ud. el favor de...? 3. ¿Tendrían Uds.
la bondad *(kindness)* de...? 4. Anita, ¿podrías...? 5. Cuando nosotros
íbamos a su casa, ...

88. SHOULD

At times, English uses *should* in the first person as a conditional: *I should like to go*
(**Me gustaría ir**). Aside from this rather infrequent use, *should* must not be confused
with *would*:

A. When *should* means *ought to,* it is translated by **deber**.

Debemos ayudarles.

Niños, debéis prestar atención.

We should (ought to) help them.

Children, you should pay
attention.

B. When *should* indicates probability or conjecture, it is translated by **deber** (**de**)
or by the future of probability.

Deben (de) saberlo.

Lo sabrán.

They should (probably) know it.

Ejercicio

Lea bien, y después decida cuál de las alternativas corresponde mejor.

1. Alfredo, tus notas *(grades)* han bajado mucho últimamente. Debes (buscar otro trabajo, prestar más atención en clase, participar más en los deportes).
2. Tienes sueño, ¿eh? Pues debes (acostarte más tarde, levantarte más temprano, acostarte más temprano).
3. — ¿No ha llegado todavía Carlos?
   —Ah, sí. Debe (estar por aquí, volver dentro de dos días, dejarlos en paz).
4. Serán las ocho de la mañana. Debemos (almorzar, cenar, desayunarnos).
5. ¡Ay, pobres! No tienen comida, ni vestidos, ni casa, ni nada. Todos debemos (ayudarlos, castigarlos, marcharnos sin ellos).
6. Hace muchísimo frío hoy. No creo que los niños deben (llevar abrigo, ponerse los guantes, salir sin abrigo y guantes).
7. Si no tratáis de aprender mejor el negocio, debéis (hacer un viaje, pensar en nosotros, buscar otra clase de trabajo).
8. —Con tan poca luz, no veo casi nada.
   —Entonces, ¿por qué (usas una bombilla tan grande, no cambias la bombilla, no apagas las otras lámparas)?
9. — ¿Cuándo comenzarán las vacaciones de Navidad?
   —Preguntémoselo al Dr. Fernández. El (debe saberlo, tendrá otros planes, debe tener algunas ideas interesantes).

89. EQUAL COMPARISONS

A. **tanto** (**a, os, as**)... **como** [*as much (as many)... as*]

Tiene tantos enemigos como
amigos.

No tengo tanto dinero como tú.

Había tantas mujeres como
hombres.

He has as many enemies as
friends.

I don't have as much money as you.

There were as many women as
men.

B. **tan... como** [*as (+ adjective or adverb)... as*]

Es tan alto como su padre.

¿Están Uds. tan cansados como
nosotros?

He is as tall as his father.

Are you as tired as we (are)?

But remember : **tanto** means *as much, so much.*

No tengo tanto como ella.	I don't have as much as she.
No hables tanto.	Don't talk so much.

Ejercicios

A. Cambie las siguientes a comparaciones de igualdad. Por ejemplo :

Este anillo vale más que el otro.	**Este anillo vale tanto como el otro.**
Mi coche es más ancho que el tuyo.	**Mi coche es tan ancho como el tuyo.**

1. ¿Sabe más lenguas que Ud.? (¿Sabe tantas...?)   2. ¿Tiene menos dinero que tú?—¡Imposible! Nadie tiene menos dinero que yo.   3. No tengo más qué hacer que mis hermanas.   4. Esta lección es menos difícil que la próxima. 5. Juanito es más inteligente que los demás *(the others)*.   6. Tengo más hambre que él.   7. Están más cansados que nosotros.   8. Este coche es menos costoso que el otro.   9. La torta de chocolate no es más dulce que la de vainilla.   10. Aunque dicen que son ricos, no tienen más dinero que nosotros.

B. Termine las frases del Grupo 1 empleando las del Group 2 :

1	2
Es tan firme como	diamantes... la roca de Gibraltar...
Era tan pobre como	como amigos... Matusalén... como
Tenía tantos enemigos	necesitábamos... como la nieve...
No nos dieron tanto tiempo	como un ángel... como un perro...
Sus ojos brillaban como	un ratón *(mouse)*
Es tan viejo como	
Tenía el pelo tan blanco	
Ayer me sentí tan enfermo	
Mi madre tiene tanta pacienca	

Teatro y Composición

Escriba una escena original acerca del episodio de la **Dama de las Joyas**. Por ejemplo, Ud. ha vuelto al restorán al día siguiente y la ha encontrado sentada allí. Ud. se le acerca y le hace preguntas acerca de su vida, y ella le contesta que... O tal vez Ud. lee en el periódico un día que la dama ha desaparecido, Ud. sospecha que algo malo le ha ocurrido—tal vez en ese mismo restorán. Así que Ud. vuelve para hablar con el camarero y...

Finalmente, si no le interesa ninguna de estas ideas, escriba Ud. su propia terminación al cuento. "A la noche siguiente..."

IX. *Modos de vivir*

Dicen que el hombre es el mismo en todas partes, que tiene los mismos deseos, las mismas necesidades, los mismos sentimientos. Y es verdad. El hispano hace las mismas cosas que nosotros. De eso no hay duda. Pero las hace muchas veces **de** una manera diferente, y seguramente, sigue un **horario** muy diferente para hacerlas. Bien recuerdo, por ejemplo, nuestra primera visita a España. Acabábamos de llegar a Madrid. Eran las cinco de la tarde y nos esperaba en la Recepción un **mensaje** telefónico de un **conocido** nuestro, **pariente** de unos amigos **neoyorquinos**. "¿Quieren Uds. **cenar** con nosotros esta noche? Vendremos a **buscarlos** a las diez." ¿A las diez? ¡¡A las diez!! ¿Cómo **aguantaríamos** hasta aquella hora, nosotros que estábamos acostumbrados a comer a las ocho, al mediodía y a las seis? Pero, "cuando a Roma **fueres**, haz lo que **vieres**", dice el refrán. Y aguantamos. Llegaron las diez, y las diez y media, y por fin (los hispanos son notorios por llegar

in

timetable (schedule)

message • acquaintance
a relative • New Yorkers
have dinner • pick you up
would we hold out

you go
you see (When in Rome...)

Hora de la merienda. Cafés al aire libre.

tarde a una **cita**), se presentaron nuestros amigos, amables, simpati- | date
quísimos, **colmándonos de atenciones**. Y a las once nos llevaron a | outdoing themselves to please us
un restorán, y **para** la medianoche teníamos **delante** una comida | by • in front of us
riquísima—y ya no teníamos hambre, sólo deseos de **meternos en** | get into
una buena cama **caliente**, ¡y a dormir! | warm

En realidad, el día del hispano comienza más o menos a la misma
hora que el nuestro. Los **negocios** se abren por lo general a las | businesses
nueve y media y se cierran entre la una y la una y media para la
siesta—tres horas de **descanso** para volver a casa, tomar un **almuerzo** | rest • heavy lunch
fuerte y cerrar **los ojos por un rato**, o **pasearse** por el parque o | one's eyes for a while • take a walk • sidewalk • beer • chat
sentarse en la **acera** de un café para tomar una **cerveza** y **charlar**.

La pausa que refresca. Un pequeño comercio en Taxco, México.

¡Ole! El hombre triunfa sobre el animal.

Entre las cuatro y las cuatro y media los negocios **se vuelven a abrir,**   reopen
para cerrarse otra vez a las ocho o después. Se está acercando ya
la noche, pero el hispano no se dirige en seguida a casa a cenar.
Más bien es la hora de la **merienda**—tiempo para **dar otro paseo** o   Instead • light snack • take
tomar un **ligero bocadillo** y una **copita,** o alcanzar la primera **función**   another walk • light bite •
en el teatro. (¡La segunda no va a comenzar hasta las once!) Por   drink (often cognac) • show
fin llega la hora de la comida, y después, si la noche es linda, la
familia sale otra vez a la calle—padre, madre e hijos, a **gozar de** un   enjoy
buen rato hasta... ¿la una? ¿las...? La familia está junta y el tiempo
poco importa.

    Aunque las mujeres **se vean** frecuentemente juntas en la calle   may be seen
y en las **tertulias,** y los hombres también, la familia hispana es por   gatherings
lo general una unidad inseparable. Según la tradición, el padre es
el **amo** absoluto, y "la mujer **honrada, la pierna quebrada,** y en   master • honorable • her leg
casa". Según la tradición también, los padres **ejercen** un dominio   broken • wield

Tomando el fresco *(fresh air)* en una tarde otoñal. (México)

casi absoluto sobre la vida de sus hijos—sobre **su derecho de escoger carrera**, esposo (o esposa) y aun **vivienda**. Pero la tradición ha cambiado ahora en muchas partes, sobre todo en las ciudades más grandes y cosmopolitas. La mujer todavía ocupa una posición inferior al hombre en la **escala** económica y social y **le falta** la misma libertad sexual. Pero ahora sale mucho más de la casa para trabajar, viajar y **hasta** participar en la política. Con frecuencia los hijos casados viven todavía con los padres, y a veces hay tres o cuatro generaciones que ocupan la misma casa. Pero ahora, exceptuando aquellos lugares más **provincianos** y conservadores, los jóvenes escogen su propio esposo o mujer, las muchachas **salen a** la calle sin **chaperona**, y mucho más que antes, los jóvenes **matrimonios** prefieren encontrar su propio apartamento, **aunque tengan que** esperar más tiempo para casarse.

Estos cambios reflejan en gran parte la influencia norteamericana. La muchacha hispana **que hace poco tiempo** no podía presentarse en público **sino** modestamente vestida y con su **dueña**, ahora sale **solita** o con sus amigas, y vestida **de pantalón**. Y cuando **regresa** a casa, encuentra a su familia sentada en la sala, **empapándose de** las modalidades norteamericanas **a través de** la televisión. La **boga** del pelo largo y de las **modas** "hippie" no ha hecho las mismas incursiones en el mundo hispánico que en los Estados Unidos y el resto

their right to choose a career

a dwelling

scale • she lacks

even

provincial

go out into • a chaperone

married couples

even if they have to

who not long ago

except • chaperone

by herself • in pants • she returns • soaking up

through • vogue

styles

Tierra hostil. Piedra seca.
La naturaleza desafía a la
humanidad. (Ecuador)

de Europa. (En efecto, el gobierno español ha tomado **medidas** muy   measures
estrictas para impedirlo.) Pero la **juventud** urbana de hoy está   youth
consciente de su propio destino y más dispuesta que antes a
realizarlo **por su propia cuenta**.   on its own

    Hemos **señalado** repetidamente los contrastes que existen entre   pointed out
ciudad y campo, y así ocurre también **en cuanto a** los modos de   concerning
vivir. Mientras que el joven de la ciudad se ha incorporado a las
corrientes "progresistas" universales, y **se entrega de todo corazón**   currents • gives himself
a los frutos de la tecnología—televisor, cine, coche, motocicleta—el   wholeheartedly
joven **campesino** vive de la misma manera que vivían **hace años** sus   of the country • years ago
padres, sus abuelos y sus **bisabuelos**. Mientras que las oportunidades   great-grandparents
educativas **se han ampliado** en las grandes ciudades (**a pesar de** que   have broadened • notwith-
sólo un **porcentaje** muy pequeño puede asistir a la universidad), las   standing • percentage
escuelas rurales se hallan hasta el momento **actual** en condiciones   present
deplorables. Aun más, los padres necesitan a los niños para trabajar
en las tierras, las distancias son grandes, y **el analfabetismo** continúa[1].   illiteracy
El hispano por lo general es menos ambicioso, menos agresivo que
su contraparte norteamericano, y **sueña** muy poco **con** hacerse   he dreams... of
millonario (**a menos que le venga un golpe** de fortuna en la lotería).   unless he hits a stroke

---

[1] En Argentina y el Uruguay, dos de las naciones más industriales, más del 90% de la población sabe leer y escribir.
Pero en Colombia, una nación mayormente agrícola que también goza de considerable desarrollo industrial, el 38%
de la gente es analfabeta, y sólo el 10% llega a pasar el quinto grado. No hay que decir que en los países menos
desarrollados, las estadísticas son aún más asombrosas.

Escuela rural—sin libros, sin maestro. (México)

"**Desnudo nací**, desnudo me hallo, ni pierdo ni gano", le dice el refrán. Por eso **se preocupa** muy poco de que sus hijos tengan más **de lo que** tuvo él en este mundo. Él se defendió **por sí solo** y ellos tendrán que hacerlo también. Sus necesidades y ambiciones son inmediatas. La vida es difícil, pero "**no hay mal que cien años dure**". Y además, siempre le espera algún día la salvación de Dios.
     Modos de vivir.

I was born naked

he frets

than • alone

there is no evil that lasts 100 years

Preguntas

1. ¿Recuerda Ud. el episodio de nuestra primera llegada a España? ¿Qué indica respecto al horario español?
2. ¿En qué sentidos se diferencia del nuestro el horario hispano?
3. ¿Qué es la siesta?
4. ¿Cómo es la familia hispana? ¿Es diferente en este respecto de la familia norteamericana?
5. Según la tradición, ¿cuál es la función de la mujer en la sociedad hispana? ¿y ahora?
6. ¿Cómo ha cambiado en años recientes la actitud de los hijos respecto a los padres y al resto de la familia? ¿Qué piensa Ud. de esto?
7. ¿Qué contrastes existen entre la vida urbana y la rural?
8. ¿Qué actitudes manifiesta por lo general el hispano respecto a la educación?
9. ¿Por qué decimos que el hispano por lo general es menos ambicioso que su contraparte norteamericano?
10. ¿Qué conclusiones ha sacado Ud. de este artículo respecto al carácter hispano?

Lección Diecisiete

Cuento: Los Turistas

Ernesto Costas les está enseñando a sus amigos Donado e Inés Pardo las **transparencias** de su viaje a Europa.   *slides*

Ernesto: Bueno, aquí estoy yo **delante del Coliseo**... y ahí está Marilú, **con pantalón atravesando** la Vía Véneto.   *in front of the Colosseum / wearing pants, crossing*

Marilú: Ernesto, ¿cuántas veces te he pedido que no muestres mis fotos? **Me veo tan gorda.**   *I look so fat*

Donado: Al contrario, Marilú. **Por eso se pararía el tránsito.**   *That must be why the traffic stopped • Otherwise you can't cross*

Ernesto: ¡Hombre! **De otra manera no se puede cruzar** la calle en Roma. Los italianos—yo no creo que necesiten licencia para **manejar.** Allí **se compra un cochecito,** se paga el **primer plazo,** ¡y a la calle, **a matar!**   *drive • one buys a little car • first payment • all set to kill!*

Donado: Como aquí.

Ernesto: ¡Qué va! Allí, **aunque uno sea ciego,** aunque tenga nueve años de edad, **con tal que** tenga dinero para pagar el primer plazo...   *even though one may be blind / provided that*

Donado: ¡Caramba!

Ernesto: **En fin,** aquí estoy yo hablando con un policía romano...   *Anyway*

Inés: ¿Tú hablas italiano, Ernesto?

Ernesto: **Me defiendo.** "Arriverderci, Roma y Ciau."   *I get by.*

Inés: ¡**Qué bien!**   *How marvelous!*

Ernesto: Ya pueden ver quién **me sacó esta foto.** Marilú siempre **me corta los pies.**   *took this picture of me / cuts my feet off*

Marilú: Mejor que la cabeza, digo yo.

Donado: En el caso de Ernesto, Marilú, no sé, no sé.

Ernesto: (riéndose) Gracias, hombre. **Para eso hay que tener** amigos, ¿eh?... Así que... ah, tienen que ver esto. Aquí estamos Marilú y yo delante del Vaticano.   *For that one has to have*

Inés: ¿Hablaron con el **Papa?**   *Pope*

Marilú: No es el Vaticano. Es el Arco de Constantino.

Ernesto: El Arco de Constantino está en Florencia.

Marilú: ¿Cómo lo sabes tú? Si no estuvimos nunca en Florencia.

Ernesto: ¿Ah, no? Yo pensé que aquel sábado...

Marilú: Esa fue Venecia. **Al día siguiente debíamos** ir a Florencia, pero tú tuviste **dolor de cabeza.**   *On the next day we were supposed • a headache*

Ernesto: ¿Y...?

Marilú: Y cuando subiste al cuarto para tomar aspirinas, **perdiste**   you missed
el autobús.

Ernesto: Entonces, ¿**por un par** de aspirinas perdimos **toda**   for a couple • all of
Florencia?

Marilú: Y Ravena, **por la tarde.** Pero no importa. Era domingo y   in the afternoon
las tiendas estaban cerradas.

Inés: ¡Ay, no! ¿Así que no pudieron comprar nada?

Marilú: Aquel día muy poco. Aunque en el hotel, mientras que
Ernesto **echaba una siesta,** sí encontré una tienda **preciosa.**   was taking a nap • cute
¿Quieres ver las cosas que compré?

Inés: **Me encantaría.**   I'd love to.

Ernesto: Más tarde, por favor, cuando terminemos con las fotos...
Bueno. Aquí estamos Marilú y yo delante del Castillo de San
Miguel.

Marilú: De San Ángel... ¿Sabes, Inés? **Para que sepas** que no   So that you'll know
me olvido de ti, te traje algo de allí.

Inés: ¿De veras? ¡Pero no, **no debiste! Déjame** ver...   you shouldn't have! Let me

Ernesto: Marilú, **no niego** que tú sabes más que yo. Pero el   I don't deny
castillo era de San Miguel.

Marilú: De San Ángel... En un momentito, Inés, te lo traigo.

Inés: Ah, gracias. No puedo esperar.

Ernesto: Bueno, el Castillo de San Miguel o de San Ángel, uno **u**   or the other
otro.

Marilú: (al oído de Inés) De San Ángel.

Ernesto: Y aquí estoy yo en la puerta del Restorán Siciliano.
Esta vez Marilú me cortó la cabeza.

Donado: ¡**Enhorabuena!**   Congratulations!

Marilú: Pero **no te impidió** comer, Ernesto, **en lo más mínimo.**   it didn't prevent you from • not in the least • different

Ernesto: Es verdad. Nos trajeron siete u ocho platos **distintos**
hasta que **ya no pudimos más.**   we couldn't (eat) any more

Donado: La comida fue tan rica, ¿eh?

Ernesto: ¡Fantástica! Pero, ¿dónde estábamos?... Ah, sí. Aquí
estamos Marilú y yo delante de la **torre inclinada** de Pisa.   Leaning Tower

Donado: ¿Cuál es la torre?

Ernesto: (riéndose) **La del** pantalón rojo.   The one with the

Marilú: ¡Ernesto! Cuando yo te pido **que no me saques una foto,**   not to take a picture of me
¿por qué...? Ahora mismo voy a traer el **regalo** de Inés. (Marilú   present
sale.)

Inés: Donado, ¿por qué no me llevas tú en un viaje?

Donado: Porque **hasta que los niños sean mayores** no podremos.   until the children are older

Ernesto: ... y delante de la Gran Catedral de... no sé qué.

Inés: **A menos que los dejemos** con una buena **nodriza.**   Unless we leave them • nursemaid • Great! • I doubt

Donado: **A las mil maravillas.** Pero **dudo** que la nodriza quiera
trabajar gratis.

Ernesto: ... y en Londres, en el autobús...

Inés: Ay, Donado. ¿Y no podemos **llegar a un acuerdo** con mi   make a deal
hermana Julia? Ella **cuidará** de los niños hasta que volvamos   will take care
nosotros, y después nosotros cuidaremos de **los suyos** hasta   hers
que...

Donado: ¿De esos **monstruos**? Antes de que yo permita eso...   monsters

Ernesto: **Fíjense.** Marilú tiene los ojos cerrados.   Look.

Inés: Pero, Donado...

Ernesto: Y aquí estamos en Bruselas, **detrás de** la torre Eiffel...   behind

VOCABULARIO ACTIVO

cabeza *head;* dolor de— *headache*

el pie *foot*

tránsito *traffic*

el pantalón *(often pl.) trousers*

regalo *gift, present*

---

atravesar (atravieso) *to cross*

cruzar *to cross*

cortar *to cut*

cuidar de *to take care of*

manejar *to drive*

negar (niego) *to deny*

parar(se) *to stop; come to a stop*

sacar una foto *to take a picture*

---

ciego *blind*

distinto (a) *different (from)*

gordo *. fat*

precioso *cute, adorable; precious*

---

detrás (de) *in back (of)*

al día siguiente *the next day*

echar una siesta *to take a nap*

delante (de) *in front (of)*

¿De veras? *Really?*

*tener... años de edad *to be... years
old*

Preguntas

1. ¿Qué están haciendo esta noche Ernesto y Marilú Costas?
2. ¿Cómo se imagina Ud. a Ernesto? ¿Cuántos años tendrá más o menos?
   ¿Cómo será de aspecto físico? ¿Qué profesión u oficio le daría Ud.?
3. ¿Cómo se imagina Ud. ahora a Marilú? ¿y a su amiga Inés? ¿y a Donado?
4. ¿Será gente de poca o de mucha educación? ¿Por qué piensa Ud. así?
5. ¿Qué ciudades han visitado los Costas? ¿Cuánto tiempo cree Ud. que duró
   el viaje?
6. ¿Con qué ciudad empiezan las transparencias? Según Donado, ¿por qué
   se paró el tránsito romano?
7. ¿Cómo describe Ernesto a los chóferes italianos?
8. ¿Qué clase de fotógrafa es Marilú? ¿Cómo lo sabe Ud.?
9. ¿Por qué perdieron los Costas el viaje a Florencia?
10. ¿Qué hizo Marilú aquel domingo mientras su esposo echaba una siesta?
    ¿Qué ha traído Marilú para Inés?
11. ¿Qué pequeña disputa surge *(arises)* entre Ernesto y Marilú?

12. ¿Qué le ruega Inés a Donado? ¿Qué contesta él?
13. ¿Qué plan propone entonces Inés? ¿Por qué lo rechaza *(rejects)* su esposo?
14. ¿Cómo termina nuestro cuento? ¿Encuentra Ud. en él a alguien que Ud. conozca también?

Conversación

1. ¿Qué viajes ha hecho Ud.? ¿y su familia? ¿Les gusta viajar? ¿Qué viajes les gustaría hacer en el futuro?
2. ¿Qué le interesa más cuando visita un país extranjero—el arte, la cultura, el panorama geográfico, las costumbres de la gente, la lengua, la comida? ¿Qué les interesa más a la mayor parte de los turistas?
3. ¿Le interesa a Ud. la fotografía? ¿Tiene Ud. una cámara? ¿De qué marca *(make)* es? ¿La compró Ud. mismo o la recibió como regalo? ¿Qué cosas le gusta a Ud. fotografiar? ¿Hace Ud. su propio revelado *(developing)*?
4. ¿Es Ud. fotogénico? ¿Recuerda Ud. un incidente divertido relacionado con una fotografía?
5. ¿Le gustaría a Ud. ser fotógrafo profesional? ¿fotógrafo para el cine o para la televisión? ¿para un periódico o revista? ¿Por qué?
6. ¿Qué otros intereses o pasatiempos *(pastimes)* tiene Ud?

Estructura

90. THE THIRD CONCEPT OF THE SUBJUNCTIVE: UNREALITY

The subjunctive deals with unrealities: the doubtful, indefinite, unfulfilled, non-existent. It is used in the subordinate clause whenever the idea upon which that clause depends places it within the sphere of the unreal.

At times, it is the main clause that expresses doubt about or denies the existence of the subordinate clause action. At other times, the doubt or unreality may be expressed by the conjunction that introduces the subordinate clause or the noun to which the clause refers. In this section and in 91, 93, and 96 we shall analyze some of the important instances in which the subjunctive conveys the concept of unreality:

A. The shadow of a doubt
   When the main clause expresses doubt or uncertainty about the subordinate clause action, the nebulous reality of that action is conveyed by the subjunctive:

Dudo que venga.	I doubt that he'll come.
Es posible que sea ella.	It's possible that it is she.
No está seguro de que lo	He isn't sure that they have
hayan visto.	seen it.

The verb **creer** *(to think; to believe)* shows how the speaker's expression of doubt, and not the verb itself, determines the use of subjunctive or indicative in the subordinate clause.

When **creer** is used in an affirmative statement, it generally implies a positive conviction or belief, and so, normally calls for the indicative in the subordinate clause:

Creo que tiene razón.	I think he's right.
Creo que vendrán.	I think they'll come.

In questions or negative statements, **creer** will be followed by the subjunctive in the subordinate clause *if* the speaker wishes to cast doubt, but by the indicative if he gives no indication of doubt:

¿ Cree Ud. que tenga razón?	Do *you* think he's right? (I don't).
¿ Cree Ud. que tiene razón?	Do you think he's right? (I am expressing no opinion.)
No creo que vengan.	I don't think they'll come. (I doubt it.)
No creo que vendrán.	I don't believe they'll come. (I fully believe they won't.)
¿ No cree Ud. que es bonita?	Don't you think she's pretty? (I do.)

B. Denial

When the main clause denies the existence of the subordinate clause action, that unreality is expressed by the subjunctive:

Niego que lo haya dicho.	I deny that he has said it.
No es verdad que se vaya.	It's not true that he's leaving.
But: No niego que lo ha dicho.	I *don't* deny that he has said it.
Es verdad que se va.	It is true that he's leaving.

Ejercicios

A. Cambie según las indicaciones:
  1. Juan viene mañana.
    (Creo que... Dudo que... Es posible que... Es verdad que... No es verdad que... Es cierto que...)
  2. Tienes razón.
    (No creo que... Estoy segura de que... No negamos que... No dudamos que... Dudan que... Es posible que...)
  3. Los dos podrán hacerlo.
    (¿ Cree Ud. que...? ¿ No cree Ud. que...? Estamos seguros de que... No están seguros de que... Es probable que... Creemos que... Dudamos que...)

B. Conteste ahora:
  1. ¿ Cree Ud. que podamos terminar esta lección hoy? 2. ¿ No cree Ud. que es interesante aprender una lengua extranjera? 3. ¿ Es posible que nieve mañana? 4. ¿ Es probable que llueva? 5. ¿ Cree Ud. que es más fácil el inglés que el español? 6. ¿ Cree Ud. que aprobará *(you'll pass)* todos sus cursos este año? 7. ¿ Es verdad que su familia es riquísima? 8. ¿ Niega Ud. que mienta de vez en cuando?

C. Traduzca ahora al español:

1. My father doubts that they'll buy it.   2. I don't doubt that you're right.
3. He denies that they have taken it.   4. But he doesn't deny that they have used it.   5. It's true that they're here.   6. We're not sure that Mary is coming.
7. I think you've won.   8. I don't think (I doubt) that we are ready.   9. Do you think he'll speak to us? (Two ways)   10. Don't you think he's handsome?

D. Termine finalmente de una manera original:

1. No dudo que tú...   2. No es verdad que yo...   3. Dudamos que...
4. ¿Es posible que él...?   5. Niegan que...   6. No hay duda de que...
7. ¿Cree Ud. que...? *(2 ways)*   8. ¿No creen Uds. que...?

91. CONJUNCTIONS THAT IMPLY UNREALITY: UNCERTAINTY, IMPOSSIBILITY, UNFULFILLMENT

After a conjunction whose meaning implies that the following action is uncertain, nonexistent, or pending, the subjunctive expresses that unreality:

A. Some conjunctions, by their very meaning, always state that the following action is uncertain or nonexistent. These conjunctions include: **en caso de que** *(in case)*, **con tal que** *(provided that)*, **a menos que** *(unless)*, and **sin que** *(without)*. They are always followed by the subjunctive.

Lo haré con tal que me ayudes.	I'll do it, provided you help me.
En caso de que llame, dígale que no estoy.	In case he calls, tell him that I'm not in.
Saldrá sin que[1] le vea nadie.	He'll leave without anyone's seeing him.

B. Other conjunctions such as **aunque** *(although, even though, even if)*, **dado que** *(granted that)*, and **a pesar de que** *(in spite of the fact that)*, are followed by the subjunctive when the speaker wishes to imply uncertainty, by the indicative when he does *not*. In many cases, English indicates uncertainty by using the auxiliary *may*.

Aunque sea rico, es muy tacaño.	Although he may be rich, he is very stingy.
Aunque es rico, es muy tacaño.	Although he is rich, he is very stingy.
Dado que gane...	Granted that he may win (but maybe not)...
Dado que ganará...	Granted that he'll win (and I admit it)...

C. After conjunctions of time, the subjunctive is used if the action is still (or was still) pending at the time the main clause action took place. Conjunctions of

---

[1] **Sin que** appears only when there is a change of subject. When there is no change of subject, the preposition sin + the infinitive is used: **No saldrá sin vernos.** *He won't leave without seeing us.*

time include **cuando** *(when)*, **así que, en cuanto** *(as soon as)*, **hasta que** *(until)*, **después de que** *(after)*, **antes de que** *(before)*[2].

Iremos así que vengan.	We'll go as soon as they come. (They haven't come yet)
Algún día, cuando sea grande...	Some day, when he grows up...
Me quedo aquí hasta que vuelvan.	I'm staying here until they return.
Terminemos antes de que nos vean.	Let's finish before they see us.

If there is no reference to a pending action, the conjunction of time is followed by the indicative:

Nos fuimos así que vinieron.	We left as soon as they came.
Siempre me quedo hasta que vuelven.	I always stay until they return.

D. **Para que**

Para que *(in order that, so that)* is always followed by the subjunctive because: (1) it represents one person's will that something be done; (2) it indicates that the subordinate clause action could not possibly have been completed before the main clause action occurred.

Te lo digo para que estés preparado.	I'm telling you so that you may be (or will be) prepared.
Trabaja para que su hijo se haga abogado.	He is working so that his son may become a lawyer.

Ejercicios

A. ¿ Puede Ud. completar las frases del Grupo 1 usando las del Grupo 2 ?

1	2
No le digas nada	...te llamaremos ...a menos que te lo
En caso de que me lo pida,	pregunte ...¿ debo dárselo ? ...hasta
No se vayan Uds.	que vinieron ...hasta que volvamos
Aunque no los conozco bien	...para que se preparen bien ...los
A menos que estudies	invitaré ...se llamará Ana García de
Se lo decimos ahora	Mora ...no aprobarás el curso
Cuando ella se case	
Así que venga	
Me quedé	

B. Complete las oraciones siguientes :

1. Aunque *(I know him)* bien, no quiso verme.   2. Aunque *(he may not want*

---

[2] **Antes de que** *(before)*, by its very meaning, always indicates that the action has not happened yet, and therefore is always followed by the subjunctive.

to) verme, hablaré con él.   3. Salgamos antes de que *(he comes)*. No quiero *(him to see me)*.   4. No, no, mil veces no. Nunca me casaré con él, *(unless he asks me)* (pedírmelo).   5. En caso de que *(Johnny comes)*, dígale que estaré de vuelta en cinco minutos.   6. Por favor, no se vayan *(until they all finish.)*   7. Nunca nos vamos *(until they all finish.)* Pero siempre es muy tarde.   8. *(Before you leave)*, devuélvame mi cartera.   9. Trabaja tanto *(so that his family may have)* toda comodidad.

92. Y AND E (and); **O AND U** (or)

Y *(and)* becomes **e** before a word that begins with **i** or **hi**[3]:

Estudio economía e historia.	I am studying economics and history.
Pedro e Irene	Peter and Irene
González e Hijos	Gonzalez and Sons
But: González y Hermanos	Gonzalez and Brothers

O *(or)* becomes **u** before a word that begins with **o** or **ho**:

El collar es de plata u oro.	The necklace is (made of) silver or gold.
But: El collar es de oro o plata.	The necklace is (made of) gold or silver.

Ejercicio

Lea en voz alta, y después cambie:

1. Quiero estudiar geografía y **ciencias naturales** este año. (historia)   2. Manuel y **Eloísa** son hermanos. (Inés)   3. Irene y **Pedro** son primos. (Germán)   4. Creo que va a venir Carlos o **Felipe**. (Oscar)   5. Romero e **Hijos** (Hermanos)   6. Viven en California o **Tejas** (Oregón)   7. Tiene que ser uno o **más**. (otro)   8. Ninguna mujer o **chica** de inteligencia cree eso. (hombre)   8. Habrá seis o **siete**. (ocho)   9. Tiene mucho talento y **ambición** (interés).   10. ¿Es de plata o **bronce**? (oro)

Teatro y Composición

¿Qué tal le parece la idea siguiente para una escena original? Ud. ha sido invitado por primera vez a la casa de su novia (o novio, ¡ claro está !). Después de la comida, la madre de su novia (novio) saca el álbum de familia y comienza a mostrarle las fotos de todos los abuelos, tíos y parientes. O si prefiere, Ud. acaba de volver de un viaje y quiere mostrarles a sus amigos sus propias fotografías. Ud. las saca y comienza a explicárselas una por una... (Déjenos a nosotros verlas también, ¿ eh ?)

---

[3] But *not* before the dipthong **hie**: **cobre y hierro**.

Hora de Conversación IX

Viajes

medios de transporte *means of transportation*

el **coche**, carro, auto(móvil) *car*
el **avión** *airplane*
el **autobús**; colectivo; (guagua) *bus*
el vapor *steamship*
el **bote** *small boat, rowboat*
el **tranvía** *streetcar*
el coche de alquiler *rented car*
subterráneo, **metro** *subway*
caballo *horse*

---

en coche *by car*
en avión, por avión[1] *by plane*
por mar *by sea*
en tren, por tren *by train*
a caballo *on horseback*
a pie *on foot*
vuelo *flight*

---

carretera *highway*
camino *road*
la estación *station*
el salón (*or* sala) de espera
    waiting room
horario *timetable*
boletería *(Sp. Am.)* ; taquilla *(Sp.)*
    ticket office

alojamiento *lodging*

el hotel *hotel*
el mesón, la posada *inn*
el zaguán *lobby*
maleta *suitcase*
el equipaje *baggage*
agua corriente *running water*
un cuarto doble (*or* para dos) *a*
    double room

el tren *train*
helicóptero *helicopter*
el **camión** *truck; bus (Mex.)*
barco *ship*
lancha *launch*
el **taxi**; el libre *(Mex.)* *taxi*
el ferrocarril *railroad*
submarino
burro *donkey*

hacer un viaje *to take a trip*
hacer una parada *to make a stop*
hacer escala *to stop (at a port)*
despegar *to take off (a plane)*
aterrizar *to land (a plane)*
atracar *to dock*
volar (vuelo) *to fly*
manejar, conducir *to drive*

el muelle *dock, pier*
aeropuerto *airport*
parada (de autobús) *bus stop*
maletero *porter*
boleto *(Sp. Am.)* ; billete *(Sp.)*
    ticket
boletero *(Sp. Am.)* ; taquillero *(Sp.)*
    ticket seller

la recepción *(hotel) desk*
el botones *bellhop*
propina *tip*
el baúl *trunk*
la calefacción *heating*
aire acondicionado *air conditioning*
un cuarto (una cámara) para uno
    single room

---

[1] Normalmente se dice que una **persona** va **en** avión ; una **cosa** va **por** avión.

Conversación

1. ¿Qué medio de transporte le gusta más? ¿Por qué?
2. ¿Cuántas veces ha volado Ud.? ¿Cuándo? ¿Adónde? ¿Le gustó la primera vez?
3. Para ir a Europa, ¿prefiere Ud. ir en avión o por mar? Para ir a California (o a Nueva York), ¿iría Ud. en coche, en tren o en avión?
4. ¿Sabe Ud. manejar un coche? ¿Maneja Ud. bien? ¿Cuánto tiempo hace que maneja Ud.? ¿Ha tenido que pagar muchas multas *(fines)*?
5. ¿Sabe Ud. conducir una lancha de motor? ¿Tiene Ud. su propia lancha? ¿Sabe Ud. conducir un avión? ¿Le gustaría aprender si no lo sabe ya?
6. ¿Se aloja Ud. *(Do you stay)* frecuentemente en hoteles? ¿Qué hotel le ha gustado más? ¿Puede Ud. recordar un incidente divertido que haya ocurrido en un hotel?
7. ¿Puede Ud. escribir una escena original sobre la llegada de un turista a un hotel mexicano o español? O tal vez le guste más describir la llegada de un turista hispano a un hotel de una gran ciudad norteamericana.

PASAPORTE

Nombre_____   _____   _____
        APELLIDO   NOMBRE DE PILA   INICIAL

Dirección_____   _____   _____   _____
        CALLE   NÚMERO   CIUDAD   PAÍS

Fecha de Nacimiento_____ de _____ de _____
                        DÍA   MES   AÑO

Lugar de Nacimiento_____   _____
                     PUEBLO O CIUDAD   PAÍS

Ciudadanía_____

Estado Civil _____Casado(a) _____Soltero(a) _____Viudo(a) _____Divorciado(a)

Nombre de Esposo (Esposa)_____ Hijos_____

Profesión u Oficio_____

Estatura_____   Peso_____

Ojos_____   Pelo_____

Países que piensa visitar:

Razón del viaje:

Ponga aquí una
foto reciente

Lección Dieciocho

Cuento: Teatro sobre Teatro

Liliana Moreno y Carlos Aguilar
en
TENTACIÓN

"El mayor **éxito** de la **temporada**." *El Sol*   success • season

"No hay nadie que se pueda comparar con la gran Liliana, una **estrella**   star
entre estrellas, una sublime 'Jacqueline'." *El Globo*

"Brillante. **Poderoso**. Un triunfo de prestigio." *El Mercurio*   powerful

"Carlos Aguilar interpreta a la perfección el **papel** del trágico   role
Guillermo." *Época*

Teatro López de Hoyos   Producido por Oscar de la Huerta
Funciones: 20:00, 23:00 (menos los domingos)

(**Mediados** del primer acto. Liliana y Carlos están **en escena**. Sen-   Around the middle • on stage
témonos en el **auditorio**.)   audience

    LILIANA: Pero, ¿quién…? ¿cuándo…? ¡Ay, Guillermo, **no**   I didn't want you to know
      quise que lo supieras antes de que yo misma **pudiera**   could tell you
      contártelo, y pedirte **que me perdonaras**. Guillermo,   to forgive me
      Guillermo…

    CARLOS: Ya no me importa **lo que digas**, Jacqueline. No hay   whatever you may say
      nada que **me haga** olvidar lo que has hecho.   can make me

    LILIANA: ¿Nada? ¿Nada? ¿**Y si yo te dijera** que te adoro,   if I told you
      que aquel otro **no significaba** nada para mí…   didn't mean

Un matrimonio baja de prisa por el pasillo, **abriéndose paso** hacia las   A couple hurries down the aisle, making its way •
butacas Números 121 y 123 de la **Fila** C. "Con permiso… Permiso…   (orchestra) seats • Row
Ah, lo siento mucho… Con permiso, ¿eh?… Gracias. Muy amable…"
Uno **tras otro** los **asistentes** se levantan para dejarlos pasar, balan-   after another • spectators
ceando **en sus rodillas** abrigos, sombreros, **guantes**, **bufandas**,   on their knees • gloves, scarves • boxes • Be careful
programas y **cajas** de chocolates. "Ay, perdón." "**Cuidado** donde
caminan, ¿eh?" "Perdone… Con permiso…" "¡Caramba! ¡Esa
gente que llega tarde!" "Permiso… Con permiso…" Por fin los
rezagados se acercan a las butacas indicadas y **se quedan parados**   latecomers • remain standing
delante de otro matrimonio que está sentado allí.

265

Sr. 1: Perdone, señor. Pero parece que Ud. y esta señora están ocupando nuestros asientos.

Sr. 2: ¿Qué...? ¿Cómo?

LILIANA: Guillermo, **si me permitieras** explicártelo todo, tal vez comprenderías...   *if you allowed me*

Sr. 1: Es que... lo siento mucho, pero mire Ud., las butacas C121 y 123 **nos corresponden a nosotros.**

Sr. 2: ¿Qué me cuenta, hombre? Estas butacas son nuestras. El **acomodador mismo nos sentó.**   *belong to* us

usher himself seated us

CARLOS: Jacqueline, **si yo pensara** que tú...   *if I thought*

Sr. 1: Entonces **los dos se han equivocado.**   *both of you were wrong*

Sr. 2: Tal vez si Uds. **vinieran a tiempo...**   *came on time*

Sra. 2: **No les hagamos caso,** querido. Son unos **intrusos.**   *Let's ignore them • crashers*

LILIANA: Ay, Guillermo, yo...

Sra. 1: ¿Intrusos, nosotros? ¿Has oído, Alonso?

CARLOS: No, Jacqueline, no...

Sr. 1: Voy a llamar al **gerente.** (en voz más alta) Gerente... Señor gerente...   *manager*
(Se oyen varias voces en el auditorio. "**Chist**... Cállense ahí... Por favor, ¿eh?... ¿Qué pasa? ¿No se van a sentar jamás?")   *Shhh*

CARLOS: Jacqueline, **si yo fuera** otro hombre, si tú fueras otra mujer, yo nunca habría...   *if I were*

Sra. 1: ¡Ay, no!

Sr. 1: María, ¿qué pasó?

Sra. 1: He perdido un **arete.**   *earring*

Sr. 1: ¿Dónde?

Sra. 1: Aquí mismo, debajo de aquella butaca.
(Se oyen más voces. "Siéntense, he dicho... ¡Por Dios, hombre!... ¡ #$%¢&!")

LILIANA (**alzando** la voz para **hacerse oír**): ¿Qué no habrías hecho, Guillermo? ¿Qué...   *raising • make herself heard*

Sr. 1: ¿No te dije esta mañana **que no te pusieras** los aretes buenos?   *not to put on*

Sra. 2 (**agachándose debajo** de una butaca): **Mira.** Creo que ahí está. Alonso. ¿Quieres encender un fósforo?... Bueno. Gracias.   *bending down • Look.*

CARLOS: Jacqueline, **si no te quisiera...**   *if I didn't love you*

Sra. 3: **¡Fuego! ¡Me están quemando los pies!**   *Fire! My feet are on fire!*
(Voces: "¿Dónde está el gerente?... Siéntense Uds. o yo les

hago sentarse... ¡Caramba! ¡@\$%¢&¢%\$@!'' El gerente se acerca, acompañado del acomodador.)

Gerente : Muy bien, señores, me dicen que...

LILIANA : ¡Guillermo, **entre** nosotros...   between

Sr. 1 : Que estos señores están ocupando nuestros...

Sr. 2 : ¡Qué va! Este **tipo** piensa que...   guy

Gerente : Pues si Uds. esperan un momento, voy a ver si hay otros asientos que estén desocupados.

Acomodador : Sí hay, señor, pero están en la última fila.

CARLOS (gritando ya): Jacqueline, yo también tengo un secreto **que confesarte**...   to confess

Sr. 1 : ¿En la última fila? **¡En absoluto!** Mire... aquí tiene Ud.   Absolutely not! nuestros **billetes**.   tickets

Gerente (mirándolos): Sí, tiene Ud. razón. (Se dirige al otro señor.) ¿Y los suyos, por favor?

Sr. 2 : Aquí los tiene.

LILIANA (gritando también): ¿Cuál es, mi amor?

Gerente : Ah, sí. Lo siento mucho, señor, pero los suyos son para la Fila D. Así que Uds. tendrán que **mudarse**...   move

Sr. 3 : **¡Qué demonios!** Ahí estamos sentados nosotros.   What the...!

Gerente (al señor tercero): Pues **les agradecería mucho si tuvieran**   I'd appreciate if you'd be **la bondad de** mudarse a la Fila E. Y Uds., señores, perdonen la   kind enough to molestia, pero **si me hicieran** el favor de mudarse a la Fila F,   if you would do me y Uds., señores, a la Fila G.

LILIANA : Guillermo...

(Fila tras fila, los **asistentes** se levantan para cambiar **de lugar.**   spectators • places "Con permiso... Ay, perdón..." "**¡La bolsa se me cayó!**"   My purse dropped "Permiso... Muy amable..." "¡Ay no! **¡Mi zapato se perdió!**")   My shoe got lost!

Gerente : Y Uds., señores, a la Fila P... (La puerta **del fondo** se abre y un matrimonio baja de prisa por   in the back el pasillo, abriéndose paso hacia las butacas 122 y 124 de la Fila B.)

VOCABULARIO ACTIVO

bolsa *bag; purse*
caja *box*
bufanda *scarf*
el guante *glove*
zapato *shoe*

éxito *success;* *tener— *to succeed*
estrella *star*
fila *row*
pasillo *aisle*
el billete *ticket*

alzar *to raise; lift*
mudar(se) *to move*
quemar *to burn*

equivocarse *to make a mistake*
explicar *to explain*
significar *to mean*

_____

medio *(adj. or adv.) half*

parado *standing; stopped*

_____

a tiempo *on time*
¡Cuidado! *Be careful!*

debajo *underneath;* —de *under*
de prisa *in a hurry*

Preguntas

1. ¿Qué han dicho los críticos acerca del drama *Tentación*?
2. ¿Qué ha dicho *El Globo* respecto a Liliana Moreno?
3. ¿Dónde ocurre la acción de este cuento? ¿Quiénes están en escena? ¿Qué nombres tienen en la obra?
4. ¿Qué está diciendo en este momento Liliana? ¿Qué le contesta Carlos?
5. ¿Qué ocurre mientras tanto en el auditorio? ¿A qué butacas se dirige el matrimonio?
6. ¿Qué tienen que hacer los demás asistentes para dejarlos pasar?
7. ¿Qué descubren los rezagados cuando llegan a sus asientos?
8. ¿Qué dice el segundo señor? ¿y los demás asistentes?
9. Mientras tanto, ¿qué están diciendo en escena Liliana y Carlos?
10. ¿Qué nuevo problema se le presenta ahora a la primera señora? ¿Dónde encuentra su arete? ¿Qué pasa entonces?
11. ¿Cómo trata el gerente de solucionar el problema de los asientos?
12. ¿Cómo termina por fin el episodio? ¿Por qué se llama **Teatro sobre Teatro**?

Conversación

1. ¿Le gusta a Ud. mucho el teatro? ¿Ha visto alguna vez una obra como *Tentación*? Hablando en serio, ¿cuál es la mejor obra de teatro que ha visto Ud.? ¿y la peor?
2. ¿Le ha ocurrido alguna vez un incidente divertido en el teatro o en el cine? ¿Qué pasó?
3. ¿Cree Ud. que debe haber censura *(censorship)* en el teatro? ¿en la televisión? ¿en el cine? En su opinión, ¿hay alguna cosa que no se deba permitir?

Estructura

93. UNREALITY (CONTINUED): INDEFINITE ANTECEDENT

When the subordinate clause refers back to someone or something that is *indefinite, hypothetical, or nonexistent,* the subjunctive must be used.

¿ Hay alguien que me preste un millón de dólares ?

Is there someone who will lend me a million dollars ? (Who knows ? There may not be such a person !)

Busca una secretaria que hable francés.

He is looking for a secretary who speaks French. (He hasn't found her yet.)

Quiero comprar un libro que tenga las respuestas.

I want to buy a book that has the answers. (I'm not sure it exists.)

No hay nada que nos guste más que eso.

There is nothing (no specific thing) we like better than that.

Hará lo que yo le diga.

He'll do what(ever) I say. (Indefinite : I haven't told him yet.)

But if the subordinate clause refers to someone or something that *is* definite, specific, or known to exist, the indicative is used :

Conozco a alguien que te prestará diez dólares.

I know someone who will lend you ten dollars.

Tiene una secretaria que habla francés.

He has a secretary who speaks French.

He comprado un libro que las tiene.

I have bought a book that has them.

Hay sólo una cosa que me gusta más que esto. ¡ Eres tú !

There is only one thing that I like better than this. It's you !

Siempre hace lo que le dices.

He always does what you tell him.

Ejercicios

A. Conteste :

1. Donde Ud. vive, ¿ hay muchas familias que tengan dos coches ?   2. ¿ Hay muchas casas que tengan más de ocho cuartos ?   3. ¿ Hay profesores en su escuela que enseñen más de una lengua ?   4. ¿ Hay un profesor en su departamento de español que se llame Fernández ?   5. ¿ Hay un profesor que se llame González ?   6. ¿ Conoce Ud. a alguien que quiera hacerse actor o actriz ? 7. ¿ Conoce Ud. a una actriz que se llama Ana Margarita ? ¿ a un actor que se llama Rock Hudson ?   8. ¿ Hay algo que le guste más que estudiar español ? 9. ¿ Ha visto Ud. alguna vez una pluma que escriba con diez colores ?   10. ¿ Ha visto Ud. mi pluma que escribe con tres colores ?

B. Ahora complete las frases siguientes :

1. ¿ Hay alguien *(who understands this)* ?   2. Buscamos un estudiante *(who can help us)* con el español.   3. Hay muchos estudiantes *(who can help you)* —pero no aquí.   4. Quiero un marido *(who has)* riqueza, inteligencia, dinero, buen carácter y una gran fortuna. —Pues yo tengo buen carácter.   5. ¿ Es Ud. la persona *(who is going to teach me)* a bailar ? —Yo no. No hay nadie *(who*

dances) peor que yo. 6. Le gustaría encontrar alguien *(who'll accompany him)* en el viaje este verano. 7. ¿Has visto jamás a una persona *(who knows as much)* como él? —En efecto, sí. Yo tengo un amigo que cree que *(he knows it all)*. 8. ¿Habrá por aquí una tienda *(where they sell)* ropa de segunda mano? —Hay varias *(where they sell it)* en la Tercera Avenida.

94. THE IMPERFECT (PAST) SUBJUNCTIVE

A. The imperfect subjunctive is the only simple past subjunctive in Spanish. It is formed in regular verbs by replacing the infinitive endings as follows:

hablar	comer	vivir
hablara	comiera	viviera
hablaras	comieras	vivieras
hablara	comiera	viviera
habláramos	comiéramos	viviéramos
hablarais	comierais	vivierais
hablaran	comieran	vivieran

There are alternate imperfect subjunctive forms ending in **-se**. Though they are essentially interchangeable with the **-ra** forms, they are rarely used in Latin America. For your use, learn to recognize them, that's all.

hablase	comiese	viviese
hablases	comieses	vivieses
hablase	comiese	viviese
hablásemos	comiésemos	viviésemos
hablaseis	comieseis	vivieseis
hablasen	comiesen	viviesen

(Incidentally, **-ar** and **-er** radical changing verbs are conjugated like ordinary regular verbs in the imperfect subjunctive.)

Ejercicio

Diga la forma correspondiente del imperfecto del subjunctivo:
yo: lavar, quedar, perder, abrir
tú: recordar, tocar, entender, permitir
Luisa: aprovecharse, encargarse, ofrecer, recibir
Ud. y yo: comenzar, bastar, comprender, insistir
tú y Emilio: contar, bajar, subir, meter
Uds.: encontrar, sentarse, mover, asistir

B. **-ir** radical changing verbs and *all* irregular verbs add these endings to the stem of the third person plural of the preterite. For example:

tener, **tuvieron: tuviera**, tuvieras, tuviera, tuviéramos, tuvierais, tuvieran

Ahora complete Ud.:

estar, estuvieron : estuviera, _____ , _____ , _____ , _____ , _____
andar, anduvieron : anduviera, _____ , _____ , _____ , _____ , _____
haber, hubieron : hubiera, _____ , _____ , _____ , _____ , _____
poder, pudieron : pudiera, _____ , _____ , _____ , _____ , _____

Ejercicios

A. Diga muy rápidamente la primera persona del singular del imperfecto del subjuntivo :

poner, pusieron : _____   saber, supieron : _____
decir, dijeron : _____   conducir, condujeron : _____
venir, vinieron : _____   hacer, hicieron : _____
ser, fueron : _____   ir, fueron : _____
sentir, sintieron : _____   morir, murieron : _____
oír, oyeron : _____   querer, quisieron : _____
traer, trajeron : _____   dar, dieron : _____

B. Cambie según las indicaciones :
   1. Lamenté mucho que no **pudieras** ir.
      (Ud., ellos, nosotros, vosotros, Uds.)
   2. No queríamos que lo **hicieran**.
      (saber, decir, traer, oír, conducir)
   3. ¡ Ojalá que **tuviéramos** dinero para comprarla !
      (yo, mi familia, los pobres, mi esposa y yo, tú, vosotros)
   4. No era posible que **estuviera tan enfermo**.
      (sentirse tan mal, morirse de hambre, decir tal cosa, irse sin decirnos nada)

95. USES OF THE IMPERFECT SUBJUNCTIVE

The imperfect subjunctive is used when a subordinate clause expresses a *past* action, or when the main clause is in the past :

A. When the subordinate clause expresses a past action

Dudan que fuera él.   They doubt that it was he.
Es posible que lo hiciera.   It is possible that he did it.

B. When the main clause is in the past

Quería que le escribiéramos.   He wanted us to write to him.
No había nadie que la conociera.   There wasn't anybody who knew
                                    her.
Te dije que no lo tomaras.   I told you not to take it.

C. It is also used in *if*-clauses that state a supposition contrary to fact (see 96).

Ejercicios

A. Cambie al pasado. Por ejemplo:

Me dice que lo haga en seguida.   **Me dijo que lo hiciera en seguida.**
Quieren que cantemos.   **Querían que cantáramos.**

1. No queremos que se vaya.   2. ¿Hay alguien que lo comprenda?   3. Te pido que me lo des.   4. Se lo daré para que me escriba.   5. Quiere que le llamemos.   6. Esperan que lo hagas.   7. Duda que sea Juan.   8. Es posible que estén enfermos.

B. Termine de una manera original:
1. Yo no quería que tú... ¿Por qué lo hiciste?   2. Era imposible que una persona como él...   3. Le di el número de mi teléfono para que...   4. Dijo que esperaría hasta que nosotros...   5. No era verdad que...

C. Diga en español:
1. He wants us to come.   2. He wanted us to come.   3. I'm happy that you'll receive it.   4. I'm happy that you received it.   5. They insist that she leave at once.   6. They insisted that she leave at once.   7. I hope he does it!   8. I hope he did it.   9. He isn't sure that (**de que**) they are here.   10. He isn't sure that they were here.   11. There isn't anyone who knows her.   12. There isn't anyone who knew her.   13. There are many people (**personas**) who know her.   14. We'll wait until he comes.   15. We said that we would wait until he came. (He hadn't come yet.—*Use the imperfect subjunctive.*)

96. IF-CLAUSES CONTRARY TO FACT

Just as in English, when a clause that begins with *if* makes a supposition that is contrary to fact (*If he were here,* but he isn't. *If they knew,* but they don't), the past subjunctive *must* be used.

Notice that the main clause, which tells what "would happen if," uses the conditional:

Si pudiera, te ayudaría.   If I could, I would help you. (But I
                                    can't.)

Si Elisa hablase menos, Pepe se   If Elisa talked less, Joe would marry
   casaría con ella.   her.

Vendrían si tuvieran tiempo.   They would come if they had time.

Sometimes this construction is used with a future action to imply that it is unlikely, that it is probably contrary to fact:

Si te rogara, ¿qué harías?   If I were to beg you, what would
                                    you do?

Si nevara, no podrían salir.   If it should (or were to) snow, they
                                    wouldn't be able to go out.

When **si** *(if, whether)* does *not* imply a condition contrary to fact, but merely makes an assumption, the indicative is used. Note : *Never use a present subjunctive after* **si** :

Si puede, te ayudará.	If he can, he'll help you.
Vendrán si tienen tiempo.	They'll come if they have time.
No sé si lo han recibido.	I don't know whether they have received it.

Ejercicios

A. Cambie las oraciones siguientes para expresar una idea contraria al hecho :
   1. Si viene, le veremos.   2. Si llueve, no irán.   3. Si tengo tiempo, lo haré.
   4. Si estudia, tendrá mejores notas.   5. Nos llamará si puede.   6. Si no se da prisa, saldrán sin él.   7. Si es difícil, no lo haremos.   8. Me dará el viejo si se compra otro.   9. Si tenemos dinero, seremos ricos. (¡ No me diga !)

B. Complete de una manera original :
   1. Si yo tuviera un millón de dólares...   2. Si supiera hablar bien el español...
   3. Si mis profesores me conocieran bien...   4. Si no comieras tanto...   5. Si hubiera cuarenta y ocho horas en un día...   6. Si mi familia viviese más cerca de la universidad...   7. Si nunca tuviéramos exámenes...   8. Si yo fuera presidente de los Estados Unidos...   9. Si mi novio (novia) estuviera aquí en este momento...   10. Si yo pudiera vivir en otra época...

Teatro y Composición

Imagínese que Ud. está escribiendo una "novela" *(soap opera)* para la radio o la televisión y escriba la peor escena que pueda—con los personajes más ridículos y el diálogo más artificial (¡ pero con un dominio exquisito del español !). Vamos a ver qué aptitudes tiene Ud. para esa profesión.

Repaso de Gramática

A. The future
1. Forms
The future endings **é, ás, á, emos, éis, án** are added to the entire infinitive.
For example :

llevar : llevaré, llevarás, llevará, llevaremos, llevaréis, llevarán
creer : creeré, creerás, creerá, creeremos, creeréis, creerán
abrir : abriré, abrirás, abrirá. abriremos, abriréis, abrirán

Some irregular verbs add these endings to shortened forms or corruptions of the infinitive :

venir vendré	**saber** sabré
tener tendré	**haber** habré
poner pondré	**caber** cabré
salir saldré	**hacer** haré
valer valdré	**decir** diré
poder podré	**querer** querré

2. Uses
The future tells what *is going to* or what *will happen*. It also expresses probability or conjecture about a present action.

B. The conditional

CONDITIONAL : PAST= FUTURE : PRESENT

The conditional tells what *would (what was going to) happen, what would happen if...* , or states conjecture about a past action. It is formed by adding the imperfect endings of -er, -ir verbs (-**ía**, -**ías**) to the whole infinitive. Irregular verbs use the same infinitive corruption as in the future tense :

hablar		comer		vivir	
hablaría	hablaríamos	comería	comeríamos	viviría	viviríamos
hablarías	hablaríais	comerías	comeríais	vivirías	viviríais
hablaría	hablarían	comería	comerían	vivirías	vivirían

venir vendría	**salir** saldría
tener tendría	**saber** sabría

C. The past participle
The past participle is formed by changing the infinitive ending -**ar** to -**ado**, the -**er** and -**ir** to -**ido**.

-**ar** : llamar   llamado
-**er** : meter   metido
-**ir** : vivir   vivido

There are a few irregular past participles:

poner puesto	**volver** vuelto
ver visto	**cubrir** cubierto
hacer hecho	**abrir** abierto
decir dicho	**morir** muerto
escribir escrito	**romper** roto

The past participle is often used as an adjective:

un estudiante interesado
una hora perdida

D. Compound (or perfect) tenses
1. Present perfect: present of **haber** + past participle *(has, have gone)*

he ido	hemos
has	habéis
ha	han

2. Pluperfect (past perfect): imperfect of **haber** + past participle *(had gone)*

había ido	habíamos
habías	habíais
había	habían

3. Future perfect: future of **haber** + past participle *(will have gone, probably has gone)*

habré ido	habremos
habrás	habréis
habrá	habrán

4. The conditional perfect: conditional of **haber** + past participle *(would have gone)*

habría ido	habríamos
habrías	habríais
habría	habrían

5. Present perfect subjunctive: present subjunctive of **haber** + past participle *(may have gone)*

haya ido	hayamos
hayas	hayáis
haya	hayan

E. Formation of adverbs
Adverbs are regularly formed by adding **-mente** to the feminine singular of an adjective: **lentamente, sinceramente, fácilmente**. Sometimes Spanish prefers **con** + a noun in place of an adverb: **con sinceridad, con tristeza**.

F. Unequal comparisons : *more, less... than*

Adjectives and adverbs are compared regularly by placing **más** or **menos** before them : **más bonita, menos inteligentes, el niño más listo, más rápidamente.** There are only a few irregular comparisons :

ADJECTIVE	ADVERB	COMPARATIVE
bueno	bien	mejor
malo	mal	peor
mucho	mucho	más
poco	poco	menos
grande		mayor
pequeño		menor

Than is normally translated by **que.** However, **de** precedes a number.

G. Equal comparisons

1. **tanto(a)... como** *(as much... as)* ; **tantos(as)... como** *(as many... as)*

Nadie sabe tanto como él.	No one knows as much as he.
Hay tantas muchachas como muchachos en la clase.	There are as many girls as boys in the class.

2. **tan... como** *(as + adjective or adverb... as)*

No eres tan alto como él.	You aren't as tall as he.
No canto tan bien como ella.	I don't sing as well as she.

H. More about adjectives

1. Shortening

A few adjectives lose the final **-o** before a masculine singular noun : **buen(o), mal(o), algún(o), ningún(o), primer(o), tercer(o). Grande** becomes **gran** before any singular noun ; **ciento, cien** before any noun.

2. Position

Non-descriptive adjectives—demonstratives, indefinites (including **mucho** and **poco**), unstressed possessives—and descriptive adjectives that are used to characterize rather than to distinguish are placed *before* the noun.

Descriptive adjectives that set the noun off from others of its type and stressed possessives (**mío, tuyo**) are placed *after* the noun.

Any change in the position of an adjective may affect its emphasis or meaning.

3. **De** + a noun states the material of which something is made : **un reloj de oro.**

I. Indefinites and negatives

INDEFINITES	NEGATIVES
algo *something*	nada *nothing*
alguien *somebody, someone*	nadie *nobody, no one*

algún, alguno(a) *some, any or some
(one of a group)*
algunos(as) *some, several (of a group)*

alguna vez *sometimes*
algún día *some day*
(en) alguna parte *somewhere*
(de *or* en) alguna manera *somehow,
in some way*

ningún, ninguno(a) *none, no
one (of a group)*
ningunos(as) *no, none (of a
group)* (rare)
nunca, jamás *never*

(en) ninguna parte *nowhere*
(de *or* en) ninguna manera
in no way
ni... ni *neither... nor*
ni siquiera *not even*
tampoco *neither, not... either
(opposite of* también *[also])*

J. The imperfect (simple past) subjunctive
The imperfect subjunctive translates a simple past when subjunctive is required :

hablar	comer	vivir
hablara, hablase	comiera, comiese	viviera, viviese
hablaras, hablases	comieras, comieses	vivieras, vivieses
hablara, hablase	comiera, comiese	viviera, viviese
habláramos, hablásemos	comiéramos, comiésemos	viviéramos, viviésemos
hablarais, hablaseis	comierais, comieseis	vivierais, vivieseis
hablaran, hablasen	comieran, comiesen	vivieran, viviesen

K. Uses of the subjunctive
Aside from its use in direct commands, the subjunctive belongs almost exclusively in the subordinate clause.
1. Indirect or implied command
The subjunctive is used in the subordinate clause whenever the idea of the main clause expresses one person's will that someone else do something or that something be done :

Quiero que lo haga en seguida.   I want him to do it at once.
Les rogó que no lo dijeran.   He begged them not to say it.

2. Emotion
The subjunctive is used in the subordinate clause whenever the main clause expresses emotion about the subordinate clause action :

Es lástima que no haya venido.   It is a pity that he hasn't come.

When there is no change of subject, it is normal to use the infinitive instead of a subordinate clause :

Siento no poder venir.   I am sorry that I can't come.

3. Unreality: doubt, uncertainty, indefiniteness, impossibility, inconclusiveness
The subjunctive is used in the subordinate clause whenever the idea upon which it depends places it in the realm of the doubtful, uncertain, indefinite, nonexistent, impossible, incomplete.

a. When the main clause expresses doubt about or denies the existence of the subordinate clause action:

Dudamos que lo haga.	We doubt that he'll do it.
Negó que estuvieran allí.	He denied that they were there.

b. When the main clause refers back to someone or something that is indefinite, hypothetical, or nonexistent:

Busco un libro que tenga una foto del senador.	I am looking for a book that has a picture of the Senator. (There is no specific book in mind.)
No había nadie que me ayudara.	There wasn't anyone who would help me.
¿Hay alguien que lo entienda?	Is there anyone who understands it?

c. When the conjunction that introduces the subordinate clause states that its action is (1) uncertain or impossible; (2) incomplete, pending at the time the main clause action took place; (3) contrary to fact:

(1) Aunque me dé permiso, no voy a hacerlo.	Even though he may give me permission, I'm not going to do it.
En caso de que llueva...	In case it rains...
Salió sin que le viéramos.	He left without our seeing him.
(2) Se lo daré cuando le vea.	I'll give it to him when I see him.
Dijo que se quedaría hasta que volviéramos.	He said he would wait until we returned. (We hadn't returned yet.)
Te lo digo para que[1] te prepares.	I'm telling you so that you may get prepared.
(3) Si le conociera mejor, hablaría con él.	If I knew him better, I would talk to him.
Si hubieran ido, se habrían divertido mucho.	If they had gone, they would have had a very good time.
Si lloviera, ¿qué haríamos?	If it were to rain (or should rain), what would we do?

Only the imperfect subjunctive (or pluperfect subjunctive for a compound tense) is used after **si** *(if)*. When **si** does *not* state a condition contrary to fact, the indicative is used:

Si llueve, ¿qué haremos?	If it rains, what will we do?

---

[1] **Para que** takes subjunctive because it includes both the idea of incompleteness at the time of the main clause action and implied command.

Estudio de Vocabulario

1. ¿Qué palabras del grupo A asocia Ud. con las del grupo B?
   A: billete, nevar, suerte, casarse, barrio, acción, llover, cabeza, fósforo, mantel, bombilla, anillo, regalos
   B: invierno, estrella, cigarrillo, mesa, luz, jaqueca, Navidad, novios, Bolsa, agua, vecinos, blanco, superstición, comida, cumpleaños, lámpara, pensar, teatro, tren, mala y buena
2. ¿Puede Ud. encontrar un sinónimo para cada una de las palabras siguientes? lindo, amable, atravesar, acabar, colocar, ponerse a, junto a, responder, feliz
3. Diga ahora lo contrario de las palabras siguientes: fuerte, siempre, nacer, dudar, arriba, gordo, feo, detrás de, parado, hacer una pregunta
4. ¿Cuántas palabras o expresiones conoce Ud. relacionadas con el matrimonio? ¿con artículos de vestir? ¿con viajes?

X. *La cuestión económica*

HUELGA DE OBREROS PETROLEROS SE EXTIENDE A OTROS CAMPOS
Maracaibo. 3 marzo.

INFLACIÓN CRECE EN ARGENTINA
Manifestaciones de protesta en varios centros urbanos
Mendoza. 26 abril.

AUMENTA LA IMPORTACIÓN DE CARNES Y COMESTIBLES
Bogotá. 10 mayo.

COMITÉ ESTUDIA DESNIVEL DE BALANZA COMERCIAL INTERNACIONAL
Santiago. 15 septiembre.

A la **sombra** de los **sucesos** políticos, las noticias económicas **llegan muy rara vez a** ocupar los **titulares** de los periódicos. Y sin embargo, las **raíces** de la crisis política están **del todo entrelazadas** con el **desequilibrio** económico que ha caracterizado siempre a los países
5 hispánicos. Vamos a ver cómo el problema se desarrolló.
    Desde tiempos antiguos, España ya estaba dividida en grandes **latifundios**, patrimonio de la alta nobleza feudal. La tierra quedaba en pocas manos y los **terratenientes casi se igualaban** con el rey en

In the shadow • events • rarely get • headlines

roots • entirely intertwined

imbalance

landed estates

landowners almost equalled

Pescadores sobre el lago Pátzcuaro, México. ▶

Época de la siega *(threshing)* en los altos Andes del Perú.

el poder político. Las ciudades, donde comenzaba a surgir la bur-
10 guesía, eran sus rivales naturales, y los conflictos entre ciudad y
campo tuvieron grandes repercusiones políticas. Como ya hemos
visto, aun los Reyes Católicos **se aprovecharon** de estos conflictos   took advantage
para **asegurar la base** de la monarquía central. Pero poco después,   secure the foundation
con la expulsión de los judíos y de los moriscos, quienes **integraban**   made up
15 gran parte de la clase artesana y profesional, España **se consagró**   turned again
de nuevo a una economía predominantemente agrícola y **retrasó** por   retarded
muchos años el avance de la revolución industrial. Ésa era entonces
la España que implantó en Hispanoamérica su sistema político,
económico y social.

20   **Al realizarse** la conquista de América, se **repartieron** las tierras   Upon completing • divided
en grandes **encomiendas**. Y los descendientes de los encomenderos,   vast territories entrusted to
juntos con los **caciques** que surgieron después de la independencia,   *encomenderos* • local "bosses"
llegaron a ser los ricos **hacendados** que controlaron durante todo   became • landowners
el siglo XIX el destino de las nuevas naciones. Así es que Hispano-

La exportación de carnes es una de las industrias más importantes de la Argentina. ▶

Mercado popular en la plaza de Chichicastenango, Guatemala. La vida sigue igual que en tiempos anteriores.

En cambio, en las grandes ciudades la vida se moderniza. He aquí un centro comercial español.

25 américa **se vio** dividida en dos clases principales—los muy ricos, que   found itself
representaban un **porcentaje** mínimo, y los muy pobres, que tra-   percentage
bajaban las tierras en una **especie de servidumbre**, y eran la gran   kind of servitude
mayoría.

Agotadas las minas de metales preciosos, la agricultura quedó
30 como el **sostén** fundamental de la economía. Pero los métodos de
cultivar la tierra no cambiaban, y la dependencia **de** uno o dos
productos agrícolas **conducía** con demasiada frecuencia a la catástrofe. Sí, había otros **recursos** naturales, pero la mayor parte de ellos,
vendidos por corruptos políticos y caudillos, **se encontraban** en
35 manos extranjeras, **así como** los principales medios de transporte y
comunicación. **En fin,** económicamente Hispanoamérica era poco
más que una colonia de las grandes naciones industriales, **en parti-**
cular los Estados Unidos, Francia e Inglaterra. Y su gente vivía en
la **miseria.** El cuadro económico de Latinoamérica ha cambiado
40 hasta cierto punto en años recientes. La tecnología moderna, esti-
mulada mayormente por el capital extranjero, ha creado grandes
centros metropolitanos, produciendo una nueva clase media y
atrayendo a multitudes de trabajadores campesinos.[1] La influencia
de los **sindicatos de obreros** ha aumentado. Y ahora son los grandes
45 **industriales,** no los hacendados de antes, **los que** han tomado las
riendas del poder. En el **sentido** físico, Hispanoamérica ha **dado**
algunos **pasos hacia adelante** en el siglo XX. Pero sus problemas
esenciales siguen sin solución.

Todavía existe una inmensa desproporción en la distribución de
50 las tierras. En el Ecuador, por ejemplo, menos del 1% de la población

depleted	
support	
on	
led	
resources	
having been sold • were	
as well as	
In short	
mainly	
poverty	
attracting	
labor unions	
industrialists • who	
reins of power • sense • taken	
steps forward	

[1] Sólo en Cuba vemos ahora una emigración de la ciudad hacia el campo.

posee más del 50% de la tierra. Y aun en México, donde se han instituido numerosas reformas agrarias, la notoria inequidad continúa. Por razones geográficas, hay además grandes extensiones de terreno inhabitable o incultivable. En Nicaragua·sólo el 10% de la
55 tierra se puede cultivar. En el Paraguay sólo el 2% está **siendo cultivado**, y dos **tercios** son **selva** virgen. También por razones geográficas, fuera de las grandes ciudades **faltan** caminos y **carreteras**. En el Perú, por ejemplo, hay más de 800 pueblos que no tienen acceso a un **solo** camino. Y en el Paraguay, con un área de unas
60 150.000 **millas cuadradas**, ¡hay únicamente 450 millas de caminos que se pueden usar durante todo el año! Falta un sistema adecuado de **ferrocarriles**, aunque las líneas aéreas se han desarrollado mucho en estos últimos años. Faltan agua **potable** y electricidad, escuelas

owns

being cultivated
thirds • forest
are lacking • highways

single
square miles

railways
drinking

Fábrica de aceite de oliva
(olive oil) en Jaén, España.

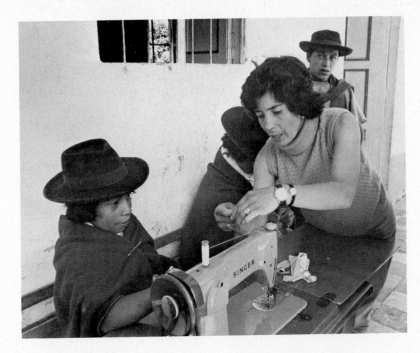

Aprendiendo a usar una
máquina de coser. Cauca,
Colombia. El gobierno ha
instituído diversos pro-
gramas para mejorar el nivel
de vida de los indios.

y **medios eficaces** de comunicación y de **sanidad**. Y sobre todo, la | efficient means • sanitation
65 población sigue creciendo con una rapidez asombrosa. Las ciudades
no pueden **abrigar** a todos los que buscan en ellas trabajo y **vivienda**. | shelter • dwelling places
Y hasta en aquellos países donde hay considerable producción agrí-
cola e industrial, tienen que importar gran parte de los productos
manufacturados y aun de los **comestibles**. Como consecuencia, la | foodstuff
70 inflación se ha extendido por todas partes. El **desnivel de la balanza** | unfavorable balance of trade
comercial internacional continúa. Y a pesar de la expropiación de
muchas de las **propiedades** extranjeras, los intereses extranjeros | properties
ejercen todavía un gran dominio económico. Las **rentas de la zona** | wield • income • Canal Zone
del Canal son el ingreso mayor de Panamá; y en Chile y Venezuela
75 los **impuestos** pagados por compañías extranjeras son el sostén | taxes
principal de la economía.

Así es que el **nivel de vida** ha subido relativamente poco para las | standard of living
grandes masas hispanoamericanas. Y el pobre, sufriendo hambre,
sufriendo privaciones, se siente **atraído** por todos los "ismos" que | attracted
80 puedan ofrecerle una fácil solución. **Desafortunadamente**, esa solu- | Unfortunately
ción no la ha encontrado todavía. ¿La encontrará **jamás**? | ever

En España, como hemos dicho, los largos años de paz que
siguieron a la Guerra Civil han traído una relativa prosperidad, por
lo menos en la **superficie**. El turismo y las bases militares norte- | surface
85 americanas han **aportado** grandes sumas de dinero **que se han** | brought • which have turned into
convertido en elegantes barrios de apartamentos en los centros

Mina de cobre en El Salvador. La pequeña nación, anteriormente consagrada a la agricultura, está tratando en estos momentos de desarrollar su potencia industrial.

urbanos y en la multiplicación de coches y caminos. Aunque España sigue siendo una nación esencialmente agrícola, ha podido desarrollar algunas industrias nuevas, **incluso** la manufactura de automó- including

90 viles y la construcción de **barcos**. Sin embargo, el contraste entre ships
la vida urbana y la vida rural es tan marcado como siempre. Es verdad que se han introducido nuevos sistemas de irrigación, y que hasta cierto punto las **máquinas están reemplazando el trabajo** machinery is replacing hand
manual en los campos. Pero por lo general la mecanización ha sido work

95 **lenta**, y el progreso, lento también. Mientras que Barcelona, Madrid, slow
Bilbao y Valencia han tomado un aspecto moderno, progresista, casi cosmopolita, todavía hay numerosos pueblos donde no ha llegado siquiera el agua corriente; donde las mujeres salen a lavar la ropa contra las **piedras** del **arroyo**; donde el sol **cae despiadadamente** stones • stream • beats pitilessly

100 sobre las tierras amarillas, y las tierras dan poco **de sí**. Sin duda, of themselves
España se ha incorporado a la corriente del siglo XX, pero le queda todavía mucho **por hacer**. to be done

Industria mexicana del acero *(steel)*.

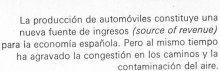

La producción de automóviles constituye una
nueva fuente de ingresos *(source of revenue)*
para la economía española. Pero al mismo tiempo
ha agravado la congestión en los caminos y la
contaminación del aire.

Preguntas

1. ¿Cómo era el sistema económico de la España antigua?
2. ¿Qué sistema estableció España en Hispanoamérica?
3. ¿Quiénes dominaron el destino de la América hispana durante todo el siglo XIX?
4. ¿De qué sufría la economía hispanoamericana durante aquel período?
5. ¿Cómo ha cambiado en años recientes el cuadro económico de la América latina?
6. ¿Qué problemas continúan todavía sin solución? ¿Puede Ud. citar algunos ejemplos específicos?
7. ¿Qué cosas faltan para mejorar el nivel de vida? (A propósito, ¿cómo compararía Ud. estas condiciones con las que existen hoy día en nuestro país?)
8. ¿Qué efecto ha tenido sobre España el largo período de paz que siguió a la Guerra Civil?
9. ¿En qué sentidos ha progresado mucho España?
10. ¿Qué contrastes existen todavía?

Lección Diecinueve

Tema: El Cuento del Gato y Otras Profundidades

Cuentan que había un hombre que era tan **aficionado a su gato** que **durante** años y años no lo quiso abandonar jamás. **Nada de salidas.** Nada de vacaciones. "No es que yo no quiera, ¿entienden? Pero ¿cómo voy a dejar solo a Fifí?" Hasta que sus amigos comenzaron a preocuparse **por él. Mucho le aprovecharía un descanso fuera de casa,** le decían—un buen **paseíto** por Europa, un **crucero** en el mar. **Aun** ofrecieron cuidar de Fifí hasta que él volviera de su viaje. Y por fin el hombre **cedió.** Con **lágrimas** en los ojos, **se despidió** de Fifí, rogándole a su mejor amigo **que lo tratara** como si fuera su propio hijo. Y se embarcó en el **Reina Isabel rumbo a** Inglaterra.

     Apenas llegado a Londres, el hombre llamó por teléfono a su amigo.

—Dime—le gritó (la distancia era **larguísima**), ¿Cómo está Fifí?

—Se murió—contestó **secamente** el amigo.

—¿Qué me cuentas? No es posible que eso haya ocurrido. **Si** Fifí estaba **de** perfecta salud cuando lo dejé.

—Lo siento mucho, viejo, pero es verdad.

—Pero, ¿qué le pasó?

—Bueno, peleó con un **ratón. Lo siguió hasta el techo,** y Fifí se cayó. El **entierro** fue ayer.

—¿Y así me lo dices, **sin más ni más**? Ya veo que eres un **desalmado.** ¿Por qué no me diste la noticia poco a poco, para que pudiera **soportarla** mejor?

—Pero, ¿y cómo?

—Por ejemplo, si **lo hubieras pensado** bien, me habrías **puesto** primero un cable: "FIFI HA SUBIDO AL TECHO." Y al segundo día, otro: "FIFI SE HA CAIDO Y ESTA **LEVEMENTE HERIDO.**" Y al tercero: "FIFI TIENE UN POCO DE **FIEBRE.** HEMOS LLAMADO AL MEDICO." Y al cuarto: "FIFI ESTA **ALGO** PEOR." Y **finalmente**: "FIFI HA PASADO A MEJOR VIDA. R.I.P." Así habría sido más humano, ¿no te parece?

—Tal vez sí. Pero no pensé. No lo sabía… ¿Me perdonarás?

They say • fond of his cat
during • No going out.

about • He would really benefit from a rest away from home • little trip • cruise • even

gave in • tears • he took leave
to treat him

Queen Elizabeth bound for

Barely arrived in London

very long

drily

Why

in

mouse. She followed it up to the roof • funeral

just like that • heartless person
stand

you had thought it over • sent

slightly injured
fever
somewhat • finally

—**No hay más remedio.** Así es la vida. Pero dime ahora, ¿qué otras **nuevas** tienes **de ahí**? *There's no other choice. / news • from there*

—¿Qué te puedo decir, hombre?... Tu mamá... ha subido al techo...

En fin, la **razón de haberle** contado esta historia es que **hace poco** mi esposo y yo tuvimos la **desgracia** de comprar una **lavandería.** (Ya ve Ud. inmediatamente la relación, ¿verdad?) Pues siendo profesora yo y **abogado** él, la dejamos en **manos** de un buen **gerente**— ¡y a **gozar de** los frutos del capitalismo! Pasó un mes. Pasaron dos. Y silencio. Ni una llamada del gerente. Ni un solo **aviso.** No queriendo **que nos acusara de entremetidos,** nosotros guardamos silencio también. Hasta que un día **no pudimos más. Cogimos** el teléfono y lo llamamos.

the reason for having • a short time ago • misfortune • laundry (or dry cleaner)

a lawyer • the hands • manager

enjoy

communication

him to accuse us of butting in

we couldn't take any more • We picked up

—Hola. ¿Qué tal, señor gerente? ¿Cómo va el **negocio**? *business*

—Bien. Bastante bien. Sólo que esta semana **faltan ocho empleados.** *eight employees are out*

—¿Ah, sí? ¿Y puede **andar** el negocio sin ellos? *go on*

—No tanto como antes. Pero, la verdad, hay muy pocos clientes en esta **temporada. Todo el mundo usa ropa que se lava** en casa y que no hay que **planchar.** Tal vez en el invierno... *season. Everybody is wearing clothes that you wash • iron*

—Entonces, ¿volverán los empleados cuando el negocio **mejore**? *improves*

—Claro. Volverán **así que salgan** del hospital. Quedaron bastante heridos cuando **explotó la caldera.** *as soon as they get out / boiler exploded*

—¡Cuando explotó la...! ¿Cuándo fue eso?

—Hace un par de días. Pero créanme, habría sido peor **si hubiera sucedido la semana pasada,** antes del **incendio.** *if it had happened last week / fire*

—¿Qué incendio, hombre? ¿¿Qué incendio??

—**El que prendieron los ladrones** cuando **se llevaron la caja fuerte.** Por suerte... *The one the thieves set • they made off with the safe*

Total, que para estimular el negocio y conservar nuestro pobre capital, mi esposo y yo hemos **quedado reducidos a derramar vino disimuladamente** en los manteles de nuestros amigos (se dice que el té fuerte es igualmente **eficaz**) y a servirles a nuestros invitados **helados** de chocolate **bien derretidos, de ésos que se caen** en seguida **del palito.** ("No se preocupen. En nuestra lavandería en un momentito la **mancha se quita.**") Y a mandar cartas **anónimas** a los periódicos denunciando a las **telas de planchado permanente** como causa del cáncer, si no de algo peor. Y a pasar los sábados **entregados** a la labor intelectual de **planchar camisas** y pantalones. Así que... pero espere, amigo. Esta **pluma fuente** ya no escribe. ¿Me hace el favor de **guardármela** por un momento para que **la pueda llenar**?... ¡Ay, no! ¡**Se le ha derramado la tinta en la** camisa! ¡Disculpe, disculpe! ¡Y qué **manchota**!... Pero no se preocupe. En seguida en nuestra lavandería...

been reduced to spilling wine

surreptitiously

effective

ice cream • nice and melted, the kind that falls • from the stick

stain comes out • anonymous

permanent press fabrics

devoted

pressing shirts

fountain pen

hold it for me • I can fill it

The ink has spilled on your • Excuse me • big stain

VOCABULARIO ACTIVO

gato *cat*
techo *roof*
lágrima *tear (crying)*
la razón *reason*
las nuevas *news*

empleado *employee*
gerente *manager*
negocio *business*
paseo *walk; trip, excursion*
salida *departure; going-out; exit*

---

aprovechar *to benefit; take advantage of*
gozar de *to enjoy*
despedirse (despido) *to take leave*

lavar *to wash*
planchar *to iron*
ofrecer (ofrezco) *to offer*
rogar (ruego) *to beg; pray*

---

largo *long (not large!)*

seco *dry*

---

algo *adv. somewhat, rather*
apenas *hardly, scarcely, barely*
fuera (de) *outside*

ahí *there (near you)*
durante *during*
todo el mundo *everybody*

Preguntas

1. En el cuento del gato, ¿por qué no quiso nunca irse de vacaciones el hombre?
2. ¿Qué le recomendaron sus amigos? ¿Qué hizo por fin antes de marcharse?
3. ¿Cuál fue la primera cosa que hizo al llegar a Londres? ¿Qué nuevas le contó su amigo?
4. ¿Qué le había pasado a Fifí? Según el hombre, ¿cómo debía habérselo contado *(should have told it to him)* su amigo?
5. ¿Por quién pregunta finalmente el hombre? ¿Qué le responde su amigo?
6. ¿Qué desgracia tuvo también la persona que nos narra este cuento?
7. ¿En qué manos dejó su negocio? ¿Qué noticias tuvo de la lavandería durante los dos primeros meses?
8. ¿Qué le dice primero el gerente cuando llega *(she manages)* a hablar con él?
9. ¿Qué otras catástrofes le cuenta?
10. ¿A qué han quedado reducidos ahora los dueños de la famosa lavandería?
11. ¿Qué les sirven a sus invitados? ¿Qué mandan a los periódicos?
12. ¿Qué pasa cuando la narradora pide a su amigo que le guarde por un momento su pluma fuente? ¿Qué remedio le ofrece para el nuevo desastre?

Conversación

1. ¿Tiene Ud. un animal u otro protegido *(pet)*? ¿Le gustan los pájaros *(birds)*? ¿los peces *(fish)* tropicales?
2. ¿Conoce Ud. a alguien que ame tanto a su animalito como el hombre amaba a Fifí? ¿Quién es? ¿Recuerda Ud. algún incidente relacionado con ese individuo? ¿Podría Ud. amar tanto a un animal?

3. ¿Hay alguien en su familia que haya sufrido una serie de catástrofes en su negocio? ¿Qué le pasó? ¿Cómo resultó por fin?

4. ¿Le han ocurrido a Ud. alguna vez una serie de calamidades en la escuela? ¿o en otra parte *(elsewhere)*? ¿Qué pasó?

Estructura

97. THE PLUPERFECT SUBJUNCTIVE

The pluperfect (past perfect) subjunctive consists of the imperfect subjunctive of **haber** + the past participle. It translates the English *had been, had gone*, when a subjunctive is required in the subordinate clause.

hubiera (hubiese) hablado, comido, vivido
hubieras (hubieses)
hubiera (hubiese)
hubiéramos (hubiésemos)
hubierais (hubieseis)
hubieran (hubiesen)

Sentíamos que no hubiera ganado.	We were sorry that he *hadn't won.*
¿Había alguien que lo hubiese visto?	Was there anyone who *had seen it?*
Si hubieran sabido eso, no lo habrían hecho.	If they *had known* that (but they didn't), they wouldn't have done it.
Si hubieras venido, te habrías divertido.	If you *had come*, you would have enjoyed yourself.
Sería mejor si no hubiéramos dicho nada.	It would be better if we *hadn't said* anything.

Ejercicios

A. Complete las frases siguientes:
1. *(If I had known)* que Ud. venía, le habría esperado. 2. Era improbable que *(they had received)* la carta. 3. *(If we had had)* tiempo, habríamos hecho un viaje a Europa. 4. Era lástima que *(they had already gone out)*. 5. ¿Era posible que *(he had found it)*? 6. *(If you had known it)*, ¿me lo habrías dicho? 7. *(If they had consulted me)*, no se habrían equivocado. 8. No quiso creer que Fifí *(had died)*. 9. *(If you had taken)* más vacaciones, no te sentirías tan cansado ahora. 10. Si el jefe *(hadn't fired—***despedir***)* a tantos empleados, no habrían declarado una huelga.

B. Conteste ahora:
1. Si Ud. hubiera nacido en Madrid, ¿qué sería Ud.? ¿Si hubiera nacido en Roma? ¿en Lisboa? ¿en Buenos Aires? ¿en París? 2. Si Ud. hubiera nacido

en 1900, ¿cuántos años tendría ahora? ¿si hubiera nacido en 1910? ¿en 1920? ¿en 1820? 3. Si nosotros hubiéramos nacido en el siglo diez y ocho, ¿viviríamos todavía? 4. Si los españoles hubieran colonizado la América del Norte, ¿qué lengua hablaríamos nosotros? 5. Si los ingleses hubieran descubierto la América del Sur, ¿qué lengua hablarían allí ahora? 6. Si no hubiera ocurrido la Revolución Norteamericana, ¿qué serían los Estados Unidos de Norteamérica? 7. Si esta universidad no le hubiera aceptado a Ud., ¿adónde habría ido? 8. Si Tomás Edison no hubiera vivido, ¿qué cosas no tendríamos ahora?

98. SEQUENCE OF TENSES WITH THE SUBJUNCTIVE

MAIN CLAUSE	SUBORDINATE (SUBJUNCTIVE) CLAUSE
Present (future, present perfect)	Same tense as in English
Past (conditional, pluperfect)	Imperfect subjunctive (simple tense) Pluperfect subjunctive (compound tense)

A. When the main clause is in the *present* tense (or in the closely allied future or present perfect), *the subjunctive in the subordinate clauses uses the same tense as the English*. Notice again that the present subjunctive refers to future actions as well as to present:

Siento que esté malo.	I am sorry that he is sick.
Es posible que venga.	It is possible that he will come.
Le diré que te llame.	I'll tell him to call you.
Siento que haya estado malo.	I am sorry that he has been sick.
Es posible que haya venido.	It is possible that he has come.
Siento que estuviera malo.	I am sorry that he was sick.
Es posible que viniera.	It is possible that he came.

B. When the main clause is in the past or the conditional, only a *past* subjunctive should be used: imperfect subjunctive for a simple tense; pluperfect subjunctive for a compound tense:

Sentía que estuviera malo.	I was sorry that he was sick.
Era posible que viniera.	It was possible that he would (or might) come.
Le dije que te llamara.	I told him to call you.
Si pudieran, lo comprarían.	If they could, they would buy it.
Sentía que hubiese estado malo.	I was sorry that he had been sick.
Era posible que hubiera venido.	It was possible that he had come.
Si hubieran podido, lo habrían comprado.	If they had been able to, they would have bought it.

Ejercicios

A. Busque en el Grupo 2 una contestación lógica para cada comentario del Grupo 1 :

1	2
No es posible que hayan llegado todavía.	No se preocupe. Se lo darán.
Les rogué que se fueran de paseo, pero no quisieron.	¿Por qué no? Salieron muy temprano esta mañana.
Si me hubiera ofrecido un millón de dólares, no lo habría aceptado.	Esa gente no sabe gozar de la vida.
Es lástima que les resultara tan mal el negocio.	Si pudieras hablarle un poco, tal vez sería suficiente.
¡Ojalá que me den el trabajo!	¿Por qué? ¿Lo odias tanto?
¡Ojalá que pudiera ayudarla!	Sí. Han perdido todo su capital.

B. Diga en español :
1. I doubt that he is here.   2. I doubt that he has been here.   3. I doubt that he was here last April.   4. She is hoping that he'll come.   5. She was hoping that he would come.   6. She was hoping that he had come.   7. His mother doesn't want him to go.   8. His mother didn't want him to go.   9. If it were raining, we would stay at home.   10. If it had rained, we would have stayed at home.   11. As soon as he comes, tell him to call me.   12. He said that as soon as he arrived, he would call me. (He hadn't arrived yet!)

99. IMPERSONAL EXPRESSIONS

A. When there is no change of subject, an impersonal expression is followed by the infinitive[1] :

Es imposible hacerlo hoy.	It is impossible to do it today.
Era importante verle.	It was important to see him.
Hay que (Es necesario) trabajar.	One must (It is necessary to) work.

B. Most impersonal expressions fall within the three basic concepts expressed by the subjunctive. Therefore, when such an expression is followed by a change of subject, the subordinate clause is in the subjunctive :

INDIRECT OR IMPLIED COMMAND

Es necesario (importante, urgente, preferible) **que lo haga.**	It is necessary (important, urgent, preferable) *that he do it.* (Note subjunctive in English.)

---

[1] Under certain limited circumstances, the infinitive may be used even when there is a change of subject : **Me es imposible ir hoy** *(It is impossible for me to go today).*

EMOTION

Es lástima (¡ Ojalá !, Es de esperar) que lo **haya terminado**.	It is a pity (Oh !, if only !, It is to be hoped) he *has finished it*.

UNREALITY (DOUBT, UNCERTAINTY, IMPOSSIBILITY)

Es probable (improbable, posible, imposible, increíble, No es verdad) que **lo dijeran**.	It is probable (improbable, possible, impossible, incredible, It is not true) that *they said it*.

C. An impersonal expression that states a certainty or the speaker's positive belief is followed by the indicative when there is a change of subject:

Es verdad (No hay duda de, Es seguro, cierto) que **está** vivo.	It is true (There is no doubt, It is sure, certain) that *he is* alive.
But: ¿ Es verdad que está vivo ?	Is it true that he is alive ? (I don't know. Do you ?)
¿ Es verdad que esté vivo ?	Is it true that he is alive ? (I doubt it.)

Ejercicios

A. Lea en voz alta, y después cambie según las indicaciones :
1. Es improbable que le **paguen** el dinero.
   (devolver, ofrecer, prometer, dar, prestar)
2. **Es imposible** que lo terminen a tiempo.
   (Es necesario, Es importante, ¡ Ojalá ! Es seguro, No hay duda de)
3. **Era evidente** que decía la verdad.
   (No era posible, Era importante, Era increíble, Era aparente)
4. **Es necesario** prepararse bien para el futuro.
   (Hay que, Es imposible, Será importante)
5. Ojalá que no **venga** demasiado pronto.
   (salir, revelarlo, quitárselo, darse cuenta)

B. Ahora lea bien los diálogos siguientes, y conteste las preguntas :

1. —Es improbable que Juanito vuelva a la universidad este año.
   — ¿ Por qué ?
   —Porque su padre está malo, y Juanito tendrá que trabajar.

   Conteste: a. ¿ Qué es improbable ?
   b. ¿ Por qué es importante que trabaje ?
   c. ¿ Es pobre o rica la familia de Juanito ?

2. —Es evidente que Rosario mentía.
   — ¿ Por qué dices eso, Ana ?
   —Porque no podía mirarme a los ojos. Había que verla *(You should have seen her)*. Se puso *(She turned)* roja y parecía que iba a llorar.

Conteste: a. ¿Por qué era evidente que Rosario mentía?

b. ¿Por qué había que verla?

c. ¿Es muy buena mentirosa *(liar)* Rosario?

3. —Es lástima que Ricardo no pudiera jugar ayer.

— ¿Qué pasó?

—Pues perdimos el partido *(game)*. Fue imposible ganar sin él.

Conteste: a. ¿Por qué es lástima que Ricardo no pudiera jugar ayer?

b. ¿Cómo sabemos que es muy buen jugador *(player)*?

c. ¿A qué deporte cree Ud. que jugaron?

4. — ¡Ojalá que tuviéramos más tiempo!

— ¿Para qué?

—Para acabar la lección. Es muy probable que nuestro profesor nos examine mañana, y no estoy preparado.

— ¡Pobre Manolo!

Conteste: a. ¿Qué deseo expresa Manolo?

b. ¿Qué dice que es probable?

c. ¿Qué materia *(subject)* piensa Ud. que está estudiando?

100. ORDINAL NUMBERS

primer(o) *first*	sexto *sixth*
segundo *second*	séptimo *seventh*
tercer(o) *third*	octavo *eighth*
cuarto *fourth*	noveno *ninth*
quinto *fifth*	décimo *tenth*

Ordinal numbers are used normally only through **décimo**. In dates of the month, the only ordinal used is **primero**:

el primero (1°) de enero *January 1st*

But: el dos de marzo *March 2nd*   el diecisiete de junio *June 17th*

A. With personal titles and chapters of books, the ordinal usually follows the noun:

Lección Tercera *Lesson III*   Fernando Séptimo *Ferdinand VII*

But: Alfonso Trece *Alphonse XIII*

B. In other cases, it usually precedes the noun:

la primera mujer *the first woman*

la Quinta Avenida *Fifth Avenue*

el tercer hombre *the third man*

Ejercicios

A. Diga en español:

1. This is his second chance.   2. Please give me the fourth book on the sixth shelf.—Here it is.—Now I want the second volume.   3. The eighth President

of the United States was... The seventh was... The fourth was... Anyway, the first was Jefferson, wasn't it?—No, it was Charles III!

B. ¿Puede Ud. enumerar los reyes Luis de Francia? (Luis Primero...)

C. Conteste una vez más:
1. ¿En qué página empieza la primera lección de este libro? ¿y la segunda? ¿la tercera? ¿la cuarta? 2. ¿En qué página termina la quinta lectura cultural? ¿la sexta? ¿la séptima? ¿la octava? 3. ¿En qué **Momento de Vida** encontramos un programa de radio? ¿Y las noticias del día? 4. ¿En qué **Cuento** hablamos de la suerte? ¿Y de la vida familiar?

Teatro y Composición

Invente Ud. su propio cuento catastrófico, pero narre las cosas una por una, como en los cuentos del gato y de la lavandería. Por ejemplo, un estudiante puede explicarle a su maestro por qué estuvo ausente para el examen ayer. Una esposa le puede contar a su marido lo que pasó con su coche... o cómo perdió el dinero de la semana, o mejor todavía, use su propia imaginación. Vamos a ver...

Hora de Conversación X

El Automovilismo *(Motoring)*

Narrow Road

Detour at—

Narrow Bridge

Pavement ends

Stop

Slow

Sharp Turn

R.R. Crossing

Curve

Road Crossing

Road Junction

Men at Work

One Way

NO DOBLAR

No Turns

PEATONES (NO) PASEN

Pedestrians
(Don't) Walk

No Estacionar ni Parar	*No Parking or Standing*
Estacionamiento Prohibido	*Parking Prohibited*
Estacionamiento: 1 Hora	*Parking: 1 Hour*
Parada: 15 Minutos	*Standing: 15 Minutes*
Velocidad: 40 Kilómetros por hora	*Speed: 40 Kilometers per Hour*
Apague el Motor	*Turn Off Engine*
Bomba	*Gasoline Pump*
Estación de Servicio	*Service Station*
Semáforo	*Traffic Light*

el **motor** *motor*
el **parabrisas** *windshield*
el **carburador** *carburetor*
el **guardafangos** *fender*
  bocina *horn*
  freno *brake*
el **acelerador** *accelerator*
el **regulador** *regulator*
  multa *fine, traffic ticket*
  camino *road*
  pista *lane*

rueda *wheel*
llanta, neumático, goma *tire*
desinflado, pinchazo *flat (tire)*
gasolina
el **aceite** *oil*
  bujía *spark plug*
el **chasis** *chassis*
  neumático de repuesto *spare tire*
el **volante** *steering wheel*
  carretera *highway*
  autopista *expressway*

Preguntas

1. ¿Tiene Ud. su propio coche? ¿De qué color es? ¿De qué marca *(brand)*? ¿De qué año es? ¿Cuántas puertas tiene? ¿Cuánto dinero le costó? ¿Cómo obtuvo *(did you obtain)* dinero para comprarlo? ¿Cuántos automóviles tiene su familia?

2. ¿A qué edad aprendió Ud. a manejar un coche? ¿Quién le enseñó?

3. ¿Ha tenido Ud. alguna vez un accidente? ¿Obedece Ud. siempre los reglamentos *(Do you always obey the rules)* del tráfico ¿Ha tenido Ud. alguna vez que pagar una multa?

4. ¿A cuántas millas por hora *(miles per hour)* está permitido ir dentro de la ciudad? ¿y en las grandes carreteras? ¿A qué velocidad le gusta a Ud. ir?

5. ¿Le interesan a Ud. las carreras *(races)* de automóviles? ¿Le gustaría tomar parte en una carrera de automóviles?

6. ¿Qué necesita el motor de un coche para poder funcionar?

7. ¿Qué hace Ud. si tiene un desinflado?

8. ¿Le gustan más a Ud. los automóviles pequeños o los grandes? ¿Prefiere Ud. los coches europeos o los norteamericanos? ¿Por qué?

9. ¿Cree Ud. que los hombres manejan mejor que las mujeres?

Lección Veinte

Tema: La Libertad

¿Libertad, la llaman? ¡Más libertad tendría si me metieran en la cárcel! Desde que nací, me parece que vivo dominado por las personas y las cosas que me rodean—por mi madre, por mi padre, por el mundo, por el dinero, por... Ud. dirá que eso es normal. Pero,
5 ¿a mí qué me importa lo normal? Para otros puede ser el mayor de los bienes. Para un alma independiente como la mía, no, mil veces no.

Como dije, desde el momento en que nací, me hallé prisionero:

—Niño, come... ¿No te gusta? Pues esto no lo permito en mi casa. Desperdiciar la buena comida es un crimen. Si no te lo comes
10 ahora, lo pongo en el refrigerador para tu almuerzo... Vístete. Ahora mismo, te digo. No, no, hijo, no te pongas esa camisa azul con esos pantalones. ¿Por qué? ¡Porque no!... ¡Ay, esas manos! ¿Cómo te las ensuciaste tanto? Lávatelas. Recuerda, con jabón. Y la cara también... ¡¡Juanito, no lo toques!!... Haz la tarea de la
15 escuela... Y no olvides practicar en el piano o no te dejo mirar la televisión por una semana entera...

Hasta cuando llegué a la escuela superior, continuó mi cautiverio, y aun peor:

—Dime, ¿a dónde vas?... ¿Al cine, dices? ¿Con quién?... Ya
20 te he dicho mil veces que no me gusta esa muchacha. No quiero que vayas con ella... Sí puedo. Es sencillo. No te daré el dinero.

Dinero—ahí tienes el mayor culpable de todos. Nos quita la libertad más que ninguna otra cosa, más aún que todos los padres y madres—y esposas—juntos. Quisiéramos hacer un viaje, jugar a la
25 pelota, descansar en la verde, fresca yerba del campo, tomar el sol en una playa dorada, o no hacer nada—pensar, canturrear una canción, ¿quién sabe qué? Pero hay que trabajar. ¿Para qué? Para que haya dinero para pagar el alquiler, para que haya comida en la mesa, para que...
30 Dinero. ¡Cuántas veces nos tapa la boca para que no brote una palabra que pueda ofender! ¡Cuántas veces quita una verdad y la reemplaza con una mentira provechosa! ¡Cuántas veces nos hace sonreír cuando sentimos por dentro un volcán a punto de hacer erupción! ¡Cuántas veces nos obliga a hacer cosas que no hubiéramos
35 hecho!

---

jail! Ever since

surround me

what do I care about what's normal? • the greatest of all goods

eat • (Don't translate *lo*)

Wasting good food is a crime.

lunch • Get dressed.

don't put on

Because I said not to

did you get them so dirty? Wash them. Remember • don't touch it! • do

Even • captivity

Tell me

there you have the biggest culprit

We might want • play ball

fresh grass • sun

golden beach • hum

What for?

the rent

it seals our lips so that a word won't come out

replaces • profitable lie

a volcano ready to erupt!

we might not have done!

299

Pero el dinero no es **el único culpable de nuestra esclavitud.** Es la vida misma. **Es el tiempo que no hace caso al hombre.** Es el hombre que no hace caso a su **prójimo**... Hace calor. No quiero ponerme **corbata ni esa camisa almidonada que me ahoga, pero eso no se** 40 **hace.** ¿Por qué **pertenecer** a ese club que no me interesa nada? Porque **eso sí se hace.**

Tal vez tuvo razón el filósofo Rousseau al decir que debíamos volver a la **naturaleza.** En la naturaleza hay libertad. **Cada hoja se abre al amanecer** con franqueza; **cada flor bosteza sin cubrirse la** 45 **boca.** Y si no hay dos hojas que sean absolutamente idénticas, ¿por qué **hemos de esperar** que sean idénticos los hombres? ¿Por qué no sabemos **mantener** nuestra libertad personal **dentro del gran todo**?

¿Utopía, me dices? ¿**Sueño** de filósofo?

Entonces, ¿por qué no tratamos a lo menos de conservar dentro 50 de nosotros **una sola cosa** que sea exclusivamente nuestra? Este sueño **sí puede** hacerse realidad.

(glosses right margin): the only one to blame for our enslavement • It is time that pays no attention to man • fellowman

a tie or that starched shirt that chokes me, but that isn't done • belong

that *is* the thing to do

nature • Each leaf opens at dawn • every flower yawns without covering its mouth

should we expect

maintain • within the great whole • a dream

one single thing

can

VOCABULARIO ACTIVO

almuerzo *lunch*
comida *dinner; food*
cara *face*
el jabón *soap*
camisa *shirt*
corbata *tie*
la verdad *truth*

la flor *flower*
hierba, yerba *grass*
hoja *leaf*
pelota *ball*
el sol *sun*
sueño *dream; sleep*
mentira *lie*

ensuciar *to dirty*
jugar (juego) a *to play (a game)*
tocar *to touch; play (an instrument)*

hallar *to find*
rodear *to surround*
vestirse (visto) *to get dressed*

fresco *fresh, cool*

juntos *together*

desde que *(conj.) since (a certain time)*

*hacer caso de *(or a)* to pay attention to, heed*

Preguntas

1. ¿Dónde dice que tendría más libertad la persona que nos habla?
2. ¿Por quién(es) se vio *(did he feel)* dominado desde que nació?
3. ¿Por qué dice que no le importa lo normal?
4. Cuando era niño, ¿qué le decía su madre cuando no quería comer? ¿y cuando ella quería que se vistiera? ¿y cuando el niño tenía sucias las manos y la cara?
5. ¿Qué trabajo tenía que preparar el niño? ¿Qué otra obligación tenía?
6. Cuando llegó a la escuela superior, ¿qué influencia ejercía todavía su madre?

7. Según esta persona, ¿qué cosa más que ninguna otra hace prisionero al hombre?
8. ¿Cómo influye el dinero en nuestra vida diaria? ¿Para qué lo necesitamos?
9. ¿Qué otros efectos tiene el dinero? ¿Qué otras fuerzas nos hacen prisioneros?
10. ¿Qué idea tuvo el gran filósofo Rousseau? ¿Qué encontramos en la naturaleza?
11. ¿Qué debemos hacer para conservar nuestra identidad individual?

Conversación

1. ¿Simpatiza Ud. con la persona que nos habla aquí? ¿Por qué?
2. Cuando Ud. era niño, ¿imponían sus padres muchas reglas *(rules)* en la casa? ¿Escogía Ud. *(Did you choose)* sus propios vestidos? ¿Escogía su propio menú para las comidas? ¿Podía Ud. salir de casa o volver a cualquier hora? ¿Se acostaba y se levantaba cuando quería? ¿Y ahora?
3. ¿Le permitían sus padres leer todos los libros que le gustaban? ¿Le permitían ver todas las películas *(movies)* que quería ver? ¿y todos los programas de televisión que le gustaban?
4. Cuando Ud. entre en el mundo de los negocios, ¿cree Ud. que tendrá más o menos libertad que ahora? ¿y cuando se case? ¿y cuando sea madre o padre de familia? ¿Por qué?
5. Si Ud. pudiera crear la sociedad del futuro, ¿conservaría el sistema democrático? ¿Conservaría el matrimonio? ¿Por qué?

Estructura

101. FAMILIAR AFFIRMATIVE COMMANDS (THE IMPERATIVE)
We have seen that all polite commands (**Ud., Uds.**) and all negative commands (familiar and polite) are taken from the present subjunctive. Only *familiar affirmative* commands are formed otherwise:

A. **Tú**
The affirmative command form for **tú** is the same as the third person singular of the present indicative:

Habla, niño.	Speak, boy.
Bébelo todo, amorcito.	Drink it all, sweetie.
Canta, Paquito.	Sing, Frankie.

There are only eight exceptions:

ven	*come*	haz	*make, do*
ten	*have*	sé (ser)	*be*
pon	*put*	di	*say, tell*
sal	*go out*	ve	*go*

B. **Vosotros** (generally not used in Spanish America)
The affirmative command for **vosotros** is formed by changing the final -r of the infinitive to -d. There are no exceptions:

hablar : **hablad**	Speak ! (all of you)
hacer : **haced**	Do !
abrir : **abrid**	Open !

When the reflexive pronoun **os** is attached, the -d disappears; -ir verbs require an accent mark over the last **i** to keep the stress normal:

Hablaos.	Speak to each other.
Poneos los guantes.	Put on your gloves.
Vestíos	Get dressed.

Only **irse** *(to go away)* keeps the -d when **os** is attached:

Idos.	Go away.

Ejercicios

A. Cambie a la forma familiar los mandatos siguientes. Por ejemplo: Hábleme. **Háblame.** Siéntense. **Sentaos.**
1. a. Levante la mano. b. Guarde los papeles. c. Explíqueme la lección. d. Múdese. e. Tóquelo otra vez. f. Escríbame. g. Créalo. h. Apro- véchela. i. Véndamelos. j. Recíbalas bien.
2. a. Cierre la ventana. b. Pierda cuidado. c. Vístase en seguida. d. Des- piértese. e. Acuéstese. f. Entiéndalo bien. g. Enciéndalas. h. Duér- mase ahora. i. Pídaselo. j. Despídase de ellos.
3. a. Venga acá. b. Salga por esa puerta. c. Sea bueno. d. Póngalos ahí. e. Hágame un favor. f. Díganoslo. g. ¡Váyase !
4. a. Busquen por aquí. b. Salgan ahora mismo. c. Jueguen con nos- otros. d. Hállenlo inmediatamente. e. Permítanme ayudar. f. Cám- bienselo. g. Ofrézcanselos.
5. a. Levántense. b. Ayúdense. c. Siéntense. d. Acuéstense. e. Recuér- dense. f. Entiéndanse. g. Conózcanse. h. Escríbanse. i. Vístanse. j. Sírvanse. k. Duérmanse.

B. Diga en español los mandatos *(commands)* siguientes, usando: (1) **tú** (2) **vosotros** (3) **Ud.** (4) **Uds.** (Remember that polite commands and *all* negative commands use the present subjunctive. Remember also to *attach object pronouns to the end of affirmative commands* and to *place them immediately before negative commands.*)
1. Speak more rapidly. 2. Don't talk so much. 3. Give it to me. 4. Don't give it to him. 5. Help us. 6. Tell them (it). 7. Don't tell it to them. 8. Come at once. 9. Do me the favor of . . . 10. Sit down. 11. Get dressed. 12. Put it on **(ponerse).**

C. Escriba cinco mandatos originales dirigidos a varios miembros de su clase.

102. USES OF *PARA*

Para, translated most frequently by *for, in order to,* generally looks ahead ⟶ toward the objective, destination, or logical outcome of the action:

$$para \longrightarrow \begin{array}{l} \text{Objective} \\ \text{Destination} \\ \text{Logical outcome} \end{array}$$

Almost all of its uses reflect this concept. These are its most important meanings:

A. In order to ⟶ objective, logical outcome

Estudio para (ser) abogado.	I am studying (in order) to be a lawyer.
Lo hizo para impresionar a su novia.	He did it (in order) to impress his girlfriend
Para ser delgada, hay que seguir un régimen estricto.	(In order) To be slim, one must follow a strict diet.

Notice that Spanish uses **para** before an infinitive whenever the English *to* really means *in order to*.

B. Destined for, headed for ⟶ objective, destination

¿ Para quién es ?	Whom is it for?
Lo compró para su cuarto.	He bought it for his room.
Salimos para Madrid hoy.	We leave for Madrid.

C. To be used for ⟶ objective

papel para cartas	letter paper
una taza para té	a teacup
un vaso para vino	a wine glass
But: una taza **de** té	a cup of tea
un vaso **de** vino	a glass of wine

D. By or for (a certain time or date) ⟶ objective

Para la próxima clase...	For the next session. . .
Lo quiero para el sábado.	I want it for (or by) Saturday.
Para el 16, estaremos en Londres.	By the 16th, we'll be in London.

E. Considering, compared with, with relation to ⟶ immediate object of reference

Para él, no hay nada difícil.	For him, there's nothing (too) hard.
Para su edad, habla muy bien.	For his age, he speaks very well.
Para ser tan viejo, es muy fuerte.	For an old man, he is very strong.

Ejercicios

A. Conteste:

1. ¿Ha comprado Ud. algo recientemente para un amigo? ¿para un pariente suyo? ¿para sí mismo? 2. ¿Ha comprado algo para su casa? ¿para su cuarto? 3. ¿Es difícil para Ud. aprender lenguas extranjeras? 4. ¿Fue difícil para Ud. aprender a manejar su coche? 5. Para ser un estudiante principiante *(beginning)*, ¿cree Ud. que entiende bien el español? 6. ¿Qué tiene Ud. que hacer para mañana? ¿y para la semana que viene *(next week)*? 7. ¿A qué hora sale Ud. para la escuela los lunes? ¿y los martes? ¿los viernes? 8. ¿Para qué profesión u oficio se prepara Ud.? 9. Qué tiene uno que hacer para sacar buenas notas *(grades)*? 10. Si Ud. entra en un restaurante, ¿pide una taza **de** café o una taza **para** café? 11. Si tiene sed, ¿pide un vaso **de** agua o un vaso **para** agua? 12. Si quiere comprar un regalo de bodas *(wedding present)* para unos amigos, ¿les compra vasos de vino o vasos para vino? ¿Les brinda Ud. *(Do you toast them)* con una copa **de** champaña o con una copa **para** champaña?

B. Complete las oraciones siguientes:

1. Tengo un regalo *(for you)*. — *(For me)*? ¡Qué bien! 2. Los niños habrán salido *(for school by 8:30)*. 3. Quiero que lo tengas terminado *(by tomorrow)*. 4. *(To go)* a la ciudad, hay que tomar el tren. 5. Ayer compré una docena de magníficos *(wine glasses)*. 6. ¿Puedo ofrecerle *(a glass of water)*? — Gracias, pero yo prefiero *(a glass of wine in a water glass)*. 7. En esta tienda vendemos *(children's clothes)*. 8. ¿Es demasiado larga *(for you)* esta lección? — No *(not for me)*. Me gusta sufrir.

103. USES OF *POR*

Por has two broad categories of uses. One refers to tangible or physical actions: location, position, means, etc. The second looks back ⟵ to the motive, the impulse, the reason for the action:

A. Tangible or physical uses (location, position, means, duration of time, etc.)
1. By (an agent), by means of

Por Avión	By Airmail
Llámeme por teléfono.	Telephone me.
Una si por tierra, dos si por mar.	One if by land, two if by sea.
El cuento fue escrito por Galdós.	The story was written by Galdós.

2. Through, along, around

Entramos por la puerta trasera.	We entered through the back door.
Andaban por la playa.	They were walking along the beach.
Vive por ahí.	He lives around there.
Pase por aquí.	Come this way. (Pass through here.)

3. During, for (a period of time), in (the morning, etc.)

Venga el jueves por la tarde.	Come Thursday (in the) afternoon.
No hay clases por la mañana.	There are no classes in the morning.
Vivió en Lima por cinco años.	He lived in Lima for five years.

4. In exchange for

¿Cuánto me da por el coche?	How much will you give me for the car?
No lo haría por nada.	I wouldn't do it for anything.

5. Per

Esta carne vale noventa centavos por[1] libra. — ¿Y cuánto pesa su pulgar?	This meat costs 90¢ per (a) pound. —And how much does your thumb weigh?
Cobran por la semana, no por el día.	They charge by the week, not by the day.

B. Motive, impulse ←——— **por**

1. Motive, impulse ←——— out of, because of, through

Renunció por miedo.	He resigned out of fear.
Se lo dieron por compasión.	They gave it to him out of pity.

2. Motive, impulse ←——— for the sake of, on behalf of

¡Hágalo por mí!	Do it for me!
¡Por Dios!	For Heaven's sake!
Se sacrificó por su patria.	He sacrificed himself for his country.

3. Motive, impulse ←——— for, in search of, in quest of

Pepe, ve por el cura.	Joe, go for the priest.
Los conquistadores no vinieron sólo por oro.	The conquistadors didn't come only for gold.

Ejercicios

A. Complete las frases siguientes, distinguiendo siempre entre **por** y **para**:
1. Lo haré *(for you)*. 2. Decidieron mandar *(for the doctor)*. 3. ¿Se casaría Ud. *(for money)*? 4. Mándemelo *(by Friday night)*. 5. Le ofreció diez dólares *(for her pen)*. —Está loco. No vale tanto. 6. Trabaja mucho *(to)* mantener a su familia. 7. Lo envió *(by)* avión. 8. *(For a smart boy)*, eres muy tonto *(dumb)*. 9. Los niños fueron cantando *(through the streets)*.

---

[1] The definite article is also used in this sense: noventa centavos la libra.

B. ¿Puede Ud. terminar las frases del Grupo 1 usando las del Grupo 2?

1	2
Esa chica se casó	...para el 16? ...sólo por dinero ...por el
Rápido, Jose, ve	médico ...sino por ti ...por kilo? ...por
¿Volverán	la tarde ...por teléfono ...por avión ...ter-
¡Dios mío! ¿Cien pesetas	minen la lección ...México y Guatemala
Para la próxima clase,	...Uds. hablan maravillosamente ...será
Han de venir mañana	para mi cuarto ...por aquí ...hay que ser
Acaban de llamar	rico
No lo haríamos por nadie	
El televisor	
Para gastar tanto	
Salimos el lunes para	
Para estudiantes nuevos	
Pasen Uds.	
La carta irá	

Teatro y Composición

Imagínese una conversación entre un "hippie" y un miembro del "establecimiento" sobre el tema de "La libertad". O si prefiere, escriba una composición corta sobre uno de los tópicos siguientes:

1. Mi concepto de la libertad
2. La utopía
3. Mi idea de una vida feliz

XI. *El hispano por dentro*

"El ideal social del español es que cada uno **lleve en el bolsillo un**   *should carry in his pocket a legal document*
fuero que diga: ESTA PERSONA TIENE EL DERECHO DE HACER
LO QUE LE DÉ LA REAL GANA". Así comentó una vez el escritor   *anything he darn well pleases*
y filósofo Angel Ganivet, y bien conocía el carácter de su gente.
5 Individualista—más aún, personalista—el hispano lleva a un **nivel**   *level*
transcendental el concepto del "yo", y la palabra **brota de** sus   *springs from*

Un campesino de Alicante. Rey en su castillo personal.

labios con resonancia. "Soy yo". "¡Lo digo yo!" En efecto, esta
afirmación del "yo" explica en gran parte el curso de su historia.
El español, tan individualista que no puede conformarse **a menudo**   often
10 con la **voluntad** de la mayoría, ha optado muchas veces por el   will
anarquismo **antes que** por la democracia. Y por consecuencia ha   rather than
caído fácil víctima en las manos de hierro del dictador. Tan personalista que **abarca** la sociedad sólo en términos de su mundo inmediato,   he views
siente una **lealtad** mayor a la **tierra** que a la patria; y a su pueblo   loyalty • land
15 o región antes que a la nación. Y así es que España **tardó tantos**   took so many centuries to
siglos en unificarse y que aun hoy existen movimientos separatistas
en todas sus regiones principales. "Yo soy catalán... asturiano...
vasco... andaluz..." Y **al barcelonés se le oye decir**: "Voy a España",   the Barcelonan is heard to say
cuando se dirige a Madrid, la capital. Así se explica también por qué
20 Hispanoamérica se fragmentó en veinte naciones independientes
en vez de buscar la unión de la **hispanidad**, y por qué todos los   instead • Hispanic peoples
esfuerzos **por** crear los Estados Unidos de Hispanoamérica han   to
fracasado. El hispano **odia lo** colectivo, ama lo personal, y tiene en   failed • hates the
común con sus compatriotas el ideal de no tener nada en común.

25   El hispano es profundamente religioso, y el catolicismo influye
en toda su manera de ser. Casi todas sus **fiestas** son fiestas religiosas.   holidays
Los nombres que les da a sus hijos son nombres sacados del cate-
quismo o de las **Sagradas Escrituras**. Y aun más, en lugar de   Holy Scriptures
celebrar su propio **cumpleaños**, celebra el día de su santo. Pero   birthday
30 **a pesar** de su **adhesión** a los ritos de la iglesia, su religiosidad tiene   in spite • adherence
un carácter **sumamente** íntimo, sumamente individual. Siente que   extremely
Dios le conoce personalmente **de cara** y de nombre. Y por eso,   by face
cuando **reza**, le habla de "tú"—"Tú, que estás en los cielos."   he prays • as
"Jesús, Jesusito, escucha mis **oraciones**." Y **no vacila en llamar** a   prayers • he doesn't hesitate to call • other holy beings
35 Dios y a todos los **demás seres sagrados** por la más mínima razón.
"¡Dios mío!", exclama. "¡Por Dios!" "¡José, María y Jesús!" Y en
lo más profundo de su alma, espera su contestación. Aunque sabe   his innermost soul
que es pequeño ante Dios, se acerca a Él con **cierto orgullo**,   a certain pride
construyéndole hermosos altares y magníficas catedrales, trayéndole
40 **regalos**, tratando de **pactar** con Él **más bien que someterse**. Y cuando   gifts • make a deal • rather than submitting • he is ashamed to • empty
pide algo, **tiene vergüenza de** presentarse con las manos **vacías**
porque su dignidad personal no le permite recibir sin dar también.

      Orgullo. Ahí tenemos otra cualidad hispánica. Un orgullo que
le hace **rechazar** la comida ofrecida aunque esté **pasando** hambre,   refuse • suffering
45 porque quiere **aparentar** que sí ha comido. Un orgullo que le hace   make it appear
vestirse con camisa blanca y **almidonada** cuando sale **de noche** a   starched • in the evening
pasear, aunque sea la única ropa buena que tenga. Un orgullo en su
"machismo", en su **hombría**, en su **valentía** ante la muerte. Un   virility • manliness • valor
orgullo que **se traduce** en el concepto del honor, la base de su   is translated
50 **ética** social, y que aun siendo individualista, le hace preocuparse   ethics

La vieja tradición indígena se funde con el catolicismo del indio guatemalteco. Ritos paganos frente a la iglesia de Chichicastenango.

por "**el qué dirán**". Un orgullo que **sobrepasa** la "nobleza de sangre" o la distinción racial.

Individualista, religioso y orgulloso, hemos dicho. Así es sin duda el hispano. Contradictorio, **apasionado** y dramático también— dado al **gesto** exagerado, a buscar el momento supremo, **venga lo que venga** después. **Provinciano** y tradicionalista por la mayor parte, más bien que cosmopolita o reformador. **Sensible** y **pronto para** enojarse; más pronto aún para perdonar[1]. Impráctico y **soñador** más bien que pragmático y materialista. Austero muchas veces **por fuera**; **afectuoso y comprensivo** en su "castillo interior". Difícil **de conocer** al principio; amigo leal y para siempre poco después. **Estoico**, teme

(glosas marginales) what people say about him • surpasses
passionate
gesture • come what may
provincial
sensitive • quick to get mad
a dreamer
on the outside
warm and understanding • to get to know • Stoic

---

[1] A este respecto es interesante observar que el código *(code)* penal español es uno de los más severos del mundo en asentar castigos *(assessing punishments)*, y tal vez el más benigno y humanitario en administrarlos. En la gran mayoría de los casos la clemencia y la amnistía prevalecen sobre la ejecución de la "justicia".

Un barrio elegante de Madrid. La calle de Arapiles.

Juego de fútbol.
Obsesión hispana. ▶

a la muerte, y al mismo tiempo la muerte lo fascina—en su arte, en
la corrida, en su religión. Hombre que ha visto la cumbre, y que sabe
aceptar la **derrota** con resignación; hombre tumultuoso, hombre,   defeat
65 como dijo Unamuno, "de lucha y de contradicción". **He aquí a**   Here you have
la hispanidad.

Preguntas

1. Según el escritor Ganivet, ¿cuál es el ideal social del español? ¿Está Ud. de acuerdo con esa filosofía?
2. ¿Qué es lo más importante para él?
3. ¿Cómo ha afectado el curso de la historia ese supremo individualismo?
4. En lo más profundo de su corazón, ¿qué ideal tiene en común con sus compatriotas?
5. ¿Qué manifestaciones externas tiene la religiosidad del hispano?
6. ¿Por qué decimos que en realidad su religiosidad tiene un carácter muy personal?
7. ¿Cómo entra el orgullo en su relación con Dios?
8. ¿En qué otros aspectos de su vida se refleja su carácter orgulloso?
9. ¿Qué otras cualidades o características tiene el hispano?
10. Basándose en lo que acabamos de leer, ¿cómo compararía Ud. el carácter hispánico con el nuestro? ¿y con el de Ud.?

Lección Veintiuna

Tema: ¿Yo? ¿Nosotros?

Aviso a los Señores Pasajeros
Cómo Deben Ajustarse los Salvavidas
Póngase como chaqueta, cualquier lado hacia afuera.
Los salvavidas *se encontrarán* en...

Notice to the Passengers
How Life Preservers Should be Adjusted • Put on like a jacket, either side out. • will be found

Hallé estas instrucciones para el uso de las chaquetas salvavidas en una **pared** de mi **camarote** cuando hice un viaje por mar a Sudamérica el verano pasado. No son **nada** excepcionales. En una lengua u otra, las encontramos en todos los camarotes de todos los **barcos**
5   y en todos los aviones del mundo. **¿Y qué?**, me pregunta Ud. Muy sencillo. La vida **ante todo**. Conservar **la propia** es el instinto fundamental de todo **ser viviente**; defender **la suya y la de su prójimo**, la responsabilidad de todo ser social.

wall • stateroom

at all

ships

What of it?

above all • one's own

living being • your own and the other fellow's

Pero ¿hasta qué punto somos responsables por la vida de otra
10 persona? Ahí tenemos un problema interesantísimo.

Recuerdo un caso que **oí hace no sé cuántos años.** Aunque no recuerdo todos los detalles, fue más o menos así: Un hombre **reconocido como nadador excelente cruzaba a pie un puente.** Era una tarde de invierno. **De repente, oyó voces y** vio que un hombre había caído
15 en el río y **se ahogaba.** Parecía que entre **todos los que** estaban allí, no había nadie que supiese **nadar, además de él,** que nadaba tan bien.

I heard I don't know how many years ago • known to be an excellent swimmer was walking across a bridge

Suddenly, he heard shouts

was drowning • all those who

to swim, besides him

Pero el nadador **siguió su camino.** Tenía **catarro,** explicó después, y no quería **arriesgarse saltando al** agua fría **en pleno invierno.** A poco murió ahogada la víctima, y el nadador **fue llevado** a la cárcel
20 por la **enfurecida muchedumbre.**

continued on his way • a cold

take a chance jumping into • in mid-winter. Shortly afterwards, the victim drowned • was taken • infuriated crowd

Poco después le acusaron en un **proceso** criminal de **haber faltado** a su responsabilidad humana **al dejar morir a un hombre cuya** vida estaba en sus manos salvar. El pueblo pedía que **se le** condenara a una larga sentencia. El **jurado** le oyó defenderse:

trial • having failed

in letting a man die whose

he be condemned

jury

25 —¿Por qué he de ser culpable yo si la víctima **no fue empujada** al agua por mis manos? ¿Por qué he de tener más responsabilidad que **los demás** que allí estaban? ¿Porque soy buen nadador? ¿Y

wasn't pushed

the others

si no supiera nadar?... ¿Por qué no es culpable aquel señor que le vio caer y **no gritó** inmediatamente pidiendo **ayuda**? ¿Por qué...? *didn't shout • help*

30   **Desgraciadamente**, no recuerdo el **resultado** del caso. No sé si **fue condenado o absuelto. Pero hace pensar.** *Unfortunately • result • he was convicted or absolved. But it makes one think*

Y una vez vi una **película**... **Ud. la habrá visto** también. Era muy popular hace dos o tres años. Pues en esa película un hombre sufre un **ataque al corazón**. Pide a otro hombre (que parece ser rival o *film • you must have seen it* / *heart attack*

35 **enemigo** suyo) que le dé un **frasco** de píldoras que hay en el **cajón** de la mesa. El otro no se lo da y el enfermo muere. ¿Es un crimen eso? ¿Tenía el otro la obligación social, además de moral, de darle las píldoras? *enemy • little bottle • drawer*

Si **un ciego** va a chocar con una pared, si un niño cruza el camino *a blind man*

40 y no ve que viene sobre él un automóvil, ¿tengo yo la obligación social de gritarles "¡Cuidado!"? ¿Y **de cogerles por el brazo y guiarles** hasta que queden libres del peligro? Si descubro que alguien está a punto de suicidarse, ¿es mi responsabilidad **impedírselo**? O si veo que mi vecino **pega** a su hijo y le va a hacer verdadero *to take them by the arm and guide them* / *prevent him from doing so* / *is beating*

45 **daño**, ¿es **mi deber intervenir**? Si hay una tribu en la **selva** que practica el canibalismo, ¿debo **permitírselo** si está **en mis manos** poner fin a esa práctica? Si sé que otra persona, u otro pueblo, cree en una religión que yo considero falsa, ¿debo tratar de enseñarle la mía? ¿Deben tratar ellos de enseñarme la suya? *my duty to interfere? • jungle* / *allow them to do it • within my power*

50   Hace pensar.

VOCABULARIO ACTIVO

el avión *airplane*	fuego *fire*
el cajón *drawer*	lado *side*
catarro *(a) cold*	la pared *wall*
frasco *little bottle*	película *film; movie*
el deber *duty*	el puente *bridge*
la cárcel *jail*	río *river*

encontrar (encuentro) *to find, meet*	pegar *to hit, beat*
faltar *to be lacking or missing;*	nadar *to swim*
— a *to fail in (an obligation, etc.)*	saltar *to jump*
impedir (impido) *to prevent; forbid*	

libre *free*	semejante *similar*

además (de) *besides*	entre *between, among*
menos *except; minus, less*	nada *(not) at all;* — de *no...*
de repente *suddenly*	

Preguntas

1. ¿Qué instrucciones halló el narrador? ¿Dónde las encontró? ¿Adónde iba?
2. ¿Son excepcionales estas instrucciones? ¿Dónde se hallan normalmente?
3. ¿Cuál es el instinto fundamental de todo ser viviente?
4. ¿Cuál es la responsabilidad de todo ser social?
5. ¿Qué caso recuerda el narrador?
6. ¿Qué habilidad *(ability)* especial tenía el hombre que cruzaba a pie el puente?
7. ¿Qué oyó? ¿Y qué vio después? ¿Qué estación del año era?
8. ¿Qué hizo el nadador? ¿Qué le pasó al hombre que se ahogaba?
9. ¿A dónde fue llevado el nadador por el enfurecido público? ¿De qué le acusaron?
10. ¿Qué dijo en su defensa el nadador?
11. ¿Qué ocurre en la película que recuerda el narrador? ¿Qué pide el moribundo *(dying man)* al otro hombre que está con él?
12. ¿Dónde están las píldoras? ¿Se las da al moribundo? ¿Por qué?
13. ¿En qué nos hacen pensar estos problemas?

Conversación

1. ¿Qué le parece a Ud. *(What do you think of)* el caso del nadador? ¿Qué habría hecho Ud. si estuviera en su lugar? ¿Cómo decidiría Ud. el caso si estuviera en el jurado?
2. ¿Cree Ud. que cometió un crimen el hombre que no quiso darle las píldoras al moribundo? ¿Qué sentencia le daría Ud.? En su opinión, ¿quién es peor— él o el nadador?
3. En el caso del ciego, o del niño que cruza el camino, ¿estamos obligados a sacarles de peligro? Y si no lo hacemos, ¿es un acto criminal o sólo inmoral? ¿Cuál es peor?
4. En el caso del hombre que quiere suicidarse, ¿estamos obligados a impedírselo? ¿Por qué? ¿Cree Ud. que es un crimen tratar de quitarse la vida? ¿Por qué razones?
5. ¿Qué debemos hacer en el caso del padre que hace daño físico a su hijo? ¿Y si le hace daño mental o psicológico?
6. ¿Y en el caso de la tribu que practica el canibalismo?
7. ¿O en el caso del pueblo—o de la persona—que practica una religión que nosotros consideramos falsa, o mala?

Estructura

104. MEANING OF THE PASSIVE VOICE

There are two voices in grammatical structure: the active voice and the passive. In the *active* voice, the subject *does* the action of the verb:

Mandó la carta ayer.　　　　　　He sent the letter yesterday.

In the *passive* voice, the subject *receives* the action of the verb:

La carta fue mandada ayer.　　　The letter was sent yesterday.

105. THE TRUE PASSIVE IN SPANISH

The true passive in Spanish is formed exactly as in English. In this construction, *to be* is always translated by **ser,** and the past participle agrees with the subject:

SUBJECT	+	**SER**	+	PAST PARTICIPLE	+	**POR**[1]
Juan		fue		recibido		por el presidente.
John		*was*		*received*		*by the President.*
Mi profesora		será		honrada		por la facultad.
My teacher		*will be*		*honored*		*by the faculty.*
Muchas casas		han sido		construidas		por el gobierno.
Many houses		*have been*		*built*		*by the government.*

The true passive must be used when the doer of the action is stated. When the agent is not expressed, but is strongly implied, the same construction may often be used[2]:

Hamlet	fue	escrito	en el siglo XVII.
Hamlet	*was*	*written*	*in the 17th century.*
Sus amigos	serán	invitados	también.
His friends	*will be*	*invited*	*too.*
El capitán	ha sido	ascendido	a coronel.
The captain	*has been*	*promoted*	*to colonel.*

Remember that the passive voice always deals with an *action* that is received by the subject. If the sentence deals not with the action itself but with the *result* of the action, **estar** is used. This construction is *not* a passive voice:

La tierra está cubierta de nieve.　　The earth is covered with snow.
El niño estaba vestido de blanco.　　The child was dressed in white.

Ejercicios

A. Cambie según las indicaciones:
1. **El museo** fue construido en 1925. (plaza, edificios, casas)
2. La lección fue **comenzada** ayer (repetir, empezar, corregir, explicar)
3. Los premios serán **anunciados** en seguida (ofrecer, distribuir, pagar, recibir)

---

[1] Occasionally, **de** is used instead of **por,** especially when the action is mental rather than physical: **Es respetado de todos** *(He is respected by all).*
[2] The true passive cannot be used when a person is the *indirect* recipient of the action: He has been told (It has been told *to* him). We have been given another chance (It has been given *to* us).

4. **Las acciones** han sido vendidas por un agente (anillos, coche, negocio, pintura)

B. Ahora complete:
1. Nuestra casa *(was built by)* mis abuelos.   2. Sus hijos *(will be sent)* a Europa a estudiar.   3. La ropa *(has been washed)* pero *(it hasn't been ironed)* todavía.   4. *Don Quijote (was written by)* Cervantes. La primera parte *(was published* [publicar]*)* en 1605.   5. Las puertas *(were still closed)* cuando llegamos. De repente, a las diez en punto *(they were opened)*.   6. El trabajo *(will be offered)* a otra persona si tú no lo aceptas.   7. El Nuevo Mundo *(was discovered)* en 1493. —¡Cómo!   8. La vieja *(was seated)* cerca de la ventana, mirando a los pájaros.   9. Los tres premios principales *(were won by)* estudiantes de nuestro colegio.   10. La comida *(will be served)* en el Salón Verde, señor. —Gracias. Ya voy.

106. THE IMPERSONAL THEY FOR THE PASSIVE VOICE
When the doer of the action is *not* stated, Spanish very often uses *they* impersonally as a substitute for the true passive. This also appears frequently in conversational English.

Dicen que va a nevar.	They say (It is said that) it's going to snow.
Enviarán a María a Madrid.	They will send Mary to Madrid. (Mary will be sent.)
Los mataron como a perros.	They killed them like dogs. (They were killed) . . .
Le han dejado una fortuna.	They have left him a fortune. (He has been left a fortune.)

Ejercicios

A. Diga de otra manera:
1. El niño ha sido hallado. (Han...)   2. Fue salvado.   3. No fuimos invitados.
4. La mandarán.   5. Publicaron los libros.   6. No fue empujado.

B. Diga en español usando la tercera persona del plural:
1. It is said . . .   2. He has been given . . .   3. I am told. . .   4. We were offered . . .
5. Dinner will be served at eight. —Will we be invited?

C. Ahora conteste, como siempre:
1. ¿Dicen que va a llover mañana? ¿Dicen que va a nevar?   2. ¿Han anunciado ya las fechas *(dates)* de los exámenes finales? ¿En qué mes los darán?   3. ¿A qué hora abren la biblioteca? ¿A qué hora la cierran?
4. ¿A qué hora de la mañana comienzan a servir en la cafetería? ¿A qué hora de la noche terminan?   5. ¿A cuántos estudiantes admiten aquí cada *(each)* año? ¿Tienen que tener calificaciones especiales para que los admitan? (Bueno. ¡Así debe ser!)

107. THE REFLEXIVE TO EXPRESS PASSIVE VOICE

Again, when the doer of the action is *not* stated, Spanish may use a reflexive construction in place of the true passive or the third person plural:

A. When the subject of the passive sentence in English is *not* a person, it becomes the subject of a normal reflexive construction in Spanish (as if it had done the action to itself). The sentence usually begins with the reflexive verb and the subject follows.

Se construyó este edificio en 1900.	This building was built in 1900.
Se abren las puertas a las diez.	The doors are opened at ten.
Se hallarán allí los libros.	The books will be found there.
Se dice que es riquísima.	It is said that she's very rich.

B. When the subject of the English passive sentence *is* a person (or an animate thing that could possibly do the action to itself), Spanish uses the wholly impersonal third person singular reflexive **se** *(one)*. *One* does the action, and the person to whom it is done becomes the direct or indirect object:

Se nos dijo...	We were told... (One told us...)
Se la mandará a casa.	She'll be sent home. (One will send...)
Se les mató como a perros.	They were killed like dogs. (One...)
Se le ha dejado una fortuna.	He has been left a fortune. (One...)

In this impersonal reflexive construction, only **le** or **les** is used for a third person masculine object, direct or indirect:

Se le llevó al hospital.	He was taken to the hospital.
Se les llevó al hospital.	They were taken to the hospital.

Ejercicios

A. Diga de tres maneras: (a) true passive (b) impersonal *they* (c) reflexive passive
1. He was well received. 2. *Don Quijote* was published in 1605. 3. The children were found in the park. 4. She will be paid for her work. 5. Our school was built a hundred years ago. 6. Why haven't they been invited? 7. The problem has been avoided (**evitar**).

B. Cambie a la forma reflexiva:
1. Nos dijeron que... 2. Les darán un buen puesto. 3. El nadador fue llevado a la cárcel. 4. Me han preguntado eso muchas veces. 5. ¿Saben si va a venir?

C. Lea los diálogos siguientes, y después conteste las preguntas:
1. —Yo lo vi todo. El coche chocó con un árbol, y...
—¿Y qué pasó? ¿Fue herido el chófer?
—Sí. Lo llevaron al hospital. Pero dicen que no está grave, gracias a Dios.

Conteste: a. ¿Cómo fue herido el chófer del coche?

b. ¿Adónde lo llevaron?

c. ¿Qué dicen acerca de él?

d. ¿Quiénes cree Ud. que están hablando?

2. —¡Ay, Dios mío! ¡Dicen en la radio que el Presidente acaba de ser asesinado!

—¡Por Dios, no! Pero, ¿cogieron *(did they catch)* al asesino?

—Sí, lo encontraron poco después en un teatro, y lo mataron como a un perro.

—Así y todo *(Just the same)* no se le puede devolver la vida al Presidente. ¡Qué lástima!

Conteste: a. ¿Qué acaban de decir en la radio?

b. ¿Cogieron al asesino?

c. ¿Dónde lo encontraron?

d. ¿Qué le hicieron?

e. ¿Qué no se puede devolver?

f. ¿Recuerda Ud. un episodio como éste en la historia de nuestro país? ¿Cuándo ocurrió?

3. —¿Dolores? Aquí habla Anita. ¿Sabes, Dolores? Ernesto acaba de ser ascendido. Mañana lo van a anunciar en la prensa *(press)*.

—¡Qué felicidad! ¡Enhorabuena! Pero dime, ¿Ernesto será el único?

—Eso no se sabe todavía. Tal vez haya otros. Posiblemente mañana se publicará la lista.

Conteste: a. ¿Qué noticia le cuenta Anita a Dolores?

b. ¿Dónde la van a anunciar?

c. ¿Qué no se sabe todavía?

d. ¿Qué se publicará mañana?

e. En su opinión, ¿quiénes son las dos personas que hablan? ¿Quién es Ernesto? ¿Dónde trabaja? ¿Por qué quiere saber Anita si otros van a ser ascendidos también?

f. ¿Están hablando en persona o por teléfono las dos amigas?

Teatro y Composición

Dramatice Ud. alguna parte de ¿Yo? ¿Nosotros?—por ejemplo, el caso del nadador, o del hombre que no le quiso entregar al otro las píldoras, o del suicida, del niño, del ciego. O si quiere, escriba una composición corta sobre uno de los temas siguientes:

1. ¿Soy guardián de mi hermano?

2. Por qué tenemos (o no tenemos) el derecho de intervenir en las costumbres de otro pueblo

3. Por qué creo (o no creo) que debo enseñar mi religión a otros

Hora de Conversación XI

La Naturaleza (Nature)

tierra *the land; earth*	la simiente *seed*	el monte *hill, mountain; woods*
el árbol *tree*	prado *meadow*	montaña *mountain*
hoja *leaf*	el bosque *forest, woods*	el valle *valley*
la flor *flower*	llanura, llano(s) *plains*	pantano *swamp*
hierba, yerba *grass*	meseta *plateau*	desierto *desert*
el agua *(f.) water*	selva *jungle; forest*	piedra *stone*
el mar *sea*	río *river*	roca *rock*
océano	arroyo *stream*	isla *island*
al aire libre *outdoors*	viento *wind*	playa *beach*
el clima *climate*	polvo *dust*	arena *sand*
tiempo *weather*	lodo *mud*	neblina, niebla *fog, haze*
lluvia *rain*	luna *moon*	estrella *star*
la nieve *snow*	la nube *cloud*	el planeta *planet*
cielo *sky*		
el sol *sun*		

Los animales

perro *dog*	vaca *cow*	zorro *fox*
gato *cat*	buey *ox*	oso *bear*
caballo *horse*	toro *bull*	ciervo, venado *deer*
burro, asno *donkey*	culebra, *snake*	el león *lion*
mula *mule*	pájaro, el ave *(f.) bird*	el tigre
puerco, cerdo *pig*	pollo *chicken*	el elefante
cabra *goat*	pato *duck*	mono *monkey, ape*
cordero *lamb*	pavo *turkey*	cocodrilo *crocodile*
oveja *sheep*	lobo *wolf*	tortuga *turtle*

Conversación

1. ¿Cómo es la geografía del estado en que vive Ud.? ¿de los Estados Unidos?
2. ¿Cuál considera Ud. el clima ideal? ¿Le gustaría vivir en un país tropical? ¿Le interesaría visitar la zona ártica? ¿Por qué?
3. ¿Cuál es la primera cosa que se le ocurre cuando oye las palabras siguientes: luna, sol, jardín, arena, estrella, bosque, mar, California, Tejas, Suiza, Arabia, la Florida, Londres?
4. ¿Qué animales encontramos normalmente en la casa? ¿en una granja *(farm)*? ¿en el bosque? ¿en una selva tropical? ¿servidos a la mesa?
5. ¿Qué animales usaría Ud. para completar las comparaciones siguientes?
   a. tan valiente como...   b. tan astuto como...   c. tan sucio *(dirty)* como...
   d. tan fuerte como...   e. tan grande como...   f. tan ligero *(swift)* como...
   g. tan testarudo *(stubborn)* como...

Lección Veintidós

Tema: Montaje[1]

Montage

Di por qué llo-ras, Di si es por mí.
(Tell me)

Es-tás ha-cien-do que mi al-ma tam-bién llo-re por ti.

PASAN DE 1.000.000 NUESTRAS TROPAS EN ZANGONIA DEL SUR

El Ministerio de Defensa anunció ayer que durante la última semana ha subido a más de un millón el número de nuestras tropas destinadas al combate en la "**acción políciaca**" en Zangonia del Sur. **Mandando refuerzos** a los ejércitos del oeste, los jefes militares esperan **impedir que el enemigo lance** un nuevo ataque antes de que comience la **temporada de las lluvias**. Según **fuentes fidedignas**

police
By sending reinforcements
prevent the enemy's launching

rainy season • reliable sources

"Ahora bien, mis estudiantes, leamos juntos las dos primeras líneas de este **párrafo** y analicemos lo que significa, ¿está bien?:

"Hay una **llamada** a la puerta.—¿Quién es?, pregunta Sofía.

—Soy yo, responde José."

5 "Bueno, bueno. ¿Han comprendido? Pues bien, **busquemos ahora debajo de la superficie** y saquemos su verdadera **significación**. Por ejemplo, ¿por qué dice el autor que hay una llamada a la puerta, y no a la ventana, o al teléfono, o **en el cielo raso**, o en la pared? ¿No es posible que 'puerta' simbolice algo mayor? ¿Puerta hacia

10 dónde? ¿**Hacia adentro**? ¿Hacia afuera? ¿Puerta hacia lo infinito? ¿Puerta hacia **la nada**? ¿Puerta hacia abajo? ¿Puerta hacia atrás? ¿Puerta hacia lo absoluto? ¿Puerta..."

paragraph
knock

let's look below the surface
meaning

on the ceiling

To the inside?

nothingness

[1] Un montaje es una forma de composición artística en que se combinan varios elementos diferentes.

321

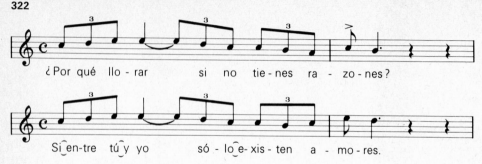

¿Por qué llo - rar si no tie - nes ra - zo - nes?

Si en-tre tú y yo só - lo e - xis - ten a - mo - res.

CONTAMINACIÓN DEL AIRE ALCANZA NIVEL
PELIGROSO

Según el Departamento de Sanidad Pública, a menos
que **se realice** en seguida un **esfuerzo concentrado para
purificar el ambiente**, la contaminación del aire y de las
aguas llegará aun a los **distritos alejados** de los grandes
centros urbanos. **Al destrozar los bosques** que antes mantenían estable el **nivel** subterráneo del agua…

*there is made • concentrated
effort to clean up the
atmosphere • districts far away*

*Upon destroying the forests
level*

"**Sigamos adelante**, clase. José ha llegado a esa puerta. ¿Y cómo
la encuentra? ¿Está abierta?… No. No está abierta, **sino** cerrada,
15 hermética y simbólicamente cerrada. ¿Y por qué? Por que José,
un hombre, el Hombre, llama a lo infinito y encuentra que no puede
entrar. Y **adentro**, Sofía, inocente de aquella trágica verdad, exclama,
'¿Quién es? ¿Quién es?' "

Let's go on

but

on the inside

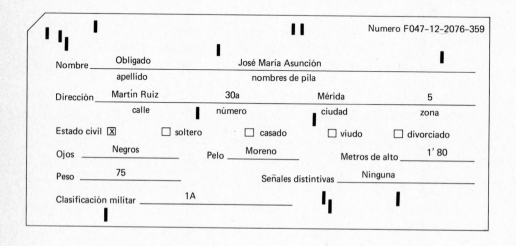

Numero F047-12-2076-359

Nombre	Obligado	José María Asunción
	apellido	nombres de pila

Dirección	Martín Ruiz	30a	Mérida	5
	calle	número	ciudad	zona

Estado civil [X]   ☐ soltero   ☐ casado   ☐ viudo   ☐ divorciado

Ojos ___ Negros ___   Pelo ___ Moreno ___   Metros de alto ___ 1'80

Peso ___ 75 ___   Señales distintivas ___ Ninguna ___

Clasificación militar ___ 1A ___

No, no me di - gas que no̮ en - tien - des mi̮a̮ - mor.

Ves có - mo pa - so · los dí - as, a - ño - ran - do tu voz.
(*longing to hear*)

Muy señor(es) mío(s) :
     señora(s) mía(s) :
Estimada(s) señorita(s) :

☐ **Nos es muy grato** informale(s) que su **solicitud** ha sido recibida, y será procesada dentro de _____ días.

We are very pleased • request

☐ Lamentamos decirle(s) que a menos que pague(n) Ud(s). en seguida la suma indicada a **continuación**, nos veremos obligados a referir el asunto a nuestro departamento legal.

herewith

☐ **En cuanto al asunto** referido en su carta del _____ **del presente**, le(s) rogamos que se dirija(n) en seguida al gerente de nuestras oficinas en …

With regard to the matter
of this month

    "Continuemos : 'Soy yo, responde José.' Ahora bien, ¿era
20 él en realidad, o sólo pensaría que era él? ¿Era posible que no se conociera en efecto a sí mismo? Como dijo el filósofo, **existir es saber.** Pero en realidad, ¿quién sabe lo que es? ¿Qué significa 'yo'? ¿Qué diferencia hay entre 'yo', 'tú', 'él', 'ellos'? Así que, 'Soy yo', responde José, con ese 'yo' simbólico-filosófico-bíblico-social,
25 'y llamo a la puerta de la nada, donde me preguntan "¿Quién es?" Y no sabiendo qué contestar, digo "Soy yo. Soy̮ yo."' ¿Han comprendido? Pues bien, clase, para mañana…"

existing is knowing

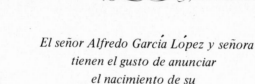

El señor Alfredo García López y señora
tienen el gusto de anunciar
el nacimiento de su
primer hijo
Rodolfo Agustín Resurrección
3 de agosto de 1995
Santiago

ESTE ES UN ANUNCIO **GRABADO.** *EL NÚMERO QUE UD. HA*   recorded
MARCADO NO COMUNICA *EN ESTE MOMENTO. SI...*   dialed does not answer

En - tre nues-tros co - ra - zo - nes   hay só-lo un mun-do de a-mo - res,

¿ Por qué llo - ras? Di si es por mí. Cuan - do llo - ras tam-bién llo - ra mi

al - ma, tam - bién llo - ra mi al - ma por ti.

"¡ Mira, mamá. Sólo tengo una **carie** !"   cavity
"¡ **Qué maravilla**, hijo ! ¡ Qué maravilla !"   How wonderful

VOCABULARIO ACTIVO

apellido *last name*
la dirección *address*
nacimiento *birth*
el bosque *forest, woods*
lluvia *rain*

cielo *sky; Heaven;* —raso *ceiling*
al ambiente *atmosphere*
la fuente *fountain; source*
el nivel *level*
peso *weight*

anunciar *to announce*
alcanzar *to reach*
destrozar *to wreck; destroy*
lanzar *to hurl, throw; launch*
realizarse *to take place*

dirigir *to direct; lead*
marcar *to dial (a number)*
seguir (sigo) *to follow; continue*
limpiar *to clean*
mandar *to send; order*

adentro *(adv.)* *(toward the) inside*
afuera *(adv.)* *(toward the) outside*
atrás *(adv.)* *backward; behind*

hacia *toward*
según *according to*

Preguntas

1. ¿Qué título daría Ud. a la canción que comienza nuestro montaje? ¿Qué relación halla Ud. entre la canción y el resto del *Tema*?
2. ¿De qué trata el primer artículo del periódico? ¿Qué esperan lograr *(achieve)* los jefes militares mandando refuerzos a los ejércitos del oeste?
3. ¿Encuentra Ud. alguna relación entre esta noticia ficticia y nuestra propia historia reciente?
4. ¿Dónde ocurre el próximo trozo *(bit)* de nuestro montaje?
5. ¿Qué quiere el profesor que lean juntos sus estudiantes? ¿Qué quiere que saquen? ¿Cómo interpreta el profesor el uso de la palabra "puerta"?
6. ¿De qué trata el segundo artículo? ¿Qué pasará a menos que se realice un esfuerzo para purificar el ambiente?
7. Volviendo a la clase, ¿qué simboliza para el profesor la puerta cerrada? ¿Qué representa José?
8. ¿Qué significado tiene para nuestro montaje la tarjeta *(card)* de la computadora? ¿y la carta de negocios?
9. ¿Cómo interpreta el profesor la línea: "Soy yo, responde José."? ¿A qué conclusión profunda llega?
10. ¿Cuál es el próximo elemento de nuestro montaje?
11. ¿Qué representa el anuncio grabado?
12. En vista de todos los elementos de este montaje, ¿cómo interpreta Ud. la canción? ¿Ve Ud. en ella un doble significado?

Conversación

1. ¿Qué aspectos de este montaje son más significativos para Ud.? ¿Qué aspectos negativos de nuestra vida señala *(does it point out)*? ¿Qué aspectos positivos?
2. Ya que *(Now that)* nos estamos acercando al fin del siglo XX, ¿cree Ud. que el hombre aprenderá a vivir algún día en paz? ¿Qué esperanzas *(hopes)* ve Ud. para el futuro?
3. ¿Qué soluciones se han propuesto para purificar el ambiente? ¿Cree Ud. que ya es muy tarde para eliminar la contaminación del aire? (¡Ojalá que no!)
4. ¿Qué piensa Ud. de nuestro sistema educativo? ¿Cree Ud. que debe ser

mayormente un estudio de humanidades o una preparación para una carrera *(career)*? (A propósito, ¿ha tenido Ud. alguna vez un profesor como el profesor de literatura que aparece aquí?)

5. En fin, ¿cree Ud. que nuestra sociedad se está humanizando o deshumanizando? ¿Qué podemos hacer nosotros para impedir que el hombre se convierta en un número y nada más? ¿Qué recomendaciones haría Ud. para hacer más personal, más individual la educación?

Estructura

108. SPELLING CHANGING VERBS

A. In order to keep the pronunciation of their final consonant the same as it is in the infinitive form, some verbs must change their spelling under certain conditions. These are the most frequent:

1. Verbs that end in -**ger** or -**gir** change **g** to **j** before an **o** or **a**. This keeps the sound soft.

coger *(to catch)*

PRESENT INDICATIVE	PRESENT SUBJUNCTIVE
cojo	coja
coges	cojas
coge	coja

dirigir *(to direct)*

PRESENT INDICATIVE	PRESENT SUBJUNCTIVE
dirijo	dirija
diriges	dirijas
dirige	dirija

2. Verbs that end in -**gar** change **g** to **gu** before an **e**. The **u** is not pronounced. It serves only to keep the **g** hard.

pagar *(to pay)*

PRETERITE	PRESENT SUBJUNCTIVE
pagué	pague
pagaste	pagues
pagó	pague

3. Verbs that end in -**guir** drop the **u** before **a** or **o**. Otherwise, the **u** would be pronounced.

seguir[1] *(to follow; to continue)*

---

[1] **Seguir** is also radical changing (e > i).

PRESENT INDICATIVE	PRESENT SUBJUNCTIVE
sigo	siga
sigues	sigas
sigue	siga

4. Verbs that end in **-car** change **c** to **qu** before **e**. This keeps the **c** sound hard.

   sacar *(to take out)*

PRETERITE	PRESENT SUBJUNCTIVE
saqué	**saque**
sacaste	**saques**
sacó	**saque**

5. Verbs that end in a *consonant* + **-cer** change **c** to **z** before **a** or **o**.

   vencer *(to conquer)*

PRESENT INDICATIVE	PRESENT SUBJUNCTIVE
venzo	**venza**
vences	**venzas**
vence	**venza**

B. In order to conform to the rules of Spanish spelling, which try to keep the language phonetically consistent, other verbs also undergo spelling changes.
   1. Verbs that end in **-zar** change **z** to **c** before **e**.

   empezar *(to begin)*

PRETERITE	PRESENT SUBJUNCTIVE
empecé	**empiece**
empezaste	**empieces**
empezó	**empiece**

   2. Verbs that end in **-eer** or **-uir** change unstressed **i** to **y** between vowels.

   leer *(to read)*, **huir** *(to flee)*

PRETERITE	IMPERFECT SUBJUNCTIVE	PRESENT PARTICIPLE
leí, huí	**leyera, huyera**	**leyendo, huyendo**
leíste, huiste	**leyeras, huyeras**	
leyó, huyó	**leyera, huyera**	
leímos, huimos		
leisteis, huisteis		
leyeron, huyeron		

3. The irregular verb **oír** *(to hear)* is also a spelling-changing verb.

> Present Indicative : oigo, **oyes, oye**, oímos, oís, **oyen**
> Preterite : oí, oíste, **oyó**, oímos, oísteis, **oyeron**
> Imperfect Subjunctive : oyera (oyese)
> Present Participle : oyendo

Ejercicios

A. Cambie al pretérito :
1. Saco mis guantes. 2. Empiezo a sentirme mejor. 3. Lo busco en todas partes. 4. Lo lee muy bien. 5. No oyen nada. 6. Cargo *(I'm loading)* mi cámara ahora. 7. Llego tarde. 8. No lo creen. 9. Sigo leyendo. 10. No cojo el tren.

B. Exprese las ideas siguientes en forma de mandatos :
1. Ud. sigue leyendo. 2. Uds. lo tuercen *(twist)*. 3. No lo coges hoy. 4. Cargamos el bote *(boat)*. 5. ¿Lo sacan Uds. ahora? 6. Se dirige a la dependienta. 7. Las busca. 8. No le pegan. 9. Llegamos a tiempo. 10. Uds. empiezan ya. 11. Comenzamos en seguida. 12. Vence su miedo. 13. ¿Lo oyen bien?

C. Escriba en español, y después, lea en voz alta :
1. I looked for it. 2. They took it out. 3. Take out a piece of paper (Uds.). 4. He read it aloud. 5. They didn't believe us. 6. Follow them (Ud.). 7. Continue reading. 8. They continued reading. 9. Begin now (Uds.). 10. They paid.— No. I paid. 11. I approached them. 12. Don't address **(dirigirse a)** him. 13. Conquer your fear **(Uds.)**. 14. I wanted you to hear it.

109. USES OF THE INFINITIVE

As we have seen, the infinitive is often used as the object of a verb (**No quieren cantar. ¿Quién sabe hacerlo?**), or the object of a preposition (**antes de salir, sin decir nada, después de comer**). It also serves as follows :

A. **Al** + infinitive (upon doing something)

al llegar a la estación	upon arriving at the station
al sacar la película	upon taking out the film
al cumplir doce años	upon reaching twelve

B. As a noun
The infinitive may be used as subject or object of a verb and after **ser**. *It is the only verb form that can ever be used as a noun.* (This differs from English, in which the present participle is preferred as a noun.)

(El) Vivir allí cuesta mucho.	Living there costs a great deal.
No me gusta tanto ir y venir.	I don't like so much coming and going.

Se oía el gritar de los niños.   One could hear the children's shouting.
Ver es creer.   Seeing is believing.

Notice that **el** is often used with the infinitive to emphasize the difference between its use as a noun and as a verb.

C. After verbs that refer to the senses

Nunca le he oído hablar.   I have never heard him speak.
Les vio salir.   He saw them go out.
La sentí acercarse.   I felt her approach(ing).

D. After verbs of permitting, forbidding, ordering, forcing
These verbs may be followed by either an infinitive or a subjunctive clause. In the case of **dejar**, **mandar**, and **hacer**, the infinitive is more common.

Déjale ir.   Let him go.
Nos mandó devolverlo.   He ordered us to return it.
Me hiciste amarte.   You made me love you.

Ejercicios

A. Conteste
1. ¿Cuál es la primera cosa que hace Ud. al volver a casa todos los días? ¿y al levantarse por la mañana?   2. Cuál es la última cosa que hace antes de acostarse?   3. ¿Qué piensa Ud. hacer al acabar este semestre?   4. ¿Puede Ud. recordar un regalo especial que haya recibido al cumplir diez y seis años? ¿al cumplir diez y ocho? ¿al graduarse de la escuela superior?   5. ¿Ha oído hablar en persona alguna vez al presidente de los Estados Unidos?   6. ¿Ha oído cantar en persona a un cantante famoso (o una cantante famosa)? 7. ¿Cree Ud. que le ayudará en el futuro el saber hablar español?   8. Si Ud. fuera padre (o madre), ¿les permitiría a sus hijos hacer las cosas que hace Ud. ahora?

B. ¿Con cuáles de estas ideas está Ud. de acuerdo? Díganos por qué.
1. Querer es poder.   2. Conocer a una persona es amarla.   3. El trabajar nunca le ha hecho daño a nadie.   4. Vivir es aprender.   5. Ver es creer. 6. El acostarse y levantarse temprano alarga *(lengthens)* la vida.   7. Callar es consentir.   8. Amar es no tener que disculparse jamás *(never having to say you're sorry)*.

C. Diga en español:
1. *I* didn't make you love me. Falling in love **(enamorarse)** was *your* idea. —No. I didn't want to do it. I didn't want to do it.   2. We were listening to the singing of the children.   3. Working can be fun **(divertido)**.—For whom? 4. Upon finishing the exam, I sold all my books.   5. Wanting (to) is doing. (Where there's a will, ...)   6. I can't put on my shirt.—Well, take out the pins **(alfileres)**.

110. USES OF THE PRESENT PARTICIPLE

In addition to its use after **estar** or a verb of motion (**ir, venir, seguir**) to describe an action in progress at a given moment (**Está comiendo. Siguieron hablando.**), the present participle may also be used by itself with these meanings:

A. By (doing something)

Trabajando, te harás rico.	By working, you'll get rich.
Tomando el avión, llegaré antes.	By taking the plane, I'll arrive sooner.

B. When, while, since + a clause that refers to a continuing action or situation

Estando en la tienda, me compré una cámara.	While I was in the store, I bought myself a camera.
Siendo médico, nos recomendó una dieta especial.	Since he was a doctor, he recommended a special diet to us.
Viviendo cerca sus padres, los visitaban a menudo.	Since their parents lived nearby, they visited them often.

Remember: the present participle is *not* used in Spanish either as an adjective[2] or as a noun. It refers only to actions or situations in progress at a certain time.

Ejercicios

A. Lea en voz alta, y después cambie según las indicaciones:
1. **Estudiando** demasiado, se puso enfermo.
   (comer, beber, trabajar, preocuparse)
2. No **habiendo** más tiempo, acabamos en seguida.
   (tener, necesitar, perder)
3. **Encontrando** la oportunidad, me levanté para hablar.
   (aprovechar, hallar, agradecerles [*thanking them for*])
4. **Andando** rápidamente, llegó a donde estaba la víctima.
   (correr, nadar, caminar, manejar)

B. Complete con sus propias palabras las frases siguientes:
1. Saliendo temprano... 2. Tomando el avión... 3. Viviendo lejos... 4. No conociendo a nadie allí... 5. Teniendo tres horas que perder *(waste)*... 6. Estudiando día y noche... 7. Lloviendo mucho... 8. Estando enfermo... 9. Siendo muy ricos... 10. Hablando español...

111. *SINO*

Sino *(but)* is used in place of **pero** only when the first part of the sentence is negative and the second part contradicts it[3]:

---

[2] Except for the adjectives **ardiendo** *(burning)* and **hirviendo** *(boiling)*.
[3] Sino is a preposition. Before a clause, the conjunction **sino que** is used in place of **sino**.

No es rico, sino pobre.   He isn't rich, but poor.

No le interesa el curso, sino la   He's not interested in the course, but
nota.   in the grade.

When the second part of a negative sentence does *not* contradict the first, **pero**
is used:

No es rico, pero viaja mucho.   He isn't rich, but he travels a lot.

Ejercicio

Complete las frases siguientes, usando **pero** o **sino**:
1. No fue él _____ su hermano. 2. No lo hizo, _____ no me importa.
3. Tomó el curso, _____ no aprendió nada. 4. Se casó con él no por amor,
_____ por dinero. 5. Ya no son niños, _____ hombres. 6. No comas con
las manos, _____ con el tenedor. 7. Dicen que es muy buena persona, _____
no me gusta. 8. No alcen la mano izquierda, _____ la derecha. 9. No lo
coloquemos ahí _____ cerca de la ventana. 10. Marqué el número correcto
_____ no contestaron.

Teatro y Composición

Escoja un tema que le interese—el amor, la escuela, el panorama de nuestra sociedad,
la vida familiar—cualquier tema, sea cómico o serio, profundo o superficial. Y
después desarróllelo *(develop it)* en forma de montaje. O tal vez, si tiene Ud.
talento artístico, haga Ud. un montaje verdadero, tráigalo a la clase y explíquenoslo.
¿Qué le parece?

XII. *Escritores y artistas de hoy*

Siglo XX. Época contemporánea. El siglo comienza en España con
un grupo de jóvenes intelectuales—artistas, escritores, filósofos—
pensadores que quieren despertar, que quieren renovar a una España   thinkers
dormida en el pasado. Miguel de Unamuno, Ramón del Valle Inclán,
5 Pío Baroja, Azorín y otros muchos, miembros de la **llamada** "Gene-   so-called
ración del 98"[1]. Destruyendo las viejas convenciones y maneras de
pensar, **sembrando** la duda donde antes había complacencia, llegando   sowing
a la base de la existencia del hombre, esta generación crea un arte
nuevo, y aun más, una conciencia de la necesidad de construir
10 un nuevo futuro.

Pasado el primer momento renovador de la Generación del 98,
España continúa todavía su desarrollo cultural. Jacinto Benavente
infunde un nuevo vigor en el arte dramático. El poeta Juan Ramón   infuses
Jiménez, expresando una sencilla filosofía y conciencia humana,
15 gana el Premio Nobel por su obra en prosa poética, *Platero y yo*.   (Platero is the name of his
Y José Ortega y Gasset, filósofo social, describe en *La rebelión de*   idealized little burro, projection
las masas los cambios que van afectando la estructura fundamental   of his own self.)
de nuestra sociedad.

En los **años 20** aparece el joven poeta y dramaturgo andaluz   1920's
20 Federico García Lorca, muerto durante la Guerra Civil. Hoy se le
considera el **valor más alto** de la literatura española contemporánea,   greatest light
muy conocido y traducido en **el extranjero**. Después de la guerra,   abroad
sigue un período de poca producción literaria. Pero **a partir de 1945**   from 1945 on
surge una nueva generación de escritores, entre ellos los novelistas
25 Juan Antonio de Zunzunegui, Camilo Cela, Miguel Delibes y Carmen
Laforet. Esencialmente realistas, a menudo desilusionados, aun
cínicos, corresponden en muchas de sus obras a los *"angry young
men"* de la literatura inglesa contemporánea. Pero aun dentro de
su **efectismo** "tremendista"[2], añaden a veces una nota sutil de   technique
30 humorismo que **suaviza** el tono general de **amargura**. El teatro y la   softens • bitterness
poesía también florecen hoy en España. Y además, algunos de los
artistas que dejaron su patria por razones políticas continúan sus
esfuerzos creadores en Hispanoamérica. España existe dentro de los
límites de la dictadura, pero vive todavía, y crea.
35 Mientras tanto, en Hispanoamérica el siglo comienza bajo el
impulso de un joven poeta nicaragüense, Rubén Darío, fundador del
movimiento "modernista" cuya influencia va a **traspasar** las fronteras   go beyond
de América. Con el modernismo empieza la verdadera independencia
intelectual de Latinoamérica, una independencia que ha producido

---

[1] La catástrofe sufrida por España en 1898 dio ímpetu a estos escritores, y de ahí se deriva el nombre.
[2] Se llama "tremendismo" una técnica literaria contemporánea que quiere chocar la sensibilidad del lector con
situaciones, vocabulario y efectos violentos o exagerados.

Miguel de Unamuno

Pío Baroja

El viejo Baroja con "Papá" Hemingway.

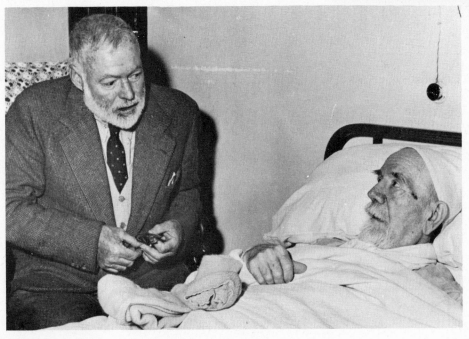

Juan Ramón Jiménez

Juan Ramón Jiménez visitando una exposición de sus
obras en Puerto Rico, donde vivió a partir de la Guerra Civil
española

José Ortega y Gasset

El genial arquitecto y escultor catalán Antonio
Gaudí ha contribuido a cambiar la orientación
del arte moderno español. Gaudí es el creador
del estilo neogótico. Aquí vemos tres ejemplos
de su audaz *(bold)* arquitectura. A la
izquierda, uno de los mosaicos de brillantes
colores que adornan los bancos del Parque
Güell en Barcelona, obra maestra del arte
modernista.

40 en el siglo XX una vasta y gran creación artística—pintura, escultura,
música, literatura. Las formas literarias más cultivadas son la poesía,
el cuento y la novela, y su variedad es impresionante. Las obras de
los chilenos Gabriela Mistral y Pablo Neruda y del guatemalteco
Miguel Angel Asturias, ganadores todos del Premio Nobel, gozan
45 de una fama internacional, y hay otros escritores hispanoamericanos
que también son muy conocidos en Europa. La novela **abunda**—   abounds
novela sociológica, novela de la Revolución mexicana, novela india-
nista (muchas veces de orientación izquierdista), novela filosófica,
novela histórica, novela de experimentación artística.

Pablo Picasso : "Los saltimbanquis". Refugiado en Francia desde la Guerra Civil, el vasco
Picasso es indudablemente la fuerza creadora más potente del arte moderno occidental.

Picasso : "Naturaleza muerta" *(Still Life)*, obra maestra de estilo cubista. ▶

"Técnica mixta", del pintor madrileño Lucio Muñoz. ▶

50   El escritor hispánico de hoy busca formas nuevas, deseando
expresar a través de ellas la verdadera esencia de su pueblo. Y así
lo hace también el músico, el dramaturgo, el pintor. Dejemos ahora
que el arte visual se explique por sí mismo...

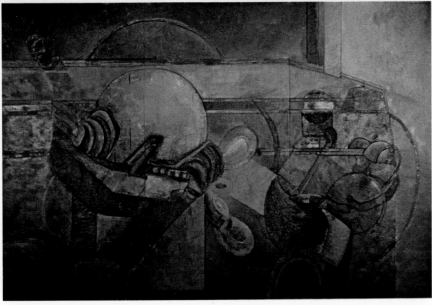

Museum of Modern Art, Dalí, Persistance de la Mémoire, 1931.

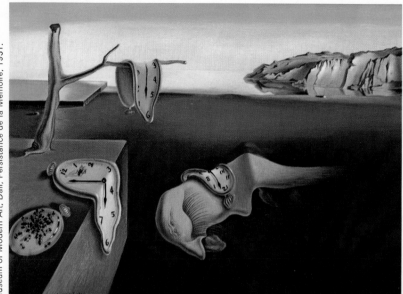

(arriba) "La persistencia de la memoria", por Salvador Dalí, pintor catalán de fama internacional y exponente por excelencia del surrealismo.

(abajo) Dalí: "El *twist* en el estudio de Velázquez".

"El conde duque de Olivares", acuarela *(watercolor)*. El genio satírico de Dalí se manifiesta en este magnífico retrato. ▶

"Interior holandés", por el célebre pintor catalán Joan Miró. El estilo de Miró es una mezcla de surrealismo y expresionismo en el que predomina siempre la fantasía.

"El quinteto",
de Emilio Pettoruti,
ejemplifica la boga del estilo
cubista en la Argentina.

La realidad
política ejerce *(exerts)*
una poderosa influencia
en el arte hispano.
"Imagen de una revolución",
del español Rafael Canogar.

"Catedral", vista con varias perspectivas, es una de las muchas pinturas de la catedral de La Habana por el artista cubano René Portocarrero.

Federico García Lorca

Gabriela Mistral

Camilo José Cela, uno de los escritores y lingüistas más conocidos de la España actual, demuestra la mejor manera de dedicar una fuente construida en su honor.

Aquí vemos al controversial poeta chileno Pablo Neruda recibiendo el premio Nobel de literatura de manos del rey danés. (1971)

Miguel Ángel Asturias contempla la estatua de Benito Pérez Galdós en su visita al museo dedicado al famoso novelista del siglo XIX. (Islas Canariás)

Preguntas

1. ¿Con qué movimiento intelectual comienza el siglo XX en España?
2. ¿Quiénes son algunas de las figuras importantes de esa generación? ¿Qué deseaban hacer?
3. ¿Quién fue Federico García Lorca?
4. ¿Qué sabe Ud. acerca de la literatura española a partir de 1945?
5. ¿Qué poeta moderno cambió el curso de la poesía hispanoamericana?
6. ¿Puede Ud. nombrar a algunos de los ganadores latinoamericanos del Premio Nobel?
7. ¿Cuáles son las formas literarias más cultivadas ahora en Hispanoamérica?
8. ¿De qué temas trata la novela contemporánea?
9. ¿Quiénes son los principales pintores españoles de nuestra época? ¿Qué tal le parece a Ud. su obra?
10. ¿Qué pintores contemporáneos hispanoamericanos conoce Ud.? ¿Cómo los compararía con los españoles?

Lección Veintitrés

Tema: Vida de Perro

Hay ciertas expresiones en inglés que no comprenderé nunca. Ud. las habrá oído y usado. Por ejemplo, "Estudia **como un loco**." Ahora bien, Ud. y yo sabemos perfectamente bien que los locos no estudian. Pero seguimos usando la expresión y hasta le damos un
5 **sentido lisonjero**. Otra: si un amigo ha pasado el verano tostándose **al sol**, decimos que ha quedado "**tan pardo como una baya**". Pues en toda mi vida, no he visto una baya de ese color: rojas, sí; verdes, azules, **moradas, rosadas**, aun negras, sí—pero pardas, no. Y hay sobre todo una larga **serie** de expresiones que **tienen que ver** con
10 los perros. Si uno sufre mucho en su vida, decimos que **lleva** una "vida de perro". Si trabaja mucho, "trabaja como un perro". Si alguien le trata mal, "le trata como a un perro". Si caemos **agotados de** fatiga, estamos, **por supuesto**, "tan cansados como un perro". Y al mismo tiempo, según estadísticas recientes, todos los años se
15 gastan en los Estados Unidos cerca de un billón de dólares en artículos de **lujo** para perros.

   ¿Vida de perro, dicen? En otros países, sí. ¿Pero aquí...? Aquí les damos comidas especiales, con vitaminas, minerales y tónicos para estimular el apetito. Hay médicos para perros, psiquia-
20 tras[1] para perros. Hay **peluqueros** y perfumeros, **costureros** y zapateros para perros. **Hasta se ha establecido** en Nueva York una agencia que **envía** una mujer a su casa si Ud. quiere salir por la noche, y estas mujeres, todas atractivas y vestidas **a la última moda** (se dice que según una votación reciente, la mayor parte de los perros prefieren

like crazy

flattering sense

in the sun • "as brown as a berry"

purple, pink

series • have to do

he is leading

exhausted with

of course

luxury

hairdressers • dressmakers

There has even been established • sends

in the latest fashion

---

[1] Tengo una anécdota que contarle *(to tell you)* sobre un caso absolutamente verdadero. Parece que una señora rica cruzaba el Atlántico en uno de esos vapores de lujo, y traía consigo a su perrito faldero *(lap dog)*. Estando prohibido en el barco tener animales en los camarotes, la señora fue obligada, mal de su grado *(reluctantly)*, a dejarlo en una perrera *(kennel)* que mantenían a bordo expresamente con ese propósito *(for this purpose)*. Al fin del viaje, la señora fue a buscar a su perrito, y lo encontró totalmente cambiado. Estaba nervioso. Ya no ladraba *(barked)* como antes. Se ocultaba *(He would hide)* en su falda y no quería salir. Tenía miedo de todo y de todos *(everyone)*. La señora se quejó a la compañía, cuya decisión fue mandar el perro a un psiquiatra para perros *(dog psychiatrist)*. Así se hizo. Después de una larga investigación, el doctor determinó *(ascertained)* que el perrito había sufrido un colapso nervioso porque había pasado todo el viaje en la compañía de perros mucho más grandes y feroces *(ferocious)* que él, y que la única manera de restaurar *(restore)* su confianza en sí mismo era meterlo otra vez en una perrera, pero esta vez, llena de perritos aun más pequeños y dóciles que él. Dicho y hecho. *(No sooner said than done.)* Y resultó que después de un par de *(a couple of)* semanas en la compañía de esos perros diminutos y dóciles, el perro de la señora rica volvió a casa ladrando y mordiendo, atacando a diestra y siniestra *(barking and biting, attacking right and left)*. Se había hecho insufrible, rey de todo lo que veía, amo *(master)* absoluto de la casa. Por fin su dueña decidió entablar pleito *(sue)* contra la compañía de vapores, acusándoles de haber estropeado *(spoiled)* la personalidad de un perrito de temperamento antes incomparable, y ahora inaguantable *(unbearable)*. ¿Y sabe Ud?—¡ganó! La compañía le pagó cierta cantidad *(amount)* de dinero, y la señora se quedó un poco más rica, pero con un perro que ya no cabía *(no longer fit)* en su falda.

25 a las rubias), estas mujeres, digo, cuidan del perro, **le dan de comer,**   feed him
juegan con él, le ayudan a poner la televisión, y **le acuestan a la hora**   put him to bed at the
debida. ¡Vida de perro, dicen! ¡ **Quién la tuviera tan buena!**   proper time • I wish / had it so good!

¿Y qué hacen los perros para **merecer** toda esa atención?   deserve
Si les da la gana, menean la cola cuando volvemos a casa. Si les   If they feel like it, they wag their tail •
30 ofrecemos una **golosina, nos lamen la cara** y las manos. A veces,   treat, they lick our face
después de una buena siesta, corren a **recoger** una pelota que **les**   retrieve • we throw them •
tiramos. Y **de noche**, si no están cansados del **ajetreo de tan** difícil   at night • hustle-bustle of such a
día, son **fieles** guardianes de nuestra casa. (**Tan** fieles guardianes   faithful • Such
que un perro que conozco **se encariñó con el ladrón** que entró en la   took a liking to the thief
35 casa, ¡y se marchó **tan feliz** con él!) Y con todo eso, el perro es   as happy as could be
nuestro mejor amigo. Hasta los candidatos políticos tienen que
manifestar un **tierno** amor a los perros. Yo recuerdo un caso... Pero   tender • for
basta. Parece que toda nación tiene su **fetiche.** En la India, **la vaca**   fetish • the cow is sacred
es sagrada. En los Estados Unidos, **lo** es el perro.   (Don't translate *lo*)

40   Y ¿por qué? ¿Por qué se encariña el hombre con un animal,
con un pajarito, con una fea **tortuga,** con un **pez?** ¿Es porque saben   turtle • fish
escuchar y callar? ¿Será porque conservan para siempre una parte
de nuestra **niñez?** ¿O porque el hombre **anhela captar** algo de esa   childhood • desires to capture
naturaleza incorrupta **de que provino él mismo** y quiere guardarlo   from which he himself came
45 dentro de su casa y dentro de su corazón? ¿Será porque ese **pedazo**   bit
de color, de movimiento, de **sonido** rompe lo absoluto de la **soledad?**   sound • solitude
¿O es sencillamente porque somos humanitarios—tan humanitarios
que preferimos ver a un pajarito bien **alimentado** y caliente detrás de   fed
las **rejas de una jaula** que libre en un árbol?   bars of a cage

VOCABULARIO ACTIVO

la niñez *childhood*		moda *fashion*	
perro *dog*		pedazo *piece; bit*	
pájaro *bird*		sentido *sense*	
jaula *cage*		sonido *sound*	

acostar (acuesto) *to put to bed;* —se *go to bed*	pertenecer (pertenezco) *to belong*
enviar (envío) *to send*	establecer (establezco) *to establish*
gastar *to spend*	merecer (merezco) *to deserve*
tirar *to throw; shoot*	recoger (recojo) *to pick up,*
	sufrir *to suffer; undergo*

fiel *faithful*	rosado *pink*
loco *crazy*	pardo *brown*
difícil *difficult, hard*	reciente *recent*

de noche *at night*	por supuesto *of course*
tener que ver con *to have to do with*	

Preguntas

1. ¿Qué decimos en inglés si una persona estudia mucho? ¿y si ha pasado el verano tostándose al sol?
2. ¿Por qué no le gustan al narrador estas expresiones?
3. ¿Qué decimos si una persona sufre mucho en su vida? ¿si trabaja mucho? ¿si alguien le trata mal? ¿si estamos muy cansados?
4. ¿Cuánto dinero se gasta en los Estados Unidos en artículos de lujo para perros?
5. ¿Qué damos de comer a los perros? ¿Qué más hay aquí para perros?
6. ¿Qué agencia se estableció recientemente en Nueva York? ¿Cómo son las mujeres que cuidan de los perros? ¿A quiénes parecen preferir los perros? ¿Qué hacen estas mujeres por los perros?
7. ¿Qué hacen los perros cuando volvemos a casa?
8. ¿Qué hacen si les damos una golosina? ¿Y si les tiramos una pelota?
9. De noche, si no están cansados, ¿de qué sirven?
10. ¿Qué hizo una noche un perro que conocía el narrador?
11. A pesar de todo, ¿cómo consideramos a los perros?
12. ¿Qué fetiche tienen en la India? ¿y en los Estados Unidos?
13. ¿Qué razones ofrece el narrador por el gran cariño que siente el hombre por los animales? ¿Está Ud. de acuerdo?

Conversación

1. ¿Le gustan a Ud. los perros? ¿Tiene Ud. un perro ahora? ¿Tenía un perro cuando era niño? ¿Cuándo obtuvo su primer perro? ¿Quién se lo dio?
2. En su opinión, ¿cuál es más limpio *(clean)*—un perro o un gato? ¿Cuál es más inteligente? ¿más leal *(loyal)*? ¿Cuál prefiere Ud.? ¿Por qué?
3. ¿Le gusta a Ud. cazar *(hunt)*? ¿Le gustaría cazar leones o elefantes? ¿Por qué?
4. ¿Está Ud. a favor *(for)* o en contra del uso de animales en experimentos científicos?
5. Si Ud. pudiera volver al mundo en la forma de un animal, ¿qué animal escogería? (Véase la lista de los animales en la página 320).

Estructura

112. ¿QUÉ? AND ¿CUÁL(ES)?

A. As a pronoun
When it stands alone as subject of a verb, **¿Qué?** *(What?)* asks for a definition, explanation, or opinion; **¿Cuál?** *(What? Which one?)* asks for a choice.

¿Qué es la libertad?	What is liberty?
¿Qué son esas máquinas?	What are those machines?

¿Qué le pareció su charla?	What did you think of his talk?
¿Cuál es tu deporte favorito?	What (Which) is your favorite sport?
¿Cuáles son los mejores libros para este curso?	What (Which ones) are the best books for this course?

B. As an adjective

Strictly speaking, only ¿**Qué**? is used before a noun to express both meanings, *What?* and *Which?* In actual usage, however, ¿**Cuál(es)**? is quite common too.

¿Qué libertad hay en ese país?	What liberty is there in that country?
¿Qué deporte le gusta más?	What (Which) sport do you like best?
¿Qué libros usamos?	What (Which) books are we using?

Notice that all interrogatives have a written accent on the stressed vowel.

Ejercicios

A. Conteste:

1. ¿Cuál es el número de su teléfono?   2. ¿Qué hora es?   3. ¿A qué hora empieza su clase de español?   4. ¿Cuál es su programa favorito de televisión?   5. ¿Qué otros programas le gustan?   6. ¿Qué novelistas le gustan más? ¿qué poetas? ¿qué artistas?   7. ¿Qué clase de música prefiere Ud.? 8. ¿Qué le pareció el último examen que tuvimos?   9. ¿Cuál es la mejor universidad del mundo?   10 ¿Cuáles son los mejores restaurantes de por aquí *(around here)*?

B. Diga ahora en español:

1. What time was it?   2. What is your address?   3. What number do you like best?   4. What is the best film of the year?   5. What is the Iron Curtain? 6. Which curtains are better for my living room?   7. What did you think of her?

113. ¿QUIÉN(ES)? AND ¿DE QUIÉN(ES)?

A. ¿Quién? (*pl.* ¿Quiénes?) asks *Who?* or *Whom?*

¿Quién es la más hermosa de todas?	Who is the fairest of them all?
¿A quién mando la carta?	To whom do I send the letter?
¿Para quiénes serán los asientos?	Whom will the seats be for?

B. ¿De quién(es)?

¿De quién(es)? is the only way to ask the question *Whose?* There is no other possessive interrogative:

¿De quién es este sombrero?	Whose hat is this?
¿De quiénes son aquellas casas?	Whose houses are those?

Ejercicios

A. Complete las frases siguientes:
1. ¿*(Who)* te tiene miedo a ti?   2. ¿*(Whom)* prefiere Ud.—a él o a mí?
3. ¿*(To whom)* hablas así?   4. ¿*(With whom)* fueron?   5. ¿*(For whom,
pl.)* los hizo?   6. ¿*(Who)* son los mejores estudiantes?   7. ¿Por *(whom)*
vas a votar?

B. Conteste usando siempre un pronombre posesivo. Por ejemplo:

> ¿De quién es esta silla? —**Es mía (tuya, suya, de ella, etc.)**

1. ¿De quién era el coche en que fueron?   2. De quién es este perrito?
3. ¿De quiénes serán esos asientos?   4. ¿De quién son estos guantes?
5. ¿De quiénes eran esos frascos?   6. ¿De quién sería aquel reloj tan
grande?

C. Diga en español:
1. Whose seat is this? —Which one? —This one. —It's mine. —It's not
yours. It's mine! —Then why did you ask?   2. Whose cars are those?
3. Who's going with me?   4. Whose exam is this? —Tell me the grade and
I'll tell you whose it is.

114. ¿DÓNDE? ¿ADÓNDE?

¿**Dónde**? asks where the subject is located. ¿**Adónde**? (¿**A dónde**?) asks where
the subject is going:

¿Dónde está mi cuaderno?	Where is my notebook?
¿Adónde vas?	Where are you going?

¿**Dónde**? may also be preceded by other prepositions besides **a**:

¿En dónde entró?	Where did he enter (go in)?
¿Por dónde escapó?	Through where did he escape?
¿De dónde son?	Where are they from?

Ejercicios

A. Complete las frases siguientes:
1. ¿*(Where)* lo hallaste?   2. ¿*(Where)* fueron?   3. ¿*(From where)* vino
el agua?   4. *(Where)* está su casa?   5. ¿*(Through where)* salió?   6.
¿*(Where)* entraremos?

B. Conteste otra vez:
1. ¿Adónde irá Ud. esta tarde?   2. ¿Adónde irá este verano?   3. ¿Dónde
vive su novio (novia)?   4. ¿De dónde eran sus abuelos?   5. ¿De dónde
viene el petróleo?   6. ¿De dónde vienen los diamantes?   7. ¿De dónde
son los puertorriqueños? ¿los costarricenses? ¿los guatemaltecos?

115. *¿CÓMO?* AND *¿QUÉ TAL?*

A. **¿Cómo?** asks *In what way? How is it done? What is it like? What condition is it in?*

¿Cómo se abre este paquete?	How does one open this package?
¿Cómo le gustan los huevos— fritos o pasados por agua?	How do you like your eggs—fried or soft boiled?
¿Cómo es su marido?	What is her husband like?
¿Cómo está tu madre?	How is your mother?

¿Cómo? also means *What (did you say)?*

Querido, ¿puedes darme mil dólares hoy? — ¿Cómo?	Dear, can you let me have a thousand dollars today? —What?

B. **¿Qué tal?** asks for an opinion or reaction:

¿Qué tal estaban los huevos? —Así, así.	How did you like the eggs? —So-so.
¿Qué (tal) te parece el nuevo profesor?	What do you think of (How do you like) the new professor?

Ejercicios

A. Conteste las preguntas siguientes:
1. ¡Hola! ¿Qué tal? 2. ¿Cómo se aprende a hablar una lengua extranjera? 3. ¿Qué tal estuvo la televisión ayer? 4. ¿Cómo es su novio (o novia)? 5. ¿Cómo están Uds. hoy? 6. ¿Cómo se sale de este cuarto? 7. ¿Cómo le gusta a Ud. el café? 8. ¿Cómo le gusta el chocolate? 9. ¿Cómo se escribe su nombre? 10. ¿Sabe Ud. qué[2] vamos a hacer para mañana?

B. Ahora haga Ud. preguntas para las contestaciones siguientes:
1. Hay 52. 2. Voy a cumplir veinte y dos en noviembre. 3. Muy bien, gracias. 4. Es alto, guapo, y simpatiquísimo. 5. Me gusta con leche y azúcar, por favor. 6. Se entra por la puerta a la izquierda. 7. Allí está, en la mesa. 8. Se llama Pepe. 9. Es el nuevo maestro. 10. 251–6325. 11. Avenida de las Américas, 32, Apartamento 4B. 12. Son míos.

116. EXCLAMATIONS

A. All interrogatives may be used as exclamations if the sense permits:

¡Quién creería eso!	Who would believe that!
¡Cuánto dinero debe!	How much money he owes!

---

[2] In Spanish, when a question is included within another statement, the interrogative still has a written accent: **¿Sabe Ud. quién viene?**

| ¡ Cómo canta ! ¡ Cómo baila ! ¡ Es una maravilla ! | How she sings ! How she dances ! She's a wonder ! |
| ¡ Qué fue eso ! | What was that ! |

B. **¡ Qué !** before a noun means *What (a) . . . !* No article is used :

¡ Qué hombre !	What a man !
¡ Qué músculos !	What muscles !
¡ Qué sonrisa !	What a smile !

C. **¡ Qué !** before an adjective or adverb means *How . . . !*

| ¡ Qué bonitas son ! | How pretty they are ! |
| ¡ Qué bien escribe ! | How well he writes ! |

Ejercicios

A. Escriba tres oraciones exclamativas alabando *(praising)* los talentos de una persona, y tres describiendo a alguien de una manera desfavorable.

B. Ahora complete las oraciones siguientes :
1. ¡ *(How much)* le quiero ! 2. ¡ *(What a)* día ! 3. ¡ *(What)* flores ! 4. ! *(How badly)* habla para su edad ! 5. ¡ *(How many)* libros tenemos que leer ! 6. Todo el mundo me dice *(how)* simpática es !

117. DIMINUTIVE AND AUGMENTATIVE ENDINGS

Instead of using a large number of descriptive adjectives, Spanish often adds to the end of a word a diminutive or augmentative suffix that gives not only an impression of size, but also favorable or unfavorable connotations. These are some of the most used :

A. **-ito**
-ito or **-(e)cito** is the most common of the diminutives. Although it often implies smallness of size, it may also convey a pleasant impression of niceness, charm, or affection, regardless of size :

Juanito	Johnny
una mujercita	a nice little woman
el viejecito	the little old man
mamacita, papacito	Mommy, Daddy dear
un chiquito	a little boy
una chiquitita	a tiny little girl

B. **-illo**
-illo is also a diminutive that usually conveys a very affectionate tone. Of course, both **-ito** and **-illo** may be used sarcastically with the opposite connotation :

Juanillo	Johnny-boy
la chiquilla	the cute little girl
un reyecillo	a petty, puppet king

C. **-ón**

-**ón** gives an impression of largeness, grandeur, even masculinity:

una mujerona	a big, unfeminine-looking woman
un caserón	a large, impressive house

Ejercicio

Use diminutive or augmentative endings with nouns and titles, or to replace adjectives:
1. Señora Machado 2. una pequeña casa 3. mi madre 4. un pequeño perro
5. un hombre alto y fuerte 6. una mujer pequeña y delicada 7. Esteban
8. Enrique, mi amor 9. una casa imponente 10. un señor muy importante
11. un libro pequeño 12. un poema corto 13. los gatos recién nacidos

Teatro y Composición

Escriba Ud. una escena original que tenga que ver con los perros u otros animales. Por ejemplo, una señora tiene un perro o un gato muy mimado *(spoiled)*; una familia tiene todo un jardín zoológico *(zoo)* en su casa y los vecinos protestan; una señora está enseñando a su pajarito a hablar, etc. O si Ud. prefiere, puede escribir una composición sobre:
1. Por qué me gustan (o no me gustan) los animales
2. Una experiencia interesante que tuve con un animal
3. ¿Quiénes son más crueles: los hombres o los animales?

Hora de Conversación XII

Los Negocios

remitente

Fernández y Cía., S.A.
Calle San Martín, 35
Valparaíso, Chile

sello

Sr. Rodrigo Mata Ortiz
Avenida 2 de Mayo, 97
Caracas, Venezuela

destinatario

dirección

ENTREGA INMEDIATA   CERTIFICADO

mecanógrafa *typist*
tendero *merchant*
patrón, jefe *boss*
gerente *manager*
dependiente *salesclerk*

estenógrafa
fabricante
  manufacturer
dueño, propietario
  owner

telefonista *operator*
empleado *employee*

tenedor de libros
  bookkeeper

cajero *cashier*
oficina *office*
Sociedad Anónima, *(S.A.)*
  Corporation (Inc.)
máquina de escribir *typewriter*

comerciante
  businessman
almacén *warehouse;*
  store

obrero *worker*
fábrica *factory*
firma, casa *firm*
el conmutador
  switchboard

carta *letter*
el porte *postage*
tarjeta postal *postcard*

envío, remesa
  shipment

el sobre *envelope*
el paquete *package*

por avión, correo aéreo *airmail*
entrega inmediata *special delivery*

(Casa de) Correos *post office*
certificado *registered*

Conversación

1. ¿Qué tipo de trabajo le interesa más a Ud.? ¿Hay hombres de negocios en su familia? ¿Ha trabajado Ud. alguna vez? ¿Cuándo? ¿Dónde?
2. ¿Prefiere trabajar en una oficina, en una fábrica o al aire libre?
3. ¿Le gustaría más trabajar en una ciudad o en un pueblo pequeño? ¿y vivir?
4. ¿Prefiere Ud. trabajar para una compañía grande o para un negocio pequeño?
5. ¿Ha visitado Ud. alguna vez una oficina comercial? ¿Cómo la describiría?
6. ¿Cree Ud. que la mayor parte de los hombres de negocios son honrados *(honest)*? ¿Piensa Ud. ser completamente honrado en los negocios?

Lección Veinticuatro

Tema: Sobre Teléfonos, Botas y la Escala Social

Había dos hombres de negocios muy ricos, de aquellos que "**se han hecho a sí mismos**". Cada uno tenía un lindo **piso en el centro**, una casa con **piscina** en el campo, tres hijos mayores en universidades **de renombre** y dos perros grandes de **alcurnia**. Bueno, parece que una
5 tarde el primero llamó al otro y ofreció llevarlo a casa en su limosín.
—¡ **Qué casualidad**!, contestó el amigo.—Normalmente voy en mi propio limosín, con chófer. Pero hoy resulta que está en el garage y... en fin, con mucho gusto iré. Encantado.
    Así que media hora más tarde los dos iban juntos en un largo
10 coche negro con **capota de cuero**, charlando **amistosamente** sobre las nuevas del día.
    —Ud. conoce a mi **asociado** Muñoz, ¿no?, el que antes trabajaba para López Hermanos.
    —¡Cómo no!
15   —Pues Muñoz me cuenta que López está **fracasando**, está ya **del todo arruinado**.
    —Claro. Yo lo sabía **desde hace tiempo**. López mismo me llamó para pedirme **que le prestara** 500 mil, pero yo...
    Suena **de repente** un teléfono. El primero coge un pequeño
20 instrumento de plata y contesta: —¿ Sí?... **Al habla**... ¡ Cómo no! Mañana a las tres... Excelente, y gracias por llamar... Adiós.
    Su amigo le mira **boquiabierto**. —Pero hombre, ¡ qué fenómeno! ¿ Desde cuándo tiene Ud. teléfono en el coche?
    —**Lo hice instalar** hace un **par** de semanas. Cuesta un **dineral**—
25 10,000 al año—, pero vale la pena. La **comodidad** importa más que el dinero, ¿no le parece?
    —¡Cómo no, hombre! Claro está.
    A la semana siguiente el segundo hombre rico anda ya en su largo limosín negro con capota de cuero, y a su lado brilla un **relu-**
30 **ciente** teléfono de plata, nuevo, **nuevecito**. **Rebosando de orgullo**, marca rápidamente el número telefónico del coche de su amigo. El número suena una vez, dos veces. —¿ Sí?, contesta el amigo.
    —Hola, Francisco. Aquí habla Germán. Le estoy llamando de mi coche, ¿ me oye?, para preguntarle si...

	self-made
	apartment in town
	a pool
	"big name" • pedigree
	What a coincidence
	a leather top • amiably
	associate
	failing
	completely broke
	for some time
	to lend him
	suddenly
	Speaking.
	with his mouth open
	I had it installed • couple • fortune • comfort
	the next week
	shiny
	brand new • Bursting with pride

35   Hay una pequeña pausa, **después de la cual** se oye la voz de   *after which*
Francisco.

    —Espere un momentito, ¿está bien? Mi otro teléfono está
sonando.

    Símbolos de **categoría**. La escala social...   *status*

40   **He aquí** otro cuento absolutamente verdadero. **Nada de bromas.**   *Here is • No jokes.*
La pura verdad. Había una **hacienda** grande en la pampa argentina.   *ranch*
Estaba a unas cien **millas** de la capital, **lo cual** significaba que ninguno   *miles • which*
de los peones que trabajaban allí había ido jamás a visitarla. Un día
el **capataz** anunció que iba aquel fin de semana a la ciudad. Los   *foreman*
45 peones **se entusiasmaron** al oír la noticia. ¡La **mismita** capital!   *got all excited • actual*
¡**Qué ilusión**!   *That's some deal!*

    Aquella misma noche uno de los peones se acercó al capataz.
Le mostró un **trozo** grande de papel **en el cual había trazado el**   *piece • on which he had traced the outline*
contorno de sus pies. Por favor, don Miguel, le pedía, ¿podría traerle
50 un par de **botas** de ese **tamaño**, pero de las buenas, eh? Ahí mismo le   *boots • size*
daba el dinero, sus **ahorros** de todo el año. El capataz prometió com-   *savings*
prárselos, y dentro de **unos cuantos** días el peón **lucía** un par de botas   *a few • was sporting*
elegantes **a más no pedir**. Pero al mismo tiempo le pasaba algo   *the last word*
curioso. Ya no cuidaba de sus caballos. En efecto, ya quería trabajar
55 muy poco. **Que los demás hicieran** las cosas por él, ésa era su **actitud**.   *Let the others do • attitude*
El capataz fue a hablarle.

    —Pero, señor, le contestó. —¿Entiende Ud.? **Lo que** yo hacía   *What*
antes, ya no lo puedo hacer. ¡Con estas botas, ya no soy un ordinario
peón!

60   Símbolos de categoría.

    Etiquetas de tiendas prestigiosas. Coche europeo, coche Cadillac.   *Labels*
Costureros cuyo nombre resalta en los **pañuelos de seda**. Restoranes   *Designers whose name stands out • silk kerchiefs • size • pepper mill*
cuyos precios suben según el **tamaño** del **pimentero**. Anillo de
diamantes. "**Buena**" **dirección**.   *A "good" address.*

65   **Alfombras** en la oficina. Música en el ascensor. Una esposa rubia.   *Carpeting*
80 en el golf. Viajes **al extranjero**. **Lancha de motor**.   *abroad • motor boat*

    Y símbolos **inversos**. "Levis" **desteñidos** con **remiendos** de   *in reverse • faded • patches*
otro color. **Sandalias rotas**. Pelo "**a lo natural**". **Manifestaciones** de   *Worn-out sandals • "natural" style. Demonstrations •*
protesta. Amor libre. **Desafío a** lo material.   *Defiance of*
70   Categoría. Influencia. Dominio. Posición. Y así subimos de una
manera u otra la escala social. ¿Hacia dónde...?

VOCABULARIO ACTIVO

alfombra	*rug; carpeting*	broma	*joke*
plata	*silver; money*	bota	*boot*
piscina	*swimming pool*	tamaño	*size*
piso	*apartment*	hacienda	*ranch*

centro *downtown area*
orgullo *pride*
categoría *status; pride*

milla *mile*
pañuelo *kerchief; handkerchief*
seda *silk*

_____

fracasar *to fail*
prestar *to lend*

resultar *to turn out*
trazar *to trace; draw*

_____

Al habla *Speaking...*
¡Claro! *Of course*
del todo *entirely, altogether*

de repente *suddenly*
un par de *a couple of*
unos cuantos *a few*

Preguntas

1. ¿Dónde tienen piso los dos hombres de negocios? ¿y casa? ¿Qué más tienen?
2. ¿Por qué llama el primer hombre rico al otro un día? ¿Qué le explica el segundo?
3. ¿De qué hablan mientras viajan en el limosín?
4. ¿Qué sonido se oye de repente en el coche? ¿Cómo reacciona el segundo hombre?
5. A la semana siguiente, ¿qué tiene ya el otro hombre rico? ¿Qué decide hacer?
6. ¿Qué le dice su amigo cuando le habla por teléfono en su coche?
7. ¿Dónde ocurre la segunda anécdota? ¿Cómo es la vida de los peones allí?
8. ¿Qué anunció un día el capataz? ¿Qué favor le pidió uno de los peones?
9. ¿Qué pasó cuando el peón recibió sus botas nuevas? ¿Por qué había cambiado su personalidad?
10. ¿Cuáles son algunos de los símbolos de categoría que se mencionan aquí? ¿Cuáles son algunos de los símbolos inversos? ¿Cuál es la conclusión del cuento?

Conversación

1. ¿Cómo se imagina Ud. de aspecto físico a los dos hombres ricos? ¿Conoce Ud. a alguien como ellos? ¿Le gustaría ser hasta cierto punto como ellos? ¿en qué respecto?
2. De todos los símbolos de categoría mencionados aquí, ¿con cuáles se identifica Ud.? ¿Con cuáles identifica a los miembros de su familia o a sus conocidos *(acquaintances)*? ¿Cuáles rechaza *(reject)* Ud. totalmente? ¿Cuáles considera Ud. necesidades de la vida?
3. ¿Le importa mucho a Ud. lo que piense la sociedad? ¿Se considera Ud. rebelde o más bien conformista? ¿Qué significa realmente para Ud. la palabra "categoría"?

Estructura

118. *QUE* AND *QUIEN* AS RELATIVE PRONOUNS

A. Que

Que is the most common of all relative pronouns. It means *who*, *that*, or *which*, and as direct object of a verb, *whom*. Sometimes English omits the relative completely. Spanish does *not*:

la señora que compró la casa	the lady who bought the house
la obra que presentan ahora	the play (that) they're giving now
el escritor que admiro más	the writer (whom) I admire most

B. Quien

Quien (*pl.* **quienes**) means *who* or *whom*, and refers only to persons. Its most frequent use is as object of a preposition:

¿Es Ud. el señor a quien escribí?	Are you the man to whom I wrote?
—Si, pero la persona con quien debe comunicarse es el gerente.	Yes, but the person you should speak to is the manager.
Éstos son los artistas de quienes hablaban. ¿Los conoce Ud.?	These are the artists about whom they were speaking. Do you know them?

Ejercicios

A. Lea los pequeños diálogos, y después conteste las preguntas:

1. —Mamá, ésta es la muchacha de quien te he hablado tanto.
   —¡Ay, no, Pepe! No me hagas llorar. Si tú me dejas sola, tú, mi único hijo...

Conteste: a. ¿Cómo presenta Pepe a su novia?
  b. ¿Cómo recibe su madre la buena noticia?
  c. Si Ud. fuera la chica, ¿se casaría con Pepe?

2. —¿Quiénes son esos muchachos, Alonso? No los conozco.
   —Ah, pues ésos son los chicos con quienes vamos de vacaciones este verano.

Conteste: a. ¿Quiénes son los muchachos?
  b. ¿Adónde cree Ud. que van a ir?
  c. ¿Qué planes tiene Ud. para las próximas vacaciones?

3. —Tú conoces a Rafael Rivera, ¿no?
   —Ah, sí. Es el chico que ganó el premio en la universidad el año pasado.
   —Sí. Y ahora es el chico con quien me voy a casar en junio.
   —¡Qué maravilla! Enhorabuena, Luisita. Me alegro tanto.

Conteste: a. ¿Qué clase de estudiante fue Rafael Rivera?
  b. ¿Cómo lo sabe Ud.?
  c. ¿Qué más nos dice de él Luisita?
  d. ¿Con quién piensa Ud. que está hablando Luisita?

B. ¿Qué asocia Ud. con cada una de las cosas siguientes?
1. la comida que sirven aquí en la cafetería... 2. la casa en que vivo...
3. la gente que habita la casa vecina (o el cuarto vecino)... 4. la primera vez que me enamoré... 5. los chicos con quienes paso mi tiempo libre... 6. la persona con quien me voy a casar... 7. los temas que hemos discutido este semestre... 8. los personajes de quienes hemos hablado...

119. *EL CUAL* AND *EL QUE*

A. El cual

El cual, la cual, los cuales and **las cuales** may be used in place of **que** or **quien** when clarification is required:

La madre de mi amigo, **la cual** vive en Madrid, nos llevará al Prado.	My friend's mother, who lives in Madrid, will take us to the Prado.

If **que** or **quien** were used here, the logical assumption would be that my friend (the last mentioned) lives in Madrid. **La cual** specifies the mother.

El cual, is also used to translate *which* after **por** and **sin** and after prepositions of two or more syllables:

la casa delante de la cual paramos	the house in front of which we stopped
las puertas por las cuales entramos	the doors through which we entered
los papeles entre los cuales lo puse	the papers among which I put it

B. El que

El que, la que, los que, las que have the same uses as **el cual,** and in addition, often are used to mean *the one who, those who,* etc.:

El que más habla es el que menos hace.	The one who talks most is the one who does least.
Los que votaron por él lo lamentan.	Those who voted for him regret it.

Ejercicio

Lea en voz alta, y después cambie según las indicaciones:
1. **La ventana** que da al *(faces)* parque...
   (Las ventanas, la galería, el balcón)
2. **La columna** detrás de la cual se escondía...
   (Las columnas, el árbol, los árboles)
3. Éstos son los **poemas** de que les hablé.
   (los poetas, las artistas, la poetisa, la música)

4. Los que **vinieron** se divirtieron mucho.
   (quedarse, fueron a la fiesta, asistieron a la función)
5. ¿ Es **ella** la que te lo dijo ?
   (Juan, ellos, ellas)
6. **El padre** de María, el cual nos ha invitado...
   (Los padres, el esposo, los hermanos)
7. **El que** ríe último, ríe mejor. *(He who laughs last...)*
   (La que, los que, las que)

120. *LO CUAL* AND *LO QUE*

A. **Lo cual** and **lo que** mean *which* when referring back to a whole idea :

Pepe no viene, lo cual (lo que) nos obliga a invitar a Ramón.	Joe isn't coming, which obliges us to invite Raymond.
No soy miembro, lo cual (lo que) me impide votar.	I am not a member, which prevents me from voting.

B. **Lo que** has the additional and very frequent meaning of *what* :

Dime lo que quieres.	Tell me what you want.
Lo que hizo fue imperdonable.	What he did was unforgivable.
Lo que pide es imposible.	What he is asking for is impossible.

Ejercicios

A. Halle en el Grupo 2 la conclusión de cada frase del Grupo 1 :

1	2
Lo que me molesta más que nada	lo que me obligará a pedirle más a papá... lo cual significa que no podremos tener la reunión... es que se hayan marchado sin despedirse siquiera... lo que representa un gran peligro para el pueblo... será una persona muy antipática... lo que nos tiene muy preocupados... por lo cual te voy a castigar
Me has mentido repetidas veces,	
He gastado ya todo mi dinero,	
El pobre tiene que sufrir una operación,	
Según lo que me has dicho,	
Las aguas han alcanzado un nivel altísimo,	
Se han apagado todas las luces	

B. Diga en español :
   1. I know very well what you want. —What do I want ?   2. She is an excellent dancer, which makes her very popular.   3. He is not from here, which makes (it) difficult to elect him **(elegirle)**.   4. What you are asking is unfair **(injusto)**.   5. This is what I want you to do. —What !

C. Termine de una manera original las frases siguientes :
   1. Lo que ella quiere...   2. No sabemos lo que...   3. No han aceptado la

invitación, lo cual... 4. Es muy rico, lo cual... 5. Nunca dice lo que...
6. Es dificilísimo entender lo que...

121. *CUYO*

Cuyo *(whose)* is the only relative that states possession. It always agrees with the noun that it modifies:

la niña cuyo perro se perdió	the little girl whose dog got lost
el escritor cuyas obras leemos	the writer whose works we are reading
los García, cuya hija llamó	the Garcías, whose daughter called

Remember that the question *Whose?* is expressed by **¿ De quién(es) ?**

¿ De quién es ese coche ?	Whose car is that ?

Ejercicios

A. Cambie según las indicaciones :
1. El señor Ramírez, cuya **casa** fue vendida...
   (fotografías, perro, cuadros)
2. El escritor **cuyo libro** estamos leyendo...
   (poesía, dramas [*m.*], obras)
3. La conferencia, cuya **fecha** no se sabe todavia...
   (tema [*m.*], días, tópicos, horas)

B. Complete ahora :
1. Mis amigos, *(whose house)* tiene piscina, nos han invitado a pasar el fin de semana con ellos. 2. La costurera *(whose fashions)* he admirado siempre, se ha establecido en nuestra ciudad. 3. El instrumento *(whose sound)* me gusta más es el clarinete. 4. Aquel señor, *(whose last name)* no recuerdo, quiere hablar con Ud. 5. El peón, *(whose boots)* le habían hecho un caballero, ya no quería trabajar. 6. El rico hombre de negocios, *(whose apartment)* estaba en el centro, tenía una hacienda de diez millas cuadradas *(square)* en el campo. 7. ¿ *(Whose)* cat is that? —*(Which one ?)* —*(The one that)* acaba de destrozar mi alfombra. —No tengo la menor idea. 8. Juana Olmedo, *(whose pride)* no le permitió casarse con un hombre pobre, se interesa más por la categoría que por la felicidad. —Así son muchas personas.

122. SPECIAL USES OF *LO*

A. Certain verbs, such as **pedir, preguntar, saber,** and **decir,** almost always require a direct object. If the direct object is not stated, **lo** is used in its place :

¿ Sabe Ud. que ha muerto el Sr. Gómez ? —Sí, lo sé.	Do you know that Mr. Gomez has died ? —Yes, I know.
Dígaselo en seguida.	Tell him right away.
No quieren pedírtelo.	They don't want to ask you (for it).
Pregúnteselo a ellos	Ask *them.*

B. When used before a masculine singular adjective, **lo** converts the adjective into a noun. The noun so formed either describes a general quality or is the equivalent of the English *part, thing*, etc., (the best part, the only thing):

Lo único que sabe es...	The only thing she knows is...
Lo mejor fue que...	The best part was that...
Eso fue lo más interesante.	That was the most interesting part.
Hay que distinguir entre lo bueno y lo útil.	One must distinguish between good and (what is) useful.

Ejercicios

A. Conteste las preguntas siguientes, usando lo en vez del objeto directo: 1. ¿Sabía Ud. que su padre es un gran millonario? (Sí, lo sabía. No...)   2. ¿Le han dicho ya a María que me llame? (Sí, se lo...)   3. ¿Te han preguntado si quieres hacerlo?   4. ¿Le pidieron a Fernando que volviera?   5. ¿Sabían que el jefe había muerto?   6. ¿Le preguntarán Uds. cuándo se marchará? 7. ¿Sabían Uds. que el ambiente de aquella ciudad está del todo contaminado? 8. ¿Le dijeron cómo resultaron las elecciones?   9. ¿Sabíais que nuestra casa nueva tiene piscina?   10. ¿Debo pedirles que nos ayuden?

B. Diga una vez más en español: 1. The important thing is that we love each other.   2. The only part that I don't like is getting up (**levantarme**) early.   3. That was the best part of the trip.   4. This is going to be the hardest part.   5. What is useful is not always the best.

C. Termine con sus propias palabras: 1. Lo más importante en este mundo es...   2. Lo hermoso no es...   3. Lo malo de ser estudiante es...   4. Lo más interesante para mí es...   5. Lo más difícil para un joven es...   6. Lo más fácil en este mundo es.

123. OMISSION OF THE INDEFINITE ARTICLE

A. As we have seen, the indefinite article is regularly omitted before an unmodified noun of profession, religion, nationality, or other affiliation. The emphasis of the sentence falls on *what* the person is:

Es protestante	He is a Protestant
Su hijo quiere hacerse abogado.	His son wants to be a lawyer.
¿Qué es Ud., demócrata o republicano?— ¿Yo? Soy anarquista.	What are you, a Democrat or a Republican? —I? I'm an anarchist.

But when the noun is modified or when the sentence merely identifies *who* the person is, the article remains:

Es un demócrata ferviente.	He is a fervent Democrat.
¿Quién es ese señor? —Es un médico que vive cerca.	Who is that man? —He is a doctor who lives nearby.

B. It is omitted with **otro** *(another)*, **cierto** *(a certain)*, **cien(to)** *(a hundred)*, **mil** *(a thousand)*, **¡Qué . . . !** *(What a...!)*, and **tal** *(such a)* :

No se hace tal cosa.	You don't do such a thing.
Te lo he dicho mil veces. —No.	I've told you a thousand times.
Sólo cien veces.	—No. Only a hundred times.
Habrá otra ocasión.	There will be another time.

C. It is omitted with personal effects, unless the numerical concept *one* is emphasized :

Nunca llevo sombrero.	I never wear a hat.
No salgas sin bolsa.	Don't go out without a purse.
Escriban Uds. con pluma.	Write with a pen.

Ejercicios

A. Lea bien y después conteste. (¡ Y esté dispuesto a defender su opinión !)
1. —Me da tanta pena ver cómo sufre la gente en este mundo. ¡ Cuánto me gustaría hacer algo por la humanidad, acabar con las guerras, curar a los enfermos !

Conteste: ¿ Le aconseja Ud. a esta persona que se haga médico ? ¿ político ? ¿ misionero ? ¿ abogado ? ¿ escritor ? ¿ artista ? ¿ Por qué ?

2. —En mi opinión, el gobierno debe estar en manos del pueblo, y los frutos del trabajo deben pertenecer a los trabajadores.

Conteste: ¿ Llamaría Ud. a esta persona comunista, liberal, conservador, anarquista ?

3. —¡ Juanito Salcedo ! ¡ Cien veces, ¿ qué digo ?, mil veces te he explicado este problema de aritmética y no sabes hacerlo todavía ! ¡ Qué muchacho más malo eres ! Te voy a castigar, pero bien.

Conteste: a. ¿ Cree Ud. que esta señora es buena maestra ?
b. Si Ud. fuera ella, ¿ qué haría con Juanito ?

4. —No, Esteban, no te voy a permitir salir de casa sin sombrero y paraguas.
—Pero mamá, nadie lleva sombrero hoy día *(nowadays)*. Y paraguas, ¡ jamás !
—No me importa lo que hagan los demás. Tú eres mi hijo y me tienes que obedecer. Además, está haciendo un frío terrible.

Conteste: a. ¿ Por qué no quiere la madre que Esteban salga sin sombrero y paraguas ?
b. ¿ En qué clima vivirán ?
c. En su opinión, ¿ quién tiene razón—Esteban o ella ?

B. Diga en español :
1. What is your father ? —He's a doctor, lawyer, dentist, architect, and teacher, but he doesn't like to work. 2. Dr. Mendoza is an excellent doctor. He always

tells me to take a vacation.   3. They say that in a certain little town there are more than a thousand men, and only a hundred women ! — Wonderful ! When do we leave for there?   4. Another husband wouldn't do this for you. — A thousand thanks !   5. What a day ! Don't go out without a coat.   6. Please write with a pen. — I prefer to use a pencil.

Teatro y Composición

¿ Podría Ud. convertir en una escena dramática la anécdota de los dos hombres ricos o del peón de las botas ? O si le interesa más escribir una composición, a ver lo que nos dice acerca de uno de los temas siguientes :
    1. La sociedad y yo
    2. Símbolos de categoría en el mundo que yo conozco

Repaso de Gramática

A. Direct commands

	AFFIRMATIVE	NEGATIVE
tú	3rd person singular present indicative (except **ten, ven, pon, haz, sal, sé, di, ve**)	present subjunctive
vosotros	infinitive : final **r > d**	present subjunctive
Ud., Uds.	present subjunctive	present subjunctive
nosotros	present subjunctive	present subjunctive

or

Vamos a + infinitive

B. The pluperfect (past perfect) subjunctive : imperfect subjunctive of **haber** + past participle

The pluperfect subjunctive translates *had gone, had said*, when subjunctive is required in the subordinate clause :

hubiera (hubiese) ido, dicho   hubiéramos (hubiésemos) ido, dicho
hubieras (hubieses)   hubierais (hubieseis)
hubiera (hubiese)   hubieran (hubiesen)

C. The sequence of tenses with subjunctive

MAIN CLAUSE	SUBORDINATE (SUBJUNCTIVE) CLAUSE
present (future, present, perfect)	same tense as in English
past (conditional, pluperfect)	imperfect subjunctive (simple tense)
	pluperfect subjunctive (compound)

D. Subjunctive and indicative with impersonal expressions

Most impersonal expressions fall into one of the concepts of the subjunctive. Therefore, when such an expression is followed by a change of subject, the subordinate clause is in the subjunctive.

1. Indirect or implied command :

Es necesario que lo devuelvas.   It is necessary that you return it.

2. Emotion :

Es lástima (¡ Ojalá ! ; es lamen-table) que hayan perdido.   It's a pity (Oh, how I hope; it's regrettable) that they have lost.

3. Unreality (doubt, uncertainty, impossibility) :

Es probable, (improbable, imposible, dudoso) que fueran ellos.   It is probable (improbable, impossible, doubtful) that it was they.

When the impersonal expression states a certainty, it is followed by indicative:

Es evidente (seguro, obvio) que nos ayudarán.	It is evident (certain, obvious) that they'll help us.

E. Uses of **por** and **para**

por

1. Tangible or physical uses (location, position, duration, etc.): through, along, around; by means of, by (an agent); during, in; (in exchange) for; per
2. Motive, impulse ←——— out of, because of, through; for the sake of, on behalf of; in quest of

para

1. (in order) to ——→ objective
2. headed for, destined for ——→ objective
3. to be used for ——→ objective
4. by or for a certain time ——→ objective
5. compared with, with respect to ——→ immediate object of reference

F. Spelling-changing verbs (For other spelling-changing verbs, see the verb appendix, pp. 381–399.)
1. Verbs that change their spelling to maintain the same pronunciation of the final consonant as in the infinitive:
   a. Verbs ending in **-ger** or **-gir** change **g** to **j** before **o** or **a**: **coger; cojo, coja.**
   b. Verbs ending in **-gar** change **g** to **gu** before an **e**: **negar; negué.**
   c. Verbs ending in **-guir** drop the **u** before **o** or **a**: **seguir; sigo, siga.**
   d. Verbs ending in **-car** change **c** to **qu** before **e**: **sacar; saqué.**
   e. Verbs ending in a consonant + **cer** change **c** to **z** before **o** or **a**: **vencer; venzo, venza.**
2. Verbs that change their spelling to conform to the phonetically consistent rules of Spanish spelling:
   a. Verbs ending in **-zar** change **z** to **c** before **e**: **empezar; empecé.**
   b. Verbs that end in **-eer** change **i** to **y** between vowels: **leer; leyó, leyera.**

G. The passive voice
   (Recall: In the passive voice, the subject does not perform but receives the action.)
1. The true passive with agent expressed:

   ser + past participle + **por**

Ha sido	elegido	por el público.
He has been	elected	by the public.

2. The passive voice without the agent expressed:
   a. The true passive

Ha sido elegido ya.	He has been elected already.

b. The impersonal "they"—third person plural:

Le han elegido ya.　　　　　　　　He has been elected already.
　　　　　　　　　　　　　　　　(They have elected him.)

c. The reflexive
(1) The normal reflexive construction, when the subject is not an animate being that could do the action to itself:

Se construirá una casa allí.　　　One house will be built there.
Se construirán dos casas aquí.　　Two houses will be built here.

(2) The impersonal **se** (third person singular reflexive), when the subject of the English passive sentence is a person or an animate being that could possibly do the action to itself. *One* does the action, and the person who receives it becomes the object (direct or indirect) of the verb:

Se le ha elegido ya.　　　　　　　He has already been elected.
　　　　　　　　　　　　　　　　(One has already elected him.)

H. Uses of the infinitive
　　　Aside from its use after a conjugated verb (**No quiero ir**) or a preposition (**antes de salir**), the infinitive is used:
1. As a noun (subject or object of a verb), it is frequently preceded by **el**: **el cantar de los pájaros**
2. **Al** + infinitive = *upon* (doing something)
3. After verbs that refer to the senses (seeing, hearing): **Le vi acercarse.**
4. After verbs of permitting, forbidding, ordering, forcing, preventing: **Nos impidió hacerlo.**

I. Uses of the present participle
1. After **estar** or a verb of motion to form the progressive tense: **Estaban leyendo.**
2. To express *by (doing something)*: **Cantando se alegran los corazones**
3. In place of a clause beginning with *when, while,* or *since* and referring to a continuing action or situation: **Estando presente, decidí tomar parte en la discusión.**

J. Interrogatives
1. **¿Qué?**
   a. As a pronoun: *What?* (asks for a definition)
   b. As an adjective: *What? Which?* (definition or selection)
2. **¿Cuál? ¿Cuáles?** *Which (one or ones)?*
3. **¿Quién? ¿Quiénes?** *Who?* (after a preposition, *Whom?*)
4. **¿De quién? ¿De quiénes?** *Whose?*
5. **¿Dónde?** *Where?* (location)
6. **¿A dónde? ¿Adónde?** *Where? In what direction?*
7. **¿Cómo?** *How (is it done)? In what condition (is it)?*
8. **¿Qué tal?** *How (goes it)? What do you think of it?*

K. Relative pronouns
   1. que *(who, that, which;* at times, *whom)*—the normal relative : **el niño que lo encontró** ; **las comidas que tuvimos** ; **el autor que admiro**
   2. quien, quienes *(who, whom)*—used most often when a person is object of a preposition : **el joven con quien se casó**
   3. el cual, la cual, los cuales, las cuales *(who, which)*—used for clarification in cases of ambiguity, or after **por, sin,** or a long preposition
   4. el que, la que, los que, las que *(who, which)*—interchangeable with **el cual** in the uses described above ; in addition, may mean *the one who, he who, those who* : **los que lo hicieron**
   5. lo cual *(which)*—a neuter form that refers to a whole idea rather than to a specific person or thing : **Habla poco, lo cual me gusta.**
   6. lo que *(what)*—**Dime lo que quieres.** ; may mean *which*—neuter, interchangeable in this sense with the use of **lo cual** as described above
   7. cuyo *(whose)*—the only relative possessive adjective : **el vecino cuyos hijos nos saludaron**

L. Omission of the indefinite article
   1. With unmodified predicate nouns of profession, occupation, religion, nationality, or other affiliation
   2. With **otro, cierto, cien(to), mil, tal,** and **¡ Qué !**
   3. With parts of the body and personal effects, unless the numerical value or possessor is stressed : **Dame la mano.**

M. Ordinal numbers (Ordinal numbers are usually not used beyond *tenth.*)

primer(o)	sexto
segundo	séptimo
tercer(o)	octavo
cuarto	noveno
quinto	décimo

Estudio de Vocabulario

1. ¿ Cuántos verbos relacionados con sentimientos o emociones humanas conoce Ud. ?
2. ¿ Puede Ud. encontrar diez palabras que traten de cosas agradables ? (bonito, amable, felicidad, etc.) ¿ siete palabras relacionadas con cosas desagradables ? ¿ cinco palabras relacionadas con la ciudad o con la vida moderna ? ¿ ocho palabras que tengan que ver con la naturaleza ?
3. ¿ Cuál es la primera cosa que se le ocurre al oír las palabras siguientes : negocio, lágrima, techo, paseo, largo, almuerzo, jabón, hierba, jugar, fresco, cárcel, puente, bosque, pájaro, broma ? ¿ Cuáles asocia Ud. más con su vida personal ?
4. Use finalmente en oraciones originales : de repente, de prisa, al día siguiente, tener que ver con, pensar en, tener... años de edad, a menudo, hacerse, tratar de, de mal en peor, por supuesto.

Apéndices

Cortesías *(Courtesies)*

Por favor.	Please.
Con permiso. Con su permiso.	Excuse me. (I must leave. I'd like to pass.)
Perdón. Perdóneme. (Perdónenme.)	Excuse me. (for interrupting, for bothering you, for saying that)
Con mucho gusto. Con el mayor gusto. Será un honor.	Gladly. I'd be glad to.
Gracias. Muchas gracias. Mil gracias.	Thank you (very much). Thanks a million.
De nada. No hay de qué. A usted. A sus órdenes. Servidor.	Not at all. You're welcome.

Other ways to say *please*

Tenga Ud. la bondad de (cerrar la puerta, pasarme la sal...)	Please (close the door, pass me the salt...)
Haga Ud. (or Hágame Ud.) el favor de (abrir la ventana, traerme un cuchillo...)	Please (open the window, bring me a knife...)
¿Me hace Ud. el favor de (pasar la pimienta, darme el informe...) ?	Will you please (pass the pepper, give me the report...) ?
Sírvase (esperar un momento, escribir su nombre y su dirección...)	Please (wait a moment, write down your name and your address...)

Very often, the simple indicative is used to give a command:

Me trae Ud. un vaso de agua, ¿está bien?	Please bring me a glass of water, all right?

Of course, in all these ways of saying *please*, the plural may be used as well:

    Tengan Uds. la bondad...   Háganme Uds. el favor...   Sírvanse Uds...

Presentaciones *(Introductions)*

Señorita Moreno, quiero presentarle a Ud. al señor Casal.	Miss Moreno, I should like to introduce to you Mr. Casal.
Mucho gusto en (*or* de) conocerla, señorita.	I'm delighted to meet you, Miss.
Tanto gusto, señorita.	I'm delighted, Miss.
Encantado, señorita.	
Servidor de Ud. Su servidor.	At your service.
A sus órdenes, señorita.	
Encantado, señor.	I'm delighted, sir.
Tanto gusto, señor.	
El gusto es mío.	The pleasure is mine.
Igualmente.	

More hellos

Hola

    Hola is a familiar, friendly way to say "hello" when you bump into a friend on the street, in school, etc. It usually implies the beginning of a conversation, not just a passing acknowledgement.

¿ Qué tal ?

    ¿ Qué tal ? is a casual way of greeting an acquaintance and then going on your way: "Hi, there."

(Muy) Buenos. (Muy) Buenas

    These, of course, stand for **Buenos días, Buenas tardes, Buenas noches,** and are used especially when greeting in passing a person with whom you are on less familiar terms.

Adiós

    Surprisingly enough, **adiós** is used for *hello* when you pass someone on the street and have no intention of stopping to chat. You nod, smile, tip your hat (if you're a gentleman), say "Adiós," and keep right on walking.

On the telephone

    In Spain, when the phone rings, you pick it up and say "Dígame," or if you're the more concise type, simply "Diga." In Mexico, you say "¿ Bueno ?" And in other parts of Spanish America, you will probably say either: "¿ Sí ?" "Dígame," or even "¿ Aló ?" The person calling will then say to you something like: "Buenos días. ¿ Hablo con la casa de...?" or "Buenas tardes.

Me gustaría hablar con..., por favor." Of course, on more familiar territory, you might say: "¿ Sofía ? Aquí habla..." To go on, then: "Who's calling, please ?" is generally "¿ De parte de quién, por favor ?" and "Speaking" is "Al habla". *You* carry on from there !

Canciones Navideñas *(Christmas songs)*

Noche de Paz *(Silent Night)*

Noche de paz, noche de amor ;
Todo duerme en derredor
Entre los astros que esparcen su luz
Bella, anunciando al Niño Jesús,
Brilla la estrella de paz
Brilla la estrella de paz.

Noche de paz, noche de amor ;
Oye humilde el fiel pastor
Coros celestes que anuncian salud,
Gracias y glorias en gran plenitud,
Por nuestro buen Redentor.
Por nuestro buen Redentor.

Venid, Fieles Todos *(Come All Ye Faithful)*

Venid, fieles todos
A Belén marchemos
De gozo triunfantes
Henchidos de amor ;
Al rey de los cielos
Todos adoremos ;

Vengamos, adoremos,
Vengamos, adoremos,
Vengamos, adoremos
A nuestro Señor.

Oíd un Son *(Hark the Herald Angels Sing)*

Oíd un son en alta esfera,
En los cielos gloria a Dios ;
Y al mortal paz en la tierra
Canta la celeste voz.
Con los cielos alabemos,
Al eterno rey cantemos,
A Jesús que es nuestro bien,
Con el coro de Belén,
Canta la celeste voz,
En los cielos, gloria a Dios.

Príncipe de paz y tierra
Gloria a ti, Señor Jesús,
Entregando el alma tierna
Tú nos traes vida y luz.
Has tu majestad dejado,
Y a buscarnos te has dignado,
Para darnos el vivir,
A la muerte quieres ir.
Canta la celeste voz,
En los cielos, gloria a Dios.

Definitions of grammatical terms

Active voice   A construction in which the subject performs the action of the verb. *The storm knocked down the tree.*

Adjective   A word that describes a noun : a *smart* child.

Adverb   A word that answers the questions "Where?" "How?" "Why?" It is used to describe an adjective, another adverb, or the action of a verb: Be *there* on time. They sang *badly*. I'll see you *soon*.

Agreement   A term usually applied to adjectives. An adjective agrees with the noun it describes when its ending changes in accordance with the gender and number of the noun. In Spanish, all adjectives must agree with the nouns they describe: **un niño bueno, una niña buena, los zapatos negros, las medias blancas.**

Antecedent   The noun or pronoun to which a following clause refers: He is the *man* who gave it to me.

Articles   See *Definite article* and *Indefinite article*.

Auxiliary verb   A verb that *helps* in the conjugation of another verb: They *have* arrived. I *will go*.

Clause   A group of words that includes at least a subject and a verb and forms a part or the whole of a sentence. The following sentence contains two clauses: It is a pity/that she is sick.

Comparative   The form of an adjective or adverb that indicates a greater degree or amount: *taller, richer*.

Compound (or perfect) tense   A tense formed by the auxiliary verb *have* (in Spanish **haber**) and the past participle. Compound or perfect tenses refer to actions that have already been or will be completed. The tense of the auxiliary verbs tells *when*: They *have* left. He *will have* come. I *would have* gone with them.

Conjugated verb   Any verb form that has a subject. Only the infinitive and the participles are not conjugated.

Conjugation   The listing of verb forms in order of person (first, second, third singular; first, second, third plural) in their different tenses and moods: *I am, you are, he is*.

Conjunction   A word that joins words, phrases, clauses, or sentences: *and, but, for, because, since, that*.

Definite article   A word standing before a noun and indicating a definite person or object: *the* house.

Demonstrative   An adjective or pronoun that points out one or more of a group: *this, that, these, those*.

Dependent clause   See *Subordinate clause*.

Exclamation   A word used to express emotion: *What* a day! *How* wonderful!

Gender   A distinction of nouns and pronouns based on sex. All nouns in Spanish are either masculine or feminine: **la casa, el libro**; but there are neuter pronouns that refer to whole ideas.

Indefinite article   A word standing before a noun and indicating an indefinite word or object: *a* man, *an* article.

Indefinites   Adjectives, adverbs, or pronouns that refer to an indefinite person, thing, place or time: *any, some, anywhere, someone*.

Independent clause   See *Main clause.*

Infinitive   The form of the verb preceded in English by *to* and having no subject or number : *to live, to die.*

Interrogative   A word that asks a question : *Who ? Why ?*

Intransitive verb   A verb that cannot have a direct object : They *went* out.

Irregular verb   One whose stem or endings deviate from those of the regular verb patterns.

Main clause   A clause that has complete meaning by itself : *This is the man* who did it.

Modify   To describe a noun, adjective, adverb, or action of a verb : a *hard* book. He spoke *well.*

Mood   There are three moods : indicative, subjunctive, and imperative. Mood is indicated by changing the verb form to reflect a change in the speaker's basic attitude.

Noun   A word that names a person, place, thing, or abstraction : *money, city, hat valor.*

Number   Number refers to singular and plural.

Object   Generally a noun or pronoun that receives the action of a verb. A direct object answers the questions "What ?" or "Whom ?" An indirect object answers the questions "To whom ?" or "To what ?" : Give *them* (direct object) *to me* (indirect). Nouns and pronouns may also be objects of prepositions : It is for *Johnny,* not for *you.* Clauses and infinitives may also serve as objects of a verb.

Part of speech   One of the basic grammatical categories into which words are divided : *noun, pronoun, adverb,* etc.

Passive voice   A construction in which the subject *receives* the action of the verb : The tree *was knocked down by* the storm.

Past participle   The verb form ending in English in *-ed, -t, -en,* etc. and in Spanish, generally in **-do.** The past participle is used after the auxiliary *to have* (**haber**) to form compound tenses and is also frequent as an adjective : The toy has *fallen* down. A *broken* toy.

Person   There are three persons : *I, we, me, us, mine, our(s)* (first person) ; *you, thou, your(s)* (second person) ; and *he, she, they, it, him, her, their(s), them* (third person). Remember that in Spanish, **Ud.** and **Uds.** *(you)* are in the *third* person. Person affects both verb and pronoun forms.

Phrase   A group of words used together to form a part of speech, but not containing a subject and verb. Phrases are normally introduced by prepositions : He went *to the park.*

Possessive   A word that indicates ownership : *My* father can beat *yours.*

Predicate   That part of the sentence which contains the verb and states something further about the action of the subject : Many of us *have been there within the past year.*

Predicate adjective   An adjective that stands alone (without a noun) after verbs of being : He is very *sick.*

Predicate noun   A noun that is linked to the subject by the verb *to be* or another such verb of state rather than action: His brother is a *doctor*. This is our *class*.

Preposition   A word that introduces a noun, pronoun, adverb, infinitive, or present participle and which indicates their function in the sentence. Such a group of words is called a prepositional phrase: We stayed *in bed* all day. In Spanish, unlike English, the verb form that follows a preposition is the infinitve, not the present participle.

Present participle   In English, the verb form ending in -*ing*: Are they *going*? It is also used in English as a noun or an adjective: *Living* there is too expensive. It is an *interesting* lesson. In Spanish, the present participle is used almost exclusively as a verb (never as a noun, and almost never as an adjective).

Pronoun   A word that replaces a noun: *I, she, you, us, them, his*. A subject pronoun stands for the person or thing that is spoken of: *They* told us. *It* came. A direct object pronoun receives the action of the verb: Have you seen *her*? An indirect object pronoun refers to the person or thing to whom or which the action is directed: He sold it to *them*. A pronoun can also be object of a preposition: Don't go out with *him*.

Proper noun   The name of a specific person or place. Proper nouns are capitalized.

Radical (or stem) changing verbs   Verbs whose stem vowel undergoes a change under certain conditions. All radical changing verbs conform consistently to patterns that govern their type.

Reflexive pronoun   A pronoun that refers to the same person as the subject: *myself, yourself, himself, themselves*. A reflexive pronoun may serve either as a direct or indirect object of a verb: He hurt *himself*. She always talks *to herself*. It may also be the object of a preposition: I bought it *for myself*.

Relative pronoun   A pronoun that introduces a subordinate clause and refers to a previously mentioned noun or pronoun: Do you know anyone *who* has been there?

Simple tense   A tense which needs no auxiliary verb: He *came*. They *did* it. *I see* you.

Subject   The person or thing that is spoken of: The *baby* is sleeping. *Who* is there? *What* was that? The *dog* bit him.

Subordinate clause   A clause that does not express a whole idea by itself, but depends upon the main clause to complete its meaning: Call me *when you get there*. Did you know *that he had died*?

Superlative   The form of the adjective or adverb that denotes the greatest degree or amount: *best, largest, finest*.

Tense   The indication given in verb forms of the time when the action takes place.

Transitive verb   A verb that may take a direct object: *Tell* me the time. Please *pass* it.

Verb   A word that expresses an action or state: Who *goes* there? It *was* my brother.

Punctuation and capitalization

A. An inverted question mark is placed at the beginning of the interrogative part of a sentence, and an inverted exclamation point before the exclamatory part, even though this may mean placing them in the middle of the sentence:

¿ Cómo se llama Ud. ?	What is your name ?
Es Paquito, ¿ no ?	It's Frankie, isn't it ?
¡ No me diga !	You don't say !
Créalo o no, ¡ era él !	Believe it or not, it was he !

B. In Spanish, only proper names are capitalized. Names of languages, nationalities, days of the week, and months are not:

Pablo Méndez es de Bolivia.	Paul Mendez is from Bolivia.
Sus amigos son argentinos.	His friends are Argentinians.
No hablan inglés.	They don't speak English.
Vuelven a su país el lunes, dos de mayo.	They are returning to their country on Monday, May 2.

C. **Usted(es)**, **señor(es)**, and **don** are capitalized only when they are abbreviated:

¿ Qué me pide Ud. (usted) ?	What do you want of me ?
Muy señor nuestro :	Dear Sir :
¿ No conoce Ud. a la Sra. Aldecoa ?	Don't you know Mrs. Aldecoa ?
¿ Dónde está D. Ramón (don Ramón) ?	Where is Don Ramón ?

200 Common antonyms

Antonyms are often helpful in learning the meaning of words. Here are 200 of the most common. The pairs of words are listed according to their alphabetical position in English. Thus:

against contra   *for* por ;   *bad* malo   *good* bueno

Irregular verbs that appear in full in the verb appendix are marked with an asterisk. Stem changing verbs show the vowel change in parentheses, and the affected consonant is indicated in verbs that have spelling changes.

a great deal mucho, muchísimo	*a little* poco, poquísimo
able capaz	*unable* incapaz
above (por) encima de	*below, under* debajo de
accept aceptar	*refuse* rehusar ; *reject* rechazar
acquit absolver (ue) *(past part.* absuelto)*	*convict* condenar
admit admitir	*deny* negar (ie)

advantage ventaja

after (adv.) después; *(prep.)* después de; *(conj.)* después de que

again otra vez, una vez más

against contra

agree to convenir* en

agreeable, pleasant, agradable; amable, simpático *(persons)*

ahead (adj.) adelantado *(a watch, etc.)*; *(adv.)* hacia adelante

alive vivo

all todo

all at once de una vez

alone solo

allow permitir, dejar

already ya

also también

always siempre

and y

anyone cualquiera, cualquier persona; alguien

anything cualquier cosa; algo

appreciate apreciar

approach, draw near acercarse a

arrive llegar

ask preguntar

asleep dormido

at the beginning, at first al principio

attend, be present asistir (a)

awake(n) despertar(se)(ie)

back (n.) fondo *(location)*; revés *(m.)*, envés *(m.) (reverse side)*; *(adj.)* trasero

bad mal(o)

badly mal

be born nacer (zco)

be in estar* (en casa)

be right tener* razón

be silent callar

beautiful hermoso

before (adv.) antes

begin empezar (ie), comenzar (ie)

beginning (n.) principio

disadvantage desventaja

before (adv.) antes; *(prep.)* antes de; *(conj.)* antes de que

no more no más; ya no *(no longer)*

for por

refuse to negarse (ie) a

disagreeable, unpleasant desagradable; antipático *(persons)*

behind (adj.) atrasado; *(adv.)* hacia atrás

dead muerto

nothing nada; *part* parte *(f.)*

little by little poco a poco

together juntos

forbid prohibir

not yet todavía no

neither, not... either (ni)... tampoco

never nunca, jamás

or o

no one nadie

nothing nada

scorn despreciar, menospreciar

move away from alejarse de

depart, go away irse*

answer contestar, responder

awake despierto

finally al fin, por fin

miss, be absent faltar

fall asleep dormirse(ue)

front (n.) frente *(m.)*; *(adj.)* delantero

good buen(o)

well bien

die morir(ue)

be out no estar, estar fuera

be wrong no tener razón, estar* equivocado, equivocarse

speak hablar

ugly feo

later después; *now* ahora

end, finish acabar, terminar

end fin *(m.)*

behind detrás de

in front of delante de

believe creer*

doubt dudar

best mejor

worst peor

better mejor

worse peor

big grande

small, little pequeño

bitter amargo

sweet dulce

black negro

white blanco

blond(e) rubio

brunette moreno, trigueño

bored aburrido, cansado

interested interesado

boring aburrido, cansado

interesting interesante

borrow pedir (i) prestado, tomar prestado

lend prestar

both los dos, ambos

neither ni uno ni otro

bottom fondo; fin *(m.) (of a page)*

top cima *(height)*; principio *(of a page)*

brave valiente

cowardly cobarde

bravery valentía, valor *(m.)*

cowardice cobardía

bright listo *(intelligent)*; subido *(color)*

dull estúpido, insulso; apagado

busy ocupado

idle desocupado

buy comprar

sell vender

buyer comprador

seller vendedor

cheap barato

expensive caro, costoso

city ciudad *(f)*,

country campo

clean limpio

dirty sucio

clear (weather) despejado

cloudy nublado

close (v.) cerrar (ie)

open (v.) abrir *(past part.* abierto)

closed cerrado

open abierto

cold (n.) frío

heat, warmth calor *(m.)*

cold (adj.) frío

hot caliente; caluroso

come venir*

go ir*; irse*

cool (adj.) fresco

warm cálido, calentito, caluroso

cover cubrir *(past part.* cubierto)

discover, uncover, descubrir *(past part.* descubierto)

crazy, mad loco

sane cuerdo

create crear

destroy destruir (uyo)

cruel cruel

kind bondadoso, bueno

cry (v.) llorar

laugh (v.) reír*, reírse

dark oscuro

light claro

day día *(m.)*

night noche *(f.)*

death muerte *(f.)*

life vida

die morir (ue), morirse

live vivir

different diferente, distinto

similar semejante; *same* igual

difficult difícil

easy fácil

disobedient desobediente

obedient obediente

disobey desobedecer (zco)
dress (v.) vestir(se) (i)
drink (v.) beber
early temprano
earth tierra
easy fácil
eat (v.) comer
empty (adj.) vacío
enemy enemigo
enough bastante

enter entrar
ever, at some time alguna vez
everyone todo el mundo ; todos
everything todo
evil mal *(m.)*
except excepto, exceptuando
fail suspender ; ser* suspendido
   (school)
fail fracasar
fair justo
faithful fiel
fall caer*
false falso
famine hambruna
famous famoso
far lejos
fast adelantado *(clock, etc.)* ; rápido

fat gordo
fear (v.) temer ; *(n.)* temor *(m.)*
few pocos
find hallar, encontrar (ue)
finish (v.) terminar, acabar
first primero
follow seguir (i)
forget olvidar

freeze (v.) helar(se) (ie), congelar(se)
from de ; desde
future futuro, porvenir *(m.)*
gay alegre
give dar*
go ir(se)*

obey obedecer (zco)
undress (v.) desnudar(se)
eat comer
late tarde
sky cielo
hard difícil
fast (v.) ayunar
full lleno
friend amigo
too much demasiado ; *too little* muy
   poco
leave salir*
never, at no time jamás, nunca
no one nadie
nothing nada
good (n.) bien *(m.)*
including incluso
pass aprobar (ue) ; ser* aprobado

succeed tener* éxito
unfair injusto
unfaithful infiel
get up levantarse
true verdad, verdadero
feast festín *(m.)*, banquete *(m.)*
unknown desconocido
near cerca
slow atrasado *(clock, etc.)* ; lento,
   despacioso ; *(adv.)* despacio
slim delgado ; *thin* flaco, enjuto
hope (v.) esperar ; *(n.)* esperanza
many muchos
lose perder (ie) ; *seek, look for* buscar
start empezar (ie)
last último
lead dirigir, conducir*
remember recordar (ue), acordarse
   (ue) de
melt derretir(se) (i)
to a ; hacia
past pasado
sad triste
take tomar ; quitar ; *receive* recibir
stay quedarse ; *come* venir*

go (a car, etc.) andar*
go in entrar
go up subir
grandfather abuelo
guilty culpable
handsome buen mozo, guapo
happiness felicidad *(f.)*
happy feliz; contento; alegre
hard duro
hate (v.) odiar
heaven cielo, paraíso
heavy pesado
here aquí; acá *(with verbs of motion)*
hide ocultar, esconder
high alto
hit (v.) acertar (ie)
hungry hambriento
in (adv.) dentro; *(prep.)* en; dentro de
in a loud voice en voz alta
inside (adv.) dentro; adentro; *(prep.)*
   dentro de
keep on (doing something) seguir (i)
   + *present participle*
land (n.) tierra
land (v.) (an airplane) aterrizar
large grande
last week la semana pasada
learn aprender
least menos; *the least* lo menos
leave irse*, marcharse, salir*
left izquierdo
less menos
lie (n.) mentira
liquid líquido
little poco
long largo
lose perder (ie)
loud alto
lower (v.) bajar
lucky afortunado
majority mayoría
married casado
necessary necesario
never nunca, jamás

stop parar
go out, come out salir*
go down, come down bajar
grandson, grandchild nieto
innocent inocente
homely feo
sadness tristeza
sad triste
soft muelle, blando
love amar, querer*
hell infierno
light ligero
there allí; allá *(yonder)*
reveal revelar; *show* mostrar (ue)
low bajo
miss errar*
sated, full harto
out (adv.) fuera; *(prep.)* —*of* fuera de
softly en voz baja
outside (adv.) fuera; afuera; *(prep.)*
   fuera de
stop, cease dejar de + *infinitive*

sea mar *(m.)*
take off despegar
small pequeño
next week la semana que viene
teach enseñar
most más; *the most* lo más
return volver(ue) *(past part.* vuelto*)*
right derecho
more más
truth verdad *(f.)*
solid sólido
much mucho
short corto
win ganar
soft bajo
raise levantar
unlucky desafortunado
minority minoría
single soltero
unnecessary innecesario
sometimes a veces, de vez en cuando

new nuevo	*old* viejo
next próximo	*past, last* pasado ; último
nice simpático	*unpleasant, nasty* antipático
nobody, no one nadie	*somebody, someone* alguien
none, no one (of a group) ninguno	*some, some one (or more of a group)* alguno(s)
nothing nada	*something* algo
now ahora	*then* entonces
often a menudo, frecuentemente	*seldom* rara vez, infrecuentemente
old viejo	*young* joven
older mayor	*younger* menor
on the left a la izquierda	*on the right* a la derecha
over (prep.) (por) encima de	*under* debajo de
owe deber	*pay* pagar
peace paz *(f.)*	*war* guerra
poor pobre	*rich* rico
poverty pobreza	*wealth* riqueza
pretty bonito	*ugly* feo
put on poner(se) *	*take off* quitar(se) *
quick rápido	*slow* despacio(so), lento
rapidly rápidamente	*slowly* despacio, lentamente
receive recibir	*send* mandar, despachar
rest (v.) descansar ; *tire* cansar	*rested* descansado ; *tired* cansado
retail al por menor	*wholesale* al por mayor
right (adj.) correcto ; bueno	*wrong* incorrecto, equivocado ; malo
right away en seguida	*later* más tarde, después
rise (the sun) salir *	*set (the sun)* ponerse *
round redondo	*square* cuadrado
save ahorrar	*spend* gastar
seated sentado	*standing* de pie, en pie ; parado
short (in height) bajo	*tall* alto
sick enfermo	*well* bien (de salud)
sit down sentarse (ie)	*stand up* ponerse * de pie, levantarse
sour agrio	*sweet* dulce
strong fuerte	*weak* débil
useful útil	*useless* inútil
with con	*without* sin

Weights and measures

inch pulgada
yard yarda
meter metro (39.37 inches)

mile milla
kilometer kilómetro (.6 of a mile)

ounce onza
pound libra
kilogram kilo (2.2 pounds)

acre acre *(m.)*
hectare hectárea (2.47 acres)

Monetary units

peseta España

peso {
Argentina
Colombia
Cuba
México
República Dominicana
Uruguay
}

boliviano Bolivia

colón {
Costa Rica
El Salvador
}

sucre Ecuador
quetzal Guatemala
escudo Chile

lempira Honduras
córdoba Nicaragua
balboa Panamá
guaraní Paraguay
sol el Perú
bolívar Venezuela
libra esterlina Inglaterra
franco Francia
marco Alemania
rublo Rusia
lira Italia
dólar Estados Unidos

Verbs

1. REGULAR VERBS

INFINITIVE

llorar *to cry*   beber *to drink*   vivir *to live*

PRESENT PARTICIPLE

llorando *crying*   bebiendo *eating*   viviendo *living*

PAST PARTICIPLE

llorado *cried*   bebido *drunk*   vivido *lived*

Tenses of the indicative mood

PRESENT

I cry, am crying, do cry	*I drink, am drinking, do drink*	*I live, am living, do live*
lloro	bebo	vivo
lloras	bebes	vives
llora	bebe	vive
lloramos	bebemos	vivimos
lloráis	bebéis	vivís
lloran	beben	viven

IMPERFECT (The imperfect expresses a past action or condition in its process.)

I was crying, used to (or would) cry, cried	*I was drinking, used to (or would) drink, drank*	*I was living, used to (or would) live, lived*
lloraba	bebía	vivía
llorabas	bebías	vivías
lloraba	bebía	vivía
llorábamos	bebíamos	vivíamos
llorabais	bebíais	vivíais
lloraban	bebían	vivían

PRETERITE (The preterite *records* a completed action in the past.)

I cried	*I drank*	*I lived*
lloré	bebí	viví
lloraste	bebiste	viviste
lloró	bebió	vivió
lloramos	bebimos	vivimos
llorasteis	bebisteis	vivisteis
lloraron	bebieron	vivieron

FUTURE

I will (shall) cry	*I will (shall) drink*	*I will (shall) live*
lloraré	beberé	viviré
llorarás	beberás	vivirás
llorará	beberá	vivirá
lloraremos	beberemos	viviremos
lloraréis	beberéis	viviréis
llorarán	beberán	vivirán

CONDITIONAL (The conditional is normally the future of a past action. It tells what would, what was going to happen, or states the result of an *if* clause. In the first person, *should* sometimes replaces *would*.)

I would cry	*I would drink*	*I would live*
lloraría	bebería	viviría
llorarías	beberías	vivirías
lloraría	bebería	viviría
lloraríamos	beberíamos	viviríamos
lloraríais	beberíais	viviríais
llorarían	beberían	vivirían

Simple tenses of the subjunctive mood

(The subjunctive mood is not always translatable in English as indicated below.)
See # 63(p. 175), 66(p. 188), 90(p.258), 91(p. 260), 93(p. 268), 96(p. 272)

PRESENT

(that) I (may) cry	*(that) I (may) drink*	*(that) I (may) live*
llore	beba	viva
llores	bebas	vivas
llore	beba	viva
lloremos	bebamos	vivamos
lloréis	bebáis	viváis
lloren	beban	vivan

IMPERFECT (The imperfect subjunctive is the only simple past subjunctive.)

(that) I might cry, *I cried*	*(that) I might drink,* *I drank*	*(that) I might live,* *I lived*

-ra form

llorara	bebiera	viviera
lloraras	bebieras	vivieras
llorara	bebiera	viviera
lloráramos	bebiéramos	viviéramos
llorarais	bebierais	vivierais
lloraran	bebieran	vivieran

-se form

llorase	bebiese	viviese
llorases	bebieses	vivieses
llorase	bebiese	viviese
llorásemos	bebiésemos	viviésemos
lloraseis	bebieseis	vivieseis
llorasen	bebiesen	viviesen

The imperative mood

(The imperative consists of the affirmative commands of **tú** and **vosotros**.)

cry	*drink*	*live*
llora (tú)	bebe	vive
llorad (vosotros)	bebed	vivid

Compound (perfect) tenses

(Compound or perfect tenses are formed by the auxiliary verb **haber** + a past participle.)

PERFECT INFINITIVE

to have cried, drunk, lived

haber llorado, bebido, vivido

PERFECT PARTICIPLE

having cried, drunk, lived

habiendo llorado, bebido, vivido

PRESENT PERFECT

I have cried	*I have drunk*	*I have lived*
he llorado	he bebido	he vivido
has llorado	has bebido	has vivido
ha llorado	ha bebido	ha vivido
hemos llorado	hemos bebido	hemos vivido
habéis llorado	habéis bebido	habéis vivido
han llorado	han bebido	han vivido

PLUPERFECT (PAST PERFECT)

I had cried	*I had drunk*	*I had lived*
había llorado	había bebido	había vivido
habías llorado	habías bebido	habías vivido
había llorado	había bebido	había vivido
habíamos llorado	habíamos bebido	habíamos vivido
habíais llorado	habíais bebido	habíais vivido
habían llorado	habían bebido	habían vivido

FUTURE PERFECT

I will (shall) have cried	*I will (shall) have drunk*	*I will (shall) have lived*
habré llorado	habré bebido	habré vivido
habrás llorado	habrás bebido	habrás vivido
habrá llorado	habrá bebido	habrá vivido
habremos llorado	habremos bebido	habremos vivido
habréis llorado	habréis bebido	habréis vivido
habrán llorado	habrán bebido	habrán vivido

CONDITIONAL PERFECT

I would have cried	*I would have drunk*	*I would have lived*
habría llorado	habría bebido	habría vivido
habrías llorado	habrías bebido	habrías vivido
habría llorado	habría bebido	habría vivido
habríamos llorado	habríamos bebido	habríamos vivido
habríais llorado	habríais bebido	habríais vivido
habrían llorado	habrían bebido	habrían vivido

PRESENT PERFECT SUBJUNCTIVE (The subjunctive is not always translatable in English as indicated below.)

(that) I (may) have cried	*(that) I (may) have drunk*	*(that) I (may) have lived*
haya llorado	haya bebido	haya vivido
hayas llorado	hayas bebido	hayas vivido
haya llorado	haya bebido	haya vivido
hayamos llorado	hayamos bebido	hayamos vivido
hayáis llorado	hayáis bebido	hayáis vivido
hayan llorado	hayan bebido	hayan vivido

PLUPERFECT SUBJUNCTIVE

(that) I had cried, (that) I might have cried	*(that) I had drunk, (that) I might have drunk*	*(that) I had lived, (that) I might have lived*

-ra form

hubiera llorado	hubiera bebido	hubiera vivido
hubieras llorado	hubieras bebido	hubieras vivido
hubiera llorado	hubiera bebido	hubiera vivido
hubiéramos llorado	hubiéramos bebido	hubiéramos vivido
hubierais llorado	hubierais bebido	hubierais vivido
hubieran llorado	hubieran bebido,	hubieran vivido

-se form

hubiese llorado	hubiese bebido	hubiese vivido
hubieses llorado	hubieses bebido	hubieses vivido
hubiese llorado	hubiese bebido	hubiese vivido
hubiésemos llorado	hubiésemos bebido	hubiésemos vivido
hubieseis llorado	hubieseis bebido	hubieseis vivido
hubiesen llorado	hubiesen bebido	hubiesen vivido

2. RADICAL (STEM) CHANGING VERBS

A radical change is a change in the root (stem) of a verb. In Spanish, this change occurs in the root *vowel* of certain verbs.

-ar and -er radical changing verbs

Radical changing verbs that end in **-ar** or **-er** change the stressed **e** to **ie**, the stressed **o** to **ue**. **-ar** and **-er** radical changing verbs change only in the present indicative and present subjunctive.

All other tenses are conjugated regularly. (Just as in regular verbs, the imperative singular—the affirmative command for **tú**—is the same as the third person singular of the present indicative.)

PATTERN OF THE PRESENT INDICATIVE

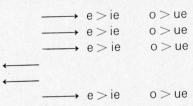

despertar	entender	recordar	volver
to awaken	*to understand*	*to remember*	*to return*
despierto	entiendo	recuerdo	vuelvo
despiertas	entiendes	recuerdas	vuelves
despierta	entiende	recuerda	vuelve
despertamos	entendemos	recordamos	volvemos
despertáis	entendéis	recordáis	volvéis
despiertan	entienden	recuerdan	vuelven

The present subjunctive follows the same pattern, except that **-a** endings change to **-e**, **-e** endings to **-a**:

COMMON VERBS OF THIS TYPE USED IN THE TEXT

acordarse (de) *to remember*   jugar *to play*
acostarse *to go to bed*   llover *to rain*

atravesar *to cross*	mostrar *to show*
comenzar *to begin*	mover *to move*
contar *to count; to relate*	negar *to deny*
costar *to cost*	nevar *to snow*
devolver *to return, give back*	pensar *to think*
doler *to hurt*	perder *to lose*
empezar *to begin*	probar *to prove*
encender *to light*	sonar *to sound; to ring*
encontrar *to find; to meet*	sentarse *to sit down*

-*ir* radical changing verbs

There are two types of radical changing verbs ending in -**ir.**

Type I: Those whose stressed **e** changes to **ie** in the present indicative and present subjunctive, and those whose stressed **o** changes to **ue.** Some common verbs of this type used in the text are:

advertir *to warn*	dormir *to sleep*
consentir *to consent*	mentir *to lie*
convertir *to convert, change*	morir *to die*
divertirse *to have a good time*	sentir *to feel; to regret*

Type II: Those whose stressed **e** changes to **i** in the present indicative and present subjunctive:

concebir *to conceive*	repetir *to repeat*
conseguir *to obtain; to achieve*	seguir *to follow; to continue*
impedir *to prevent*	servir *to serve*
pedir *to ask for, request*	vestir(se) *to dress*

A. The present indicative of -**ir** radical changing verbs
   The pattern is exactly the same as that of all other radical changing verbs:

Type I	(e > ie, o > ue)	*Type II* (e > i)
mentir *to lie*	**morir** *to die*	**servir** *to serve*
miento	muero	sirvo
mientes	mueres	sirves
miente	muere	sirve
mentimos	morimos	servimos
mentís	morís	servís
mienten	mueren	sirven

B. The present subjunctive of -**ir** radical changing verbs
   The general pattern of the present indicative is maintained, but a *second* radical change is added. The *unstressed* **e** of the first and second persons plural becomes **i** ; the unstressed **o** becomes **u** :

mienta	muera	sirva
mientas	mueras	sirvas
mienta	muera	sirva
mintamos	muramos	sirvamos
mintáis	muráis	sirváis
mientan	mueran	sirvan

C. The preterite of -ir radical changing verbs
In the third person, singular and plural, the *unstressed* e becomes i ; the o becomes u :

mentí	morí	serví
mentiste	moriste	serviste
mintió	murió	sirvió
mentimos	morimos	servimos
mentisteis	moristeis	servisteis
mintieron	murieron	sirvieron

Remember: The preterite of -ar and -er radical changing verbs undergoes no radical change.

D. The imperfect subjunctive of -ir radical changing verbs
The e > i, o > u change appears throughout the entire imperfect subjunctive :

mintiera (mintiese)	muriera (muriese)	sirviera (sirviese)
mintieras	murieras	sirvieras
mintiera	muriera	sirviera
mintiéramos	muriéramos	sirviéramos
mintierais	murierais	sirvierais
mintieran	murieran	sirvieran

Note: The imperfect subjunctive of -ar and -er radical changing verbs undergoes no radical change.

E. The present participle of -ir radical changing verbs changes the stem vowel e to i, o to u : **mintiendo, muriendo, sirviendo.**

3. IRREGULAR PAST PARTICIPLES

A few regular, irregular, and radical changing verbs have irregular past participles. These include :

abrir, abierto	morir, muerto
cubrir, cubierto	poner, puesto
decir, dicho	resolver, resuelto
escribir, escrito	ver, visto
hacer, hecho	volver, vuelto

4. SPELLING CHANGING VERBS

1. In order to keep the pronunciation of their final consonant the same as it is in the infinitive form, some verbs must change their spelling under certain conditions.

A. Verbs that end in **-ger** or **-gir** change **g** to **j** before an **o** or **a**. This keeps the final consonant soft:

coger *to catch*   **dirigir** *to direct*

PRESENT INDICATIVE	PRESENT SUBJUNCTIVE	PRESENT INDICATIVE	PRESENT SUBJUNCTIVE
cojo	coja	dirijo	dirija
coges	cojas	diriges	dirijas
coge	coja	dirige	dirija
cogemos	cojamos	dirigimos	dirijamos
cogéis	cojáis	dirigís	dirijáis
cogen	cojan	dirigen	dirijan

B. Verbs that end in **-cer** or **-cir** preceded by a consonant change the **c** to **z** before an **o** or **a**, thus keeping the final consonant soft:

convencer *to convince*

PRESENT INDICATIVE	PRESENT SUBJUNCTIVE
convenzo	convenza
convences	convenzas
convence	convenza
convencemos	convenzamos
convencéis	convenzáis
convencen	convenzan

C. Verbs that end in **-gar** change **g** to **gu** before **e**. The **u** is not pronounced, but keeps the **g** hard:

apagar *to put out, extinguish*

PRETERITE	PRESENT SUBJUNCTIVE
apagué	apague
apagaste	apagues
apagó	apague
apagamos	apaguemos
apagasteis	apaguéis
apagaron	apaguen

D. Verbs that end in -**car** change **c** to **qu** before **e**, thus keeping the final consonant hard:

buscar *to look for*

PRETERITE   PRESENT SUBJUNCTIVE

busqué	**busque**
buscaste	**busques**
buscó	**busque**
buscamos	**busquemos**
buscasteis	**busquéis**
buscaron	**busquen**

E. Verbs ending in -**guir** drop the **u** before **o** or **a**.
     (Since **g** is already hard before **o** or **a**, a **u** inserted between **g** and **o**
or **a** would have to be pronounced)

seguir *to follow; to continue*

(Notice that **seguir** *is also radical changing)*

PRESENT INDICATIVE   PRESENT SUBJUNCTIVE

sigo	siga
sigues	sigas
sigue	siga
seguimos	sigamos
seguís	sigáis
siguen	**sigan**

F. Verbs ending in -**quir** change **qu** to **c** before **o** or **a**.
     (The combination **quo**, rare in Spanish, would require the sounding of
the **u**.)

relinquir *to relinquish*

PRESENT INDICATIVE   PRESENT SUBJUNCTIVE

relinco	**relinca**
relinques	**relincas**
relinque	**relinca**
relinquimos	**relincamos**
relinquís	**relincáis**
relinquen	**relincan**

G. Verbs ending in **-guar** change **gu** to **gü** before **e**.

(Since the **u** is pronounced in the infinitive form, it can be maintained before **e** only by placing the dieresis [¨] above it.)

apaciguar *to appease, pacify*

PRETERITE	PRESENT SUBJUNCTIVE
apacigüé	**apacigüe**
apaciguaste	**apacigües**
apaciguó	**apacigüe**
apaciguamos	**apacigüemos**
apaciguasteis	**apacigüéis**
apaciguaron	**apacigüen**

2. In order to conform to the rules of Spanish spelling, which try to keep the language as consistent phonetically as possible, other verbs also undergo spelling changes.

A. Verbs that end in **-zar** change **z** to **c** before **e**:

empezar *to begin*

(Notice that **empezar** *is also radical changing)*

PRETERITE	PRESENT SUBJUNCTIVE
empecé	**empiece**
empezaste	**empieces**
empezó	**empiece**
empezamos	**empecemos**
empezasteis	**empecéis**
empezaron	**empiecen**

B. Verbs ending in **-eer** change the unstressed **i** to **y** between vowels.

(Spanish spelling does not permit an unstressed **i** between vowels because the actual pronunciation of such an **i** would be **y**. The spelling change thereby maintains phonetic consistency.)

creer *to believe, think*

PRETERITE	IMPERFECT SUBJUNCTIVE	PARTICIPLES
creí	**creyera** (creyese)	**creyendo**
creíste	**creyeras**	creído
creyó	**creyera**	
creímos	**creyéramos**	
creísteis	**creyerais**	
creyeron	**creyeran**	

C. Verbs ending in -eír are radical changing verbs (e > i).

    For phonetic consistency, they drop one i in the third person of the preterite, the entire imperfect subjunctive, and the present participle:

reír *to laugh*

PRETERITE	IMPERFECT SUBJUNCTIVE	PRESENT PARTICIPLE
reí	**riera (riese)**	riendo
reíste	**rieras**	
rio	**riera**	
reímos	**riéramos**	
reísteis	**rierais**	
rieron	**rieran**	

D. Verbs whose stems end in ll or ñ drop the i of the following diphthong ie and io.

    (The sounds ll and ñ include a palatal i, and so the addition of another i would be superfluous and phonetically inconsistent.)

bullir *to boil*

PRETERITE	IMPERFECT SUBJUNCTIVE
bullí	**bullera (bullese)**
bulliste	**bulleras**
bulló	**bullera**
bullimos	**bulléramos**
bullisteis	**bullerais**
bulleron	**bulleran**

teñir *to dye* (radical changing)

PRETERITE	IMPERFECT SUBJUNCTIVE
teñi	**tiñera (tiñese)**
teñiste	**tiñeras**
tiñó	**tiñera**
teñimos	**tiñéramos**
teñisteis	**tiñerais**
tiñeron	**tiñeran**

5. VERBS THAT HAVE CHANGES IN ACCENTUATION

1. Verbs ending in -iar

    Some verbs ending in -iar bear a written accent on the i in all singular forms and in the third person plural of the present indicative and subjunctive, and on the imperative singular:

enviar *to send*

PRESENT INDICATIVE	PRESENT SUBJUNCTIVE	IMPERATIVE
envío	envíe	
envías	envíes	envía
envía	envíe	
enviamos	enviemos	
enviáis	enviéis	enviad
envían	envíen	

2. Verbs ending in -uar

Verbs ending in **-uar** (except those ending in **-guar**) bear a written accent on the **u** in the same forms listed above:

continuar *to continue*

PRESENT INDICATIVE	PRESENT SUBJUNCTIVE	IMPERATIVE
continúo	continúe	
continúas	continúes	continúa
continúa	continúe	
continuamos	continuemos	
continuáis	continuéis	continuad
continúan	continúen	

6. IRREGULAR VERBS

Note: Only the tenses containing irregular forms are given. The conjugation of verbs ending in **-ducir** may be found under **conducir**; those ending in a vowel +**cer** or +**cir** are found under **conocer**; and those ending in **-uir** are under **huir**:

andar *to walk, go*

PRETERITE	anduve, anduviste, anduvo, anduvimos, anduvisteis, anduvieron
IMPERFECT SUBJUNCTIVE	(-ra) anduviera, anduvieras, anduviera, anduviéramos, anduvierais, anduvieran
	(-se) anduviese, anduvieses, anduviese, anduviésemos, anduvieseis, anduviesen

asir *to seize*

PRESENT INDICATIVE	asgo, ases, ase, asimos, asís, asen
PRESENT SUBJUNCTIVE	asga, asgas, asga, asgamos, asgáis, asgan

caber *to be contained in, fit within*

PRESENT INDICATIVE	quepo, cabes, cabe, cabemos, cabéis, caben
PRETERITE	cupe, cupiste, cupo, cupimos, cupisteis, cupieron
FUTURE	cabré, cabrás, cabrá, cabremos, cabréis, cabrán
CONDITIONAL	cabría, cabrías, cabría, cabríamos, cabríais, cabrían
PRESENT SUBJUNCTIVE	quepa, quepas, quepa, quepamos, quepáis, quepan
IMPERFECT SUBJUNCTIVE	(-ra) cupiera, cupieras, cupiera, cupiéramos, cupierais, cupieran
	(-se) cupiese, cupieses, cupiese, cupiésemos, cupieseis, cupiesen

caer *to fall*

PRESENT INDICATIVE	caigo, caes, cae, caemos, caéis, caen
PRETERITE	caí, caíste, cayó, caímos, caísteis, cayeron
PRESENT SUBJUNCTIVE	caiga, caigas, caiga, caigamos, caigáis, caigan
IMPERFECT SUBJUNCTIVE	(-ra) cayera, cayeras, cayera, cayéramos, cayerais, cayeran
	(-se) cayese, cayeses, cayese, cayésemos, cayeseis, cayesen
PRESENT PARTICIPLE	cayendo
PAST PARTICIPLE	caído

conducir *to conduct* (similarly, all verbs ending in -ducir)

PRESENT INDICATIVE	conduzco, conduces, conduce, conducimos, conducís, conducen
PRETERITE	conduje, condujiste, condujo, condujimos, condujisteis, condujeron
PRESENT SUBJUNCTIVE	conduzca, conduzcas, conduzca, conduzcamos, conduzcáis, conduzcan
IMPERFECT SUBJUNCTIVE	(-ra) condujera, condujeras, condujera, condujéramos, condujerais, condujeran
	(-se) condujese, condujeses, condujese, condujésemos, condujeseis, condujesen

conocer *to know* (similarly, all verbs ending in a vowel +**cer** or +**cir**, except **cocer, hacer, mecer**, and their compounds)

PRESENT INDICATIVE	conozco, conoces, conoce, etc.
PRESENT SUBJUNCTIVE	conozca, conozcas, conozca, conozcamos, conozcáis, conozcan

dar *to give*

PRESENT INDICATIVE	doy, das, da, damos, dais, dan
PRETERITE	di, diste, dio, dimos, disteis, dieron
PRESENT SUBJUNCTIVE	dé, des, dé, demos, deis, den
IMPERFECT SUBJUNCTIVE	(-ra) diera, dieras, diera, diéramos, dierais, dieran
	(-se) diese, dieses, diese, diésemos, dieseis, diesen

decir *to say, tell*

PRESENT INDICATIVE	digo, dices, dice, decimos, decís, dicen
PRETERITE	dije, dijiste, dijo, dijimos, dijisteis, dijeron
FUTURE	diré, dirás, dirá, diremos, diréis, dirán
CONDITIONAL	diría, dirías, diría, diríamos, diríais, dirían
PRESENT SUBJUNCTIVE	diga, digas, diga, digamos, digáis, digan

IMPERFECT SUBJUNCTIVE	(-ra) dijera, dijeras, dijera, dijéramos, dijerais, dijeran
	(-se) dijese, dijeses, dijese, dijésemos, dijeseis, dijesen
PRESENT PARTICIPLE	diciendo
PAST PARTICIPLE	dicho
IMPERATIVE	di, decid

errar *to err*

PRESENT INDICATIVE	yerro, yerras, yerra, erramos, erráis, yerran
PRESENT SUBJUNCTIVE	yerre, yerres, yerre, erremos, erréis, yerren
IMPERATIVE	yerra, errad

estar *to be*

PRESENT INDICATIVE	estoy, estás, está, estamos, estáis, están
PRETERITE	estuve, estuviste, estuvo, estuvimos, estuvisteis, estuvieron
PRESENT SUBJUNCTIVE	esté, estés, esté, estemos, estéis, estén
IMPERFECT SUBJUNCTIVE	(-ra) estuviera, estuvieras, estuviera, estuviéramos, estuvierais, estuvieran
	(-se) estuviese, estuvieses, estuviese, estuviésemos, estuvieseis, estuviesen
IMPERATIVE	está, estad

haber *to have*

PRESENT INDICATIVE	he, has, ha, hemos, habéis, han
PRETERITE	hube, hubiste, hubo, hubimos, hubisteis, hubieron
FUTURE	habré, habrás, habrá, habremos, habréis, habrán
CONDITIONAL	habría, habrías, habría, habríamos, habríais, habrían
PRESENT SUBJUNCTIVE	haya, hayas, haya, hayamos, hayáis, hayan
IMPERFECT SUBJUNCTIVE	(-ra) hubiera, hubieras, hubiera, hubiéramos, hubierais, hubieran
	(-se) hubiese, hubieses, hubiese, hubiésemos, hubieseis, hubiesen

hacer *to do, make*

PRESENT INDICATIVE	hago, haces, hace, hacemos, hacéis, hacen
PRETERITE	hice, hiciste, hizo, hicimos, hicisteis, hicieron
FUTURE	haré, harás, hará, haremos, haréis, harán
CONDITIONAL	haría, harías, haría, haríamos, haríais, harían
PRESENT SUBJUNCTIVE	haga, hagas, haga, hagamos, hagáis, hagan
IMPERFECT SUBJUNCTIVE	(-ra) hiciera, hicieras, hiciera, hiciéramos, hicierais, hicieran
	(-se) hiciese, hicieses, hiciese, hiciésemos, hicieseis, hiciesen
PAST PARTICIPLE	hecho
IMPERATIVE	haz, haced

huir *to flee* (similarly, all verbs ending in **-uir**, except those ending in **-guir** and **-quir**)

PRESENT INDICATIVE	huyo, huyes, huye, huimos, huís, huyen
PRETERITE	huí, huiste, huyó, huimos, huisteis, huyeron
PRESENT SUBJUNCTIVE	huya, huyas, huya, huyamos, huyáis, huyan
IMPERFECT SUBJUNCTIVE	(-ra) huyera, huyeras, huyera, huyéramos, huyerais, huyeran
	(-se) huyese, huyeses, huyese, huyésemos, huyeseis, huyesen
PRESENT PARTICIPLE	huyendo
IMPERATIVE	huye, huid

ir *to go*

PRESENT INDICATIVE	voy, vas, va, vamos, vais, van
IMPERFECT INDICATIVE	iba, ibas, iba, íbamos, ibais, iban
PRETERITE	fui, fuiste, fue, fuimos, fuisteis, fueron
PRESENT SUBJUNCTIVE	vaya, vayas, vaya, vayamos, vayáis, vayan
IMPERFECT SUBJUNCTIVE	(-ra) fuera, fueras, fuera, fuéramos, fuerais, fueran
	(-se) fuese, fueses, fuese, fuésemos, fueseis, fuesen
PRESENT PARTICIPLE	yendo
IMPERATIVE	ve, id

oír *to hear*

PRESENT INDICATIVE	oigo, oyes, oye, oímos, oís, oyen
PRETERITE	oí, oíste, oyó, oímos, oísteis, oyeron
PRESENT SUBJUNCTIVE	oiga, oigas, oiga, oigamos, oigáis, oigan
IMPERFECT SUBJUNCTIVE	(-ra) oyera, oyeras, oyera, oyéramos, oyerais, oyeran
	(-se) oyese, oyeses, oyese, oyésemos, oyeseis, oyesen
PRESENT PARTICIPLE	oyendo
PAST PARTICPLE	oído
IMPERATIVE	oye, oíd

oler *to smell*

PRESENT INDICATIVE	huelo, hueles, huele, olemos, oléis, huelen
PRESENT SUBJUNCTIVE	huela, huelas, huela, olamos, oláis, huelan
IMPERATIVE	huele, oled

poder *to be able*

PRESENT INDICATIVE	puedo, puedes, puede, podemos, podéis, pueden
PRETERITE	pude, pudiste, pudo, pudimos, pudisteis, pudieron
FUTURE	podré, podrás, podrá, podremos, podréis, podrán
CONDITIONAL	podría, podrías, podría, podríamos, podríais, podrían

PRESENT SUBJUNCTIVE	pueda, puedas, pueda, podamos, podáis, puedan
IMPERFECT SUBJUNCTIVE	(-ra) pudiera, pudieras, pudiera, pudiéramos, pudierais, pudieran
	(-se) pudiese, pudieses, pudiese, pudiésemos, pudieseis, pudiesen
PRESENT PARTICIPLE	pudiendo

poner *to put, place*

PRESENT INDICATIVE	pongo, pones, pone, ponemos, ponéis, ponen
PRETERITE	puse, pusiste, puso, pusimos, pusisteis, pusieron
FUTURE	pondré, pondrás, pondrá, pondremos, pondréis, pondrán
CONDITIONAL	pondría, pondrías, pondría, pondríamos, pondríais, pondrían
IMPERFECT SUBJUNCTIVE	(-ra) pusiera, pusieras, pusiera, pusiéramos, pusierais, pusieran
	(-se) pusiese, pusieses, pusiese, pusiésemos, pusieseis, pusiesen
PAST PARTICIPLE	puesto
IMPERATIVE	pon, poned

querer *to wish*

PRESENT INDICATIVE	quiero, quieres, quiere, queremos, queréis, quieren
PRETERITE	quise, quisiste, quiso, quisimos, quisisteis, quisieron
FUTURE	querré, querrás, querrá, querremos, querréis, querrán
CONDITIONAL	querría, querrías, querría, querríamos, querríais, querrían
PRESENT SUBJUNCTIVE	quiera, quieras, quiera, queramos, queráis, quieran
IMPERFECT SUBJUNCTIVE	(-ra) quisiera, quisieras, quisiera, quisiéramos, quisierais, quisieran
	(-se) quisiese, quisieses, quisiese, quisiésemos, quisieseis, quisiesen

saber *to know*

PRESENT INDICATIVE	sé, sabes, sabe, sabemos, sabéis, saben
PRETERITE	supe, supiste, supo, supimos, supisteis, supieron
FUTURE	sabré, sabrás, sabrá, sabremos, sabréis, sabrán
CONDITIONAL	sabría, sabrías, sabría, sabríamos, sabríais, sabrían
PRESENT SUBJUNCTIVE	sepa, sepas, sepa, sepamos, sepáis, sepan
IMPERFECT SUBJUNCTIVE	(-ra) supiera, supieras, supiera, supiéramos, supierais, supieran
	(-se) supiese, supieses, supiese, supiésemos, supieseis, supiesen

salir *to go out, leave*

PRESENT INDICATIVE	salgo, sales, sale, salimos, salís, salen
FUTURE	saldré, saldrás, saldrá. saldremos, saldréis, saldrán
CONDITIONAL	saldría, saldrías. saldría, saldríamos, saldríais, saldrían
PRESENT SUBJUNCTIVE	salga, salgas, salga, salgamos, salgáis, salgan
IMPERATIVE	sal, salid

ser *to be*

PRESENT INDICATIVE	soy, eres, es, somos, sois, son
IMPERFECT INDICATIVE	era, eras, era, éramos, erais, eran
PRETERITE	fui, fuiste, fue, fuimos, fuisteis, fueron
PRESENT SUBJUNCTIVE	sea, seas, sea, seamos, seáis, sean
IMPERFECT SUBJUNCTIVE	(-ra) fuera, fueras, fuera, fuéramos, fuerais, fueran
	(-se) fuese, fueses, fuese, fuésemos, fueseis, fuesen
IMPERATIVE	sé, sed

tener *to have*

PRESENT INDICATIVE	tengo, tienes, tiene, tenemos, tenéis, tienen
PRETERITE	tuve, tuviste, tuvo, tuvimos, tuvisteis, tuvieron
FUTURE	tendré, tendrás, tendrá, tendremos, tendréis, tendrán
CONDITIONAL	tendría, tendrías, tendría, tendríamos, tendríais, tendrían
PRESENT SUBJUNCTIVE	tenga, tengas, tenga, tengamos, tengáis, tengan
IMPERFECT SUBJUNCTIVE	(-ra) tuviera, tuvieras, tuviera, tuviéramos, tuvierais, tuvieran
	(-se) tuviese, tuvieses, tuviese, tuviésemos, tuvieseis, tuviesen
IMPERATIVE	ten, tened

traer *to bring*

PRESENT INDICATIVE	traigo, traes, trae, traemos, traéis, traen
PRETERITE	traje, trajiste, trajo, trajimos, trajisteis, trajeron
PRESENT SUBJUNCTIVE	traiga, traigas, traiga, traigamos, traigáis, traigan
IMPERFECT SUBJUNCTIVE	(-ra) trajera, trajeras, trajera, trajéramos, trajerais, trajeran
	(-se) trajese, trajeses, trajese, trajésemos, trajeseis, trajesen
PRESENT PARTICIPLE	trayendo
PAST PARTICIPLE	traído

valer *to be worth*

PRESENT INDICATIVE	valgo, vales, vale, valemos, valéis, valen
FUTURE	valdré, valdrás, valdrá, valdremos, valdréis, valdrán

CONDITIONAL	valdría, valdrías, valdría, valdríamos, valdríais, valdrían
PRESENT SUBJUNCTIVE	valga, valgas, valga, valgamos, valgáis, valgan
IMPERATIVE	val(e), valed

venir *to come*

PRESENT INDICATIVE	vengo, vienes, viene, venimos, venís, vienen
PRETERITE	vine, viniste, vino, vinimos, vinisteis, vinieron
FUTURE	vendré, vendrás, vendrá, vendremos, vendréis, vendrán
CONDITIONAL	vendría, vendrías, vendría, vendríamos, vendríais, vendrían
PRESENT SUBJUNCTIVE	venga, vengas, venga, vengamos, vengáis, vengan
IMPERFECT SUBJUNCTIVE	(-ra) viniera, vinieras, viniera, viniéramos, vinierais, vinieran
	(-se) viniese, vinieses, viniese, viniésemos, vinieseis, viniesen
PRESENT PARTICIPLE	viniendo
IMPERATIVE	ven, venid

ver *to see*

PRESENT INDICATIVE	veo, ves, ve, vemos, veis, ven
IMPERFECT INDICATIVE	veía, veías, veía, veíamos, veíais, veían
PRESENT SUBJUNCTIVE	vea, veas, vea, veamos, veáis, vean
PAST PARTICIPLE	visto

Vocabularios

The gender of all nouns, except masculine nouns ending in **-o** and feminine nouns ending in **-a,** or nouns that refer to a masculine or feminine person, is indicated by *m.* or *f.* Parts of speech are abbreviated as follows: *n.,* noun; *v.,* verb; *adj.,* adjective; *adv.,* adverb; *conj.,* conjunction; *prep.,* preposition; *pron.,* pronoun; *refl.,* reflexive; *part.,* participle; *rel.,* relative; *dem.,* demonstrative. Radical changing verbs are followed by the change that the stem vowel undergoes in the present indicative. The change is placed in parentheses. Thus: **entender (ie), contar (ue), pedir (i).** Irregular verbs that appear in full in the verb appendix are marked with an asterisk. So are verbs derived from these. Thus: ***poner, *tener, *deponer, *contener.** The conjugation of verbs ending in **-ducir** may be found under **conducir,** of those ending in **-eer,** under **creer,** and so forth. Verbs of the type of **huir** and of **conocer,** and those that require a written accent, are followed by the ending of the first person singular of the present indicative placed in parentheses. Thus: **construir (uyo), parecer (zco), enviar (ío).** Spelling changing verbs are indicated by italicizing the affected consonant: **co*g*er, sa*c*ar.**

The Spanish–English vocabulary includes all verbs and idioms that appear in the reading passages and exercises, except for exact or very close cognates. The English–Spanish vocabulary includes all words and idioms that are used in the exercises, plus other frequently used expressions.

Español–Inglés

A

a to; toward; at; also used before a direct object that is a person (not translated)

abajo down; below; ¡ **Abajo!** Down with...!

abar*c*ar to include; view; comprehend

abierto open

abismo abyss, low point

abogado lawyer

abrazar(se) to embrace, hug

abrazo hug

abrelatas, *m.* can opener

abri*g*ar to shelter; house

abrigo coat; overcoat

abril April

abrir(se) (*past part.* **abierto**) to open

abro*g*ar to abrogate, nullify

absoluto absolute; **lo —** the absolute; ¡ **En —!** Absolutely not!

absuelto acquitted, absolved

abuela grandmother

abuelo grandfather

abundar to abound

aburrido bored; boring

A.C. (**antes de Cristo**) B.C.

acá here

acabar to finish; **— de** (*+infin.*) to have just (*present and imperfect*); **— con** to do away with

acción, *f.* action; share (of stock)

aceite, *m.* oil

aceituna olive

aceptar to accept

acera sidewalk

acerca de about, concerning

acercar to bring near(er) ; —se a to approach, go up to

acero steel

acomodador usher

acompañar to accompany

acondicionador, *m.* air conditioner

aconsejar to advise

acosar to beset, beleaguer

acostar (ue) to put to bed ; —se to go to bed

acostumbrado accustomed

actitud, *f.* attitude

actriz actress

actuar (úo) to act

acuerdo agreement ; de — OK, all right ; estar de — to be in agreement ; ponerse de —, llegar a un — to come to an agreement, agree to

acusar to accuse

adecuado adequate

adelantar to move ahead

adelante ahead ; forward ; onward ; hacia — forward

adelgazar to get slim, reduce

además besides ; — de aside from

adentro, *adv.* inside ; hacia — (toward the) inside

adhesión, *f.* adherence ; devotion

adiós goodbye

adjetivo adjective

admirado awed, amazed

admirador(a) admirer

admirar to admire ; cause wonder

admitir to admit

¿adónde ? ¿a dónde ? (to) where

adorar to adore ; idolize

adornado adorned

adorno adornment, decoration

advertir (ie) to warn ; notice

aéreo, *adj.* air

aeronáutica aeronautics

aeropuerto airport

afeitar(se) to shave

aficionado a fond of

afortunado fortunate, lucky

afuera outside ; hacia — facing or heading out

agacharse to bend over

agencia agency

agosto August

agotado exhausted

agotar to use up ; exhaust

agradable pleasant, agreeable

agradecer (zco) to thank for

agrario agrarian, agricultural

agregar to add

agrícola agricultural

agua, *f. (But:* el agua*)* water ; pasado por — boiled

aguacero shower (rain)

aguafuerte, *m.* etching

aguantar to stand, endure, bear

ahí there (near you) ; de — en adelante from then on

ahogar to choke ; —se to drown

ahora now ; — mismo right now

ahorros, *m. pl.* savings

aire, *m.* air ; al — libre in the open air

aislamiento isolation

ajetreo bustle

ajustar(se) to adjust

al *(+infin.)* upon (doing something) ; — entrar on entering ; — día siguiente on the following day

alabar to praise

alargar to lengthen

alcalde mayor

alcanzar to reach

alcoba bedroom

alcurnia lineage ; pedigree

alfombra rug

alegrarse de (que) to be happy (that) ; Me alegro I'm glad

alejado distant, far away

alemán German

Alemania Germany

algo something ; *adv.* somewhat, rather

algodón, *m.* cotton

alguien someone, somebody

alguno, algún (alguna, algunos, etc.) some ; any ; alguna vez ever, at some time ; algún día some day ; de alguna manera somehow ; en alguna parte somewhere

alimentado fed

alivio relief

alma, *f. (But:* el alma*)* soul ; heart *(fig.)*

almacén, *m.* store ; warehouse

almidonado starched

almorzar (ue) to eat lunch

almuerzo lunch

alojar(se) to lodge ; stay (somewhere)

alquiler, *m.* rent

alrededor de around (position)

altavoz, *m.* loudspeaker

alto tall ; high ; loud ; tener... de — to be... tall ; ¡Alto ! Stop

altura height

aluminio aluminum

alzar to raise, lift

allá over there, yonder

allí there

amable nice, kind, amiable

amanecer, *m.* dawn

amante lover

amar to love

amargo bitter

amargura bitterness

amarillo yellow

ambiente, *m.* atmosphere, environment

ambos both

amenaza menace, threat

amigo friend

amistad, *f.* friendship

amistoso friendly

amo master

amor, *m.* love

amorcito darling

ampliamente broadly

ampliarse (ío) to broaden

amuleto amulet, charm

analfabetismo illiteracy

analfabeto illiterate

analizar to analyze

anaranjado orange-colored

anarquista anarchist

anciano ancient; very old (a person)

ancho wide

andaluz Andalusian

*andar to walk; to work, run (a car, a machine, etc.)

anestésico anesthetic

angosto narrow

angustia anguish, anxiety

anhelar to long for

anillo ring

animado animated

anoche last night

anónimo anonymous

ante before, faced with, confronted with

antecesor(a) ancestor

anteojos, *m.pl.* eyeglasses; sunglasses

anterior previous, prior

antes, *adv.* before, earlier; — de, *prep.* before; — de que, *conj.* before; — que rather than

anticuado antiquated, out-of-date

antiguo old, former; ancient

anunciar to announce

anuncio announcement; — **comercial** advertisement

añadir to add

año year; al — per year; el — pasado last year

añorar to long for or to

apa*g*ar to turn off; put out (a light, fire, etc.); die down

aparato machine; set, appliance

aparecer (zco) to appear, turn up

aparentar to appear to be, feign

apartar to set aside

aparte apart, aside

apasionado passionate; impassioned

apellido surname

apenas hardly, scarcely, barely

apéndice, *m.* appendix

aplastado crushed

aplausos, *m. pl.* applause

aportar to bring, to contribute

apoyar to support, back up

aprender to learn

apretar (ie) to press, squeeze

aprobación, *f.* approval

aprobar (ue) to approve; to pass a course

aprovechar(se de) to take advantage of

apto apt; appropriate

apuntar to point; aim; note down

aquel (aquella, aquellos, aquellas), *demonst. adj.* that (over there), those; aquél (aquélla, aquéllos, aquéllas), *pron.* that one, those

aquello, *neuter pron.* that

aquí here; de — en adelante from now on; por — around here

araña ceiling fixture, chandelier

árbol, *m.* tree

arco arch; — iris rainbow

arena sand

arete, *m.* earring

Argel, *m.* Algiers

argüir (uyo) to argue

arma arm, weapon

armar to arm

aroma, *m.* odor, aroma

arquitectónico architectural

arrastrar to drag

arreglar to arrange, fix

arreglo repair; arrangement

arriba up, above; ¡Arriba! Up with…!, Hooray for…!; hacia — upward

arries*g*ar(se) to risk (oneself)

arrojar to throw, fling

arroyo stream

arroz, *m.* rice

arrugado wrinkled

arruinar to ruin, spoil

arte *(usually m.)* art; las Bellas Artes Fine Arts

ártico Arctic

artículo article
asado roasted ; **bien —** well done ; **— a punto** medium
asalto attack, assault
ascender to ascend ; promote
ascensor, *m.* elevator
asegurar to assure ; make firm or steady
aseo lavatory
asesinar to kill
asesino murderer ; assassin
así so, thus ; in this way, like this, like that ; **— que** so (that) ; as soon as ; **así así** so-so ; **— y todo** with all that
asiento seat ; **— trasero** back seat
*asir to seize
asistente spectator
asistir a to attend (school, etc.)
asociado associate ; associated
asociar to associate
asombrado astonished
asombroso astonishing
aspecto aspect ; appearance
áspero harsh
astro star
astucia shrewdness
astuto shrewd
asunto matter
atacar to attack
ataque, *m.* attack
atención, *f.* attention ; **prestar —** to pay attention
atentamente attentively ; devotedly
aterrizaje, *m.* landing
atlético athletic
atracar to hold up, rob
atraco holdup
*atraer to attract
atrapado trapped
atrás, *adv.* backward ; behind ; **hacia —** heading back
atrasado, *adj.* backward
atravesar (ie) to cross
atreverse a to dare to
atrevido daring, bold
audífono earphone
auditorio audience
aumentar to augment, increase
aun even
aún still
aunque although, even though
ausente absent
autobús, *m.* bus
automóvil, *m.* car
automovilismo motoring

autopista expressway, parkway
autor(a) author(ess)
avance, *m.* advance
avanzado advanced
avanzar to advance
avenida avenue
aventura adventure
averiguar to find out, ascertain
ávidamente eagerly
avión, *m.* airplane ; **en —** by air ; **por —** airmail
avisar to advise ; warn
aviso communication, notice
ayer yesterday
ayuda help
ayudante assistant
ayudar to help
azafata stewardess
azotea porch
azúcar, *m.* sugar
azul blue

B

bailar to dance
baile, *m.* dance
bajar to go down ; to lower
bajo short (in height) ; low ; soft (voice, etc.)
bala bullet
balancear to balance
balanza balance ; scale
balcón, *m.* balcony
baluarte, *m.* bulwark
bancarrota bankruptcy
banco bank
bandeja tray
bandera flag
banquero banker
banquillo small bench ; **— de los testigos** witness stand
bañar(se) to bathe
baño bath ; **cuarto de —** bathroom
barba beard
barbarie, *f.* barbarism, barbarity
bárbaro barbaric ; barbarian
barbería barbershop
barco ship
barrera barrier
barrio neighborhood, district
basar to base
base, *f.* base ; basis ; **a — de** based on
bastante enough ; quite, rather
bastar to be enough, suffice ; **Basta** That's enough
baya berry

beber to drink
bebida beverage, drink
Belén Bethlehem
bello pretty
besar to kiss
beso kiss
biblioteca library
bien well ; está — very well ; all right ; más —
    rather ; más — que rather than, instead of ; *m.*
    good ; *pl.* goods, possessions
bienestar, *m.* welfare
billete, *m.* ticket
bisabuelo great-grandfather ; *pl.* ancestors
bisté, *m.* steak
blanco, *adj.* white ; *m.* blank ; white
blanqueado bleached
blanquísimo stark white
blusa blouse
boca mouth
bocadillo morsel, snack
bocado bite, mouthful
boda wedding ; regalo de — wedding present
bodeguero grocer
boga vogue
boina beret
boletín, *m.* bulletin
boleto ticket
bolsa bag ; purse ; stock market
bolsillo pocket
bombero fireman
bombilla light bulb
bondad, *f.* kindness ; Tenga la — de... Please...
bonito pretty
boquiabierto open-mouthed
borde, *m.* edge ; al — on the verge
bordo: a — de on board
bosque, *m.* forest, woods
bostezar to yawn
bota boot
bote, *m.* small boat
boticario druggist
botón, *m.* button
boxeador boxer
brazo arm
brillar to shine
brillo shine, gleam
brindar to toast
británico British
broma joke
bronce, *m.* bronze
brotar to spring forth, arise
Bruselas Brussels
buen mozo handsome

buen(o) good ; Bueno All right ; Well, ... ; Buenos
    días Good morning Buenas tardes, noches
    Good afternoon, evening
bufanda scarf
burgués bourgeois, middle class
burguesía middle class, bourgeoisie
burlón mocking
buscar to look for ; seek
butaca orchestra seat ; armchair

C

caballo horse ; a — on horseback
caballero gentleman
*caber to fit
cabeza head
cabina cabin ; — delantera forward cabin
    (aircraft)
cable, *m.* cablegram
cabo end ; cape *(geog.)*
cacerola casserole dish
cada each ; every
cadáver, *m.* corpse
*caer to fall ; —se to fall down
café, *m.* coffee ; cafe
caída fall
caído sunken, fallen
caja box ; — fuerte safe
cajero cashier
cajón, *m.* drawer
calcetín, *m.* sock
cálculos, *m. pl.* calculations
caldera boiler
caldo broth
calefacción, *f.* heating
calendario calendar
calentar (ie) to heat
cálido warm (weather)
caliente warm ; hot
calificaciones, *f. pl.* qualifications
calmar to calm ; —se to calm down
calor *m.* heat ; hacer — to be warm or hot out ;
    tener — to be (feel) warm
caluroso warm ; heated
callar to be quiet, hush
calle, *f.* street
cama bed
cámara camera ; chamber
camarero waiter
camarote, *m.* stateroom
cambiar to change ; exchange
cambio change ; exchange
camello camel
caminar to walk

camino road; way; — **a** on the way to; se**gu**ir
   (i) **su** — to continue on one's way
camión, *m.* truck; bus *(Mex.)*
camisa shirt
campamento camp
campaña campaign
campeón champion
campeonato championship
campesino farmer, rural dweller
campo country (*opp.* of city)
canción, *f.* song
cansado tired
cansancio fatigue; boredom; **muerto de**— dead tired
cansar to tire; bore
cantante singer
cantar to sing
cantidad, *f.* quantity
canturrear to hum (a song)
caña cane; sugar cane
caos, *m.* chaos
capataz foreman
capaz (*pl.* **capaces**) capable
capital, *f.* capital city; *m.* capital (money)
capitaneado captained, led
capítulo chapter
capota hood of a car
captar to capture
cara face
carácter, *m.* (*pl.* **caracteres**) character
¡Caramba! Well, I'll be…!
caramelo candy
cárcel, *f.* jail
cargado de laden, loaded with
car**g**ar to load
carie cavity (teeth)
cariño affection
cariñosamente affectionately
carne *f.* meat; flesh
carnicero butcher
caro expensive, dear
carrera race; career
carretera highway
carro car; cart
carta letter
cartaginés Carthaginian
cartel, *m.* poster
cartera wallet
cartero mialman
cartucho cartridge
casa house; home; **a** — (toward) home; **en** — at
   home
casado married; **recién** — newly-wed
casarse (con) to marry, get married

casi almost
caso case; **en** — **de que** in case; ***hacer** — **de** or **a**
   to pay attention to
casti**g**ar to punish
castillo castle
casualidad, *f.* coincidence
catalán Catalonian
catarro (a) cold
catedral, *f.* cathedral
categoría category; status
catorce fourteen
caudillo political "strong man"
caza hunt
cazar to hunt
ceder to yield, give in
celebrar to celebrate; **—se** to take place
celeste heavenly; **azul** — light blue
celoso jealous
cenar to eat supper
cenicero ashtray
censura censorship; censure
centavo cent
centenar, *m.* (*generally pl.*) a hundred
centro center; downtown, business area
cepillo brush; — **dental** tooth brush
cerca, *adv.* near by; — **de,** *prep.* near
cero zero
cerrado closed
cerrar (ie) to close
cerro hill
certificado, *adj.* registered (mail); certified
cerveza beer
Cía. (**Compañía**) Co. (Company)
ciego blind
cielo sky; heaven; — **raso** ceiling
ciencia science
ciento, cien one hundred
científico scientific; scientist
cierto certain, sure; a certain
cigarrillo cigarette
cima top, summit
cinco five
cincuenta fifty
cine, *m.* the movies; movie house
cínico cynical
cinta tape; ribbon
cita date, appointment
ciudad, *f.* city
ciudadanía citizenship
civil civil(ian); **estado** — marital status
clarinete, *m.* clarinet
claro clear; light (colored); **a las claras** clearly;
   Claro Of course

clase, *f.* class ; kind ; **sala de —** classroom

cliente, *m.* customer ; client

clima, *m.* climate

clínica clinic, hospital ; doctor's office

cobarde coward ; cowardly

cobardía cowardice

cobrar to charge ; collect

co*c*er (ue) to cook ; boil

cocina kitchen ; cooking

cocinar to cook

cocodrilo crocodile

coctel, *m.* cocktail

coche, *m.* car ; **en —** by car

cochecito small car

codo elbow ; angle *(mech.)*

cofre, *m.* coffer

co*g*er to catch ; seize

coincidir to coincide ; concur

cojo lame ; crippled

cola tail ; stub ; line (of people), queue

colega colleague

colegio (high) school ; junior college

col*g*ar (ue) to hang

Coliseo Colosseum

colmar de to overwhelm with

colo*c*ar to place

colonizador(a) colonizer ; colonizing

colonizar to colonize

colono colonist

columna column

collar, *m.* necklace

combate, *m.* combat

combatir to combat

combustible, *m.* fuel

comedia play ; comedy

comedor, *m.* dining room

comentar to comment

comentario comment

comenzar (ie) to begin

comer to eat ; **dar de —** to feed

comerciante businessman

comerciar to trade

comestible, *m.* foodstuff

cometer to commit ; **— una falta** to make a mistake

comida meal ; dinner ; food

comienzo start, beginning

comisaría police station

comité, *m.* committee

como like ; as ; **tan... —** as... as ; **tanto(s) ... —** as much (many)... as

¿Cómo? How? What (did you say) ? ; **¿— le va?** How goes it? ; **¡— no!** Of course! ; **¿ — se llama?** What is your name ?

comodidad, *f.* comfort

cómodo comfortable

compañero companion ; **— de cuarto** roommate

compañía company, firm

comparación, *f.* comparison

compás, *m.* beat, rhythm

competidor competitor

complejo complex

*com*po*ner to compose ; fix

compositor(a) composer

compra purchase ; **ir de —s** to go shopping

comprar to buy

comprender to understand

comprensión, *f.* comprehension ; understanding

comprensivo understanding

compuesto, *m.* composite ; compound ; *adj.* composed

computadora computer

común common

comunicación, *f. (often pl.)* communication

comuni*c*ar to communicate ; connect (telephone)

con with ; **— permiso** excuse me ; **— tal que** provided that

conciencia consciousness ; conscience

condenar to condemn ; convict

*conducir to lead ; conduct ; drive

conejo rabbit

confesar (ie) to confess

confianza confidence, trust

confundir to confuse ; **—se** to get confused

conjetura conjecture, guess

conmigo with me

conmutador, *m.* switchboard

*conocer (zco) to know (a person or place), be familiar with ; *(preterite)* to meet for the first time

conocido, *m.* acquaintance

conocimientos, *m. pl.* knowledge

conquistador conqueror

consagrar to devote, consecrate

consciente conscious, aware

conscripción : **— militar** draft

consecuencia : **por —** consequently

conse*g*uir (i) to get, obtain

consejero adviser

consejo advice

consentido spoiled

consentir (ie) to consent ; spoil

conserje concierge, hall porter

conservador(a) conservative

conservar to keep ; conserve, save

consigo with himself, herself, yourself, themselves, yourselves

consistir en to consist of
construir (uyo) to build
consultorio doctor's office
contado : al — in cash
contaminación, *f.* pollution
contaminar to pollute, contaminate
contar (ue) to count ; relate, tell ; — con to count on
*con*tener* to contain
contentar to satisfy
contestación, *f.* answer
contestar to answer
contigo with you
continuar (úo) to continue
continuo continuous
contorno outline, shape
contra against
contraparte *f.* counterpart
contrario contrary ; al — on the contrary
contribuir (uyo) to contribute
convertir (ie) to convert ; —se en to become, turn
     into
conyugal conjugal, marital
copa glass, goblet
copita *dim. of* drink (generally alcoholic)
coqueta flirt ; flirtatious
corazón, *m.* heart
corbata tie
cordillera mountain range
coro chorus ; choir
corona crown
coronel colonel
corpulento heavy-set
corregir (i) to correct
correo mail ; Oficina de —s or del — Post Office ;
     — aéreo airmail
correr to run
corresponder to correspond ; belong to ; be
     someone's turn
correspondiente corresponding
corrida : — de toros bullfight
corriente current ; running
cortar to cut
corte, *f.* court
cortés polite, courteous
cortesano courtier
cortesía courtesy
cortina curtain
corto short (in length)
cosa thing
cosita little thing
cosmonave, *f.* spaceship
costa coast
costado side

costar (ue) to cost ; —le trabajo a uno to be hard to
costoso costly
costumbre, *f.* custom
costurero designer
creador creator
crear to create
crecer (zco) to grow
creciente growing
crecimiento growth
creer to believe ; think
criada maid
criatura baby ; creature
crimen, *m.* crime
criollo Spanish-American of pure Spanish ancestry
cristal, *m.* crystal
crítico *adj.* critical
cruce, *m.* : — de caminos crossroad
crucero cruise
cruz, *f.* cross
cruzar to cross
cuaderno notebook
cuadra (city) block
cuadrado square ; milla cuadrada square mile
cuadro picture
¿Cuál ? Which one ? What... ? ; ¿Cuáles ? Which ?
     What... ?
cualidad, *f.* quality, trait
cualquier any (at all)
cualquiera anyone ; un — an ordinary guy
cuando when
cuanto, *rel. pron.* all that ; en — a as for
¿Cuánto(s) ? How much ? How many ? ;
     unos cuantos a few
cuarenta forty
cuarto room ; fourth ; quarter
cuatro four
cuatrocientos four hundred
cubierto de covered with
cubrir (*past part.* cubierto) to cover
cuchara spoon
cucharita teaspoon
cuchillo knife
cuello neck
cuenca river basin
cuenta account ; bill ; — de crédito charge account ;
     darse cuenta de to realize ; por su propia —
     on one's own
cuento story
cuerda cord
cuero leather
cuerpo body
cuidado care ; ¡—! Be careful ! ; con — carefully ;
     perder — not to worry

cuidar to take care
culebra snake
culpable, *n.* culprit, guilty one ; *adj.* guilty
cultivo growing, cultivation
culto cultured
cumbre, *f.* top, summit
cumpleaños, *m. sing.* birthday
cumplir to fulfill, complete ; **— años** to reach a
    certain age
cuñada sister-in-law
cuñado brother-in-law
cura, *m.* priest ; *f.* cure.
curso course
cuyo whose

Ch

champaña, *m.* champagne
chaqueta jacket ; **— salvavidas** life jacket
charla talk, chat
charlar to chat
cheque, *m.* check
chica girl
chico boy
chileno Chilean
chino Chinese
cho*c*ar (con) collide ; crash into ; knock against
chofer, *m.* chauffeur ; driver

D

dado que granted that
dama lady
daño damage ; harm ; **hacer —** to hurt
*dar to give ; **— a** to face ; **— de comer** to feed ;
    —se cuenta de to realize ; **— un paso, un salto,
    un paseo** to take a step, a jump, a walk
D.C. (después de Cristo) A.D.
de of ; from ; about ; also states possession
debajo, *adv.* underneath ; **— de,** *prep.* under
deber, *v.* to be obliged to ; should, ought to ;
    m. duty
debido due ; proper, appropriate
débil weak
debilitar to weaken
década decade
*de*c*aer to decline
decidir to decide
décimo tenth
*decir to say ; tell
dedi*c*ar to dedicate
dedo finger
defender (ie) to defend ; **—se** to defend oneself ;
    "get by" *(coll.)*
dejar to let ; allow ; leave (behind) ; **— caer** to drop

del of the
delante, *adv.* in front ; **— de,** *prep.* in front of ;
    por — up front
delantero, *adj.* front
delgado slim ; thin
demás others, (the) rest
demasiado too much ; *pl.* too many
demonio devil
dentro, *adv.* inside ; **por —** on the inside ; **— de,**
    prep. within, inside of
denunciar to denounce
dependiente, dependienta salesclerk
deporte, *m.* sport
derecho, *n.* right, privilege ; *adj.* right (location) ;
    a la derecha on the right
derramar to spill
derretido melted
derrota defeat
derrotar to defeat ; overthrow
desafío challenge ; defiance
desafortunadamente unfortunately
desagradable disagreeable
desalmado heartless
desangrar to bleed dry
desaparecer (zco) to disappear
desarrollar(se) to develop
desarrollo development
desastre, *m.* disaster
desayunar(se) to eat breakfast
desayuno breakfast
descansar to rest
descanso rest ; sleep
descendiente descendant
descenso descent ; fall
describir *(past part.* descrito*)* to describe
descubridor discoverer
descubrimiento discovery
descubrir *(past part.* descubierto*)* to discover
desde, *prep.* from ; since (a certain time) ;
    — que, *conj.* since (time) ; **— luego** of course
desear to desire, wish
deseo desire
desechado crumpled, cast away
desequilibrio imbalance
desesperado desperate
desesperante frustrating
desgracia misfortune
desgraciadamente unfortunately
deshumanizar to dehumanize
desigual unequal
desinflado flat tire
desmayarse to faint
desnivel, *m.* imbalance

desnudo naked ; bare
desocupado vacant ; idle
despacio slow(ly)
desparramar to spread about
despedida farewell
despedir (i) to fire, dismiss ; —se de to take
  leave of, say goodbye to
despejado clear (weather)
desperdiciar to waste
despertar (ie) to awaken someone ; —se to wake
  up (oneself)
despiadadamente mercilessly
después, *adv.* later, after(wards) ; — de, *prep.*
  after ; — de que, *conj.* after
desteñido faded
destierro exile
destinatario addressee
destino destination ; destiny ; con — a bound for
destrozar to ruin, wreck, destroy
destruir (uyo) to destroy
desunido disunited
desvanecer (zco) to vanish
desviación, *f.* detour
detallado detailed
detalle, *m.* detail
*de*tener* to stop ; arrest ; detain ; —se to stop
detrás, *adv.* in back ; — de, *prep.* behind, in
  back of
devolver (ue) (*past part.* devuelto) to return,
  give back
día, *m.* day ; **Buenos días** Good morning ; **todos
  los días** every day
diamante, *m.* diamond
diario, *adj.* daily ; *n.* newspaper
diciembre December
dictado dictation
dictadura dictatorship
dicho, *past part. of* decir said ; *n.* saying,
  adage
diente, *m.* tooth
diestro skilled ; right
diez ten
diferencia: a — de unlike
difícil difficult, hard
dificultad, *f.* difficulty
dignarse to deign, condescend
dineral, *m.* (a) fortune
dinero money
Dios God ; ¡ Válgame —! God help me !
dirección, *f.* direction ; address
dirigir to direct, lead ; —se a to turn to, approach,
  address
disco record

disculparse to apologize ; **Disculpe** Excuse me
discurrir to discourse, talk on
discutir to discuss ; argue
diseminar to disseminate, spread
disimuladamente surreptitiously
disminuir (uyo) to diminish
disparar to shoot
disparo shot
*dis*poner* to dispose ; make ready
dispuesto ready ; disposed
distinguir to distinguish
distintivo distinctive
distinto a different from
distrito district
divertir (ie) to amuse ; —se to enjoy oneself
divorciado divorced
doblar to turn ; fold
doble double
doce twelve
docena dozen
dócil docile, gentle
dólar, *m.* dollar
doler (ue) to hurt
domingo Sunday
dominio command ; rule ; domination
donde where ; ¿ Dónde ? Where ?
dorado golden
dormir (ue) to sleep ; —se to fall asleep
dormitorio dormitory ; bedroom
dos two
doscientos two hundred
dotado de endowed with
drama, *m.* drama
dramatizar to dramatize
dramaturgo dramatist
droguista druggist
duda doubt ; sin — doubtless
dudar to doubt
dudoso doubtful
duelo duel
dueña chaperone ; proprietress
dueño owner
dulce sweet
durante during
durar to last

E

ecuador equator
echar to throw ; cast ; — una siesta to take a nap
edad, *f.* age ; *tener... años de — to be... years
  old
edificio building

educación, *f.* education
edu*c*ar to educate
educativo educational
efecto effect; en — in fact
efectuar (úo) to effect, bring about
eficaz *(pl.* eficaces*)* efficient
ejemplo example; por — for example
ejer*c*er to exercise, wield
ejercicio exercise
ejército army
él he; him
ele*g*ir (i) to elect; choose
elemental elementary
ella she; her
embajador ambassador
embargo: sin — nevertheless, however
emigrado emigré, emigrant
empaparse de to become saturated with
emperador emperor
empezar (ie) to begin
empleado employee
emplear to employ; use
empujar to push
en in; on; at
enamorado de in love with
enamorarse de to fall in love with
encantado delighted, charmed
encantar to delight, charm
encarcelamiento imprisonment
encar*g*arse to take charge
encariñarse con to take a liking to
encender (ie) to light, turn on
encerrado enclosed, locked up
encima, *adv.* above, on top; por — on the top;
   — de, *prep.* over, above
encontrar (ue) to find; meet
enchufar to plug in
enchufe, *m.* plug
enemigo enemy
enérgico energetic
enero January
enfadarse to get angry
enfático emphatic
enfermo sick
enfo*c*ar to focus
enfurecido infuriated
engordar to get fat
enhorabuena congratulations
enojar to anger; —se to get angry
enorme enormous
ensayar to attempt; try; try out
ensayo essay; rehearsal, tryout
enseñar to teach; show

ensordecedor deafening
ensuciar to dirty
entender (ie) to understand
eterno eternal
entero entire, whole
entierro funeral
entonces then
entrada entrance
entrañas, *f. pl.* innards
entrar en *(Spain),* a *(Sp. Am.)* to enter
entre between; among
entrega delivery; — inmediata special delivery
entregado devoted, given (to)
entre*g*ar to hand over, deliver;
   —se to surrender
entrelazar to link, intertwine
entremés, *m.* hors d'oeuvre
entremeterse to butt in, meddle
entretanto meanwhile, in the meantime
entretenimiento entertainment
entusiasmado enthusiastic
entusiasmarse to become enthusiastic
enviar (ío) to send
envolver (ue) *(past part.* envuelto*)* to wrap;
   involve
época epoch
equipo team
equivocado wrong, mistaken
equivo*c*arse to make a mistake
*errar to err
erudito scholar
escala ladder, step-ladder
escalera stairway; — automática escalator
escasear to be scarce
escaso scarce
escena scene; stage
esclavitud, *f.* slavery
esco*g*er to choose
escolar, *adj.* school, academic
esconder(se) to hide
escondite, *m.* hiding place
escribir *(past part.* escrito*)* to write
escritor(a) writer
escritura writing; scripture
escuadra squad; — de muerte firing squad
escuchar to listen to
escuela school; — superior high school
escultura sculpture
ese, esa, esos, esas, *demonst. adj.* that, those
   (near you); ése, etc., *pron.* that one, those
esfuerzo effort
eslabón, *m.* link
esmeralda emerald

eso, *neuter pron.* that (in general) ; a — de about (a certain time)

espalda back ; shoulder

español Spanish ; Spaniard

esparcir to scatter ; shed

espectador spectator

esperanza hope

esperar to wait for ; hope ; expect

esplendor, *m.* splendor

esposa wife

esposo husband

estable, *adj.* stable

establecer (zco) to establish

establecimiento establishment

estación, *f.* season ; station

estadística statistic

estado state ; — civil marital status

estallar to burst out ; explode

estancado stagnant

*estar to be (located or in a certain position, condition, or state) ; Está bien All right ; — de acuerdo to agree ; — conforme to be willing

estatua statue

este, *m.* east

este, esta, *demonstr. adj.* this ; estos, estas these ; éste, etc., *pron.* this one

estimado esteemed

estimular to stimulate

estirar to stretch

esto, *neuter pron.* this

estoico stoic

estómago stomach

estrecho, *adj.* narrow ; tight ; *n.* strait

estrella star

estropear to ruin, spoil

estructura structure

estudiante, *m.* and *f.* student

estudiantil, *adj.* student

estudiar to study

estudio study

eterno eternal

ética ethics

etiqueta label

europeo European

evitar to avoid

exaltar to excite, stimulate ; exalt

examinar to examine

examen, *m.* exam

exceptuando excluding, except for

excitación, *f.* excitement

exigir to demand, exact

éxito success ; tener — to be successful

experimentar to experience ; experiment

explicar to explain

explotar to exploit ; explode

expresar to express

expulsar to expel

extender(se) (ie) to extend

exterior : el — abroad

externo external

extranjero foreign

extrañar to surprise

extraño strange

F

fábrica factory

fabricar to manufacture

fácil easy

facultad faculty ; school (law, medicine, etc.)

falda skirt

falta mistake ; fault ; lack

faltar to be lacking, needed, or missing ; — a to fail in, be remiss

falla fault *(geol.)*

familiar, *adj.* of the family ; familiar

farmacéutico pharmacist

fatídico fateful

favor, *m.* favor ; Haga el — de+*inf.* Please... ; por — please

favorecer (zco) to favor

fe, *f.* faith

febrero February

fecha date (of the month)

felicidad, *f.* happiness ; *pl.* congratulations

felicitaciones, *f. pl.* congratulations

feliz (*pl.* felices) happy

fenicio Phoenician

feo ugly, homely

feroz (*pl.* feroces) fierce

ferrocarril, *m.* railway

fidedigno reliable, trustworthy

fidelismo political system of Fidel Castro

fiebre, *f.* fever

fiel faithful

fiesta holiday, festival ; party ; — brava bullfight

figurarse to imagine

figurilla figurine

fijarse en to notice

fila row

filósofo philosopher

fin, *m.* end ; — de semana weekend ; al — at the end, finally ; en — well, anyway, to sum up ; por — finally, at last

firma business firm ; signature

fiscal, *m.* prosecutor

física physics
físico physical
flaco thin, skinny
flor, *f.* flower
florecer (**zco**) to flourish
florecimiento flourishing
florido in flower, blooming
foco focus
fondo background; bottom; **puerta del —** back
    door
formar to form
fósforo match
foto, *f.* photo
fotógrafo photographer
fracasar to fail
fracaso fiasco, failure
fraile friar
francés French; Frenchman
franqueza frankness
frasco small bottle; flask
frase, *f.* phrase; sentence
frenético frenzied
fresco cool; fresh
frío, *adj.* and *n.* cold; **hacer (mucho) —** to be
    (very) cold out; **tener —** to feel cold
frito fried
frontera frontier; border
fruta fruit
fruto fruit *(fig.)*; profit
fuego fire
fuente, *f.* fountain; source
fuera, *adv.* outside; **por —** on the outside; **— de,**
    prep. outside of
fuero right, privilege
fuerte strong; loud
fuerza force; strength; **a la —** by force
fugaz (*pl.* **fugaces**) fleeting
fulgor, *m.* glow
función, *f.* performance; showing (of a movie);
    function
funcionar to function, work run
funcionario government official
funda pillow case
fundador founder
fundar to found, establish
fundir to fuse
fútbol, *m.* soccer

G

gafas, *f. pl.* eyeglasses
gana desire; **tener —(s) de, darle a uno —(s) de** to
    feel like (doing something)

ganadería stockraising
ganador winner
ganar to earn; win; gain
ganga bargain
garantizar to guarantee
garganta throat
gastado spent; worn out
gastar to spend (money)
gato cat
general: **por lo —** in general
genio genius
gente, *f.* people
gerente manager
gesto gesture
giro word, expression; trip
gitano gypsy
gobernador governor
gobierno government
godo Goth
golosina treat
golpe, *m.* blow, knock; **— de estado** coup d'état
goma rubber; gum
gordo fat
gota drop
gozar de to enjoy
grabado recorded; engraved
grabadora tape recorder
gracias thanks
grado degree; grade
graduarse (**úo**) to graduate
gramática grammar
gran (*contraction of* **grande**) great
granada grenade
grande large, big; great
grandeza greatness
granja farm
grato pleasant
griego Greek
gris gray
gritar to scream, shout
grito shout, scream
grueso thick; heavy
guante, *m.* glove
guapo handsome
guarda, *m.* guard
guardar to keep; hold, save; **— la lengua** to hold
    one's tongue
guatemalteco Guatemalan
guerra war
guerrero warlike; warrior
guiñar to wink
gustar to be pleasing; **—le a uno** to like; **Me**
    gusta I like it

gusto pleasure; taste; **Mucho (Tanto) — de conocerle** Pleased to meet you

H

*__haber__ *(auxiliary verb)* to have; **— de** to be supposed to; *(see also* **hay***)*
habilidad, *f.* ability
habitación, *f.* room
habitante inhabitant
habitar to inhabit
habla speech; **al —** speaking (telephone)
hablador(a) talkative
hablar to speak
hace *(+period of time after verb in the past)* ago; **— poco** a little while ago; **—... que** *(+a verb in the present)* for (a still continuing period of time)
hacendado landowner; rancher
*__hacer__ to make; to do; **— buen (mal) tiempo** to be nice (bad) weather; **— caso de** or **a** to pay attention to; **— daño** to hurt; **— frío, calor, viento** to be cold, warm, windy; **— una pregunta** to ask a question; **— un viaje** to take a trip; **—se** to become
hacia toward
hacienda ranch
hallar to find; **—se** to be (in a place or condition)
hambre, *f. (But:* **el hambre***)* hunger; **tener (mucha) —** to be (very) hungry
harto sated, full; plenty
hasta, *prep.* until; (up) to; even; **— luego** so-long; **— que,** *conj.* until
hay there is, there are; **— que** one must; **No — de qué** You're welcome
He aquí Here is, Behold
helado, *n.* ice cream
henchido de swollen with, full of
heredar to inherit
heredero heir
herido wounded; hurt, injured
herir (ie) to wound; hurt
hermana sister
hermandad, *f.* brotherhood
hermano brother
hermoso beautiful
héroe hero
hierba grass
hierro iron
hija daughter
hijo son
hilo thread
hispano Hispanic

historia history; story
historiador historian
hoja leaf
hola hi, hello
holandés Dutch(man)
hombre man; **— de negocios** businessman
hombría masculinity; bravery
honradez, *f.* honesty
honrado honest; honorable
honrar to honor
hora hour; time (of day); **¿Qué — es?** What time is it?; **— de comer** eating time
horario schedule; timetable
horno oven
hoy today; **— (en) día** nowadays
hueco hollow; empty
huelga strike
hueso bone
huevo egg; **— cocido** boiled egg; **— revuelto** scrambled egg
*__huir (uyo)__ to flee
humanizar to humanize
humedad, *f.* humidity
humilde humble
hundir to sink

I

ibero Iberian
identificar(se) to identify
ídolo idol
iglesia church
igual equal; identical, same
igualarse con to rival
ileso unhurt
iluso illusionary, "nut"
ilustre illustrious
imagen, *f.* image; picture
imaginarse to imagine
impedir (i) to prevent; impede
imperdonable unpardonable
imperio empire
impermeable, *m.* raincoat
imponente imposing
*__imponer(se)__ to impose
importar to matter; be important; to import; **No importa** It doesn't matter
impresionar to impress
impuesto tax
inadecuado inadequate
inaguantable unbearable
incaico Incan
incendio fire
inclinado leaning

incluso including
inconsciente unconscious
incorrupto uncorrupted
incrédulo incredulous, disbelieving
increíble incredible, unbelievable
indicar to indicate
indígena native
indio Indian
individuo, *n.* (an) individual
industrial, *n.* industrialist
inequidad, *f.* inequality, inequity
inesperado unexpected
infante crown prince
infierno inferno, hell
infinito: lo — the infinite
influir (uyo) en to influence
informar to inform
infundir to infuse
ingeniería engineering
ingeniero engineer
Inglaterra England
inglés English(man)
iniciar to initiate, begin
injusto unjust, unfair
inmediatamente immediately
inmoral immoral
inquietud, *f.* uneasiness
inseguro insecure; unsure; unsafe
insistir en to insist on
instalar to install
instantáneamente instantly
instinto instinct
instituir (uyo) to institute
insufrible insufferable
integrar to include, incorporate; to compose;
    integrate
interés, *m.* interest; *pl.* (bank) interest
interesante interesting
interesar to interest
interno internal
interpretar to interpret
interrogar to interrogate
interrumpir to interrupt
*inter*venir* to intervene
íntimo intimate
intruso intruder; crasher
inútil useless
invasor invader
inventar to invent
invierno winter
invitado guest
invitar to invite
inyección, *f.* injection

inyectar to inject
*ir to go; —se to go away, leave
irrumpir to burst out, spring up
isla island
islámico Islamic
izquierdista leftist
izquierdo left; a la izquierda on the left

J

jabón, *m.* soap
jamás never, not... ever
jamón, *m.* ham
Japón, *m.* Japan
japonés Japanese
jaqueca headache, migraine
jardín, *m.* garden
jaula cage
jefe boss; leader
joven *(pl.* jóvenes*)* young; youth; young person
joya jewel
judío Jew(ish)
juego game
jueves Thursday
juez judge
jugador player
ju*g*ar (ue) to play; — al fútbol to play soccer
juguete, *m.* toy
julio July
junio June
junta governing body, often military
junto, *adj.* (generally *pl.*) together; — a, *prep.*
    next to, near
jurado jury
juventud, *f.* youth

K

kilo a unit of weight equaling slightly more than two
    pounds
kilómetro six-tenths of a mile

L

labio lip
labor, *f.* labor, work;
labrar to work; till
lado side; al — de alongside of
ladrar to bark
ladrillo brick
ladrón thief
lago lake
lágrima tear (crying)
laguna lagoon
lamentar to regret; weep
lamer to lick

lámpara lamp
lana wool
lancha launch; — **de motor** motor boat
lanzar to hurl, throw; to launch
lápiz, *m.* pencil
largo long
larguísimo very long
lástima pity
lata can; tin
lavandería laundry; dry cleaner
lavar(se) to wash
leal loyal
lealtad, *f.* loyalty
lección, *f.* lesson
lectura reading
leche, *f.* milk
lechuga lettuce
*leer to read
legumbre, *f.* vegetable
lejano distant
lejos, *adv.* far away; — **de**, *prep.* far from
lema, *m.* motto
lengua language; tongue
lenguaje, *m.* language (usage)
lentes, *m. pl.* eyeglasses
lentitud, *f.* slowness
lento slow
león, *m.* lion
letargo lethargy, sluggishness
letrero sign, billboard
levantar to lift, raise; —**se** to rise, get up
levemente slightly
ley, *f.* law
leyenda legend
libra pound
libre free
libro book
líder leader
ligero light; slight; swift
limitar to limit; — **con** to border on
limosín, *m.* limousine
limpiar to clean
limpio clean
lindo beautiful
línea line
liquidar to liquidate, put on sale
Lisboa Lisbon
lisonjero flattering
lista list; roster, roll
listo ready; bright, smart
loco crazy
locutor radio or TV announcer
Londres London

lucir (zco) to shine; show off, sport
lucha fight; struggle
luchar to fight; struggle
luego then; **desde** — of course
lugar, *m.* place; — **de veraneo** summer resort;
    en — **de** in place of; **tener** — to take place
lujo luxury
luna moon
lunes Monday
luz, *f.* light

LL

llamada call; knock (at the door)
llamado call, calling
llamar to call; —**se** to be named
llanta (automobile) tire
llave, *f.* key
llegada arrival
lle*gar* a to arrive at; — **a ser** to become
llenar to fill
lleno de filled with, full of
llevar to carry; wear; bring, take (a person)
llorar to cry
llover (ue) to rain
lluvia rain

M

machismo virility; masculine pride
madera wood
madre mother
maestro teacher
magnífico magnificent
maíz, *m.* corn
majestad, *f.* majesty
mal, *adv.* badly; *m.* evil, bad; **de** — **en peor** from
    bad to worse; **menos** — well, not so bad
mal(o), *adj.* bad
maleta suitcase
mancha spot, stain
mandar to send; order, command
mandato command
manejar to drive
manera way, manner; **de la misma** — in the same
    way; **de** — **que** so that
manifestación, *f.* (protest) demonstration
manifestar (ie) to manifest, show
mano, *f.* hand; **a** — by hand; **dar la** — to shake
    hands
mantel, *m.* tablecloth
*man*tener to maintain; support
mantequilla butter
manzana apple

mañana tomorrow; *n.* morning; **por la —** in the morning
máquina machine; **escribir a —** to type
maquinaria machinery
mapa, *m.* map
mar, *m.* sea; **por —** by sea
maravilla marvel, wonder; **a las mil —** marvelous; **¡Qué—!** How wonderful!
maravilloso wonderful
marca brand
marcar to mark; dial
marcharse to go away, leave
marido husband
marisco shellfish
Marruecos Morocco
Marte Mars
martes, *m.* Tuesday
marzo March
más more; most; **— bien** rather; **— bien que** rather than; **— que nada** more than anything, above all
matar to kill
materia matter; subject
matrícula registration
matricularse to register
matrimonio marriage; married couple
máximo highest; greatest
mayo May
mayor older; oldest; greater; **el —** greatest; **al por —** wholesale
mayormente mainly, mostly
meca Mecca, Moslem holy place
media stocking
mediados: a — de around the middle of
medianoche, *f.* midnight
médico doctor
medida measure
medio half; *n.* middle; means; **en — de** in the midst of; **el — Oriente** the Middle East
mediodía, *m.* noon
medir (i) to measure
mejicano Mexican *(Spanish spelling)*
mejor better; **el —** best
mejorar to improve
memoria: de — by heart
mencionar to mention
menear to wag (a tail)
menor younger; smaller; lesser; minor; youngest; smallest; least
menos less; least; minus; except; **a lo —, por lo —** at least
mensaje, *m.* message
mentir (ie) to lie

mentira lie
mentiroso liar; lying
menú, *m.* menu
menudo: a — often
merecer (zco) to deserve, merit
meridional Southern
merienda light snack
mero mere
mes, *m.* month
mesa table; desk
meseta high plateau
mestizo person of mixed white and Indian blood
metal, *m.* metal
meter to put, place
metido engaged, involved
método method
metralleta submachine gun
metro subway
metrópoli chief city or capital
mexicano Mexican
mezclar to mix
mi(s) my
mí me *(object of prep.)*
miedo fear; **tener —** to be afraid
miembro member
mientras (que), *conj.* while; **—tanto** meanwhile, in the meantime
miércoles, *m.* Wednesday
mil a thousand
militar military; soldier
milla mile
mina mine
minero miner; mining
minifalda miniskirt
mínimo minimum; least; **en lo más —** (not) in the least
ministerio ministry (government)
ministro minister; Secretary; **primer —** prime minister
minoridad, *f.* minority, underage
mío mine
mirar to look at
miseria poverty
misionero missionary
mismo himself, herself, etc.; same; very (emphatic); **ahora —** right now
misterio mystery
mitad, *f.* half
mocoso pipsqueak
moda fashion
modalidad, *f.* way of life
modo mode, manner, way; **de —que** *conj.* so that; so

molestar to bother, annoy
molestia bother
monarca monarch
monárquico monarchist
monstruo monster
montadura setting
montaje montage, artistic composition combining several different elements
montaña mountain
montañoso mountainous
montón, *m.* pile, mound
morado purple
morder (ue) to bite
moreno brunet(te)
moribundo dying
morir (u) *(past part.* muerto*)* to die
moro Moor(ish)
mostrar (ue) to show
motín, *m.* riot
motocicleta motorcycle
mover(se) (ue) to move
movimiento movement
mozo boy; waiter; **buen —** handsome
muchacha girl
muchacho boy
muchedumbre, *f.* crowd
mucho much; a great deal; *pl.* many
mudar(se) to move; change
muebles, *m. pl.* furniture
mueca grimace
muela back tooth
muerte, *f.* death
muerto dead
mujer woman; wife
mula mule
multa fine (traffic, etc.)
multiplicar(se) to multiply
mundial, *adj.* world
mundo world; **todo el —** everybody
muro wall
músculo muscle
museo museum
musulmán Moslem
mutuo mutual
muy very

N

nacer (zco) to be born
nacimiento birth; Nativity
nada nothing; **de —** you're welcome
nadador swimmer
nadar to swim
nadie nobody, no one

naranja orange
nariz, *f.* nose
narrar to narrate
natural: a lo **—** natural style
naturaleza nature
navegante navigator
Navidad, *f.* Christmas
navideño, *adj.* Christmas
neblina haze
necesitar to need
ne*g*ar (ie) to deny; **—se a** to refuse to
negocio business
negro black
nene baby
neoyorquino New Yorker
nervio nerve
nevar (ie) to snow
ni neither; **ni... ni** neither... nor; **— siquiera** not even
nicaragüense Nicaraguan
nieta granddaughter
nieto grandson
nieve, *f.* snow
ningún, ninguno no, none, not... any (of a group); **de ninguna manera** in no way; **en ninguna parte** nowhere
niña girl
niñez, *f.* childhood
niño boy
nivel, *m.* level; **— de vida** standard of living
nobleza nobility
noche, *f.* night; **de —** at night; **esta —** tonight, this evening
nodriza nursemaid
nombrar to name; nominate; appoint
nombre, *m.* name; **— de pila** given name
nordeste, *m.* northeast
noroeste, *m.* northwest
norte, *m.* north
nosotros, nosotras we; us (after a *prep.*)
nota note; grade
noticia news item; *pl.* news
noticiero newscast
novecientos nine hundred
novela novel
noveno ninth
noventa ninety
novia sweetheart; bride
novio fiancé; groom
noviembre November
nube, *f.* cloud
nublado cloudy
nuestro our

nuevas, *f. pl.* news
nueve nine
nuevecito brand new, nice and new
nuevo new ; de — again
número number
nunca never

O

o or ; o... o either... or
obedecer (zco) to obey
objeción, *f.* objection
objeto object
obli*g*ar to oblige, force
obra work (of art) ; — maestra masterpiece
obrero worker
observador observer
observar to observe
obstáculo obstacle
*ob*tener obtain, get
obvio obvious
occidental Western
ocre ochre, reddish-colored
octavo eighth
octubre October
ocultar(se) to hide
ocupado occupied ; busy
ocupar to occupy
ocurrir to occur ; take place
ochenta eighty
ocho eight
ochocientos eight hundred
odiar to hate
oeste, *m.* west
ofender to offend
oficina office
oficio trade, occupation ; office, position
ofrecer (zco) to offer
oído (inner) ear ; al — into someone's ear
*oír to hear
¡Ojalá! If only...! Oh, how I hope!
ojo eye
¡Ole! Hurray!
*oler to smell
olor, *m.* smell
olvidado forgotten ; oblivious
olvidar to forget
olla pot
omitir to omit
once eleven
optar por to choose
opuesto opposite
oración, *f.* sentence ; prayer
orador speaker

orden, *f.* order, command ; *m.* order, orderliness ; succession ; a sus órdenes at your service
ordenar to order
orgullo pride
orgulloso proud
oriental Eastern
origen, *m.* origin
oro gold ; Siglo de — Golden Age
oscilar to oscillate ; waver
oscuridad, *f.* darkness ; obscurity
oscuro dark ; a oscuras in the dark
otoño autumn
otro another ; el — the other

P

paciencia patience
pactar to make a pact
padre father ; *pl.* parents
pa*g*ar to pay (for) ; — al contado to pay cash
página page
país, *m.* country
pájaro bird
palabra word
pálido pale
palito little stick ; wand
palma palm (of the hand)
pampa large, fertile flatland in Argentina and Uruguay, gaucho country
pan, *m.* bread
panadero baker
panorama, *m.* panorama
pantalón, *m. (*often *pl.)* pants
pañuelo handkerchief ; kerchief
papa potato ; *m.* Pope
papá Dad
papel, *m.* paper ; role ; hacer un — to play a role
paquete, *m.* package
par, *m.* pair ; un — de a couple of
para, *prep.* for ; (in order) to ; by (a certain time or date) ; considering, with relation to ; — que, *conj.* in order that, so that ; — siempre forever
parado standing ; stopped
paraguas, *m. sing.* umbrella
parar(se) to stop
pardo brown
parecer (zco) to seem, appear, look ; —se a to resemble
pared, *f.* wall
pareja couple
pariente relative
parque, *m.* park
párrafo paragraph

parte, *f.* part ; **de — de** on the part of, on behalf of ; **¿De — de quién?** Who's calling? ; **en otra —** somewhere else ; **en ninguna —** nowhere ; **la mayor —** most, the majority ; **por todas partes** everywhere

particular private

partido game, match ; party (political)

partir to leave ; **a — de** from (a certain time) on

pasado past ; last ; **la semana pasada** last week

pasajero passenger

pasaporte, *m.* passport

pasar to pass ; happen ; spend (time) ; **— por alto** to pass by, overlook

pasatiempo pastime

Pascuas, *f. pl.* Easter

pasearse to take a walk, stroll

paseíto a little walk or trip

paseo walk ; trip ; excursion ; **dar un —** to take a walk

pasillo aisle

paso step ; **abrirse —** to make one's way ; **dar un —** to take a step

pastor shepherd ; pastor

pata paw ; foot *(slang)*

patata potato *(Spain)*

patria fatherland

patrocinar to sponsor

pavimento pavement

paz, *f.* peace ; **dejar en —** to leave or let alone

peatón pedestrian

pecho chest ; breast

pedazo piece ; bit

pedir (i) to ask for, request

pegar to hit, beat ; affix, stick on

peinar(se) to comb

peine, *m.* comb

pelear to fight

película film, movie

peligro danger

peligroso dangerous

pelo hair

pelota ball

peluquería hairdresser

pena sorrow ; pain, trouble ; **valer la —** to be worth while

pensador thinker

pensamiento thought

pensar (ie) to think ; **— de** to have an opinion of ; **— en** to think about or of ; **— +** *infin.* to intend to

peón farm worker

peor worse ; worst ; **de mal en —** from bad to worse

pequeño little (in size)

perder (ie) to lose ; waste ; miss (a train, etc.)

perdón, *m.* pardon ; **P—** Excuse me

perdonar to pardon, forgive

perfección, *f.* perfection

periódico newspaper.

periodismo journalism

perla pearl

permiso permission ; **Con —** Excuse me

permitir to permit, allow, let

pero but

perro dog

persona (always *fem.*) person

personaje, *m.* character ; personage

pertenecer (zco) to belong

peruano Peruvian

pesar to weigh ; **a — de** in spite of

pescado fish (caught)

peseta monetary unit of Spain

peso weight ; monetary unit of several Spanish-American countries

pestaña eyelash

petrolero, *adj.* oil, petroleum

pez, *m.* fish (live)

pie, *m.* foot ; **a —** on foot ; **en —** standing ; **ponerse de —** to stand up

piedra stone

piel, *f.* skin ; fur

pierna leg

pijama pajama

pila: nombre de — given name

píldora pill

pimentero pepper mill

pimienta pepper

pintar to paint

pintor painter

pintura painting

pinzas, *f. pl.* tongs

pirata, *m.* pirate

piscina swimming pool

piso floor, story ; apartment

pista lane ; track ; runway

pizarra blackboard

placer, *m.* pleasure

planchado ironing ; ironed ; **— permanente** permanent press

planchar to iron

planeta, *m.* planet

planta floor (of a building) ; **— baja** ground floor

plata silver ; *(colloq.)* money

plato plate ; dish

playa beach

plaza plaza, town square

plazo time payment
plenitud, *f.* plenty, abundance
pleno full ; en — invierno in mid-winter
plomero plumber
pluma pen ; feather ; — fuente fountain pen
población, *f.* population
poblado inhabited
pobre poor
poco little (in amount) ; *pl.* few ; a — shortly
    thereafter ; hace — not long ago ; — a —
    gradually
*poder to be able ; can ; *m.* power
poderoso powerful
poema, *m.* poem
poesía poetry ; poem
poeta poet
poetisa poetess
policía, *f.* police force ; *m.* policeman
policíaco, *adj.* police
política policy ; politics
político political ; politican
póliza policy (insurance)
polvo dust
*poner to put, place ; to turn on (a radio, etc.) ; to
    set (a table) ; —se to become *(+adj.)* ; to
    put on (clothes) ; —se a *(+infin.)* to begin
    to ; —se de acuerdo to agree
por by ; along ; through ; by means of ; for (a
    period of time) ; during ; (in exchange) for ;
    instead of ; for (the sake of) ; out of, because
    of ; on account of ; — favor please ; — la
    mañana in (during) the morning ; mañana —
    la mañana tomorrow morning ; — supuesto
    of course ; — todas partes everywhere
porcelana porcelain
porcentaje, *m.* percentage
porque because
¿Por qué? Why?
portal, *m.* doorway
portátil portable
porvenir, *m.* future
*poseer to possess
postre, *m.* dessert
potable drinkable
potente powerful, potent
practicar to practice
pragmático pragmatic, practical
precio price
precioso precious ; adorable, cute
precisamente exactly, precisely
preciso precise ; necessary
preferir (ie) to prefer
pregunta question ; hacer una — to ask a question

preguntar to ask a question
premio prize
prendedor, *m.* brooch
prender to seize, catch ; set (fire)
prensa press
preocupar(se) de to worry about
presentador introducer
presentar to present ; introduce (a person) ; —se
    to appear
prestar to lend ; — atención to pay attention
primavera spring
primer(o) first
primo cousin
príncipe prince
principiante beginning ; beginner
principiar to begin
principio beginning ; al — at first
prisa hurry, haste ; de — in a hurry ; tener — to be
    in a hurry
prisionero prisoner
privado private
problema, *m.* problem
procesar to process ; bring to trial
proceso process ; trial
*producir to produce
profesor(a) teacher ; professor
profundidad, *f.* depth
profundo deep ; profound
programa, *m.* program
progresista progressive
prójimo fellowman
promesa promise
prometedor, *adj.* promising
prometer to promise
promulgar to enact
pronombre pronoun
pronto soon ; quick
pronunciar to pronounce
propaganda: — comercial advertising
propiedad, *f.* property
propio (one's) own
*proponer to propose
propósito purpose ; a — by the way
protagonista main character
proteger to protect
protegido pet ; protegé
provechoso profitable
provinciano provincial
próximo next
psiquiatra psychiatrist
publicar to publish
puchero stew
pueblo town ; (a) people

puente, *m.* bridge
puerta door ; gate
puerto port ; — de mar seaport
pues well
puesto put, placed ; set ; turned on ; tuned in ;
    n. post ; position ; place
pulgada inch
pulgar, *m.* thumb
pulmón, *m.* lung
pulsera bracelet
punto point ; a — de about to ; en — on the dot

Q

que who ; that ; which ; whom
¿Qué ?, *pron.* What ? ; *adj.* What ?, Which ? ;
    ¿ — tal ? How are things ? ; ¿ — hay ?
    What's new ? ¿ — tiempo hace ? How is the
    weather ? ; ¡Qué *(+ adj.* or *adv.)* ! How…!
quebrado broken
quedar(se) to remain ; stay ; —le a alguien (*cf.*
    gustar) to have left or remaining ; —se con
    to take, decide to buy
quejarse de to complain about
quemar to burn
*querer to want ; like (a person) ; to love ;
    — decir to mean
querido dear
queso cheese
¿Quién (es) ? Who ? ; quien(es) who
químico chemical ; chemist
quince fifteen
quinientos five hundred
quinto fifth
quitar to take away ; —se to take off (apparel, etc.)

R

radio *m.* and *f.* radio
raíz, *f.* (pl. raíces) root
rapidez, *f.* speed
raro unusual, rare ; rara vez rarely
rato short while
ratón, *m.* mouse
razón, *f.* reason ; con — right ; sin — wrong ;
    tener — to be right
reaccionar to react
real real ; royal
realidad, *f.* reality ; en — really, actually
realista, *adj.* realistic
realización, *f.* realization, fulfillment
realizar to bring about, put into effect, realize
rebelde rebel ; rebellious
rebosar de to burst with
Recepción, *f.* Front Desk (hotel)

receptor, *m.* receiver, set
recibir to receive
recién *(shortened form of* reciente*)* recently ;
    — casados newlyweds ; — llegados new
    arrivals ; — nacido newborn
reciente recent, new
recíproco reciprocal, mutual
recobrar to recoup, recover
recoger to pick up ; retrieve
recomendar (ie) to recommend
reconocer (zco) to recognize
reconocido recognized
Reconquista Reconquest (specifically of Spain
    from the Arabs, 711–1492)
recordar (ue) to remember ; to remind of
recostarse (ue) to lie down
rectificar to rectify
recuerdo memory ; *pl.* regards
recurso recourse ; resource
rechazar to reject ; refuse
redentor redeemer
redondo round
reemplazar to replace
referirse (ie) to refer
reflejar to reflect
Reforma (Protestant) Reformation
reformador reformer
refrán, *m.* refrain ; proverb
refrescar to refresh
refuerzo reenforcement
regalo gift
régimen, *m.* regime ; diet
regir (i) to rule
regla rule ; ruler (measure)
reglamento rule, law
regresar to return
reina queen
reinado reign
reinar to reign
reino kingdom
reír(se) (río) to laugh ; —se de to laugh at
reja grill
relacionar to relate, associate
relatar to relate, recount, tell
reloj, *m.* watch ; clock
reluciente shiny
rematado exhausted
remedio remedy ; alternative ; No hay más —
    There's no other choice
remiendo patch
remitente sender
remontarse to hark back
renacentista, *adj.* Renaissance

renacer (zco) to be reborn
Renacimiento Renaissance
rendido exhausted
renombre, *m.* renown, fame
renovar (ue) to renew ; renovate
rentas, *f. pl.* income
renunciar a to renounce
repartir to share ; distribute
repasar to review
repaso review
repente: de — suddenly
repentino sudden
repetidamente repeatedly
repetir (i) to repeat
representante representative
representar to represent ; perform
resaltar to stand out
resbalar(se) to slide ; glance off
resentimiento resentment
reserva reservation ; reserve
resolver(se) (ue) to resolve ; solve
resonar (ue) to resound
respecto respect, aspect ; — a with respect to,
    concerning ; a ese — in that regard
responder to respond
respuesta response, reply
restaurar to restore
resto rest, remainder
restorán, *m.* restaurant
restituir (uyo) to restore
resucitar to bring back to life
resuelto resolved ; settled
resultado result
resultar to turn out, result
retirar(se) to withdraw ; retire
retrasar to delay, slow up
retumbar to resound
reunido, (usually *pl.*) gathered together
reunirse (úno) to meet, gather
revelar to reveal
revés, *m.* reverse ; al — to the contrary
revista magazine
rey king
rezagado, *n.* latecomer
rezar to pray
rico rich
riel, *m.* rail
rienda rein
rifa raffle
rifle, *m.* rifle
rincón, *m.* corner (inside)
río river
riqueza wealth

riquísimo very rich
rito rite
rivalidad, *f.* rivalry
robar to rob, steal
robo robbery
roca rock
rodear to surround
rodilla knee
rogar (ue) to beg ; pray
rojo red
romper *(past part.* roto*)* to break
ropa clothing ; dress
rosa rose
rosado pink
roto broken
rubí, *m.* ruby
rubio blond
rueda wheel
ruido noise
ruidoso noisy
ruleta roulette
rumbo: — a bound for
ruso Russian
ruta route

S

sábado Saturday
sábana sheet
*saber to know (a fact, how to, etc.)
saborear to savour
sabroso tasty
sacar to take out ; pull out ; — una foto take a
    picture
sacerdote, *m.* priest
saco jacket
sacrificar to sacrifice
sacudir to shake ; dust
sagrado sacred ; holy
sal, *f.* salt
sala living room ; — de clase classroom
salado salty
salida exit ; departure ; going out
*salir to go out ; leave (a place) ; come out of ;
    rise (the sun) ; turn out, work out
salón, *m.* hall ; salon
salpicado spattered
saltar to jump
salud, *f.* health
saludar to greet ; to wave
saludo greeting
salvar to save (a life)
salvavidas: chaqueta — life jacket
san(to) saint

sandalia sandal
sangre, *f.* blood
sanidad, *f.* sanitation ; health
sartén, *m.* or *f.* frying pan
sastre tailor
se*c*ar to dry
seco dry
secuestrador hijacker ; kidnapper
secuestrar to hijack ; kidnap
secuestro hijacking ; kidnapping
sed, *f.* thirst ; **tener (mucha) —** to be (very) thirsty
seda silk
seguida: en — immediately, at once
se*gui*r (i) to continue, keep on ; follow ;
    — **por la derecha** to keep to the right
según according to
segundo second
seguramente surely
seguro sure, certain ; safe
seis six
seiscientos six hundred
selva forest ; jungle
sello stamp ; seal
semana week
sembrar (ie) to sow
semejante similar
semestre, *m.* semester
Senado Senate
sencillo simple
sensible sensitive
sentado seated, sitting
sentido, *m.* meaning ; sense
sentimiento feeling ; sentiment
sentir (ie) to feel ; regret ; **—se** to feel *(+ adj.)*
señal, *f.* sign ; mark ; signal
señalar to point out
señor mister ; gentleman ; Mr.
señora lady ; wife ; Mrs.
señorita young lady ; Miss
séptimo seventh
*ser to be ; to be from, for, made of ; to belong
    to ; *(with *adj.*)* to be essentially characterized
    by ; *m.* being ; **un — humano** a human being
serie *f.* series
serio serious ; **en —** seriously
servilleta napkin
servir (i) to serve ; to be used or good for ; **— de** to
    serve as ; **— para** to be useful for
sesenta sixty
setenta seventy
setecientos seven hundred
sexto sixth
si if

sí yes ; *pron.* himself, herself, yourself, themselves,
    etc. *(obj. of prep.)*
siempre always
sierra mountain range
siesta nap ; **echar una —** to take a nap
siete seven
siglo century
significación, *f.* meaning ; significance
significar to mean
significativo significant
siguiente following ; **al día —** the next day
silla chair
simbolizar to symbolize
símbolo symbol
simpático nice ; agreeable
simpatizar to sympathize ; feel for or with
sin, *prep.* without ; **— que,** *conj.* without
sindicato union
sino but ; (used after a negative) on the contrary
síntoma, *m.* symptom
siquiera: ni — not even
sistema, *m.* system
sobre on, upon ; above ; on, about, concerning ;
    — todo especially
*sobre*poner*se to overcome
*sobre*venir* to befall, come about
sobrevivir to survive
sobrina niece
sobrino nephew
sociedad, *f.* society
sofocar to quell, out down ; suffocate
sol, *m.* sun ; **hacer —** to be sunny
soldado soldier
soledad, *f.* solitude
solicitud, *f.* request
solo alone
sólo only
soltero unmarried
solucionar to solve
sombra shade ; shadow ; **a la —** in the shadow
    or shade
sombrero hat
someter to subject ; **—se** to submit
sonar (ue) to sound ; ring
sonido sound
sonreír (i) to smile
sonrisa smile
soñador dreamer
soñar (ue) **con** to dream of
sopa soup
soportar to stand, endure
só*quer*, *m.* soccer
sorprender to surprise

sorpresa surprise
sostén, *m.* support
*sos*tener* to sustain, support
sótano basement
su(s) his, her, its, your, their
suavizar to soften
subasta auction
subir to go up; — a to board, get into
súbito sudden
subjuntivo subjunctive
sublevación, *f.* uprising
sublevarse to revolt
subterráneo subway
subyugar to subjugate
suceder to happen, take place; to succeed (in order)
suceso event
sucio dirty
Sudamérica South America
suegro father-in-law
suelo floor; earth, soil
sueño dream; sleep; tener (mucho) — to be (very) sleepy
suerte, *f.* luck; chance; tener (mucha) — to be (very) lucky
sufrir to suffer; undergo
suicidarse to commit suicide
Suiza Switzerland
sujeto subject
suma sum; en — to sum up
sumamente extremely
sumir(se) to plunge, sink
suntuoso sumptuous
superar to overcome
superficie, *f.* surface
superior: escuela — high school
supuesto supposed; por — of course
sur, *m.* South
surgir to arise
suroeste, *m.* southwest
suspender to fail, flunk
sustancia substance
sustantivo noun
sustituir (uyo) to substitute
susurrar to whisper
susurro whisper
sutil subtle
suyo his, hers, its, theirs, yours

T

tacaño stingy
tal such a; — vez perhaps; ¿Qué —? How goes it?
tamaño size

tambalear(se) to stagger
también also, too
tampoco neither, not... either
tan, *adv.* so; as; —... como as... as
tanto so much, as much; *pl.* so many, as many; —... como as much (many)... as
tardar to delay; to take (a certain amount of) time; sin más — without further ado
tarde, *f.* afternoon; evening; *adv.* late; más — later
tarea task; homework
tarjeta card
taza cup
té, *m.* tea
teatro theater
techo roof
tejedor weaver
tejido woven fabric
tela cloth
telefónico, *adj.* telephone; llamada telefónica phone call
televisor, *m.* TV set
tema, *m.* theme
temblar (ie) to tremble; shake
temblor, *m.* tremor; — de tierra earthquake
temer to fear
temporada season (racing, etc.)
templo temple
temprano early
tenedor, *m.* fork
*tener to have; —... años de edad to be...years old; — calor, frío, hambre, miedo, sed, sueño to be hot, cold, hungry, thirsty, afraid, sleepy; — cuidado to be careful; — ganas de to feel like; — lugar to take place; — que *(+ infin.)* to have to; — que ver con to have to do with; — puesto to have on, to be wearing; — razón to be right
tentación, *f.* temptation
tercer(o) third
tercio: un — one-third
terminación, *f.* ending
terminar to finish; end
término term; end
terrateniente landowner
tesoro treasure
testarudo stubborn
testigo witness
ti you *(obj. of prep.)*
tía aunt
tiempo time; weather; a — on time; desde hace mucho — for a long time; ¿Qué — hace? How is the weather?

tienda store ; **ir de tiendas** to go shopping
tierno tender
tierra land ; earth
tijeras, *f.* pl. scissors
timbre, *m.* bell
tinta ink
tintero inkwell
tío uncle
tipo type ; kind ; guy
tirar to throw ; to shoot
tiro shot
titular to entitle
título title
tiza chalk
toalla towel
tocadiscos, *m. sing.* record player
to*c*ar to touch ; play (an instrument)
tocino bacon
todavía still ; yet
todo all ; whole ; every ; **— el día** all day ;
    — el mundo everybody ; **del —** entirely ;
    todos los días every day ; *pl.* all ; everybody
toldo canopy, awning
tomar to take ; to eat or drink
tomate, *m.* tomato
tonto silly, stupid ; fool(ish)
toque, *m.* touch
tor*c*er (ue) to twist
tormenta storm
tormentoso torturous ; stormy
torre, *f.* tower
torta cake
tortilla omelet ; pancake *(Mex.)*
tortuga turtle
tostador, *m.* toaster
tostar (ue) to toast
trabajador(a) worker ; *adj.* hard-working
trabajar to work
trabajo work ; job
*tra*ducir* to translate
*traer to bring
traje, *m.* suit ; outfit
tranquilo calm ; quiet ; tranquil
transferir (ie) to transfer
tránsito traffic
transparencia transparency, *(photo)* slide
transporte, *m.* transportation
tranvía, *m.* trolley
tras after, following
trasero, *adj.* back
traspasar to overstep
tratar to treat ; **— de** to try to ; deal with ; **—se de**
    to be a question of

través: a **— de** across ; through
trazar to trace ; draw
trece thirteen
treinta thirty
tren, *m.* train
trescientos three hundred
tribu, *f.* tribe
tribunal, *m.* court, tribunal
trinchera trench
tripulación, *f.* crew
triste sad
tristeza sadness
triunfar to triumph
triunfo triumph
trono throne
tropa troop ; troupe
tropezar (ue) con to stumble on, happen upon,
    meet up with
trozo bit, piece
tú you *(fam. sing.)*
tu(s) your *(fam. sing).*
tubo tube ; pipe
tumbar to knock down
tuyo yours *(fam. sing.)*

U

u or *(before a word beginning with* o *or* ho*)*
últimamente recently
último last ; latest ; **por —** lastly
un, una a, an ; *pl.* some ; about, approximately ;
    unos cuantos a few
único only ; unique
unidad, *f.* unity
unido united
unifi*c*ar(se) to unify, unite
universitario, *adj.* college
uña fingernail
uranio uranium
usar to use
usted (Ud., Vd.), *pl.* ustedes (Uds., Vds.) you
útil useful
utopía utopia, the ideal world
uva grape

V

vaca cow
vacaciones, *f. pl.* vacation ; **de —** on vacation
vacilar to hesitate
vacío empty
vainilla vanilla ; wafer
valentía bravery
*valer to be worth ; **— la pena** to be worth while
valiente valiant, brave

¡Válgame Dios! Heaven help me!

valor, *m.* bravery, valor

valle, *m.* valley

¡Vamos! Let's go!; — a Let's

vano vain; en — in vain

vapor, *m.* ship

varios various; several

vasco Basque

vaso (drinking) glass

vecino neighbor; *adj.* neighboring

vehículo vehicle

veinte twenty

vela candle

velocidad, *f.* speed

vencer to conquer

vendedor salesman; seller; auctioneer

vender to sell

Venecia Venice

venezolano Venezuelan

venida coming

*venir to come

venta sale

ventana window

ventilador, *m.* fan; ventilator

*ver to see; tener que — con to have to do with

verano summer

veras: de — truly, really

verdad, *f.* truth; ¿ —? really?

verdadero true; real

verde green

vergüenza shame; tener — to be ashamed

vestido dress; *pl.* clothes; *adj.* dressed

vestir(se) (i) to dress; get dressed

vez, *f.* time, occasion, instance; alguna — ever, at any time; de una — all at once; once and for all; en — de instead of; de — en cuando from time to time; otra once more, again; por primera — for the first time; tal — perhaps; una —, dos veces once, twice; una — más once more; a veces at times

vía road, street; una — one way

viajar to travel

viaje, *m.* trip; hacer un — to take a trip; un — al extranjero a trip abroad

viajero traveler

víctima *(always f.)* victim

vida life

vidrio glass (substance)

viejo old

viento wind; hacer (mucho) — to be (very) windy

viernes, *m.* Friday

vino wine

viñeta vignette

virgen virgin

virtud, *f.* virtue

visita visit; visitor

visitante visitor

visitar to visit

visón, *m.* mink

vista view

viuda widow

viudo widower

vivienda dwelling

vivir to live

vivo alive, living; bright, lively (color, etc.)

vocal, *f.* vowel

volar (ue) to fly

volcán, *m.* volcano

volumen, *m.* volume

voluntad, *f.* will

volver (ue) *(past part.* vuelto*)* to return, go back; — a *(+infin.)* to do (something) again; —se to become, turn; —se loco to go mad

vosotros, vosotras you *(fam. pl.)*

votación, *f.* vote, voting; election

votar to vote

voz, *f.* voice; en — alta, baja in a loud, soft voice

vuelo flight

vuelta return; turn; change (money); dar —s to revolve; turn round; estar de — to be back

vuestro yours

Y

y and

ya already; — no no longer, not any more

yerba (hierba) grass

yo I

Z

zafiro sapphire

zapatero shoemaker; shoestore man

zapatilla slipper

zapato shoe

zona zone

English–Spanish

A

a un, una

able capaz ; to be — *poder, *ser capaz de

about de, sobre, acerca de (concerning) ; a eso de, unos (approximately + a number)

above sobre ; encima de

absent ausente

accept aceptar

accident accidente, m.

accompany acompañar

address dirección, f. ; to — (speak to) dirigirse a

afraid: to be — *tener (mucho) miedo

after, prep. después de ; conj. después de que

afternoon tarde, f. ; in the — por la tarde

again otra vez, una vez más ; to do (something) — volver (ue) a + infin.

against contra

ago hace (+ period of time)

air aire, m. ; by — en avión

airmail vía aérea, por avión, correo aéreo

airplane avión, m.

album álbum, m.

all todo (everything) ; adj. todo el..., toda la..., todos los..., todas las... ; — day todo el día ; — right muy bien, está bien

almost casi

alone solo

aloud en voz alta

already ya

also también

although aunque

always siempre

ambition ambición

American (norte)americano

among entre

and y ; e (before a word beginning with i or hi, but not hie !)

animal, m. animal

announce anunciar

another otro

answer, v. contestar ; responder ; n. contestación f., respuesta

anyone cualquier persona ; alguien (someone) ; not — nadie

anything cualquier cosa ; algo (something) ; not — nada

anyway sin embargo

apartment apartamento, piso

approach, v. acercarse a

April abril, m.

architect arquitecto

arm brazo

arrive llegar (a)

art arte (usually m.); Fine Arts Bellas Artes

as como ; mientras que (while) ; — ... — tan... como ; — much (many) ... — tanto(s)... como ; — soon — tan pronto como, así que

ask preguntar (a question); pedir (i) (request) ; to — for pedir

aspirin aspirina

at a (time of day); en (a place); — once en seguida, inmediatamente

athletic atlético

attend asistir a

August agosto

aunt tía

authentic auténtico

autumn otoño

avoid evitar

awaken despertar(se) (ie)

B

bad mal(o)

bath baño ; — room (cuarto de) baño ; aseo (lavatory)

be *ser ; *estar ; to — sunny, windy, hot out, cold *hacer sol, viento, calor, frío ; to — (feel) hot, cold, thirsty, hungry, afraid, sleepy *tener calor, frío, sed, hambre, miedo, sueño ; to — right *tener razón ; to — supposed to *haber de

beach playa

beautiful hermoso

because porque

become *hacerse ; llegar a ser ; *ponerse (+ adj.)

bed cama

bedroom alcoba

before, prep. antes de ; conj. antes de que ; —hand, adv. antes

beg rogar (ue)

begin empezar (ie), comenzar (ie) ; *ponerse a

beginning principio

believe *creer

belong pertenecer (zco) ; *ser de

besides, adv. además ; prep. además de

best mejor(es)

better mejor(es)

between entre
big grande, gran
bird pájaro
black negro
blackboard pizarra
blonde rubio
blood sangre, *f.*
blue azul
body cuerpo
book libro
boot bota
bore aburrir, cansar
boring aburrido, cansado
born : to be — nacer (zco)
boss jefe
bother, *v.* molestar ; *n.* molestia
bottle botella
box caja
boy muchacho, niño ; chico
bread pan, *m.*
break romper *(past part.* roto)
breakfast desayuno ; **to have —** desayunarse
brick ladrillo
bridge puente, *m.*
bring *traer ; llevar **(a person)**
broken roto
brother hermano
brown pardo
brunette moreno
build construir (uyo)
busy ocupado
but pero ; sino *(contradiction after a negative)*
butter mantequilla
buy comprar
by por **(by way of, by means of)** ; para **(by a certain date or time)** ; **— the way** a propósito

C

call, *v.* llamar ; *n.* llamada (telefónica, etc.)
can, *v.* *poder ; *n.* lata
captain capitán
car coche, *m.* ; carro, automóvil, *m.*
careful : to be — *tener cuidado
carefully con cuidado
case caso ; **in —** en caso de que
carry llevar
cat gato
catch coger
certain cierto, seguro ; **a —** cierto
chair silla
chalk tiza
chance oportunidad, *f.*

Charles Carlos
charming encantador(a)
cheese queso ; **— seller** quesero
chicken pollo
child niño, niña ; hijo, hija
children niños ; hijos
choose escoger
chum compañero
cigarette cigarrillo
city ciudad, *f.*
class clase, *f.*
classroom (sala de) clase
clean, *v.* limpiar ; *adj.* limpio
clear claro
climb subir (a)
close, *v.* cerrar (ie) ; *adv.* cerca
closed cerrado
clothes ropa
coal carbón, *m.*
coat abrigo
coffee café, *m.*
cold frío ; catarro **(illness)** ; **to be (feel) —** *tener (mucho) frío ; **to be — out** *hacer frío
college universidad, *f.*
color color, *m.*
comb, *v.* peinar(se) ; *n.* peine, *m.*
come *venir
comfortable cómodo
companion compañero
company compañía
complain quejarse
complete, *v.* completar ; *adj.* completo
concert concierto
conquer conquistar, vencer ; superar
contain *contener
continue continuar (úo), seguir (i)
cool fresco
correct, *v.* corregir (i) ; *adj.* correcto
cost, *v.* costar (ue) ; *n.* costo. *m.*
cotton algodón, *m.*
count, *v.* contar (ue)
country país ; patria **(homeland)** ; nación, *f.* ; campo *(opp. of city)*
course curso
cousin primo
cover, *v.* cubrir *(past part.* cubierto)
crazy loco
create crear
crime crimen, *m.*
cry, *v.* llorar ; **to — out** gritar
cup taza
curtain cortina
customer cliente

D

Dad papá
dance, *v.* bailar ; *n.* baile
dancer bailarín, bailarina
danger peligro
dangerous peligroso
darling amor mío ; querido
daughter hija
dead muerto
deal : a great — muchísimo
dear querido ; caro, costoso (**expensive**)
death muerte, *f.*
December diciembre
decide decidir(se) a
dentist dentista
deny ne*g*ar (ie)
depend on depender de
desire, *v.* desear ; *n.* deseo
desk mesa ; escritorio
dessert postre, *m.*
destroy destruir (uyo)
develop desarrollar(se)
die morir (ue) *(past part.* muerto*)*
different diferente, distinto
difficult difícil
dining room comedor, *m.*
dinner comida
discover descubrir *(past part.* descubierto*)*
do *hacer
doctor médico ; doctor (**title**)
dog perro
door puerta
dorm dormitorio
doubt, *v.* dudar, *n.* duda
down (hacia) abajo ; **to go** — bajar
downtown centro ; *adj.* del centro
drama drama, *m.*
dream, *v.* soñar (con) ; *n.* sueño
dress, *v.* vestir(se) (i) ; *n.* vestido
drink beber ; tomar
drive manejar, *conducir
drop dejar caer

E

each cada ; **(to) — other** nos, os, se + uno a otro
early temprano
earn ganar
easy fácil
eat comer ; tomar
education educación, *f.*
egg huevo
eight ocho
eighteen diez y ocho, dieciocho

eighth octavo
eighty ochenta
either... or o... o
elect ele*g*ir (i)
eleven once
enchant encantar
end fin, *m.*, terminación, *f.*
English inglés, *m.*
enough bastante
enter entrar (en *or* a)
entirely enteramente, del todo
essay ensayo
Europe Europa
even, *prep.* aun, hasta ; **not** — ni siquiera ; **— though** aunque
evening tarde, *f.* ; noche, *f.* ; **Good** — Buenas noches
ever alguna vez (**at any time**) ; jamás (**negative implication**)
every cada, todo ; todos los..., todas las...
everything todo
everywhere en *or* por todas partes
examination examen, *m.*
example ejemplo ; **for** — por ejemplo
excellent excelente
except excepto ; menos
exercise ejercicio
exhausted agotado, rendido ; rematado
exist existir
expect esperar
expensive caro, costoso
explain expli*c*ar
eye ojo
eyeglasses lentes, *m. pl.*, anteojos, gafas

F

face, *v.* *dar a (**a place**) ; encararse con (**a situation**) ; *n.* cara
fact hecho ; dato ; **in** — en efecto
fail fracasar ; ser suspendido (**in a course**)
fair justo (**just**)
fall, *v.* *caer(se) ; **to — in love with** enamorarse de ; *n.* caída ; otoño (**season**)
family familia
fantastic fantástico
far lejos ; **— from** lejos de
fashion moda
fat gordo
father padre, papá
favor favor, *m.*
favorite favorito
fear, *v.* temer, *tener miedo (de *or* a) ; *n.* temor, *m.* ; miedo

February febrero
feed *dar de comer
feel sentir (ie) ; sentirse *(+adj.)*
few pocos
fifteen quince
fifth quinto
fifty cincuenta
fight, *v.* luchar, pelear ; *n.* lucha, pelea
film película
finally por fin ; al fin, finalmente
find hallar, encontrar (ue)
fine fino ; F— Arts Bellas Artes
finish, *v.* acabar, terminar
fire, *v.* despedir (i) (from a job) ; *n.* fuego
first primer(o)
fish pescado (caught) ; pez, *m.* (live)
five cinco
five hundred quinientos
floor suelo, piso
flower flor, *f.*
fly, *v.* volar (ue)
follow se*gu*ir (i)
foot pie, *m.* ; on — a pie
football fútbol (norteamericano)
for para (destination, objective; intended for; by
    or for a certain point in time, etc.) ; por
    (for a period of time, for the sake of, out of,
    in exchange for, etc.) *Cf. Less. XX* ; — ever
    para siempre
foreign extranjero
forget olvidar(se) de
forgive perdonar
fork tenedor, *m.*
forty cuarenta
four cuatro
fourteen catorce
fourth cuarto
free libre ; gratis
French francés, *m.*
Friday viernes, *m.*
friend amigo
from de ; desde
front frente, *m.*
frozen congelado ; helado
fruit fruta(s) ; fruto *(fig.)*
fun : to have — divertirse (ie)
funny divertido ; gracioso ; curioso
furniture muebles, *m. pl.* ; —seller mueblero

G

genius genio
George Jorge

get *ob*tener ; coger ; *also used reflexively* : to —
    angry enojarse ; — dressed vestirse (i) ;
    — lost perderse ; — married casarse ; — up
    levantarse
gift regalo
girl muchacha, chica ; niña (little)
girlfriend novia
give *dar
glad contento ; alegre ; to be — that alegrarse de
    que ; I'm glad Me alegro
gladly con mucho gusto
glass vaso (drinking) ; vidrio (substance) ;
    wine — vaso para vino
glove guante, *m.*
go *ir ; to — away *irse ; — crazy volverse (ue)
    loco ; — down bajar ; — out *salir ; — to bed
    acostarse (ue) ; — toward *or* over to dirigirse
    a ; — up subir
God Dios
gold oro
good buen(o)
goodbye adiós
goodness bondad, *f.* ; My G—! ¡Dios mío!
government gobierno
grade grado ; nota (in school)
grandfather abuelo
grandmother abuela
grandson nieto
grass hierba, yerba
great gran(de)
green verde
grey gris
ground suelo ; tierra
guest invitado

H

hair pelo
half, *n.* mitad, *f.* ; *adj.* and *adv.* medio
hand mano, *f.*
handkerchief pañuelo
handsome guapo
happen ocurrir, pasar, suceder
happiness felicidad, *f.*
happy feliz *(pl.* felices*)* ; contento ; to be — that
    alegrarse de que
hard duro *(opp. of soft)* ; difícil
hardly apenas
hat sombrero ; —seller, hatter sombrerero
have *tener ; *haber *(only as auxiliary verb)* to —
    just acabar de *(+ infin.)* ; to — left quedarle a
    uno ; to — to tener que ; to — to do with tener
    que ver con

he él
head cabeza
headache dolor *(m.)* de cabeza, jaqueca
health salud, *f.*
hear *oír
heart corazón, *m.*; by — de memoria
heat calor, *m.*; calefacción, *f.* (**heating**)
Helen Elena
Hello Hola
help, *v.* ayudar; *n.* ayuda
Henry Enrique
her, *poss. adj.* su(s); de ella; *direct obj.* la;
    indirect obj. le; *obj. of prep.* ella
here aquí; **right** — aquí mismo
hers suyo(a, os, as); ...de ella
high alto
him, *direct obj.* le, lo; *indirect obj.* le; *obj. of prep.*
    él
his, *adj.* su(s); *pron.* suyo(a, os, as); de él
hit, *v.* pegar
home casa; **at** — en casa; **to go** — *ir a casa,
    volver (ue) a casa
homely feo
honest honrado
hope, *v.* esperar; *n.* esperanza
horse caballo
hot caliente; caluroso; **to be** — **out** *hacer
    (mucho) calor; **to feel** — *tener calor
hour hora
house casa
How? ¿ Cómo? ¿ Qué tal...? (**opinion**); — **old are
    you?** ¿ Cuántos años tiene Ud.?; — **much,
    many** ¿ Cuánto(s)?
How! ¡Qué! *(+ adj. or adv.)*; — **happy I am!**
    ¡ Cuánto me alegro! ¡ Qué contento estoy!
human humano
hundred cien(to)
hunger hambre, *f. (But:* el hambre*)*
hungry: **to be** — *tener hambre
husband esposo, marido

I

I yo
idea idea
if si
imagine imaginarse
important importante; **the most** — **thing** lo más
    importante
impossible imposible
improve mejorar
in en; dentro
incredible increíble
insist insistir (en)

intelligent inteligente
interest interés, *m.*
interesting interesante
interested interesado
interrupt interrumpir
introduce *introducir; presentar *(a person)*
invite invitar
iron hierro; **I— Curtain** Cortina de Hierro;
    v. planchar
it *(Don't translate as subject)*; *direct obj.* lo, la;
    obj. of prep. él, ella; ello *(neuter)*
Italian italiano

J

jail cárcel, *f.*
January enero
Jim Jaime, Diego
job trabajo, empleo
Joe Pepe
John Juan
Johnny Juanito
joy alegría
July julio
jump saltar
June junio
just: **to have** — acabar de *(+infin.)*

K

keep guardar
kill matar
kind, *n.* tipo, clase, *f.*; *adj.* bueno, bondadoso
kiss, *v.* besar; *n.* beso
kitchen cocina
knife cuchillo
know *saber (**a fact, how to, etc.**); conocer (**zco**)
    (**a person, place, etc.**); **I don't** — No sé

L

lady señora; **old** — vieja
lamp lámpara
language lengua, idioma, m.; lenguaje
large grande
last pasado; último(**end**); — **night** anoche;
    — **year** el año pasado; — **week** la semana
    pasada
late tarde
later más tarde; después
Latin America Latinoamérica
laugh, *v.* reír(se)(i); **to** — **at** reírse de; *n.* risa
law ley, *f.*; derecho *(in general)*
lawyer abogado
lead, *v.* *conducir, dirigir
learn aprender

least menos ; **at —** a lo menos, por lo menos, al menos

leave, *v.* salir, irse ; dejar **(leave behind)**

left, *adj.* izquierdo ; **on the —** a la izquierda

leg pierna

lesson lección, *f.*

let dejar, permitir ; **let's** vamos a *(+ infin.)*

letter carta

liberty libertad, *f.*

library biblioteca

lie, *v.* mentir (ie) ; *n.* mentira

life vida

light, *n.* luz, *f. (pl.* luces*)* ; *adj.* ligero, leve ; *v.* encender (ie)

like, *v.* gustarle a uno, querer a **(a person)** ; *prep.* como ; *adj.* igual, semejante, similar ; **to look —** parecerse (zco) a

line línea

lip labio

listen escuchar

literature literatura

little pequeño **(size)** ; poco **(amount)**

live, *v.* vivir ; *adj.* vivo, viviente

living room sala

long largo ; **a — time** mucho tiempo

look, *v.* parecer (zco) ; *estar* **(happen to be)** ; **to — at** mirar ; **— for** buscar ; **— like** parecerse (zco) a

lose perder (ie)

lost perdido

loud alto ; **in a — voice** en voz alta

love, *v.* amar ; *n.* amor

low bajo

luck suerte, *f.*

lucky afortunado ; **to be —** *tener suerte, ser afortunado

lunch, *v.* almorzar (ue) ; *n.* almuerzo

M

machine máquina

mad loco ; enojado **(angry)**

magazine revista

magnificent magnífico

make *hacer

man hombre

many muchos ; **How —?** ¿ Cuántos ?

March marzo

marry casar(se) con

marvelous maravilloso

Mary María

match, *n.* fósforo

mathematics matemáticas, *f. pl.*

matter asunto ; **to —** importar ; **It doesn't —** No importa

may (to be permitted) *poder

May mayo

maybe tal vez, quizá(s)

me, *obj. of verb* me ; *obj. of prep.* mí

meal comida

meat carne, *f.*

medicine medicina ; medicamento

member miembro

message mensaje, *m.*, recado

metal metal, *m.*

method método

Mike Miguelito

mile milla

milk leche, *f.*

milkman lechero

million millón, *m.*

mine, *adj. and pron.* mío(a, os, as)

minute minuto

mirror espejo

miss, *v.* perder (ie) **(a train,** etc.) ; echar de menos

Miss señorita, Srta.

Mr. señor, Sr.

Mrs. señora, Sra.

Monday lunes, *m.*

money dinero

month mes, *m.*

moon luna

more más ; **— than ever** más que nunca

morning mañana

mother madre, mamá

mountain montaña

mouth boca

movies cine, *m. sing.*

much mucho ; **How —?** ¿ Cuánto ? **so —** tanto ; **too —** demasiado ; **very —** muchísimo

music música

must *tener que ; deber ; *use future of probability for conjecture*

my mi(s)

myself me, a mí mismo

N

name, *v.* nombrar ; llamar ; **to be named** llamarse ; *n.* nombre, *m.* ; apellido **(last)** ; **What is your —?** ¿ Cómo se llama Ud. ?

nation nación, *f.*

nature naturaleza

near, *adv.* cerca ; *prep.* cerca de

nearby cerca

need, *v.* necesitar ; *n.* necesidad, *f.*

neighbor vecino

neither ni ; ni... tampoco ; —... **nor** ni... ni
never nunca ; jamás
nevertheless sin embargo
new nuevo
news noticias, *f. pl.* ; nuevas, *f. pl.*
newspaper periódico
nice simpático ; amable ; agradable
night noche, *f.* **Good —** Buenas noches ; **last —** anoche
nine nueve
nineteen diez y nueve, diecinueve
ninety noventa
ninth noveno
no, *adj.* ningún, ninguno ; **— one** nadie
nobody nadie
noise ruido
nonsense: ¡ N —! ¡ Qué va !
nose nariz, *f.*
not no
notebook cuaderno
nothing nada
notice notar, fijarse en
novel novela
November noviembre
now ahora ; **right —** ahora mismo
nowadays hoy (en) día
number número

O

October octubre
of de
offer ofrecer (zco)
office oficina
often a menudo, frecuentemente
old viejo ; antiguo (**former**)
on en, sobre (**upon**) ; sobre, acerca de (**about, concerning**)
once una vez ; **at —** en seguida, inmediatamente
one uno ; un, una ; **the — who** el que, la que
only sólo, solamente
open abrir *(past part.* abierto*)* ; *adj.* abierto
opportunity oportunidad, *f.*
or o ; u *(before a word beginning with* o *or* ho*)* ; **either... —** o... o
order, *v.* mandar ; *n.* mandato, orden, *f.* (**command**), *m.* (**orderliness; succession**)
original original
other otro ; **each —** *(reflexive pronoun +)* uno a otro
ought deber
our, ours nuestro(a, os, as)
ourselves nos ; (a)nosotros mismos

out fuera
over, *prep.* sobre, encima de
owe deber

P

pale pálido
pants pantalones, *m. pl.* ; calzones, *m. pl.*
parents padres
park parque, *m.*
part parte, *f.* ; **the best —** lo mejor ; **the hardest —** lo más difícil
party fiesta ; tertulia ; partido (**political**)
pass pasar ; aprobar(ue) (**a course**)
passenger pasajero
past pasado
Paul Pablo
pay pagar
peace paz, *f.*
pen pluma
pencil lápiz, *m.*
people gente, *f.* ; personas ; **a —** un pueblo
pepper pimienta
perfect perfecto
perhaps tal vez
person persona (always *f.*)
picture cuadro
piece pedazo ; pieza ; **— of paper** (hoja de) papel
pillow almohada ; **— case** funda
pin, *n.* alfiler, *m.*
pity lástima
plastic plástico
plate plato
play, *v.* jugar (ue) a (**a sport**) ; tocar (**an instrument**) ; *n.* obra de teatro, comedia, drama, *m.*
pleasant agradable ; amable(**person**)
please por favor ; haga Ud. el favor de *(+ infin.)*
pleased contento
pocket bolsillo
pocketbook bolsa
politics política
poor pobre
popular popular
Portuguese portugués, *m.*
Post Office Oficina de Correos *or* del Correo
pound, *n.* libra
prefer preferir (ie)
prepare preparar
present, *v.* presentar ; *n.* regalo
president presidente
pretty bonito
prevent impedir (i)
price precio

pride orgullo

prison prisión, *f.*, cárcel, *f.*

probably probablemente ; *also use future or conditional tense*

problem problema, *m.*

professor profesor(a)

program programa, *m.*

prohibit prohibir

promise, *v.* prometer ; *n.* promesa

property propiedad, *f.*

publish publicar

purpose propósito

purse bolsa

push empujar

put *poner ; colocar ; — in(to) meter ; — on ponerse

Q

question, *n.* pregunta

quick(ly) rápido ; rápidamente

R

race raza ; carrera (**horses,** etc.)

rain, *v.* llover (ue) ; *n.* lluvia

raise levantar, subir

rapidly rápido, rápidamente

reach, *v.* alcanzar

read *leer

ready listo

real real, verdadero

realize *darse cuenta de ; realizar (**fulfill, achieve**)

really realmente, en realidad ; —? ¿ de veras ?

reason razón, *f.*

receive recibir

record disco ; — **player** tocadiscos, *m. sing.*

red rojo

refuse, *v.* rehusar, rechazar ; — **to** negarse (ie) a

regards recuerdos, *m. pl.* (**greetings**)

regret, *v.* sentir (ie), lamentar

relate contar (ue) ; relacionar

relative, *n.* pariente

remain quedar(se)

remember recordar (ue), acordarse (ue) de

repeat repetir (i)

rest, *v.* descansar ; *n.* resto (**remainder**) ; los demás (**the others**) ; descanso (**from fatigue**)

return volver (ue) *(past part.* vuelto*)* (**go back**) ; devolver (ue) *(past part.* devuelto*)* (**give back**) ; *n.* vuelta

review, *v.* repasar ; *n.* repaso

rich rico

Richard Ricardo

right derecho (**privilege**) ; *adj.* derecho ; **on the —** a la derecha ; **to be —** *tener razón

ring, *v.* sonar (ue)

river río

Roman romano

room cuarto, habitación, *f.*, pieza

roommate compañero de cuarto

round redondo

rose rosa

run correr

S

salt sal, *f.*

same mismo ; **the —** lo mismo

satisfied contento

Saturday sábado

save salvar (**a life,** etc.) ; ahorrar (**money**)

say *decir

school escuela ; **grade —** escuela elemental ; **high —** escuela superior

science ciencia

sea mar, *m.*

season estación, *f.* (**of the year**) ; temporada (**baseball,** etc.)

seat, *n.* asiento

seated sentado

second segundo

see *ver

sell vender

semester semestre, *m.*

send mandar, enviar (ío)

September septiembre, *m.*

serve servir (i) ; **to — as** servir de

seven siete

seventeen diez y siete, diecisiete

seventh séptimo

seventy setenta

several varios, algunos

share, *v.* compartir ; *n.* acción, *f.* (**stock**)

she ella

shelf estante, *m.*

shirt camisa

shoe zapato

shoemaker *or* seller zapatero

short bajo (**height**) ; corto, breve (**length**)

shorts calzoncillos, *m. pl.*

should deber (**ought to**)

shout, *v.* gritar ; *n.* grito

show, *v.* mostrar (ue), enseñar

sick enfermo, malo

silver plata

since, *prep.* desde (**a certain time**) ; *conj.* desde que ; ya que, puesto que, pues (**because**)

sing cantar
singing cantar, *m.*
sister hermana
sit (down) sentarse (ie)
six seis
sixteen diez y seis, dieciséis
sixth sexto
sixty sesenta
skirt falda
sleep, *v.* dormir (ue) ; to fall asleep dormirse (ue) ;
     to go to — (bed) acostarse (ue)
sleepy : to be — *tener sueño
slim delgado
slow lento, despacio(so)
slowly lentamente, despacio
small pequeño (size) ; poco (quantity)
smart listo, inteligente
smile, *v.* sonreír, (ío) ; *n.* sonrisa
snow, *v.* never (ie) ; *n.* nieve, *f.*
so, *adv.* tan (+ *adj.* or *adv.*) ; así (thus, in this
     way) ; *conj.* de modo que ; — that para que
soap jabón, *m.*
some unos ; algunos
someone alguien
something algo
son hijo
song canción, *f.*
soon pronto
sorry : to be — sentir (ie) ; I'm — Lo siento
sound, *v.* sonar (ue) ; *n.* sonido
Spanish español, *m.*
speak hablar
spend gastar (money, etc.) ; pasar (time)
spoon cuchara
sport deporte, *m.*
spring primavera (season)
stairs escalera
standing parado, de pie, en pie
star estrella, astro
state estado
stay quedarse ; to — home quedarse en casa
steal robar
still, *adv.* todavía, aún
stone piedra
store tienda
story cuento
street calle, *f.*
strong fuerte
student estudiante
study, *v.* estudiar ; *n.* estudio
success éxito
successful : to be — *tener éxito
such (a), *adj.* tal ; *pl.* tales

suddenly de repente, de pronto
suffer sufrir
suit traje, *m.*
summer verano
sun sol, *m.*
Sunday domingo
sunny : to be — *hacer sol
sure seguro
surprise, *v.* sorprender ; to be — sorprenderse (de) ;
     n. sorpresa
swim nadar

T

table mesa
take tomar ; co*g*er (pick up) ; llevar (a person) ;
     to — a trip hacer un viaje; to — away (from
     someone) quitar ; — off (clothes, etc.)
     quitarse ; — out sa*c*ar
talk *v.* hablar
tall alto
tea té, *m.*
teach enseñar
teacher maestro, profesor(a)
team equipo
teaspoon cucharita
telephone teléfono ; — call llamada telefónica
tell *decir, contar (ue) ; avisar
ten diez
tenth décimo
terrible terrible
than que ; de (before a number)
thanks gracias
that, *demonstr. adj.* ese, esa (near you) ; aquel,
     aquella (over there) ; *neuter pron.* eso ;
     aquello ; — one ése, ésa ; aquél, aquélla ;
     conj. que
the el, la, los, las
their su(s)
theirs suyo(a, os, as)
them, *direct obj.* los, las ; *indirect obj.* les ; *obj. of*
     prep. ellos, ellas
then entonces, luego
there allí ; — is, — are hay
these, *adj.* estos, estas ; *pron.* éstos, éstas
they ellos, ellas
thin delgado
thing cosa
think pensar (ie) ; *creer (believe)
third tercer(o)
thirst sed, *f.*
thirsty : to be — *tener (mucha) sed
thirteen trece

thirty treinta

this, *demonst. adj.* este, esta ; *neuter pron.* esto ;
— one éste, ésta

those, *adj.* esos, esas (near you) ; aquellos,
aquellas (over there) ; *pron.* ésos,
aquéllos, etc.

thousand mil

three tres

through por ; a través de

throw echar ; lanzar

Thursday jueves, *m.*

tie, *n.* corbata

time tiempo ; hora (of day) ; vez, *f.* (occasion,
instance) ; at the same time al mismo tiempo ;
from — to de vez en cuando ; on — a
tiempo ; at times a veces

tired cansado

to a

today hoy

tomorrow mañana

tongue lengua

tonight esta noche

too también ; demasiado (excessive) ; — much,
many demasiado(s)

tooth diente, *m.* ; muela

touch, *v.* tocar

toward hacia

town pueblo

train, *n.* tren, *m.*

travel viajar

traveler viajero

tree árbol, *m.*

trip viaje, *m.* ; to take a — *hacer un viaje

true, *adj.* verdadero ; it is — es verdad

truly realmente, verdaderamente ; de veras

Tuesday martes, *m.*

twelve doce

twenty veinte

two dos

type, *v.* escribir a máquina

typewriter máquina de escribir

U

ugly feo

uncle tío

under debajo de ; bajo

understand comprender, entender (ie)

unfair injusto

united unido(s) ; United States Estados Unidos

university universidad, *f.*

unless a menos que *(+ subjunctive)*

until, *prep.* hasta ; *conj.* hasta que

upon sobre ; en ; — (doing something)
al *(+ infin.)* : — entering al entrar

us, *obj. of verb* nos ; *obj. of prep.* nosotros

use, *v.* usar ; *n.* uso

useful útil

useless inútil

V

vacation vacaciones, *f. pl.*

vegetable legumbre, *f.*, verdura

Venezuelan venezolano

very muy ; — much muchísimo

visit, *v.* visitar ; *n.* visita

voice voz, *f.*

volume tomo (book) ; volumen, *f.*

W

wait (for) esperar

walk, *v.* caminar, *andar ; *n.* paseo ; to take a —
dar un paseo

wall pared, *f.*

wallet cartera, billetera.

want, *v.* querer ; desear ; *n.* deseo

warm caliente ; caluroso ; to be — out *hacer
calor ; to feel — *tener calor

wash, *v.* lavar(se)

watch, *n.* reloj ; — maker relojero

water agua, *f. (But*: el agua*)*

way modo, manera (means) ; camino (direction) ;
in this — así, de esta manera

we nosotros, nosotras

wealth riqueza

wear llevar, usar

weather tiempo ; clima, *m.*

Wednesday miércoles, *m.*

week semana

weekend fin de semana, *m.*

welcome bienvenido ; You're — De nada, No hay
de qué

well bien ; pues bien, bueno (well, ...) ; to be —
*estar bien de salud

What ?, *pron.* ¿ Qué...? ¿ Cuál...? (selection) ;
adj. ¿ Qué...? ; — did you say ? — was that ?
¿ Cómo ? —'s the matter ? ¿ Qué hay?
¿ Qué pasa ?

what, *rel. pron.* lo que

when cuando

where donde ; Where ? ¿ Dónde? ; ¿ Adónde ?
(in what direction)

whether si

Which ?, *pron.* ¿ Cuál(es) ? ; *adj.* ¿ Qué...?

which, *rel. pron.* que ; lo que, lo cual

while mientras (que) ; *n.* **a little —** un rato
white blanco
Who? ¿ Quién(es) ?
who, *rel. pron.* que ; quien ; el que, la que, los que,
    las que ; el cual, la cual, los cuales, etc.
whom quien(es)
whose cuyo
Why? ¿ Por qué ?
wife esposa, mujer, señora
will, *v.* querer ; *(also cf. future tense)* ;
    n. voluntad, *f.* ; deseo
win ganar
wind viento
window ventana
windy: to be very — *hacer mucho viento
wine vino
winter, invierno
with con ; **— me** conmigo ;
    — you, *fam. sing.* contigo
without, *prep.* sin ; *conj.* sin que
woman mujer, *f.* ; señora
wonderful maravilloso, magnífico
wood madera ; *adj.* de madera
word palabra
work, *v.* trabajar ; funcionar, *andar **(a machine)** ;
    n. trabajo ; obra **(of art, etc.)**
world mundo
worried preocupado
worry preocupar(se)

worse peor
worst (el) peor
worth: to be — *valer ; **to be — while** valer la pena
write escribir *(past part.* escrito *)*
wrong, *adj.* incorrecto ; malo ; equivocado
    (mistaken), to be — no *tener razón ; *estar
    equivocado, equivocarse

Y

year año ; **last —** el año pasado
yellow amarillo
yes sí
yesterday ayer
yet ya **(already)** ; todavía *(with negative)* ;
    not — todavía no
you, *subj. pron.* tú *(fam. sing.)* ; vosotros
    (fam. pl.), Ud., Uds. *(polite)* ; *obj. pron.* te ;
    os ; lo, le, la *(direct obj. —* Ud.*)* ; le *(indirect*
    obj.— Ud.*)* ; los, las, les *(direct obj. —* Uds.*)* ;
    les *(indirect obj. —* Uds.*)*
young joven *(pl.* jóvenes*)*
younger más joven ; menor
your tu(s) ; vuestro(a, os, as) ; su(s)
yours tuyo(a, os, as) ; vuestro(a, os, as) ;
    suyo(a, os, as) ; de Ud., de Uds.

Z

zero cero

Índice